新编
应用文写作教程
XINBIAN YINGYONGWEN XIEZUO JIAOCHENG

■ 强金国　梁抒曦　编著

华中科技大学出版社
http://www.hustp.com
中国·武汉

图书在版编目（CIP）数据

新编应用文写作教程/强金国，梁抒曦编著．—武汉：华中科技大学出版社，2021.1（2022.12 重印）

ISBN 978-7-5680-4277-2

Ⅰ．① 新… Ⅱ．① 强… ② 梁… Ⅲ．① 汉语-应用文-写作-教材 Ⅳ．① H152.3

中国版本图书馆 CIP 数据核字（2021）第 004433 号

新编应用文写作教程　　　　　　　　　　　　　　　　强金国　梁抒曦　编著
Xinbian Yingyongwen Xiezuo Jiaocheng

策划编辑：钱　坤
责任编辑：唐梦琦
封面设计：廖亚萍
责任校对：李　弋
责任监印：周治超

出版发行：华中科技大学出版社（中国·武汉）　　　电话：(027) 81321913
　　　　　武汉市东湖新技术开发区华工科技园　　　邮编：430223
录　　排：华中科技大学出版社美编室
印　　刷：武汉科源印刷设计有限公司
开　　本：710mm×1000mm　1/16
印　　张：24.75
字　　数：497 千字
版　　次：2022 年 12 月第 1 版第 4 次印刷
定　　价：48.00 元

本书若有印装质量问题，请向出版社营销中心调换
全国免费服务热线：400-6679-118　竭诚为您服务
版权所有　侵权必究

编者的话

应用文是经济社会发展当下人们在工作、学习、生活中经常用到的交流工具。掌握必需、基础的应用文写作知识和具备一定的写作素养是当代政府机关、社会团体、企事业单位工作人员的必备条件之一，也是新时代大学生必备的素质之一。因此，学习应用文写作知识不但是必要的，而且是必须的。

应用文写作是目前高职高专院校开设的面向文秘、社会工作等专业的必修课，也可以是面向全校的选修课、通识课，教师和学生可根据专业的需要，有针对性地进行教学和学习。

办文、办事、办会是文秘从业人员的主要岗位技能，办文展现驾驭文字的能力，办事体现与人沟通的能力，办会表现驾驭全局的能力，而写作能力则是办文、办事、办会多项能力的集中外显。可以说，只有善于观察分析、总结归纳、遣词造句，才能有效地履行秘书工作，才能逐渐成为一个合格、称职的秘书。如何让学生写出既文题相符、又通顺流畅的应用文，是目前高职文秘专业写作课程教育教学的一大难题。而要破解这一难题，就要直面高职院校的应用文教学面临的教学方法陈旧、教学内容落后、阅读时间减少和作业懈怠对付等窘境。

针对学生词语贫乏、语法不通、逻辑能力欠缺的现状，教师要开展摸底活动，并结合学生实际，按照写作课程的培养要求，选取以词汇、短语、单句和复句为主的语法知识和以词项、命题、归纳为主的逻辑知识进行授课，打牢学生的专业知识基础。

在此基础上，要坚持知识、能力和素质协调发展，继续深化人才培养模式、课程体系、教学内容和教学方法等方面的改革，实现从注重知识传授向更加重视能力和素质培养的转变。使莘莘学子通过几年大学生活的培养，接受耳濡目染的文化熏陶，就可逐渐拥有基础的专业知识和相应的知识储备，在学习实践中不断提升自我的沟通理解能力、模仿贯通能力，并在此基础上培养相应的集发现问题、分析问题、解决问题为一体的写作表达能力。

本书在编写过程中注意做到以下几点。

（1）内容新。本书是按照 2012 年中共中央办公厅、国务院办公厅印发的《党政机关公文处理工作条例》最新标准编写的，对各个文种的基本概念、公文种类、适用范围等的界定更加规范、科学。公文的例文也力求最新。同时，附有最新的《党政机关公文处理工作条例》等文件，以便读者使用时查考、参阅。

（2）体例新。本书在遵循学生认知规律和职业成长规律的基础上，按照由易到难的原则，从同学们曾经接触过但没有"标准化"的诸如请假条等条据文书讲起，相关篇章主要有固本强基篇、条据文书篇、会务文书篇、团队运行篇、宣传文书篇等。不仅做到讲清讲明这些简单文书的格式，还要讲通讲透这些格式安排，尤其关于对象的尊称、祝颂语等词语背后的角色定位及社会认知，从而让学生从社会实践需要的视角去看待和认知应用文，为莘莘学子学知识、用知识的理解进阶理路做好应有的准备和训练。

（3）例文新。应用文写作教育教学要想达到目的，除了教师的授课之外，学习、参考他人的例文尤其是吸取有问题的例文的经验教训是一种比较有效的方法。为此，本书在借鉴了一些标准化例文的同时，也将不少教过的学生的作业作为例文来供同学们学习分析。可以说，本书既适合专职文秘工作者，也适合自学人员使用；既可以作为高等院校教材，也可以作为工作中的备查资料。

应用文写作是一门应用学科，它的应用性极强，因此，在学习过程中，除了要掌握基本理论知识、加强各方面的修养以外，更主要的是要理论联系实际，多琢磨、多写、多练。

本书由顺德职业技术学院强金国、梁抒曦老师编著。二位教师都是从事一线教学多年的教师，且有从事秘书工作多年的实践经验，在编写的过程中将自己最新的教育教学感想、成果体现在教材中。具体编写工作分工如下：强金国老师负责编写第二章、第三章、第五章，梁抒曦老师负责编写第一章和第四章。希望本书的编写能为高职高专院校应用文写作的教学带来一些有益的启示，提供一些可资借鉴的参考。

在本书的编写过程中，顺德职业技术学院罗丹副校长，人文学院陈建华、刘晓顺、李玉春、吴舒婷、钟伟华、李楠楠等老师为本书的编写提供了大量的帮助，在此深表感谢。

本书在编写过程中，参考了大量的文献资料，并标明了引文的出处，但引文涉及范围较广，仍有可能有漏注的地方，在此向相关作者表示真诚的感谢和歉意。

由于时间、能力、水平等因素，编者尽其所能，但书中的疏漏和不足之处在所难免，敬请使用本书的专家和广大读者批评指正。

强金国

2020 年 5 月

目　录

固本强基篇

第一章　应用文书 ………………………………………………… 2

　第一节　应用文书的概述 ……………………………………… 3
　第二节　应用文书的要素 ……………………………………… 6
　第三节　应用文书的表达方式 ………………………………… 17

条据文书篇

第二章　业务往来 ………………………………………………… 26

　第一节　请假条 ………………………………………………… 27
　第二节　借条 …………………………………………………… 33
　第三节　欠条 …………………………………………………… 40
　第四节　收条、领条 …………………………………………… 41

1

会务文书篇

第三章　会务文书　　48

- 第一节　请柬　　50
- 第二节　邀请信　　53
- 第三节　会议通知　　56
- 第四节　开幕词　　63
- 第五节　闭幕词　　67
- 第六节　欢迎词、欢送词　　72
- 第七节　讲话稿　　80
- 第八节　祝词　　112
- 第九节　答谢词　　115
- 第十节　会议记录、会议纪要　　124
- 第十一节　会议报告　　148
- 第十二节　简报　　178
- 第十三节　总结　　192

团队运行篇

第四章　公务往来　　214

- 第一节　公文概述　　215
- 第二节　通知　　233
- 第三节　通报　　243
- 第四节　报告　　249
- 第五节　请示　　256

第六节 批复 ………………………………………… 260
第七节 函 …………………………………………… 263

宣传文书篇

第五章 宣传文书 ………………………………………… 272
　第一节 消息 ………………………………………… 273
　第二节 通讯 ………………………………………… 300

附录A 公文常用特定用语简表 …………………………… 342

附录B 党政机关公文处理工作条例 ……………………… 344

附录C 中共中央办公厅、国务院办公厅关于进一步精简会议和文件的意见(2001年12月4日) ………………… 352

附录D 出版物上数字用法(GB/T 15835—2011) ……… 356

附录E 标点符号用法(GB/T 15834—2011) …………… 363

附录F 中华人民共和国国家通用语言文字法 …………… 380

附录G 文章修改符号使用方法 …………………………… 384

固本强基篇
Guben Qiangjipian

第一章 应用文书

一、明确概念

应用文书是一种广泛应用于政府机关、企事业单位、社会组织和个人,为解决实际问题而撰写的,具有一定体例和格式的实用性文书,一般包括党政机关公文、事务性文书和商务文书。

二、学习目标

知识目标

1. 了解应用文书的定义、类别、要素和表达方式。
2. 了解并掌握基本的应用文书的写作格式及要求。

能力目标

1. 能准确把握写作意图,正确收集、鉴别、选取和使用材料,并完整地对应用文书各部分进行有效组织。
2. 在撰写应用文书时能正确地运用一种或多种表达方式。

三、知识平台

应用文书的相关概述见图1-1。

图1-1 应用文书的概述

第一节　应用文书的概述

一、应用文书的分类与特点

（一）应用文书的分类

应用文书主要分为党政机关公文、事务性文书、商务文书三类。

1. 党政机关公文

根据《党政机关公文处理工作条例》（中办发〔2012〕14 号）的定义，党政机关公文是党政机关实施领导、履行职能、处理公务的具有特定效力和规范体式的文书，是传达贯彻党和国家的方针政策，公布法规和规章，指导、布置和商洽工作，请示和答复问题，报告、通报和交流情况等的重要工具。现行党政机关公文种类共 15 种，分别为：决议、决定、命令（令）、公报、公告、通告、意见、通知、通报、报告、请示、批复、议案、函、纪要。

2. 事务性文书

事务性文书是指政府机关、企事业单位、社会组织和个人为处理日常事务而使用的文书，常用的事务性文书包括计划和总结、会议记录、会议简报、邀请函、介绍信、推荐信、求职信、启事、申请书等。

3. 商务文书

商务文书是机关、单位、企业、组织和个人在商务往来中，为处理商务事务而使用的文书，常用的商务文书包括商函、意向书、合同、市场调查报告、招标公告、招标书和投标书等。

（二）应用文书的特点

1. 目的性

应用文书是为了解决实际问题而产生的，具有很强的目的性，因此要求作者在动笔前必须准确把握写作意图，把文章主题清晰无误地传达给收文对象。

2. 实用性

应用写作是在公务往来、商务沟通，以及日常事务处理中形成的一种实用型写作，讲求的是行文效率，因此应用文书的语言应做到准确简洁、平实易懂。

3. 格式稳定性

应用文书大多具有惯用格式，其中党政机关公文更要求做到格式的规范性。

二、应用文书的制发程序

（一）党政机关公文的制发程序

党政机关公文的制发一般需要经过起草、审核和签发三道程序。

1. 起草

根据《党政机关公文处理工作条例》（以下简称《条例》）第十九条规定，公文起草应当做到以下几点。

（1）符合党的理论路线方针政策和国家法律法规，完整准确体现发文机关意图，并同现行有关公文相衔接。

（2）一切从实际出发，分析问题实事求是，所提政策措施和办法切实可行。

（3）内容简洁，主题突出，观点鲜明，结构严谨，表述准确，文字精练。

（4）文种正确，格式规范。

（5）深入调查研究，充分进行论证，广泛听取意见。

（6）公文涉及其他地区或者部门职权范围内的事项，起草单位必须征求相关地区或者部门意见，力求达成一致。

（7）机关负责人应当主持、指导重要公文起草工作。

2. 审核

根据《条例》第二十条规定，公文文稿签发前，应当由发文机关办公厅（室）进行审核。审核的重点是以下几点。

（1）行文理由是否充分，行文依据是否准确。

（2）内容是否符合党的理论路线方针政策和国家法律法规；是否完整准确体现发文机关意图；是否同现行有关公文相衔接；所提政策措施和办法是否切实可行。

（3）涉及有关地区或者部门职权范围内的事项是否经过充分协商并达成一致意见。

（4）文种是否正确，格式是否规范；人名、地名、时间、数字、段落顺序、引文等是否准确；文字、数字、计量单位和标点符号等用法是否规范。

（5）其他内容是否符合公文起草的有关要求。

另外，需要发文机关审议的重要公文文稿，审议前由发文机关办公厅（室）进行初核。

而经审核不宜发文的公文文稿，应当退回起草单位并说明理由；符合发文条件但内容需做进一步研究和修改的，由起草单位修改后重新报送。

3. 签发

《条例》第二十二条规定，公文应当经本机关负责人审批签发。

其中，重要公文和上行文由机关主要负责人签发。党委、政府的办公厅（室）根据党委、政府授权制发的公文，由受权机关主要负责人签发或者按照有关规定签发。签发人签发公文，应当签署意见、姓名和完整日期；圈阅或者签名的，视为同意。联合发文由所有联署机关的负责人会签。

(二) 其他应用文书的制发程序

其他应用文书的制发没有党政机关公文那么严格，但是一般也需要经过至少三道程序。

1. 起草

即拟写应用文书的草稿，一般由部门的文书人员完成。拟写的草稿必须符合国家的法律法规和政策规定，能准确反映写作意图，字词、语法合乎规范，结构完整，格式正确。

2. 审核

文稿草拟完成后应送交办公室或部门负责人审核，对文稿的主题、内容、语言、格式等方面进行审查校核。如有问题，应及时进行修订，形成定稿。

3. 公布

定稿经领导审阅签发后，方可正式发布。

章节练习

一、单项选择题

1. 以下不属于党政机关公文的是（　　）。
   A. 通报　　　　　　　B. 启事
   C. 通知　　　　　　　D. 报告

2. 以下关于应用文书的说法不正确的是（　　）。
   A. 应用文书不仅适用于机关和企业，个人也可以在日常生活中使用
   B. 应用文书的类型主要包括党政机关公文、事务文书和商务文书
   C. 应用写作具有很强的目的性，要求作者必须准确把握写作意图
   D. 大部分应用文书都可采用自定义的格式写作

3. 公文正式发布前的最后一步制发程序是（　　）。
　　A. 起草　　　　　　B. 审核
　　C. 公布　　　　　　D. 签发

二、多项选择题

1. 以下属于事务文书的是（　　）。
　　A. 纪要　　　　　　B. 会议记录
　　C. 简报　　　　　　D. 招标公告
2. 在起草党政机关公文时，应做到（　　）。
　　A. 符合党的理论路线方针政策和国家法律法规
　　B. 一切从实际出发，分析问题实事求是
　　C. 内容丰富，文字优美，主题多元
　　D. 深入调查研究，充分论证
3. 党政机关公文的审核重点包括（　　）。
　　A. 内容是否符合党的理论路线方针政策和国家法律法规
　　B. 所提政策措施和办法是否切实可行
　　C. 文种是否正确，格式是否规范
　　D. 文字、数字、计量单位和标点符号等用法是否规范

第二节　应用文书的要素

应用文书的主题也可称"主旨"，即文章的中心思想或主要观点；而材料是指作者为了某一写作目的而收集、筛选、应用于文章中的事实或依据；其结构则指文章各部分的组织和排列。

一、主题

应用文书作为一种因应公务往来、商业交往、日常事务处理而生的实用文书，其写作目的是很明确的。因此，准确地把握写作意图、确立好文章的主题，成为应用文书写作的首要任务。

(一) 主题的定义

主题也可称"主旨",即文章的中心思想或主要观点,注意要将其与文章的内容相区分。文章的内容是具体的,是读者直观可感的,包括人物、事件、情节等;而文章的主题是相对抽象的,是通过人物的描写,事件、情节的叙述而表达的思想情感、观点主张,往往需要读者去理解与提炼。

(二) 主题的确立依据

所谓"立意",即确立文章的主题,其依据如下。

1. 以写作目的为依据

应用写作大部分是"任务型"写作,是为了解决工作或者生活上的具体问题而撰写的,很多情况下可能还是由上司指派的"命题"作文。此时,写作目的——包括领导的意图,上级要传达的决策、精神,就是作者确立文章主题的依据。例如,大部分的党政机关公文就属于任务型写作,当领导布置秘书写一则会议通知时,"清晰传达会议召开的基本信息"既是写作目的,也是这则通知的主题。

2. 以材料本身的意义为依据

除了写作意图明确的"命题作文"以外,还有一些情况下的写作要求作者从材料本身入手,通过挖掘材料的意义来确立文章的主题。例如写作事故报告时,我们应通过对事故起因、经过、结果的分析,来总结事故带来的教训与启示,以此作为报告的主题。

(三) 应用写作对主题的要求

应用写作不同于文学创作,应用文书的主题应做到正确、集中、深刻和新颖。

1. 正确

应用文书是政府机关、企事业单位、社会组织和个人在公务往来、商务沟通、日常事务处理中形成的,其生效前提是文章主题必须符合党和国家的法律法规、政策方针,服从社会规则和道德规范,也不能违背上级和领导的指示要求。

2. 集中

文艺作品的主题可以是博大多元的,塑造的人物可以是具有多面性的,所谓"一千个读者就有一千个哈姆雷特",每个读者对作品的主题都允许有不同的理解。但是,应用文书是实用型写作,是为了解决工作和生活上的具体问题而存在的，其主题应集中且单一，否则容易让收文对象产生歧义甚至误解，阻碍决策、指示、信息的有效传达，不利于实际问题的解决。

3. 深刻

应用写作与其他类型的写作一样，要求作者对人物、事件进行深度分析，充分挖掘材料的内涵和意义，对主题的处理不能流于表面，必须使其反映事物、现象的本质。例如，在写作批评性通报时，我们不能只看到错误行为所导致的直接损失和不良影响，还应反思这种行为背后是否有更深层次的动机或成因；只有把更深层次的矛盾和问题揭示出来，才能帮助读者从源头开始防范类似的现象或行为再出现。

4. 新颖

社会在不断变化，事物在不断向前发展，应用文书的主题也必须与时俱进，要能够传达新观念、新思想，要求作者从更新颖的角度对材料进行挖掘。

二、材料

正所谓"巧妇难为无米之炊"，确立好文章的主题以后，我们还需要往里填充各种能够表现、突出主题的材料，丰富文章的血肉。

（一）材料的定义

材料是指作者为了某一写作目的而收集、筛选、应用于文章中的事实或依据，包括现象、事件、数据、理论、观点、客观规律、社会规范等。

（二）材料收集的途径和方法

1. 间接获取

所谓间接获取的材料，指的是通过阅读书籍报刊，收听广播，观看电视、电影，浏览网络而获取的材料。从不同的媒介获取材料是材料收集的最主要途径。

2. 直接获取

直接获取指的是由本人亲身经历而获取的材料，即通过本人亲自所见、所闻、所感而得到的材料。由亲身经历获取的一手材料往往更具体生动，运用于文章时能具备较强的感染力。

（三）材料的鉴别

材料的鉴别主要包括两方面：一是要去伪存真，鉴别材料的真假；二是要区分好坏，鉴别材料的价值高低。

1. 鉴别真假的方法

（1）溯源法。

核对有关原书、原件等原始信息，检查在转引、转述过程当中是否存在信息的扭曲或失真。

（2）核对法。

将获取的材料与来源可靠的权威信息进行对照分析。

（3）逻辑法。

对信息中表达的事实和叙述方法进行逻辑分析，发现问题和疑点，从而辨别真伪。

（4）调查法。

即通过调查的方法来验证信息的真实性和准确性。

2. 价值判断的方法

（1）查重法。

自从有了互联网，信息获取的速度更快、体量更大，但当中可能会存在不少内容重复或雷同的材料。在鉴别时，应注意剔除重复、多余的素材。

（2）时序法。

按时间顺序对获取的材料进行取舍。在来源同样可靠的情况下，保留较新的素材，较旧的则予以剔除。

（3）类比法。

将同类型的材料进行比较，保留信息量更大、更能反映事物本质的素材。

（四）材料的选取

材料的选取应从应用文书的特点出发，遵循切题、典型、真实准确、生动新颖四个原则。

1. 切题

应用文书是具有很强目的性的实用文书，因此所选的材料一定要能够为写作目的而服务，要能够表现和突出主题。例如，当我们要拟写一份表彰通报时，通报中出现的必须是值得被表扬、被学习、具有先进性的人物或事件，不能选择待批判、须引以为戒的错误行为或事件。

2. 典型

一则应用文书的篇幅有限，因此所用的材料必须经过严密的筛选，选用最具代表性和说服力的材料。例如在撰写个人述职报告时，我们应把握住最能体现个人能力和成绩的典型事件写进报告中，切忌记流水账。

3. 真实准确

应用写作是纪实性写作，应用文书都是非虚构文体，因此必须保证所用材料的真实准确。意即出现在文章中的人物必须真实存在，事件必须真实发生，数据应精准确凿，切忌为了突出主题而捏造、夸大事实。

4. 生动新颖

应用文书的特点之一是很强的时效性，因此应选用新鲜的，能够反映当下现象、问题或者时代性的材料。例如我们在编制单位的简报时，就应该选择报道新颖、生动，能够反映单位新风貌、新气象的事迹。

（五）材料的运用

一篇应用文书所选用的材料往往不只一个，因此材料编排的顺序和所占篇幅的大小是我们在写作时应仔细斟酌的。

1. 按顺序

写作时，我们一般可按照时间的先后、说理的顺序、行文的方便等原则去安排材料的出现顺序。

2. 分详略

从写法上来讲，好的文章都讲究段落长短合宜，节奏张弛有道，因此写进文章中的材料也应该有主次、详略之分。更具代表性、更有感染力、更能突出主题的材料应该作为主干材料加以详写，而其他起烘托、补充作用的材料则可略写。

三、结构

如果说主题是文章的灵魂，材料是血肉，那结构就是文章的骨骼，有了骨骼以后，文章就基本成型了。

（一）结构的定义

结构一词最早为建筑学的术语，指的是建筑物的构造，引申至写作上，则指文章各部分的组织和排列。

（二）结构的内容

1. 标题

标题是标明文章内容的简短语句，应用文书标题的基本模式有以下两种。

(1) 公文式标题。

根据《党政机关公文处理工作条例》，公文标题"由发文机关名称、事由和文种组成"。三元素标题是党政机关公文标题的最基本形式，在公文具备完整版头的情况下，标题也可简化为"事由＋文种"的形式。

除了党政机关公文以外，其他应用文体为使文章显得更规范正式，在行文上也会向公文看齐，采用公文式的标题，例如《××公司关于顾客满意度的调查报告》《××厂关于招聘技术管理员的启事》。

(2) 文章式标题。

文章式标题一般运用于对格式、体例要求相对宽松的应用文体，如简报、讲话稿、欢迎词等，可提炼反映文章内容或主题的短语作为标题，而不拘泥于"发文机关＋事由＋文种"的形式。例如某市党委的工作简报标题为《百名秘书当村干部　创先争优增才干》。

2. 开头

开头，指文章的起始部分。古人写文章讲究"凤头、猪肚、豹尾"，即开头要漂亮、醒目，能够先声夺人。

应用文常见的开头方式有以下四种。

(1) 概述式。

指通过概括叙述有关情况或背景材料来开篇的方式。例如《工程勘察设计统计工作座谈会会议纪要》的开头。

> 2010年4月7—8日，住房和城乡建设部建筑市场监管司在江苏南京召开了工程勘察设计统计工作座谈会，来自全国30个省、自治区、直辖市和总后基建营房部工程局负责工程勘察设计统计工作的同志出席了会议。江苏省住房和城乡建设厅副厅长顾小平到会致辞，住房和城乡建设部建筑市场监管司副司长刘宇昕出席会议并讲话。

这则纪要的开篇介绍了本次会议的开会情况，让读者在第一时间了解到会议的基本信息，为接下来会议内容的记述做了背景铺垫。

概述式开头常见于报告、纪要、总结、简报、市场调查报告等文体。

(2) 目的式。

顾名思义，指通过阐述发文目的、意义来开篇的方式。目的式开头往往会采用"为……""为了……""根据……"的句式来开宗明义。例如：

> 为了进一步贯彻落实《国务院关于落实科学发展观加强环境保护的决定》，确保环境保护"十一五"规划和节能减排任务顺利完成，严肃查处违法排污行为，切实解决当前突出的环境问题，保障人民群众的切身环境权益，根据环境保护部等八部委联合发布的《关于继续深入开展

整治违法排污企业保障群众健康环保专项行动的通知》精神，结合上海饮用水源保护实际情况，我市环境保护执法人员于2008年7月至8月，对城镇集中式饮用水源地保护区划定的重点水污染源企业进行了专项检查，现将检查情况汇报如下：……
——《上海市2008年环保专项行动饮用水源保护区后督查情况报告》

根据《上海市人民政府关于印发〈上海市被征收农民集体所有土地农业人员就业和社会保障办法〉的通知》（沪府发〔2017〕15号）的有关规定，为切实保障本市征地养老人员的基本生活，规范征地养老人员的管理，现就2018年调整本市征地养老人员生活费标准的有关规定通知如下：……
——《关于2018年调整本市征地养老人员生活费标准的通知》

上述两篇文章，前者开头表明了发文的目的，后者出示了发文的依据，都属于典型的目的式开篇方式。

(3) 开门见山式。

指开篇直入内容或主题的开头方式，常见于各类商务文书。例如：

根据工作需要，现就《深圳市人力资源和社会保障局服务大厅家具采购项目》进行招标，有关事项如下：……
——《深圳市人力资源和社会保障局服务大厅家具采购招标书》

开篇无须赘言，直接表明文章主题，简明扼要。

(4) 引述来文式。

指引述对方来文、来电的标题与发文字号（如有）来开篇的方式，常见于批复、函、商务电邮等文体。开头句式一般为"你（单位）＋来文标题＋收悉"的写法，例如：

你局《关于减免广州华宝珍稀水产养殖有限公司水生野生动物资源保护费的请示》收悉。经研究，批复如下：……
——《关于减免水生野生动物资源保护费请示的批复》

3. 主体

主体即文章的躯干部分，由一个或多个段落组成，表现一个或多个不同的层次。

(1) 段落。

段落是构成文章的基本单位，用以表明文章思想内容的强调、转折或间歇，格式上以首行空两格（即换行）为标志。

（2）层次。

层次的概念不同于段落，指的是文章思想内容的表现次序。一个层次可能由一个段落表达，也可以由多个段落共同表达，甚至在某些篇幅极其短小的文章中，一个段落就可表达多个层次。应用文书常见的层次编排方式有如下几种。

① 三段式。

三段式的篇章结构最常见于党政机关公文的写作，写法为开头先交代发文背景和目的，主体部分对事项进行说明，最后以文种固定语作结，或在结尾处提出要求，表达意愿、希望。

② 一段式。

即把发文目的、事项和结语都糅合到一个段落中，例如各种复合型通知——印发通知、转发通知、批转通知，往往会采用一段式的写法。

③ 总分式。

总分式指文章不同层次之间表现为"先总后分"或"先分后总"的关系。在篇幅较长的应用文体，如报告、总结当中较常用。

④ 并列式。

指文章不同层次间呈并列逻辑关系的形式。规章制度、合同、招标书、投标书等应用文的主体各层次即往往呈并列式的关系。

⑤ 递进式。

与并列式不同，递进式结构的各层次间呈相互依存的关系，文章的前一层为后一层的基础，常见于采用议论作为主要表达方式的文章当中。

⑥ 因果式。

即不同层次间呈"前因后果"或"前果后因"逻辑关系的形式。因果式的层次安排较常见于奖惩性通报和事故报告中，开篇先交代发文缘由的文章也可理解为属于因果式范畴。

⑦ 时序式。

指以时间先后为序，按照事情的发生、发展、变化过程来安排层次的方式，常见于叙事性强的文种，如通报、报告、简报、会议记录等。

4. 结尾

有"凤头"就应有"豹尾"，应用文书的结尾可不能马虎，常见的写法有以下几种。

（1）固定结语。

不少应用文体都具备专属的结束语，例如"特此通知"（通知）、"妥否，请批复"（请示）、"特此批复"（批复）、"特此证明"（证明信）等。当文章结尾不再提出新要求或任何补充说明时，采用固定语作结是最直截了当的结尾方式。

（2）强调式。

指在结尾中对正文提出过的问题再次强调、重申的方式，作用在于强化读者印象。例如申请书的结尾，作者往往会再次强调申请诉求，希望能得到对方的协助或批准。

（3）希求式。

指在文章最后提出要求或号召的结尾方式。例如奖惩性通报往往会采用希求式的结尾，在最后号召读者向被表彰的个人和团体学习（表扬通报），或者要求被批评的对象马上改正错误，其他读者引以为戒（批评通报）。

四、语言

（一）应用写作的语言标准

1. 准确

应用文书是组织或个人为了沟通工作、解决问题而产生的，因此"准确"，即清晰、无误的表达是应用写作最基本的语言标准。所谓的语言准确，包括文章用字、用词和句法准确，因此要求作者必须对字、词仔细推敲辨析，造句必须符合语法规范。

2. 简洁

应用写作的实用性强，追求行文效率，因此应以最精简的文字将文章内容准确、清晰地予以表达。语言的简洁性要求作者应学会删繁就简，切忌堆砌辞藻。

3. 平实

平实指语言平易实在，朴素浅显。其实，语言的平实和简洁是一脉相承的，一般简洁的语言即不加多余的修饰，风格上也就显得平实。应用文书语言的平实性具体表现为：一，不故弄玄虚，用语应直截了当；二，尽量不采用排比、比喻、夸张、拟人等修辞手法（除个别文体，如演讲稿、开幕词等，为增强感染力可适当进行修辞）。

（二）应用文书的专用语言

1. 开头用语

用于说明发文缘由、意义、依据，或介绍背景材料及情况。例如：为（为了）；根据、按照、遵照、依照；鉴于、关于、由于；目前（当前）；兹、兹有、兹介绍、兹派。

2. 承启用语

用语连接开头与主体部分，起承上启下的作用。例如：根据……决定……；根据……特通告如下；为了……现决定……；为此，现就……问题请示如下；现将……（情况）报告如下；现就……问题，提出如下意见；经……批准（同意），现将有关事项通知如下。

3. 引述用语

引述来文作为回复依据的用语。例如：收悉、敬悉、欣悉。

4. 批转用语

用语批转、转发、印发通知的用语。例如：批转、转发、印发。

5. 经办用语

表明工作处理过程或情况。例如：经、业经、兹经、未经；拟、拟办、拟定；施行、暂行、试行、可行、执行；审定、审议、审批。

6. 表态用语

表态用语多为：同意、原则同意、不同意；可办、照办、不可；批准、原则批准。

7. 结尾用语

结尾用语有各种类型，如请示的结尾用语，多为：当否，请批示；妥否，请批复。如函的结尾用语，多为：请予复函；敬请函复；盼复。如批复、复函的结尾用语，多为：此复；特此专复。如知照性公文的结尾用语，多为：特此通知/通报/通告。

章节练习

一、单项选择题

1. 应用文书写作的首要任务是（　　）。
   A. 确立主题　　　　　　　　B. 收集材料
   C. 明确组织架构　　　　　　D. 选择合适的表达方式

2. 以下不属于应用写作对"主题"要求的是（　　）。
   A. 正确　　　　　　　　　　B. 深刻
   C. 丰富　　　　　　　　　　D. 新颖

3. 鉴别材料真实性可采用的方法是（　　）。
   A. 溯源法、校对法　　　　　　B. 调查法、类比法
   C. 查重法、逻辑法　　　　　　D. 逻辑法、调查法
4. 以下写法属于概述式开头的是（　　）。
   A. 为了更有效地进行教学评价和教学反思，特召开期中教学座谈会，现将会议有关事项通知如下……
   B. 按照《人事管理办法》，经研究讨论决定，对违反公司相关规定的人员做出如下处理……
   C. 6月7—8日，省秘书专业学术研讨会于××职业学院顺利召开，共150名专家及教师代表参加了会议
   D. 你局《关于调阅××同志人事档案的函》（×函〔2018〕10号）已收悉
5. 文章各层次间呈相互依存的关系，前一层为后一层基础的编排方式为（　　）。
   A. 总分式　　　　　　　　　　B. 三段式
   C. 递进式　　　　　　　　　　D. 并列式

二、多项选择题

1. 以下属于间接获取材料的方式有（　　）。
   A. 阅读报刊　　　　　　　　　B. 开展调查
   C. 浏览网络　　　　　　　　　D. 收听广播
2. 以下属于公文式标题的是（　　）。
   A. 关于违规使用电器的通报　　B. ××公司关于人事调查的函
   C. 狠抓纪律作风，争创文明单位　D. 招聘启事
3. 应用写作的语言标准包括（　　）。
   A. 简洁　　　　　　　　　　　B. 准确
   C. 平实　　　　　　　　　　　D. 优美
4. 以下属于应用文书经办用语的有（　　）。
   A. 经、业经、兹经　　　　　　B. 拟、拟办、拟定
   C. 同意、原则同意　　　　　　D. 施行、暂行、试行
5. 以下属于"请示"结尾用语的有（　　）。
   A. 请予复函　　　　　　　　　B. 特此通知
   C. 如无不当，请批准　　　　　D. 妥否，请批复

第三节　应用文书的表达方式

在应用文的表达方式方面，叙述是把人物的经历、行为或事物发展变化的过程予以表述的方式；说明是客观解释、介绍事物的形状、性质、特征、功能，或人物的经历、特征、状况的表达方式；议论是作者对某件事情或某个问题进行分析、推理、评论，表明自己的立场、观点、意见的一种表达方式。

一、叙述

（一）叙述的定义

叙述是把人物的经历、行为或事物发展变化的过程予以表述的方式。叙述六要素包括：时间、地点、人物、事件、原因、结果。

（二）叙述的人称

叙述的人称即作者进行叙述的角度，反映了作者的观察点和立足点。

1. 第一人称叙事

指作者以当事人、见证人的身份在文章中进行叙述。采用第一人称叙事的文种主要有请示、批复、函、述职报告、计划、总结、申请书、讲话稿等。

需要注意的是，应用文书所谓的第一人称，往往指的是发文单位（机关、企事业、社会团体或部门），只有少部分文种的第一人称指的是作者本人（如述职报告、个人启事等）。

2. 第三人称叙事

指作者以局外人的身份在文章中进行叙述。采用第三人称叙事的文种主要有会议记录、纪要、意向书、合同等。

（三）叙述的方式

叙述的方式指的是叙述顺序的安排方式，应用文书的叙述方式主要分顺叙和倒叙。

1. 顺叙

指按照事情发展的先后顺序来叙述的方式。例如：

2月28日上午8时，该车间当班人员接班时，2个反应釜空釜等待投料，3个反应釜投料生产。8时40分左右，1号反应釜底部放料阀（用导热油伴热）处导热油泄漏着火；9时4分，一车间发生爆炸事故并被夷为平地，造成重大人员伤亡，周边设备、管道严重损坏，厂区遭到严重破坏，周边2公里范围内部分居民房屋玻璃被震碎。

——《国家安全监管总局关于河北克尔化工有限责任公司"2·28"重大爆炸事故情况的通报》

2. 倒叙

指打破时间先后顺序，把事件结果或某个环节提前进行叙述的方式。例如上面所举的这篇例文，文章开头如下：

　　2012年2月28日上午9时4分左右，位于河北省石家庄市赵县工业园区生物产业园内的河北克尔化工有限责任公司（以下简称河北克尔公司）生产硝酸胍的一车间发生重大爆炸事故，造成25人死亡、4人失踪、46人受伤。这起事故是近一个时期以来危险化学品领域发生的伤亡最严重的事故。

——《国家安全监管总局关于河北克尔化工有限责任公司"2·28"重大爆炸事故情况的通报》

这则通报把事故的结果提前至开篇进行叙述，指出事故的严重后果，以引起读者的注意。

二、说明

（一）说明的定义

说明是客观解释、介绍事物的形状、性质、特征、功能，或人物的经历、特征、状况的表达方式。

应用文书往往会同时使用叙述和说明两种表达方式。

（二）说明的方法

1. 定义

指以准确、科学的语言，对事物的本质特征加以揭示和概括，是对某种概念的内涵和外延的规定。例如，《党政机关公文处理工作条例》中，党政机关公文的定义为：党政机关公文是党政机关实施领导、履行职能、处理公务的具有特定效力和规范体式的文书，是传达贯彻党和国家的方针政策，公布法规和规章，指导、布置和商洽工作，请示和答复问题，报告、通报和交流情况等的重要工具。上述定义对公文的性质、特征和功能都做了准确、科学的概括。

2. 表述

指对某一事物或人物相对具体地进行说明、介绍。例如，《三金牌桂林西瓜霜说明书》中对药品"功能主治"的表述如下。

  清热解毒，消肿止痛。用于风热上攻、肺胃热盛所致的喉痹、口糜，症见咽喉肿痛、咽核肿大、口舌生疮、牙龈肿痛或出血；急、慢性咽炎，扁桃体炎，口腔炎，口腔溃疡，牙龈炎见上述症候者及轻度烫伤（表皮未破）者。

以上文字较为详细具体地对药品的功能进行了介绍与说明。

3. 分类

指把不同的事物或人物分成不同的类别，加以介绍。例如由黑龙江科学技术出版社出版的《彩色图解动物百科》对海洋动物的介绍中，有这样两段文字。

  海洋无脊椎动物是海洋世界中的"名门望族"，在种类和数量上都占据统治地位。主要包括原生动物、海绵动物、腔肠动物、扁形动物、纽形动物、线形动物、环节动物、软体动物、节肢动物、腕足动物、毛颚动物、须腕动物、棘皮动物及半索动物等。

  海洋中另一重要的门类是海洋脊椎动物，主要包括依靠海洋生存的鱼类、爬行类、鸟类和哺乳类动物。

这里将海洋动物分成不同的门类，并加以说明，显得层次分明、清晰。

4. 比较

指把同类的事物放在一起考察、鉴别，以确定异同。例如下面这段对于"鱼类"的介绍。

  科学家们根据鱼的个性特征，将它们分为三大类。一类叫作无腭鱼，如七鳃鳗、八目鳗等，它们没有腮，身体就像一节烟囱。第二类叫硬骨鱼，如鳟鱼、鳕鱼等。它们的脊椎、头骨、肋骨、下颚都是由硬骨组成的。鳞片叫作骨鳞，一部分重叠，呈覆瓦状排列在表皮下面。多数的硬骨鱼都有一个可以控制沉浮的气囊，叫作鳔。鳔如同一个可变的气泡，当它变大时，浮力增加，鱼就能浮起来；当它变小时，浮力减少，鱼就会沉下去。最后一类叫软骨鱼，其特点为骨骼柔软；鳞片呈盾状，嵌在皮肤里，形成砂纸一样的表面；无鳔。

上述文字提到的动物都属于鱼类,但却各有特点。将这些鱼放在一起进行表述时,读者就能清晰地辨别出它们之间的不同特征。

5. 数字和图表

指借用数字和图表(见表1-1)的形式来说明的方式。试看下面两个例子。

中秋节前夕,上海市食品药品监督管理局对本市生产经营的月饼进行了监督抽检。截至目前,全市共抽检188批次,其中本市生产企业116批次、流通企业60批次、餐饮单位制售的12批次。覆盖世纪联华、农工商、麦德龙、乐购、欧尚、大润发、联家、好又多等连锁超市、食品店以及本市月饼生产企业,品牌涉及杏花楼、新雅、功德林、老大房、沈大成、元祖等知名品牌。结果显示,合格187批次,不合格1批次(不合格项目:菌落总数超标),样品检验合格率为99.47%。

——《2018年上海市月饼监督抽检情况通报》

表1-1 2018—2019年广东省季度地区生产总值修订结果

时　　期	总量(亿元)	增长速度(%)
2018年1季度	21675.92	7.0
2018年1—2季度	46059.11	7.1
2018年1—3季度	70881.55	6.9
2018年1—4季度	99945.22	6.8
2019年1季度	23695.52	6.6
2019年1—2季度	50054.49	6.5
2019年1—3季度	77460.42	6.4
2019年1—4季度	107671.07	6.2

——《广东省统计局关于修订2018—2019年季度地区生产总值的公告》

上述例子分别通过数字和图表的形式进行说明,显得直观清晰,一目了然。

三、议论

(一)议论的定义

议论是作者对某件事情或某个问题进行分析、推理、评论,表明自己的立场、观点、意见的一种表达方式。

(二) 议论的要素

完整的议论包括三要素：论点、论据和论证。

1. 论点

论点即作者提出的观点、见解、主张，论据和论证都应以论点为核心，为论点服务。

2. 论据

论据即用以证明论点的材料，可分为事实论据与理论论据。

3. 论证

论证指运用论据证明论点的过程，也叫论证过程。

(三) 论证的方法

1. 例证法

指用典型事例当作论据来证明论点的方法，是最为常见的论证方法。例如重庆市扶贫开发办公室在《关于2002—2010年定点扶贫工作的总结》中指出：

> 2002年以来，中央国家机关和单位以高度的政治责任感和强烈的工作责任心，采取多种形式，广泛动员和组织力量开展了大规模的扶贫开发和扶贫济困活动，对我市的扶贫开发和定点扶贫地区贫困群众的越温脱贫作出了突出贡献。

其后为了证明这一论点，文章分段介绍了"水利部帮扶三峡库区6县情况""三峡建设委员会帮扶万州情况"等5个中央国家机关和单位定点帮扶事例，论据翔实、典型。

2. 引证法

指引用法律法规，科学公理、定理，经典言论，或生活中的常理等来作为论据证明论点的方法。例如：

> 中勤万信实施的上述程序显然不足以达到实质性分析程序的目标，其行为违反了《中国注册会计师审计准则第1313号——分析程序》（2010年修订）第四条"注册会计师的目标是：（一）在实施实质性分析程序时，获取相关、可靠的审计证据……"以及第五条"在设计和实施实质性分析程序时，注册会计师应当……（三）对已记录的金额或比率作出预期，并评价期望值是否足够精确以识别重大错报；（四）确定

已记录金额与预期值之间可接受的,且无需按本准则第七条的要求作进一步调查的差异额"的规定。

——《湖北证监局行政处罚决定书〔2019〕4号》

这份行政处罚决定书通过引用相关法律法规来证明当事人确实存在违法行为,论据正当、充分。

3. 对比法

指通过将两种或多种事物进行比较以证明论点的方法。例如:

上半年,广东社会消费品零售总额20680.41亿元,同比增长7.7%,增幅比一季度提高0.8个百分点。6月,社会消费品零售总额增速比上月加快2.9个百分点。按经营单位所在地分,城镇消费品零售额增长7.4%;乡村消费品零售额增长9.2%。按消费类型分,餐饮收入增长9.0%;商品零售增长7.5%。消费升级类商品销售增长较快,上半年,限额以上单位文化办公用品类和通讯器材类商品同比分别增长10.9%和14.8%,增速分别快于社会消费品零售总额3.2个和7.1个百分点。

——《2019年上半年广东经济运行总体平稳》

这份统计快讯通过列举多个比较数据,来证明"市场销售稳中有升"的论点。

4. 因果法

指通过揭示事物之间的因果关系以证明论点的方法。大部分奖惩性公文,例如表扬通报、表彰决定、批评通报、处罚决定等,都采用了因果法来证明论点。此处的论点即文章提出的表彰或处分决定,正是基于某些个人或组织的行为(因),所以发文机关给出了相应的决定(果)。

章节练习

一、单项选择题

1. 以下关于"叙述"的说法不正确的是( )。

   A. 叙述六要素包括:时间、地点、人物、事件、原因、结果

   B. 第一人称叙事的文种包括请示、批复、函、计划、总结等

C. 大部分应用文书的第一人称指的就是作者本人

D. 采用第三人称叙事的文种主要有会议记录、纪要、意向书、合同等

2. "麻雀拥有初级飞羽9枚，外侧飞羽的淡色羽缘（第一枚除外）在羽基和近端处，形稍扩大，互相骈缀，略成两道横斑状，在飞翔时尤见明显。"这段文字采用的说明方法是（　　）。

A. 定义　　　　　　　B. 表述

C. 分类　　　　　　　D. 比较

3. 通过引用法律法规，科学公理、定理，经典言论或生活中的常理等来证明论点的方法称为（　　）。

A. 例证法　　　　　　B. 对比法

C. 因果法　　　　　　D. 引证法

二、多项选择题

1. 说明是用于客观解释、介绍（　　）的表达方式。

A. 事物的形状、性质　　B. 事物的特征、功能

C. 人物的经历　　　　　D. 人物的状况

2. 议论的要素包括（　　）。

A. 人称　　　　　　　B. 论点

C. 论据　　　　　　　D. 论证过程

3. 常用的论证方法有（　　）。

A. 分类法　　　　　　B. 对比法

C. 例证法　　　　　　D. 数字和图表

条据文书篇
Tiaoju Wenshupian

第二章　业务往来

一、明确概念

条据是人们在日常工作、学习、生活中，彼此之间为处理财物或事务往来，写给对方的作为某种凭证的或有所说明的字条，条指便条，据指单据。条据具有简便性、凭证性和严肃性的特点。条据根据内容和性质的不同，可以分为说明式条据和凭证式条据两类。

（一）说明式条据

即便条，如留言条、请假条等，具有告知对方信息、向对方说明某件事情的作用。这类条据只起说明告知的作用，不具有法律效力。

（二）凭证式条据

即单据，如借条、欠条、收据、领条等，具有作为证据、凭证的作用，并具有法律效力。

二、学习目标

知识目标

1. 理解并掌握请假条、留言条等条据类文书的写作格式及要求。
2. 了解和认知条据类文书的日常礼节及相关的法律知识。

能力目标

1. 根据实际情况，写出完整、规范的请假条、领条等条据类文书。
2. 根据实际情况，结合日常所见、所学，能有效规避借条、领条等条据类文书中的错误，遇到不良情况能运用相关法律知识保护合法权益。

三、知识平台

各类条据文书的适用范围和作用见表 2-1。

表 2-1 各类条据文书的适用范围和作用

名称	适用范围	作用
留言条	访人不遇或不能面谈的情况下做书面交代	交代事情或说明情况
托事条	委托他人帮忙办事、购物、传话、告知事情等	托人办事
请假条	因病或因事不能按时上班、上学或不能参加某活动需书面请假时	请求准假不参加某项工作、学习、活动
借条	向个人或单位借用款物时	证明借用或借款关系
收条	收到他人或单位的款物时	反映或证明收到的事实
欠条	借方借用款物后，先归还一部分，尚欠一部分；借用款物时未写明借条，事后补欠条；购置物品时未当场付款等	证明债权债务关系
领条	从单位或个人领取款物时	反映或证明领到的事实

第一节 请 假 条

一、请假条的定义

请假条是当事人因故不能参加工作、学习、活动等情况下，向领导、老师等上级相关负责人说明缘由并请求批准的简易文书。按照请假的原因，请假条可分为请病假和请事假两种。病假条一般需要附有医院的诊断证明并加盖医院公章。

二、请假条的撰写格式

请假条的撰写格式,主要包括以下几个部分。

(1) 标题:请假条。

(2) 称谓:写有关部门负责人等。不论是领导还是老师,最好写全名,且在其名字前加上"尊敬的"礼貌称呼,称呼与标题相隔一行,在首行顶格写,称呼后面加冒号。

(3) 正文:写请假的原因和起始时间。

(4) 致敬语:正文结尾处应写上"此致""敬礼""特此请假""请准假""请批准为盼"等致敬语。

(5) 落款:署名和日期。

(6) 附件:请假条的附件。若就医后请病假,须附上医生出具的病情诊断书;若请事假,也应请相关单位或人士出具证明。

请假条格式(见图 2-1)和范例(见图 2-2)如下。

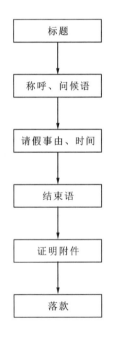

图 2-1　请假条格式

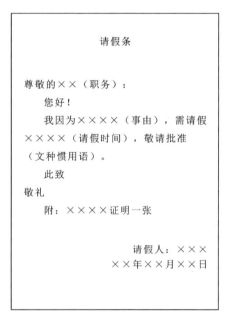

图 2-2　请假条范例

【例 2-1】

请假条

尊敬的黄景文老师：

　　您好！

　　我从昨天晚上开始肚子不舒服，经医生检查是胃炎发作，医生要求我住院治疗，特向您请假七天（5月14日—5月20日），请批准。

　　此致

敬礼

　　附：医院证明一张

17级文秘一班　李晓明
2018年5月13日

【简析】

　　这是一张格式规范、内容简洁明了的请假条。称呼符合礼仪且准假对象名字完整；正文部分请假理由得当并提供了批假的依据，请假起止时间明确，请假要求得体。这样的请假条易于被老师批准。

【例 2-2】

某中文系学生写给老师的请假条

敬爱的王一凡老师：

　　昨夜雨急风骤，风云异色，天气突变。因吾尚在梦中，猝不及防，不幸受凉！鸡鸣之时，吾方发现。不想为时已晚矣！病毒入肌体，吾痛苦万分！亦悔昨夜临睡之际，不听室友之劝，多加棉被一条，以致此晨之窘境。吾痛，吾悔！无他，惟恸哭尔！室友无不为之动容！

　　本想学业之成就为吾一生之追求！又怎可为逃避病痛而荒辍学业乎！遂释然而往校。但行至半途，冷风迎面吹，痛楚再袭人。吾泪涕俱下。已到生不如死之境，哪得力气再往之。不得已，而借友人之臂，返之！

由此上述，为吾未到校之缘由。吾师应懂，吾未到校，乃吾迫不得已之。非不为也，而不能也。吾亦懂，吾未到校，吾师失一佳徒之痛苦。无吾，汝课索然无味哉！汝苦，吾亦苦！！但，病痛不饶人，敬请谅之！如有幸再见吾师之面，再听吾师之课，吾宁当负荆请罪，自辱其身！

呜呼哀哉！痛矣！

老师批语：
情真意切，准了。

【例 2-3】

某物理系学生写给老师的请假条

今早我起来洗漱，不幸被锁于厕所，现在还出不来，正和门搏斗。据我研究，锁没有锈，只是门下部截面有问题，导致滑动摩擦力过大。根据定理 $f=un$，由于截面完全粗制滥造，属一级次品，f 大于 F（F 是我的力量），初步估计到下课我还不能出来。这张假条是我在厕所口述，室友在门外笔录，十分艰辛，请老师准假。

老师批语：
唉，你写张请假条也不容易，准了。

【例 2-4】

某美术系学生写给老师的请假条

我的隐形眼镜掉了一片，您的五官在我眼里变得线条模糊，我不能用这种不负责任的眼光来玷污您的美，为了您在我心中的形象，准我一回假吧！

老师批语：
太感动了！准假！

【例 2-5】

请假条

尊敬的刘副书记：

　　诸位领导，塞北江南来校十余年，深知校规，察学校暑期前事虽繁然意重，尤以首次党代会为要，作为列席代表不宜于此时请假。然时值假期，正乃落实年初商定之双亲故疾手术之大好时机也。故，俟放假之时即为归期之日而购票并告家亲。若不能按时归而置父母呈每日于家待儿状，此为人子所不能也。此其一。

　　或有问焉，假期一月有余，何不缓缓图矣？非不想，实不能也！家中门祚不兴，长兄早亡，男儿只余一人。姐、妹或以种地为业，或以打工谋生，自顾尚艰，于此则难得照拂。若吾不能按时归，则入院、陪护、缴费诸事宜无人置办，事事难谐矣！是故，须阖家早归，难得拖延。此其二也。

　　吾天命之年，得政策之眷顾，又得一女。自出月以来，每晚与我共眠，近两年矣。小女闻我之呼噜声方安，我握小女之脚才眠。今若小女归而我在此，则吾二人俱不得安然而眠矣。孟子曰："老吾老，以及人之老；幼吾幼，以及人之幼。"天下父母莫不如此，又何忍于襁褓小儿乎？此其三也。

　　以上所述，尽皆实情。塞北江南虽不欲早离学校，然人情天伦，实难辞却。此番告假，实乃事出有因，情非得已，望学院及校领导酌情体察，早日批准为盼。

塞北江南
2018 年 7 月 19 日

领导批语：

情切切，意绵绵。批了。

三、撰写请假条的注意事项

（1）格式上要规范，符合请假条的行文要求。

（2）书写上要字迹清晰，便于认知。

（3）态度上要自我定位清晰，有礼有节。

（4）语言上要言简意赅，准确无误。

章节练习

一、改错题

指出下列四则请假条存在的问题并改正。

请假条

黄老师：

  本人由于在上课的路上，自行车坏了，故不能及时到达教室上下午的课，现向您请假，

  请同意为盼。

学生：吴欣
2017 年 2 月 1 日

请假条

尊敬的黄老师：

  您好！本人是 14 级社会工作 2 班的吴彤，由于家中有事，于 2015 年 10 月 1 号特向您请假。

  还望批准。

学生：吴彤
2017 年 9 月 23 日

请假条

黄老师：

  本人刚接到家里人的来电，家中有急事现需要我回家一趟，今天下午你的课程我无法到达，现向您请假，请予批准。

学生：吴绮婷
2017 年 9 月 23 日

请假条

尊敬的老师：

　　您好！我是14级社工一班的何燕冰，因哥哥要结婚，所以作为妹妹的我要去帮忙筹备，想要在10月15日请假一天。情况特殊，望能批准！

　　何燕冰
　　10月12日

二、写作题

1. 张宏因为要参加学校学生会的会议，今天的课不能上，现请你代张宏写一张请假条给辅导员和任课教师。

2. 顺德职业技术学院人文社科学院二年级的学生黄小桃是一个单亲家庭的孩子，由于妈妈病倒了，需要在家照顾妈妈三天。现请你为黄小桃写一张请假条给辅导员。

第二节　借　　条

一、定义

　　借条是经借人借到个人或单位的钱物时所写的具有凭据作用的条据，是一种非正式契约。通常在归还了钱物后，由立据者收回或当场销毁。借条是一种表明债权债务关系的凭证性应用文书，通常用于日常生活以及商业管理方面。从法律的层面看，借条是表明债务人已经欠下债权人借条注明金额的债权债务关系的书面凭证，且需由债务人当面书写并签字或盖章的契约性文书。

二、借条的撰写格式

（一）标题

　　在纸张的首行正中，用较大字号写明"借条"字样即可。

（二）正文

标明条据的性质：在第一行的开头写明"今借到"，如果是替别人代借，应在"借"前加"代"字。写明被借单位的名称或个人姓名、借款数额或物品名称及数量、归还的具体期限。具体的写法为"今借到×××同志（或单位）××（钱或物）××（数量＋单位），定于×年×月×日前（×日内）归还"。正文之后可以加"此据"二字。

（三）落款

落款一般为署名和日期。落款与正文相隔一行，写在正文末尾的右下方。署名前一般应有"借款人"。署名应是亲笔签的真实姓名。正规的条据中，姓名前面要写单位或地址，签名后还应盖章，以示负责。日期要具体、完整。

注意：如是单位，除盖公章外，还应写明经办人姓名。

借钱和借物的借条的格式（见图2-3）和范例（见图2-4）如下。

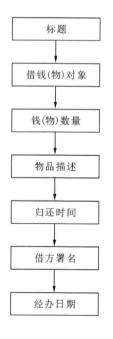

借条

　　今借到××××（贷款方）人民币×××元整（贷款数额），本人承诺于××××年××月××日前归还。

　　此据

　　　　　　　　　借款人：×××（签名）
　　　　　　　　　××××年××月××日

借条

　　今借到××××（借出方）×××（物品名称）×××（物品数量、品种、型号、式样、规格等），于××××年××月××日前归还。

　　此据

　　　　　　　　　立据人：×××（单位及其公章）
　　　　　　　　　经办人：×××
　　　　　　　　　××××年××月××日

图2-3　借条的格式　　　　　　　图2-4　借条范例

【例 2-6】

借条

今借到李乌有（身份证号码：451202××××××××××）现金人民币伍拾肆万陆仟圆整（546000 元），年利率 8%，2018 年 4 月 12 日前本息一并归还。

此据

     借款人：陈何乡（签字　　　按印　　　）
  （身份证号码：465202××××××××××）
            2016 年 3 月 12 日

（复印借款人身份证正面）　　（复印借款人身份证反面）

【简析】

这是一张以个人名义借个人财物的借条。借条交代了被借款人和借款人及其身份证号码、借款币种、借款金额、还款期限、利息、借款人身份证正反面复印件等重要内容。此外，借款金额使用大写，并在末尾加"整"字，有防止涂改的作用；落款处有借款人本人签名及手印，有效地避免了日后可能出现的经济纠纷。具体来说，借条的书写有 10 个注意事项：一是"借条"不要写成"欠条"；二是名字要写全称；三要把被借款人、借款人的身份证号码附在其名字后面，避免因重名而带来的隐患；四要注明所借币种；五要数额须用大写，避免涂改；六要将阿拉伯数字顶格写，避免他人添加内容；七要标明利息，数额巨大时应当写明，若不写则不计利息；八要写清归还日期；九要按手印须用右手食指；十要借款人身份证正反面复印。

【例 2-7】

借条

今借到学校设备处复印机壹台（型号××××，编号 SZHQ 20050028，六成新），用于全国职业院校技能大赛"中科"杯机器人技术应用决赛工作需要。2017 年 3 月 20 日前归还。特立此据。

电子与信息工程学院（公章）
经办人：陈伟华

【简析】

这是一张以单位名义借单位财物的借条。借条上明确写出了所借物品的所属单位，物品名称、数量、型号、编号等相关信息，特别交代了所借物品用途，便于管理人员对单位物品的去向与用途做出相应的备注，"特立此据"起强调其证据的作用。落款署上了单位名称（并盖章）和经办人姓名，更有利于明确责任。

生活中，总会遇到打借条的事。打借条其实也是有讲究的，可不是简单写几行字就行了，借条应该是具有法律效力的文件，且能够作为证据保护当事者的利益。那么，如何书写一张正确的借条？如何让借条更有法律效力。

知识延伸

以下这打借条的 11 大法律陷阱，你都知道吗？

1. 打借条时故意写错名字

案例：王某父子向朋友张宗祥借款 20 万元，并打下借条，约定一年后归还欠款及利息。想不到王某父子在借条署名时玩了个花招，故意将"张宗祥"写成"张宗样"。张宗祥当时也没有注意。

到还款期后，张宗祥找到二人催要借款，谁知二人却以借条名字不是张宗祥为由不愿归还。无奈之下，张宗祥将王氏父子告到法院。尽管法院支持了张宗祥的主张，但张宗祥也因在接借条时的不注意付出了很大代价。

律师提醒：打借条时不妨请借款人把身份证号写上去，这样即使借款名字书写潦草，也可以凭身份证号确定其人。

2. 是己借款，非己写条

案例：王某向张某借款 10000 元。在张某要求王某书写借条时，王某称到外面找纸和笔写借条，离开现场，不久后返回，将借条交给张，张某看借条数额无误，便将 10000 元交给王某。

之后张某向王某索款时，王某不认账。张某无奈起诉至法院，经法院委托有关部门鉴定笔迹，确认借条不是王某所写。后经法院查证，王某承认借款属实，借条是其找别人仿照自己笔迹所写。

律师提醒：借条书写须现场完成，不得离开视线。

3. 利用歧义

案例：李某借周某 100000 元，向周某出具借条一份。一年后李某归还 5000 元，遂要求周某把原借条撕毁，其重新为周某出具借条一份："李某借周某现金 100000 元，现还欠款 5000 元。"

这里的"还"字既可以理解为"归还"，又可以解释为"尚欠"。根据民事诉讼法相关规定"谁主张，谁举证"，周某不能举出其他证据证实李某仍欠其 95000 元，因而其权利不会得到保护。

律师提醒：借条内容应反复阅读，不留歧义。

4. 以"收"代"借"

案例：李某向孙某借款 7000 元，为孙某出具条据一张："收条，今收到孙某 7000 元。"孙某在向法院起诉后，李某在答辩时称，为孙某所打收条是孙某欠其 7000 元，由于孙某给其写的借据丢失，因此为孙某代写收条。类似的还有，"凭条，今收到某某××元"。

律师提醒：写清借款原因，"收""借"分明。

5. 财物不分

案例：郑某给钱某代销芝麻油，在出具借据时，郑某写道："今欠钱某芝麻油毛重 800 元。"这种偷"斤"换"元"的做法，使价值相差 10 倍有余。

律师提醒：写明借款用途，事由列清。

6. 自书借条

案例：丁某向周某借款 20000 元，周某自己将借条写好，丁某看借款金额无误，遂在借条上签了名字。后周某持丁某所签名欠条起诉丁某归还借款 120000 元。丁某欲辩无言。后查明，周某在 20000 前面留了适当空隙，在丁某签名后便在后加了"1"。

律师提醒：金额的阿拉伯数字后面追加汉字大写，谨防篡改。

7. 两用借条

案例：刘某向陈某借款18000元。出具借据一张："借到现金18000元，刘某。"后刘某归还该款，陈某以借据丢失为由，为刘某出具收条一份。后第三人许某持刘某借条起诉要求偿还18000元。

律师提醒：将借据遗失一事明确载明。

8. 借条不写利息

案例：李某与孙某商量借款10000元，约定利息为年息2%。在出具借据时李某写道："今借到孙某现金10000元。"孙某考虑双方都是熟人，也没有坚持要求把利息写到借据上。

之后孙某以李某出具的借条起诉要求还本付息，人民法院审理后以合同法第211条"自然人之间的借款合同对支付利息没有约定或约定不明的，视为不支付利息"的规定，驳回了孙某关于利息的诉讼请求。

律师提醒：事先明确约定利息，并记载于借条之上。

写借条时，要注意以下8点。

① 应写清楚借款人和放款人的法定全名。

② 应写清楚借款金额，包括大写和小写的金额。

③ 应写清楚借款时间期限，包括借款的起止年月日和明确的借款期限。

④ 应写清楚借款用途。

⑤ 应写清楚还款的具体年月日。

⑥ 应写清楚借款的利息，应有明确的年利率或月利率，最终应支付的借款利息总额（包括大写和小写金额）等约定。

⑦ 应写清楚借款本息偿还的年月日时间及付款方式。

⑧ 应有借款本人亲自签章、手印或亲笔书写的签字。

借条不规范的4种常见情况。

① 借款文书不规范或干脆没有，导致文义含糊、不确切，利息约定不明确。

② 借贷双方名字书写不规范。

③ 借条不是借款人本人亲自书写。

④ 有碍于双方友好关系，干脆没有任何文书，借款事实存在与否都很难证明。

（资料来源：《打借条的8个陷阱，一般人只知道3个》，http://mini.eastday.com/mobile/171121015107698.html。）

章节练习

一、改错题

指出下列三则借条存在的问题并改正。

借条

今借到李先生人民币5000元，本月底如数还清。此据。

借款人：邓力（盖章）

借条

今借到18寸索尼彩电一台，DVD一台，一周后归还。

借物人：××
18.5.1

借条

今借到××厂财务处人民币伍仟元整。从即日起一周内归还。

此据

借款人：××
2017年5月2日

二、写作题

1. 因迎新晚会彩排所需，你代表人文社科学院学生会向学院办公室借投影仪一台。请据此写一份借条。

2. 你最近手头比较紧，向同学王贵祥借了600元应急。请据此写一份借条。

第三节 欠　条

欠条是借了个人或公家的财物，归还了一部分，还有部分拖欠，对拖欠部分所写的条据；或是借了个人或公家的钱物，事后补写的条据。

欠条的写法与借条基本相同。

【例 2-8】

欠条

本人于 2017 年 11 月 22 日在吉之岛商城苹果电脑经营部购买苹果 Intel HD Graphics 6000 笔记本电脑壹台，还欠人民币叁仟陆佰元（3600 元）整未付清，于七天内全部结清。如果超出还款期限未还，违约金每日按欠款金额的 0.15‰ 执行。

此据

欠款人：张兰
2017 年 11 月 22 日

【简析】

这张欠条说明了因购买电脑钱不够而欠款，说明了欠款的具体数额和归还的具体限期，内容清晰、语言简洁，是一份比较完备的欠条。

知识延伸

你知道吗？——下面这些场合应该使用欠条而不是借条

（1）借了单位或个人的钱物，到时不能归还或不能全部归还时，用欠条。

（2）购买物品时，不能支付或不能全部支付钱额时，用欠条。

（3）借了单位或个人的钱物，当时没有写借据，需要事后补写时，用欠条。

章节练习

一、改错题

指出下列两则欠条存在的问题并改正。

欠条

原借杜小强同志人民币叁佰元整,已还壹佰元整,尚欠贰佰元整,两月内还清。

×××
2017 年 3 月 1 日

欠条

暂欠学校膳食科伙食费贰佰元整,定于 2017 年 11 月 20 日之前送还。

××班　×××
2017 年 10 月 10 日

二、写作题

1. 因迎新晚会所需,你代表人文社科学院学生会向校团委借了表演服装 15 套,现可还回 10 套,还有 5 套另作他用。请据此写一份欠条。

2. 你因急事向同学李年祥借了人民币 1500 元,现先还 1000 元。请据此写一份欠条。

第四节　收条、领条

　　收条是在收到单位或个人所给付的钱、物时,经收人拟写并出具的具有凭据作用的简便文书。要求写明什么时间收到何人的什么东西,数量多少。如果是代人收的话应当写"代收条"。

领条是在领到单位或部门的钱、物时,经领人写给对方具有凭据作用的条据。要写明领取的时间、处所、物件及其数量、质量。

【例2-9】

收条

今收到红星商店送来的2017年4月份财务报表贰份。

此据

××百货公司财务科(章)
经手人:陈刚
2017年5月1日

【简析】

这是一张在收到其他单位交来的财务报表写的收条。这张收条清楚地说明了来自哪个单位、什么东西、数量多少及经手人等,表达清晰,内容完备。

知识延伸

使用收条的情况如下。

(1)原来借钱物或欠钱物一方将所欠、借的钱物还回时,借出方当事人不在场,而只能由他人代收时写。

(2)个人向单位或某一团体上缴一些有关费用或财物时,对方需开具收条,以示证明。

(3)单位和单位之间的各种钱物往来,均应开具收条。当然,在正式的场合下,一般都有国家统一印制的正式的票据,这属于另一类情况。

领条的格式(见图2-5)和范例(见图2-6)如下。

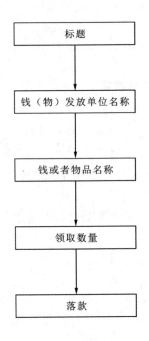

图 2-5　领条的格式　　　　　　　图 2-6　领条范例

【例 2-10】

领条

　　今领到学校教材科发放的本学期课本：《大学语文》50 本，《大学英语》50 本，《社会工作实务》50 本；作业本 150 本。

　　此据

经领人：××班　张小山
2017 年 10 月 9 日

【简析】

　　该领条说明了从何处领取何物、数目是多少，并交代了领取单位、经领人及经办时间等要素。

特别提醒

撰写收条、领条、借条、欠条的注意事项

(1) 钱款数额一定要大写。数字大写的写法是：壹、贰、叁、肆、伍、陆、柒、捌、玖、拾、佰、仟、万、亿。此外，物品也要写清楚名称、数量、规格、型号和质量等。

(2) 数字前后不能留空白，后面要写上计量单位，然后写上"整"字，以防内容被涂改和添加。

(3) 字迹一定要端正、清晰，不宜涂改。确实需要修改时，要在修改处加盖印章。

(4) 书写不能用铅笔或红色笔，要用碳素墨水笔书写。

(5) 单位名称和个人姓名一定要写全称，以免误认。

(6) 条据应妥善保存，以作为凭证，以备日后核查。

(7) 条据中的"此据"有两种写法，可在正文后同一行隔几个字写，也可提行空两格写。

知识延伸

写条据的十大忌讳

一忌空白留得过大。若条据的内容部分与签章署名之间的空白留得太大，则容易被持据人增添补写其他内容，或将原内容裁去，在空白处重新添加内容。

二忌大写、小写分不清楚。写条据时，如果只有小写，没有大写，或小数点位置不准确，数字前头有空格，或大写、小写不相符，都容易被持据人添加数字或修改，甚至由此而引发民事纠纷。

三忌用褪色墨水笔书写。用圆珠笔或其他易褪色的墨水笔书写条据，倘遇保存不当、受潮或水浸时，字迹会变得模糊不清，并给某些别有用心的人用化学制剂涂抹留下可乘之机。

四忌不写条据日期。不写日期的条据，一旦发生了纠纷，事实真相常常难以查清，对诉讼时效的确定也容易造成困难。如欠条的诉讼时效从其注明的还款期限之日起计算为两年（一般诉讼时效为两年），超过两年，债权人的债权将不再受到法律的保护，即丧失在诉讼中的胜诉权。

五忌条据内容表述不清。有的条据将"买"写成"卖","收"写成"付","借给"写成"借"等，都极易颠倒是非。

六忌名字不写齐全。条据上有姓无名或有名无姓，都会给对方留下行骗的口实和赖账的把柄。

七忌不认真核对。请别人或由对方写的字据，应字字斟酌，认真审核，不能稀里糊涂地签字盖章。

八忌使用同音同义字。姓名不要用同音同义字、多义字代替，否则也容易发生责任不清的纠纷。以身份证上面的名字为准，就具有法定的效力。

九忌印鉴不规范。由他人代笔书写或者代笔签名，而本人只在上面按一个手印，发生纠纷时，也很难认定责任。

十忌还款时不索回条据。还款还物时，对方若称一时找不到借条或欠条，应该让其写一张收据留存，这样才不至于给日后留下隐患。

总之，条据一经签订，一般对签约的各方就有了约束力，特别是经济性质的条据。因此，条据写得是否准确，权利与义务规定得是否严密、完备，关系到当事人的切身利益，影响发生纠纷时对是非曲直的判断和鉴别。所以，写条据时，必须认真慎重，熟悉各类条据的格式及写法，绝不可掉以轻心。

（资料来源：梁志刚、周炫，《实用文书写作》，北京大学出版社，2009年，第21—22页。）

章节练习

一、改错题

指出下列领条、收条存在的问题并改正。

领条

今领到学校财务部门发放的我院2019年第四季度特困生补助费，共计叁万叁仟元整。

此据

经领人：人文学院办公室　钟新梅

2019 年 11 月 11 日

收条

今收到人文学院为武汉抗击疫情捐款捌仟肆佰元整。

经手人：柳柳州

2020 年 4 月 20 日

二、写作题

因一二·九歌唱比赛所需，经过沟通协调，你代表人文学院学生会从学院办公室李太白老师处领旌旗六面、获奖证书六套。请据此写一份领条。

会务文书篇
Huiwu Wenshupian

第三章　会务文书

一、明确概念

会务文书指在会议的组织准备、召开和会议成果的发布等有关会议的各个环节中所使用的，直接反映会议精神或为会议服务的一系列文书的总称，它包括会前文书，如请柬、邀请信、会议通知、会议议程等；会中文书，如开幕词、闭幕词、欢迎词、欢送词、讲话稿、祝词、答谢词、会议纪要等；会后文书，如简报等。组织、召开会议是党政机关、企事业单位、社会团体等组织进行讨论研究、工作总结、工作决策、工作部署、经验交流和处理其他事物的公务活动。

二、学习目标

知识目标

1. 理解并掌握会前、会中、会后各类文书的概念。
2. 了解和认知会务文书的写作格式及要求。

能力目标

1. 根据实际情况，写出主题明确、材料确凿、结构合理、表达清晰、语言生动的会务文书。
2. 根据实际情况，结合所学知识，注意文种格式，能预见并规避日常错误，从而写出融具有广泛社会效益与良好经济效益于一体的文书。

三、知识平台

会前工作流程及涉及相关文种见图3-1。
会中工作流程见图3-2。
会后工作流程见图3-3。

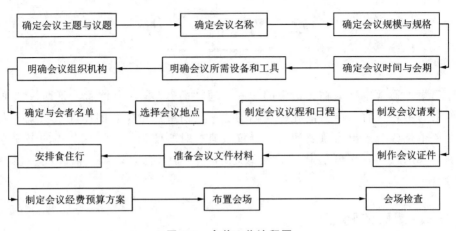

图 3-1　会前工作流程图

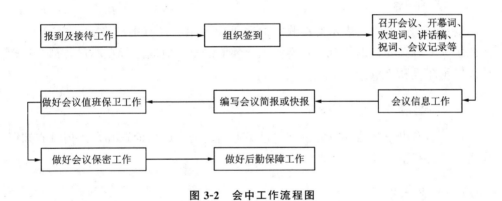

图 3-2　会中工作流程图

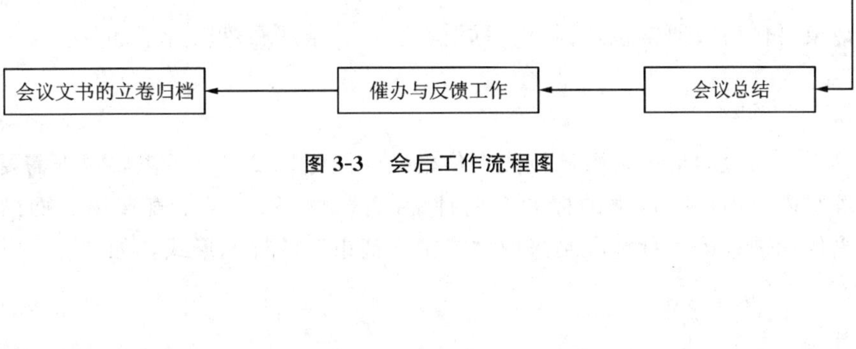

安排与会人员离会 → 撰写会议纪要 → 会议的宣传报道

会议文书的立卷归档 ← 催办与反馈工作 ← 会议总结

图 3-3　会后工作流程图

第一节　请　柬

请柬，通常也称请帖。请柬的"柬"通"简"，本意为竹简，是西汉之前使用的书写材料，后引申为信札、名帖的通称。请柬是单位、团体等组织或个人邀请有关单位或个人出席重要活动、会议或典礼时所使用的一种礼节性的书面通知书。请柬的种类，形式有横式、竖式之别，内容上有会议类、活动类、宴会类之分。

一、请柬的特点

请柬的特点主要有郑重性、邀请性和艺术性三点。

（一）郑重性

请柬是发出方为了表示对接收方的尊重而采用的具有书信形式的交际方式，因此，只要有必要，即使双方在空间上比邻而居，在时间上近在咫尺，都应呈送请柬以示郑重和尊敬。

（二）邀请性

请柬是发出方邀请受邀方参加自己举办活动会议的书面通知，不但具有知照作用，更具有邀请性质。

（三）艺术性

请柬是适用于社交场合的书面通知书，所以在制作款式、装帧设计、用色用料等方面要努力做到精致、美观、新颖、大方、养眼等。

二、请柬写作格式

请柬写作格式通常包括标题、称谓、正文、结尾和落款五个部分。

（一）标题

鉴于市面上的请柬多数已按照书信格式印制好，发出方只需要根据需要在正文处填写内容即可。请柬的标题有两种情况：第一种情况是直接用封面的"请柬"当作标题；第二种情况是采取"事由＋请柬"的标题形式，如"××学院建校六十周年庆典请柬"等。"请柬"二字，一般采用名家书法、字面烫金或加以图案装饰等。

（二）称谓

称谓的写法主要有两种：一种是写在正文之前，在正文前一行顶格处写明受邀单位的名称或个人姓名，其后加冒号，尤其需要注意的是，为表示礼貌礼节，个人姓名后最好注明职务、职称，如果觉得不便，男士一律加"先生"，女士一律加"女士"；另外一种是写在正文之后，在"恭请""光临"之间的空白处，填上受邀者的相关信息。正规的请柬多采用后一种方式。

称谓一般都用全称，如果邀请的对象是夫妇二人，宜把两个人的名字都写上，如×××先生、×××女士（夫妇均为熟悉的亲朋、同事等夫妇），或者×××先生携贵夫人或×××女士携贵夫君（有一方不熟悉的亲朋、同事等夫妇）。

（三）正文

正文的内容主要写明活动的内容，如开座谈会、联欢晚会、纪念典礼、开幕剪彩、宴会、婚礼、寿诞等，此外，还要写明活动开始的时间、地点、主题。如果是邀请对方观看表演等，还要将入场券附上。还有其他要求也需注明，如"请准备发言""请点评节目"等。

（四）结尾

请柬的结尾一般以礼节性问候语或恭候语，如"敬请（恭请）光临""此致敬礼"等作结。若用"此致敬礼"，写"此致"时需另起行，前空两格书写，再另起行，顶格写"敬礼"等词。

（五）落款

落款处写明发出方（单位或个人）的名称和发请柬的日期。署名之后通常写上"敬邀""谨启""诚邀"等字样以示礼貌，而日期一般多用汉字。

知识延伸

鉴于请柬篇幅短小，故措辞要精确、清晰，且讲求高雅、得体。此外，请柬的送达也需择时方可，过早对方易忘，过迟对方匆忙，一般选择在举办日的前一周时间内比较合理。

【例 3-1】

请柬

×××：

兹订于20××年×月×日至×月×日，在××华侨大厦召开××名酒展销会，并于×月×日中午××时××分在华侨大酒店举行开幕典礼，敬备酒宴恭候。请届时光临。

××酒业有限公司敬约
20××年×月×日

【简析】

该请柬内容明确，格式规范，用语简洁妥当。

（资料来源：黄高才，《常见应用文写作暨范例大全》，中国人民大学出版社，2012年，第398页。）

章节练习

改错题

下面是两篇病文，请写出修改稿。

请柬

×××先生（小姐）：

为欢迎×××先生的到来，现在确定于××年×月×日在×××酒店举行宴会。邀您赴会！

××公司总经理（签名）
××年6月4日

请柬

孙老师：

兹定于明晚7时在图书馆1楼学术报告厅举行演讲比赛，想请您担任此次比赛的评委。届时请准时出席。

××大学学生会敬邀
二〇一五年十二月八日

第二节　邀　请　信

邀请信是邀请亲朋好友或知名人士、专家等参加某项活动时所发的礼仪类书信文书，与请柬一样，都是带有凭证性质的写作文种。

一、邀请信的特点

邀请信的特点主要有礼仪性、时间性两点。

（一）礼仪性

邀请信是用于邀请客人甚至贵宾，因而在用语、书写格式、装帧上要比一般文书更注重礼仪，以彰显邀请的诚意和郑重，同时借此突出活动的重要性。

（二）时间性

邀请信的送达对象是受邀的客人，为便于来宾合理安排相关事务，更为了体现礼貌和尊重，故应在活动时间开始的前5~10天发出信函为宜。

二、邀请信的写作格式

邀请信的写作格式通常包括标题、称谓、正文、署名和日期五个部分。

（一）标题

标题一般只写文种，写"邀请信"即可；亦可由礼仪活动名称和文种名组成，还可包括个性化的活动主题标语，如"阿里巴巴年终客户答谢会邀请函"及活动主题标语——"网聚财富主角"。活动主题标语可以体现举办方特有的企业文化特色，例文中的主题标语——"网聚财富主角"独具创意，非常巧妙地将

"网"——阿里巴巴网络技术有限公司,与"网商"——"财富主角"用一个充满动感的动词"聚"字紧密地联结起来,既传达了阿里巴巴与尊贵的"客户"之间密切的合作关系,也传达了"阿里人"对客户的真诚敬意。若将"聚"和"财"连读,"聚财"又通俗直率地表达了合作双方的合作愿望,可谓以言表意,以言传情,也恰到好处地暗合了双方通过网络平台实现利益共赢的心理。

(二)称谓

邀请信有明确的受文对象,为表示恭敬,可在其前加"尊敬的""尊贵的"等敬语。邀请信的一般称谓按照书信格式,居左顶格书写。

(三)正文

正文的结构包括引语、时间、地点、活动名称、结尾等部分。

1. 引语
引语通常说明活动的起因、缘由等。

2. 时间
活动举办的时间要完整地写清年、月、日、时,便于参加者能依据自身实际情况合理安排参加时间。

3. 地点
活动举办的地点一定要明确。如果是参加人数较少、所需空间不大且不为人所熟知的小型活动,还要写清具体的活动地方,如"×楼×号房间"等。

4. 活动名称
活动名称要清晰、完整,便于参加者据此准备衣着、随身携带物品等。

5. 结尾
尾语都是邀请语,如"恭候您的光临""期待见面"等。

(四)署名

邀请信要按照书信的格式,在正文之下另起一行居右署名。署名要写全名。用于公务往来的邀请信若是个人署名,还要在名字后面写明职务或身份。

(五)日期

日期写在署名的下面,且右边空四个字的位置。

【例 3-2】

邀请信

×××先生：

　　我公司定于××××年×月×日举行公司成立30周年纪念活动，当日上午9时整在公司大礼堂举行纪念大会，恭请莅临并在主席台就座。会后，还请您为公司发展史陈列馆开幕剪彩。

　　此致

敬礼

×市××公司
××××年×月×日

【简析】

　　这则邀请信的正文部分特别交代了要请被邀请者在主席台就座和为公司发展史陈列馆剪彩两个关键事项，使被邀请者知道自己此次亲临的重要性。

【例 3-3】

邀请信

×××同志：

　　为了纪念陶行知诞辰××周年，我会定于××××年×月×日至×月×日，在××××举行陶行知教育思想研讨会。您对陶行知教育思想素有研究，特邀您在全体大会上做演讲嘉宾，食宿费用由我们负责。如蒙应允，请于×月×日前寄来内容提要，×月×日上午8：00—9：00到××市×路×号×××招待所一楼大厅报到。

　　联系电话：×××××××

　　传　真：×××××××

　　联系人：张××老师

××省××市陶行知研究会
××××年×月×日

【简析】

这则邀请信不仅清楚地交代了邀请的理由、给被邀请者的待遇及其出席会议应注意的事项,而且还注明了联系电话、联系人等,内容要素完备。

知识延伸

请柬与邀请信在使用上的差别

一般来说,不论是请柬,还是邀请信,都要展现出诚恳、热情的态度,使对方感到邀请者的诚意,同时要交代清楚有关的时间、地点和事项,但在具体的实际情况中,二者还有所不同:隆重的礼仪场合多用请柬;参加学术研讨会、纪念会、订货会多用邀请信。邀请的对象是单位集体的,多用邀请信的形式;邀请的对象是个人的,用请柬的形式。邀请的事项单一,用请柬;邀请的事项较复杂,或需要向被邀请者说明有关问题,则用邀请信。

章节练习

写作题

×××公司要举办一场商务客户答谢会,办公室主任要求作为秘书的你,代表公司写一份给相关客户的邀请信。

第三节 会议通知

作为事项性通知的会议通知,是会议主办方通过口头传达、传真、书面及电子邮件送达等方式向与会者传递召开会议信息的载体。

一、会议通知的形式

会议通知的形式有两种：一种是简单的会议通知，只需明确开会的目的、时间、地点、出席人员等；另一种是较为复杂的会议通知，它的内容事关重大，参加人员较多，行文时不仅要明确会议名称、会议内容、开会地点、开会时间（包括会议起止时间，以便与会人员提早安排好自己的工作），而且会议的目的、要求、议程及具体事项、应准备的会议材料、会议安排等各项工作均要写得具体清楚。有的通知还附上会议日程安排和与会的有关证件。当然，并非所有会议通知都必须包含这些事项。

二、会议通知的写作格式

会议通知一般由标题、主送机关、正文、落款等部分组成，复杂的会议通知在文后还附有附件。

（一）标题

标题的写法一般有以下三种。

（1）"发文机关名称＋事由＋文种"，如"关于召开顺德职业技术学院第三届教职工代表大会暨工会会员代表大会第二次会议的通知"。

（2）"事由＋文种"，如"关于召开2018年中层干部换届工作动员大会的通知"。

（3）文种，如"通知""紧急通知"等。

（二）主送机关

鉴于会议通知多为平行文、下行文，鲜有上行文的实际情况，通知送达对象不论是单位、部门还是个人，有明确对象的一定要用全称或规范化简称、统称。如"关于召开顺德职业技术学院第三届教职工代表大会暨工会会员代表大会第二次会议的通知"的主送机关为：各党总支部（直属）。"事由＋文种"，如"关于召开2018年中层干部换届工作动员大会的通知"的主送机关为：各党总支部（直属）、党（群）政管理机构、教学机构、科研机构、教辅机构、直属机构。

（三）正文

1. 缘由

一般说明召开会议的目的和意义。

2. 事项

一般包括会议的内容、时间、地点、参会人员等。其中，会议时间包括报到时间、结束时间；会议地点包括报到地点、会议召开地点（有些会议还有主会场与分会场）、住宿地点等；参会人员，则包括与会人员的职务、职称以及人数等基本情况；此外还有参会费用、报名方式等。

3. 结束语

常用"特此通知"作为结束语。

（四）落款

写明发文机关名称（如标题已写明发文机关名称，落款则可以不写发文机关）和发文时间，需要时加盖公章。

【例 3-4】

关于召开涉外饭店星级评定工作会议的通知

各地市旅游局、省涉外星级饭店评审委员会委员：

兹定于×月×日在××市召开全省涉外星级饭店评定工作会议。现将有关事项通知如下。

一、会议内容

1. 传达全国涉外星级饭店评定工作会议精神。

2. 讨论全省涉外星级饭店现状，表彰优秀饭店。

3. 布置明年评审工作。着重研究如何用星级饭店评审、复审等手段促进饭店管理与服务跃上新台阶问题。

二、参加人员

各地市州旅游局领导，省内各主要涉外饭店负责人，评审委员会各委员，旅游公司、旅游车队负责人列席。

三、报到时间和地点

与会人员务必于×月×日12：00前到××市××路××饭店二楼一号会议室报到。

（联系人：×× 电话：×××××××××）

四、食宿费及其他

与会人员会议期间食宿由旅游局承担,其他费用自己解决。

××省旅游局
××××年×月×日

【简析】

这是一则会议通知,其中就会议召开的地点、时间、内容、参会对象和注意事项等做了明确具体的交代。

【例 3-5】

××××电子有限公司关于召开代理商工作会议的通知

各地区代理商,本公司各部门:

为了保证××显示器在中国的领先地位,建立一个和谐顺畅而稳定坚固的销售渠道,给厂商、代理商和消费者带来更多的利益,本公司决定在××召开松风电子××××年度显示器代理商工作会议。现将有关事项通知如下。

一、会议议题

1. 总结各地区代理销售情况。
2. 讨论并解决各地区存在的销售矛盾。
3. 商讨如何建立一个和谐顺畅而稳定坚固的销售渠道。

二、参加会议人员

各地区代理商及本公司各部门负责人。

三、会议时间

5月10日至5月12日。

四、报到时间和地点

5月9日在××百乐园度假村酒店大堂报到。

五、会议地点

××百乐园度假村二楼卤形会议厅。

六、其他事项

1. 大会将为各与会人员免费提供食宿。
2. 参加会议的代理商请按要求填写本通知所附的会议报名表,于4月20日前寄回会务组。需接车、接机及购买回程机票、车票的人员,务请在会议报名表中注明。

3.请华东、华北及华南各代理商报到时向我公司提交一份销售情况报表。

会务联系：××市××路××号××电子有限公司代理商工作会议会务组

邮编：××××××

联系人：李秘书

联系电话：×××××××

电子邮箱：liwen@21cn.com

附件：××××电子有限公司代理商工作会议报名表

××××电子有限公司

××××年四月十八日

【简析】

这是一篇会议通知。正文开头写会议目的和会议名称。文种承启语后，写了会议的议题、时间、地点、与会人员及有关注意事项。文章层次分明，语言简洁、清晰。此外，为与会人员赴会考虑得比较周到，也是本文的一大特点，值得借鉴。

特别提醒

（1）会议通知应开门见山，直陈其事，不需过多的理论分析或意义阐述。

（2）会议通知应该文字精练，篇幅力求简短，用词要准确、规范。

知识延伸

会议的基本常识

会议是指三人以上聚集在一起，就某个或某些议题进行讨论或解决的一种多向沟通方式。会议的召开应有一定的议题和目标，并通过一定的会议程序达到目标。

1. 会议的种类

（1）按组织分类，可分为内部会议和外部会议、正式会议和非正式会议。

（2）按时间分类，可分为定期会议和不定期会议。

（3）按出席对象分类，可分为联席会、内部会、代表会、群众会。

（4）按功能性质分类，可分为决策性会议、讨论性会议、告知性会议、招待性会议、学术性会议、协调性会议、报告性会议、谈判性会议、动员性会议、纪念性会议。

（5）按议题性质分类，可分为专业性会议、专题性会议、综合性会议。

（6）按规模大小分类，可分为特大型会议（万人以上）、大型会议（数千人）、中型会议（数百人）、小型会议（数十人或数人）。

（7）按会议采用的方式手段分类，可分为集中性会议和电子会议（如电话会、网络会、电视会等）。

（8）按与会者的国籍和议题范围分类，可分为国内会议和国际会议。

2. 会议六要素

（1）与会者。

与会者就是参加和参与会议的成员。与会者一般可分为以下几种。

① 主持人。会议主持人是负责控制和推进会议进程的人员，往往也是会议的组织者和召集者，对会议的正常开展和取得预期效果起着领导和保证作用。

② 出席人。会议出席人有四种，即正式成员、列席成员、特邀成员、旁听成员，他们在会议中的作用各有不同。会议正式成员享有发言权、表决权；列席成员有发言权，没有表决权；特邀成员即特别邀请列席会议的人员，与列席成员一样，有发言权，没有表决权；旁听成员只是听会，没有发言权和表决权。

③ 记录人。记录人应提前介入会议，了解议题和会议出席人员，还应该如实记录会议内容，不能根据自己的理解决定记录内容的取舍。会议结束后，应向主持人提交会议记录，供其审核。

④ 会议工作人员。主要负责会议的筹备工作、会议材料工作和会间事务性工作。

（2）组织者。

组织者是会议的主办者。其主要任务是确定会议目标和规则，制定会议方案，提供会议场所、设施和服务，以确保会议的顺利进行。

(3) 会议议题。

会议议题是指会议所要讨论、报告的主要内容，所反映的是会议的目的、主题、任务，以及为了完成任务而将采取的措施。组织内部如工作会议的议题应相对集中、具体，应有必要性、可行性，并力求解决。会议议题应在会前提出，临时提出的议题称为动议。会议议题主要有三个来源：来自上级机关和领导人；来自下级部门提交的、需要以会议的形式研究和决定的问题；来自本层次的管理活动中需要研究和决定的事项。

(4) 会议名称。

正式会议必须有一个恰当、确切的名称。会议的名称要求能概括并能显示会议的内容、性质、参加人员、主办单位或组织、时间、届次、地点或地区、范围、规模等。会议名称必须用确切、规范的文字表达。大中型会议的会议名称被制作成横幅大标语，置于会议主席台的上方或后方，作为会议的标志，简称"会标"。

(5) 会议时间。

会议时间是指会议的开始和结束时间。

(6) 会议地点。

会议地点是指会议召开的地区、城市，又指会议召开的具体会场。

章节练习

根据下面的材料，拟写一份会议通知。

全国秘书协会决定于2018年12月14日至20日在宁夏回族自治区银川市召开一年一度的秘书年会，并于8月8日发出会议通知。会议的内容是研究和探讨当前秘书学的有关学术问题和热点问题，全国秘书协会的会员均可参加。会期为7天，11月9日报到，报到和开会地点是：银川市阅海万家酒店。要求：每位与会者于会前半个月提交相关学术论文一篇。会务费为900元，食宿、交通费用自理。

第四节 开 幕 词

开幕词是党政机关、企事业单位和群众团体在召开和组织重要会议或重大活动开始时,由大会主席或重要领导人向全体与会代表或来宾宣告会议开始,交代会议任务,阐述会议指导思想、宗旨、重要意义,介绍与会议有关事项的致辞。开幕词除了宣布开幕的作用外,还有对来宾表示欢迎、致谢的意义,故在语言风格上体现出简洁明快、富有激情之特点。

一、开幕词的特点

开幕词的特点有宣告性、指导性、鼓动性、简明性、质朴性五点。

(一) 宣告性

开幕词是会议或者活动主办方的主要领导人宣读该项活动开始的标志,意味着会议或活动的正式开始。故开幕词具有宣告性的特点。

(二) 指导性

开幕词中不仅要向全体与会代表或来宾宣告会议开始,交代会议任务,阐述会议指导思想、宗旨、重要意义和介绍与会议有关事项,同时还要提出希望,这对开好会议将起到重要的指导作用。

(三) 鼓动性

开幕词不仅在介绍会议的议程和宗旨中有对开好会议的良好祝愿,也在行文之中有着希冀激励与会者积极参与的意愿。

(四) 简明性

开幕词的内容一般都点到为止,语言风格上体现出简洁明快、富有激情之特点。

(五) 质朴性

开幕词的语言具有通俗、质朴的特点,让人一听就明白。

二、开幕词的种类

一般来说,开幕词据内容可分为两种:一种是阐述性开幕词,该类开幕词侧重于会议召开的背景、意义或会议的主要议题等方面做重点阐述,方便与会人员抓住会议重点,合理安排相关事宜;另一种是解说性开幕词,该类开幕词侧重于对会议召开的目的、议程安排及来宾介绍等方面做言简意赅的说明和介绍,方便与会人员知晓会议流程,有序安排有关事宜。

三、开幕词的写作格式

开幕词一般由标题、称谓及正文三部分组成。

(一)标题

开幕词的标题主要有三种写法:一是由"会议名称+文种"两部分构成,如《中国宋史研究会第十届年会暨唐末五代宋初西北史研讨会开幕词》;二是由"致辞者姓名+会议名称+文种"三部分构成,如《佛山市委常委、常务副市长、顺德区委书记、顺德职业技术学院党委书记陈云贤在海峡两岸高校文化素质教育通识教育论坛上的开幕词》;三是复式标题,通过对会议的宗旨、中心内容等进行高度凝练来使之成为开幕词的主标题,副标题与前两种标题的构成形式相同,如《我们的文学应该站在世界的前列——中国作家协会第四次会员代表大会开幕词》。

(二)称谓

称谓在标题下第一行顶格书写,一般根据会议的性质和与会人员身份确定,如"同志们""各位代表""各位委员""各位来宾""女士们、先生们"等。

(三)正文

开幕词的正文一般包括开头、主体和结尾三个部分。

(1)开头。

开幕词的开头有两种方式:第一种是开门见山式,致辞人直接用最简短而带有鼓舞性的语言宣布会议开幕;第二种是简要介绍式,致辞人在对会议规模及与会者的身份等做简要介绍之后附带上感谢莅临会议、表示祝贺等词眼。

(2)主体。

这是开幕词的核心部分。通常包括三个方面的内容:首先说明会议的意义,在介绍会议召开的背景、目的、任务及会议组织筹备的同时向与会代表介绍为什么召开会议；其次说明会议的任务，说明会议的议程安排；最后是为了保证会议能够顺利进行，向与会人员提出开好会议的希望和要求等。

（3）结尾。

开幕词的结束语要掷地有声、简短有力，要具有调动与会人员积极性的功能。写法上多用"预祝大会圆满成功"来表示对会议的良好祝愿。

【例 3-6】

在第十二届陆家嘴论坛开幕式上的致辞

（刘鹤，2020 年 6 月 18 日）

尊敬的李强书记、龚正代市长，会满主席，各位来宾，女士们、先生们、朋友们：

很高兴受上海市邀请，对第十二届陆家嘴论坛讲几句话。首先，我代表国务院，对论坛召开表示热烈祝贺！对来自国内外的嘉宾表示热烈欢迎！本届论坛以"新起点、新使命、新愿景"为主题，希望在今年这样的特殊时刻，能够凝聚更多智慧，更好谋划未来，开出一届富有特色的成功论坛。

面对百年不遇的全球突发新冠肺炎疫情，在以习近平同志为核心的党中央坚强领导下，我们坚持人的生命高于一切，全国上下同心协力，在统筹疫情防控和复工复产方面取得重大阶段性成果，各类经济指标已经出现边际改善。5 月份规模以上工业增加值同比增长 4.4%，其中制造业增长 5.2%，全社会固定资产投资环比提高 5.87%，一些消费零售指标也出现积极变化，车市和楼市均在回暖。我们仍面临经济下行的较大压力，但形势正逐步向好的方向转变，一个以国内循环为主、国际国内互促的双循环发展的新格局正在形成。

这次百年不遇的疫情让我们深刻认识到，要更加重视以人的生命健康为中心推进国家经济社会发展和科技创新，要更加重视人与自然的和谐相处，要更加重视全球合作和保护产业链的完整稳定，要更加重视经济社会的长期可持续发展。人类是一个休戚与共的命运共同体，国际社会应该也必须同舟共济，协同发展，我们将为此不断努力。

当前，我们正处于"十三五"规划收官、制定"十四五"规划宏伟蓝图的重要时期。全国"两会"已胜利闭幕，对全年工作进行了部署。金融系统要在党中央、国务院领导下，做好以下重点工作。

一是稳健的货币政策更加灵活适度。从经济发展实际出发，加强逆周期调节，坚持总量政策适度，保持流动性合理充裕，促进金融与实体经济良性循环，全力支持做好"六稳""六保"工作。

二是服务实体经济，促进经济转型升级。要以高质量发展为导向，深化供给侧结构性改革。要适应各类市场主体需要，着力打通货币传导的各种堵点，创新金融产品，优化金融结构，提高小微企业贷款、信用贷款、制造业贷款比重。

三是坚持"建制度、不干预、零容忍"，加快发展资本市场。要坚持市场化、法治化原则，完善信息披露、发行、退市等基本制度，着力增强交易便利性、市场流动性和市场活跃度，健全鼓励中长期资金开展价值投资的制度体系。强化对市场中介机构的监管，大幅提高对财务造假等违法违规行为的打击力度，加快推动证券代表人诉讼机制落地，更好保护投资者利益。

四是风险应对要走在市场曲线前面。在经济下行压力和各种不确定条件下，要增强预判性，理解市场心态，把握保增长与防风险的有效平衡，提高金融监管与金融机构治理机制的有效性。我们完全有信心有能力应对任何内外部风险冲击，实现金融体系稳健运行。

五是深化改革开放。中国将坚定不移深化改革、扩大开放，加快出台和落实金融改革开放举措，保护在华外资企业合法权益。应创造条件和氛围，排除干扰，共同落实中美第一阶段经贸协议。中央政府将坚持"一国两制"，支持香港发挥国际金融中心的重要作用，切实保护各国在港企业和投资人权益，维护香港长期繁荣稳定。

上海是中国经济发展的重要增长极和动力源，在新的发展阶段，上海的金融、科技和产业潜力巨大。上海正努力打造扩大金融开放的新高地，由衷希望上海立足自身优势，大胆开拓，不断创新，在金融、科技和产业良性循环与三角互动方面进行新探索，在引领未来方面发挥更大作用。

衷心祝愿本次论坛圆满成功！谢谢大家！

（选自搜狐新闻）

【简析】

这篇开幕词首先点明论坛开幕，接着对到会的各方及所有关心、支持者表示感谢；主体部分重点讲了金融系统要做的四项重点工作；结尾部分表达对论坛圆满成功的美好祝愿。

特别提醒

（1）注意适用范围。开幕词多用于大型、重要的会议或活动，如各级各类代表大会、重大的商务活动、大型酒会等，这些会议对国家以及社会各领域深入开展工作、促进经济发展，有着至关重要的意义。小型会议，如各级党委、政府、企事业单位组织的日常工作例会，一般不使用开幕词。

（2）正确安排内容的详略。写作中一定要把握会议的性质，郑重阐述会议的特点、意义、要求和希望，对于会议本身的情况，如议程等，要概括说明，点到为止。

（3）行文要明快、流畅，评议要坚定有力，充满热情，富于鼓舞力量。

章节练习

填空题

1. 开幕词一般由_____、_____、_____三部分组成。
2. 开幕词的种类有_____、_____。

第五节　闭　幕　词

会议开始时会议主办方的主要负责人要致开幕词，到了会议结束的时候，同样须有会议主办方的主要领导人或邀请在业界有一定威望的人向与会人员做具有总结性、鼓励性的讲话。

通常情况下，人员选择上，致闭幕词者不能与致开幕词者为同一人；身份上，致闭幕词者要与致开幕词者一致或大体相当。

一、闭幕词的特点

（一）总结性

会议主办方主要负责人或邀请的嘉宾在会议结束时所做的闭幕词，不仅要对会议开展情况、议题完成情况通过数字、表格等方式向与会人员予以总结性报告，还要通过高屋建瓴的气势将会议的精神及意义等予以概括性表述。

（二）肯定性

召开会议的目的是要解决问题、完成议题等，因此，作为会议最后一环的闭幕词不但要对会议做出总结性陈述，更要对会议的召开过程、取得的成果以及产生的影响等方面做出肯定性评价，从而增强与会人员以及会议思想波及人群贯彻落实会议精神的信心和决心。同时，对于为会议成功顺利举办而付出心血的其他工作人员，如主办方安排的接待人员、陪同人员以及后勤保障人员等，若能在闭幕词中对其予以肯定，那就更加完美了。

（三）鼓舞性

会议的成果不但要在会议现场有所体现和展现，更需要会议精神随着与会人员返回驻地能遍地开花，结出硕果。所以，闭幕词不仅要总结成绩、肯定业绩，更要鼓舞士气让会议精神落地，增强信心让会议成果开花。

（四）感染性

这主要是针对用语而言。作为临别之言，要简洁明快，忌拖沓冗长；要铿锵有力，忌疲软无力；要通俗易懂，忌艰难晦涩；要激情洋溢，忌平淡寡味。

二、闭幕词的写作格式

闭幕词与开幕词的结构基本相同，亦由标题、称谓和正文三个部分构成。

（一）标题

闭幕词的标题主要有三种写法。一是由"会议名称＋文种"两部分构成，如《"纪念杜甫流寓陇右1250周年"学术会和纪念会闭幕词》。二是由"致辞者姓名＋会议名称＋文种"三部分构成，如《中国文联主席铁凝在中国文联第十次全国代表大会的闭幕词》。三是复式标题，通过对会议的宗旨、中心内容等进行高度凝练来使之成为开幕词的主标题，副标题与前两种标题的构成形式相同，如《青春作证，岁月如歌——顺德职业技术学院第18届大学生艺术节闭幕词》。

（二）称谓

闭幕词的称谓和开幕词相应，写法与开幕词相同。

（三）正文

闭幕词的正文部分可以分为三层来写。第一层是称谓之后，先做一个大会议程的简要回顾，有关报告人讲话的要点，肯定大会的成绩或收获，说明大会经过全体代表的努力，已经胜利完成使命，今天就要闭幕了。第二层是主体部分总结，简要回顾大会议程的执行情况，大会取得了什么成果、达到了什么目的，会议的基本精神和会议的影响等。在此基础上，对会议取得的成果及召开的意义予以肯定。有些闭幕词还分析当前形势、指出今后任务等。第三层是主体部分结尾，一般先以坚定语气发出贯彻落实大会精神的号召、希望和要求，表示祝愿，宣布大会胜利闭幕，并对保障会议顺利进行的有关单位和个人表示感谢。

知识延伸

开幕词与闭幕词的区别如下。

（1）开幕词是大会序曲：重在阐明大会的任务，为会议打基础、定基调，起到指导、定向和"提神"作用。闭幕词是会议的尾声：着重对会议的主要成果给予评价，总结大会的成绩和经验，强调大会精神对今后工作的指导作用。

（2）闭幕词要求言简意赅，与会议的基调保持一致，富于感染力，能鼓舞人心。

【例3-7】

北京2008年第29届奥运会闭幕词

（二〇〇八年八月二十四日）

国际奥委会主席罗格

亲爱的中国朋友们：

今晚，我们即将走到16天光辉历程的终点。这些日子，将在我们的心中永远珍藏，感谢中国人民，感谢所有出色的志愿者，感谢北京奥组委。

通过本届奥运会，世界更多地了解了中国，中国更多地了解了世界，来自204个国家和地区奥委会的运动健儿们在光彩夺目的场馆里同场竞技，用他们的精湛技艺博得了我们的赞叹。

新的奥运明星诞生了，往日的奥运明星又一次带来惊喜，我们分享他们的欢笑和泪水，我们钦佩他们的才能与风采，我们将长久铭记再次见证的辉煌成就。

在庆祝奥运会圆满成功之际，让我们一起祝福才华横溢的残奥会运动健儿们，希望他们在即将到来的残奥会上取得优秀的成绩。他们也令我们倍感鼓舞。今晚在场的每位运动员们，你们是真正的楷模，你们充分展示了体育的凝聚力。

来自冲突国家竞技对手的热情拥抱之中闪耀着奥林匹克精神的光辉。希望你们回国后让这种精神生生不息，时代永存。

这是一届真正的无与伦比的奥运会。现在，遵照惯例，我宣布第29届奥林匹克运动会闭幕，并号召全世界青年四年后在伦敦举办的第30届奥林匹克运动会上相聚，谢谢大家！

（选自搜狐新闻）

【简析】

这份闭幕词开篇十分巧妙，全文内容层次清楚，详略处理恰到好处，用词准确、生动，语言美感十足。

章节练习

修改题

下面这篇开幕词在结构和写法上有一些问题，请指出并改正。

巨臣股份有限公司股东大会开幕词

总经理 杨过

各位先生，各位女士，各位朋友：

欢迎前来参加这个盛大的聚会。今年是20世纪最后一年，也是本公司快速成长的一年，在此，请允许我代表董事会向为此付出了辛勤劳动的全体员工表示感谢。正是由于全体员工的不懈努力，本公司在过去五年中克服了亚洲金融危机等因素带来的困境，业绩增长了40倍，股票价格上涨了800%。

在过去的几年中，本公司为迎接中国加入WTO做出了不懈努力，在技术积累和人力资源储备开发方面取得了长足进步，为公司的下一步发展奠定了坚实基础。我相信，在全体员工的不懈努力之下和各位股东的鼎力支持下，本公司在不远的将来一定能实现跻身世界同行500强的目标。各位股东也将获得丰厚的回报。

但是还应看到，机遇与风险并存。IT产业属于高成长、高风险的行业，技术创新投入巨大，市场环境瞬息万变，本公司的发展也将面临众多的困难和挑战。董事会有信心领导企业，迎接挑战，开拓前进，取得新业绩。

各位先生、各位女士，最近传闻本公司出现了财务问题，这是毫无根据的。谣言是不攻自破的，我们这次股东大会的召开，就是要向各位股东澄清这一点。现在，我宣布巨臣股份有限公司股东大会开幕。

【问题分析】

1. 在结构和写法方面存在的主要问题。

（1）在称谓之后，没有用简短、有鼓舞性的语言宣布大会开幕，而错误地在结尾处"宣布巨臣股份有限公司股东大会开幕"。

（2）文中漏写会议的规模、出席会议的人员情况，以及对会议的召开及与会人员表示祝贺等。这些内容本应在开头进行介绍。

（3）主体没有说明与会议有关的形势、会议的目的或任务。

（4）"最近传闻本公司出现了财务问题""我们这次股东大会的召开，就是要向各位股东澄清这一点"原是本次会议的目的，本来应放在主体部分写，却错误地放在结尾，结构内容倒置。

（5）结语没有说"预祝大会圆满成功"等鼓动性的话语。

（6）漏写会议日期。

2. 在语言方面存在的主要问题。

（1）在语言方面开幕词没有表现出会议场景气氛和谐融洽的热情，即便是"欢迎前来参加这个盛大的聚会"一句，也显得不够热情。

（2）存在与开幕词无关的话。如"谣言是不攻自破的"等。

【修改稿】

巨臣股份有限公司股东大会开幕词

(××××年×月×日)

董事长：杨过

各位女士，各位先生，各位朋友：

值此本公司股东大会开幕之际，我谨代表巨臣股份有限公司向来自全国各地的各位股东，表示最热烈的欢迎和最诚挚的问候！

今年是20世纪的最后一年，也是本公司快速成长的一年。正是由于各位股东的关心和全体员工的不懈努力，本公司克服了亚洲金融危机等因素带来的困境，五年来，本公司的业绩增长了40倍，股票价格上涨了800%。

在过去的几年中，本公司在技术积累和人力资源开发与储备等方面也取得了长足进步，为公司的下一步发展奠定了坚实基础。我相信，在各位股东的鼎力支持和全体员工的不懈努力之下，本公司在不远的将来一定能实现跻身世界同行500强的目标，并为各位股东带来丰厚的回报。

这次股东大会，将解决两个问题：一是向各位股东汇报今年的工作情况；二是最近传闻本公司出现了财务问题，这是毫无根据的，本次股东大会，就是要向各位股东澄清这一点。

各位女士，各位先生，各位朋友：我们从事的IT产业属于高成长、高风险的行业，市场环境瞬息万变，技术创新投入巨大，本公司的发展将面临众多的困难和挑战，然而，机遇与风险并存。公司董事会有信心领导企业迎接挑战，开拓前进，取得更好的业绩！

最后，预祝巨臣股份有限公司股东大会圆满成功！

第六节　欢迎词、欢送词

欢迎词是会议主办方的领导或主要代表人在会议正式议程开始前，对宾客光临表示热情欢迎的礼仪文书。欢送词则是在会议正式议程结束后，对宾客即将离去表示友好欢送的礼仪文书。欢迎词和欢送词都属于礼节性社交活动的讲话稿。

欢迎词，是指客人光临时，主人为表示欢迎，在座谈会、宴会、酒会等场合发表的讲话。欢迎词本意是在现场当面向宾客口头表达的，所以口语化是欢迎词文字上的必然要求，在遣词用语上要运用生活化的语言，既需要简洁，又需要富有生活情趣。

一、欢迎词、欢送词的特点

（一）致辞的情感性

对于欢迎词而言，早在两千多年前，孔子在《论语》中就有"有朋自远方来，不亦乐乎"之语，故欢迎词要表达迎接宾客的喜悦之情；对于欢送词来说，唐诗中就有"劝君更尽一杯酒，西出阳关无故人"和"莫愁前路无知己，天下谁人不识君"之佳句，故欢送词要体现送别宾客时依依惜别之情。

（二）表达的口语化

不论是欢迎词，还是欢送词，都是会议主办方领导面对宾客所做的具有轻松愉悦的致辞，故口头化的表达方式不仅是欢愉场合的需要，也是友善氛围的要求。

二、欢迎词、欢送词的类型

从表达方式上分，欢迎词、欢送词可分为两大类。

（一）口头欢迎（送）词

最为常见的表达方式，是在会议正式开始（结束）前（后）由主办方主要领导或负责人以口头表达的方式向来宾致意。

（二）书面欢迎（送）词

以会议主办方的主要领导人或单位为署名单位，公开发表在报纸、杂志或其他发行物上，发表时间在客人到达前（离开前）。

三、欢迎词、欢送词的写作格式

两者的写法基本相同，主要包括以下几方面内容。

（一）标题

标题有三种写法，第一种是文种式标题，即直接以文种"欢迎词""欢送词"为题；第二种是省略式标题，即"开会场所＋文种"为题，如《在学校第二届董事会上的欢迎词》;第三种是完全式标题,即"会议主人的名义+所欢迎或欢送的宾客+文种"为题,如《周恩来总理在欢迎日本国首相田中角荣宴会上的欢迎词(祝酒词)》。

(二)称谓

会议主办方出于礼仪的需要,可在所欢迎、欢送嘉宾的称呼前加"尊敬的""尊贵的"等敬语,也可加"女士们、先生们"等。

(三)正文

(1)欢迎词。

欢迎词的正文分三个部分。第一部分表欢迎:先以会议主办方的领导或主要负责人的身份代表本单位、本部门向来宾表示热烈而诚挚的欢迎。第二部分叙友情:通过回顾以往,畅谈双方彼此良好合作、友好往来的过去岁月,借此赞扬大家在共同合作发展中的贡献及双方友好合作的成果,阐述意义,表达希望继续合作的意愿等。第三部分致祝愿:结尾处的祝颂语,不仅表达了对来宾光临的再次感谢,并在浓浓的欢迎之情中致以良好的祝愿。

(2)欢送词。

欢送词的正文分三个部分。第一部分表惜别:先对来宾即将离开表达依依惜别的深情。第二部分讲成果:对来宾来访期间的行程、活动内容,尤其是所取得的成果予以总结,并通过展示成果和展现双方的友谊,以及彼此间工作上的互助等,表达进一步加强交往、合作的意愿。第三部分表祝福:结尾处通过富有深情的语言向欢送对象表达对离别的不舍、对未来的祝福和依依欢送之情。

需要注意的是,不论是欢迎词还是欢送词,在关注对象上,既要突出主要宾客,也要兼顾陪同人员;在用词上,既要真挚热情,也要自然生动,既不卑不亢,更要落落大方。

(四)落款

一般的欢迎词、欢送词没有落款、署名,但在需要公开发表、书面成文等情况时则不但要署上致辞单位名称、致辞者的身份及姓名,还要署上成文日期。

【例 3-8】

欢迎词

尊敬的各位领导、各位来宾,女士们、先生们:

大家早上好！

　　红梅吐艳，喜鹊闹枝。今天是惠农有限公司开业庆典的喜庆日子，我们很荣幸能够邀请到各位领导、嘉宾前来参加庆典活动。在这激动人心的时刻，作为惠农有限公司的董事长，我谨代表惠农有限公司全体员工，向出席开业庆典的领导、嘉宾、朋友们表示诚挚的问候和热烈的欢迎！

　　公司的成立，得到了各位领导的关心和大力支持，得到了在座各位来宾的帮助，在此一并表示诚挚的谢意！

　　雄关漫道真如铁，而今迈步从头越。惠农有限公司是在原农业生产资料公司基础上，为适应现代企业制度而组建的股份制企业。我们在不断探索中求发展，在发展中求壮大。我们将以一流的产品奉献社会，以良好的信誉赢得市场，以优惠的价格让利用户，以真诚的服务方便农民。

　　在这里衷心地希望各位领导、各位合作伙伴、各界人士，继续关注惠农，支持惠农，让我们合作发展、共生共荣。

　　再次对各位的到来表示感谢和欢迎！祝各位身体健康，万事如意！

惠农有限公司董事长　王立华
2019 年 2 月 6 日

【简析】

　　这是一篇开业庆典上的欢迎词，内容分为三部分：首先写欢迎的原因以及以何身份对客人表示热烈欢迎，对过去来宾对公司的关心和支持表示感谢；其次回顾公司发展的历史及经营理念；最后表达与来宾继续合作的愿望以及美好的祝颂。言辞情真意切，友善礼貌，营造出庆典热情喜庆的气氛。

【例 3-9】

欢送词

各位嘉宾：

　　我们的旅行车已经行驶在去机场的路上。透过车窗可以看见，南京的天空又下起了小雨。唐朝诗人王维有一首著名的诗，叫《渭城曲》，他在诗中写道："渭城朝雨浥轻尘，客舍青青柳色新。劝君更尽一杯酒，西出阳关无故人。"

今天,南京也下起了小雨,我们也要在雨中与各位分别,不同的是,王维送的人要西出阳关,没有故人,而大家则要飞回家乡,去见亲人。南京人常说:"下雨天留客。"按我们南京人的习俗,但凡下雨的时候,是不放客人走的,一者下雨路滑,客人出行不便;二者下雨无事,正是陪客的好时候。但是,由于行程的安排,我们不得不违反南京的这一民俗,在此相送。

我想起我们常唱的一首歌:"我相信,我们之间友情的花朵会常开,华东地区的美景永远常在,今日离别后,什么时候你会再来?也许从此之后我们不会再相见。"在这次华东黄金之旅的最后时刻,我想说:这一趟旅行大家都非常辛苦。

在华东的这几天,我们一同走过了……(回顾行程)

好了,各位贵宾,我们的旅行车马上会到达行程的终点——南京禄口机场,几天前我们在这里起程,今天大家终于回到了起点,一周的行程马上就要结束了。有一首诗大家不会陌生:"悄悄的我走了,正如我悄悄的来;我挥一挥衣袖,不带走一片云彩。"

天下之大,没有不散的宴席。短暂的相逢就要结束,挥挥手就要和大家告别,值此分别之际,我谨代表××旅行社和南京浅草导游俱乐部感谢大家几天以来,对领队小姐、对师傅和对我工作的关心、支持与配合,并对行程中不尽如人意的地方表示深深的歉意。

各位到了机场后,即将乘坐飞机回到自己温暖的家,在这里我祝大家一路平安,旅途愉快!

最后,祝大家在以后的日子里,生活好工作好样样都好,亲戚好朋友好人人都好!欢迎您再来华东!谢谢大家!再见!

【简析】

这是一篇颇具煽情意味的欢送词。首先,点明欢送的缘由,引用诗句、歌词道出依依不舍之情;其次,回顾行程以及收获;最后,表达感谢和祝愿。全文富有文采,具有真情实感。

章节练习

一、赏析题

根据所学,对下面的欢迎词和欢送词进行赏析。

习近平在 APEC 欢迎宴会上的致辞

尊敬的各位同事，尊敬的各位来宾！女士们、先生们、朋友们，大家晚上好！在亚太经合组织第二十二次领导人非正式会议召开之际，大家不远万里来到北京，用中国人的话来说，就是大家有缘分，有缘千里来相会。

首先我代表中国政府和人民，代表我的夫人，也以我个人的名义对各位贵宾的到来表示热烈的欢迎！

刚才我在门口迎接大家，看到各位都穿上中国式服装，既充满了中国传统元素，又体现了现代气息，让我们更感亲近。中国老百姓看了以后，也会感到亲切，会感到各位就像到邻居家串门，来朋友家叙旧一样。特别是各位女士的服饰格外鲜丽，群芳荟萃、姹紫嫣红，为今天的晚宴增加了一道亮丽的风景线。我们现在所在的地方叫水立方，对面是鸟巢，这两个建筑一方一圆，这蕴含着天圆地方中国的哲学理念，形成了阴阳平衡的统一。中国举办 2008 年北京奥运会的时候，水上的项目比赛就在这里举行的，那一次共产生了 44 枚金牌，创造了 25 项世界记录，很多来自在座的各成员的选手，这里创造了超越自我的奇迹。今天在座的领导人，有的当年就参加了北京奥运会的开幕式。

这几天我每天早晨起来以后的第一件事，就是看看北京空气质量如何，希望雾霾小一些，以便让各位远方的客人到北京时感觉舒适一点。好在是人努力天帮忙啊，这几天北京空气质量总体好多了，不过我也担心我这个话说早了，但愿明天的天气也还好。这几天北京空气质量好，是我们有关地方和部门共同努力的结果，来之不易。我要感谢各位，也感谢这次会议，让我们下了更大的决心，来保护生态环境，有利于我们今后把生态环境保护工作做得更好。也有人说，现在北京的蓝天是 APEC 蓝，美好而短暂，过了这一阵就没了，我希望并相信通过不懈的努力，APEC 蓝能够保持下去。

谢谢，我们正在全力进行污染治理，力度之大，前所未有，我希望北京乃至全中国都能够蓝天常在，青山常在，绿水常在，让孩子们都生活在良好的生态环境之中，这也是中国梦中很重要的内容。

各位同事，女士们、先生们、朋友们，我们之所以选择水立方来举行这个晚宴，是因为水在中国文化中具有重要的象征意义。2000 多年前，老子说："上善若水，水利万物而不争"，意思就是说最高境界的善行就像水一样涓涓细流，泽被万物。亚太经合组织以太平洋之水结缘，我们有责任使太平洋成为太平之洋，友谊之洋，合作之洋，见证亚太地区和平、发展、繁荣、进步。

这是一个富有意义的夜晚，我们为亚太长远发展的共同使命而来，应该以此为契机，一起勾画亚太长远发展愿景，确定亚太未来合作方向。明天我们将相会在燕山脚下雁栖湖畔，正式拉开领导人会议的序幕。孔子说："智者乐水，仁者乐山"，那儿有山有水，大家可以智者见智，仁者见仁，共商亚太发展大计，共谋亚太合作愿景。

现在我提议，大家共同举杯，为亚太地区繁荣进步，为亚太经合组织蓬勃发展，为这次领导人非正式会议圆满成功，为各位嘉宾和家人的健康干杯！干杯！

（选自新华网）

刘华清：在欢送驻港部队大会上的讲话

驻香港部队全体官兵同志们：

遵照中央军委江泽民主席的命令，你们就要雄赳赳、气昂昂地进驻香港，担负起香港防务的神圣使命。在这庄严的时刻，我代表党中央、中央军委，代表全军官兵，向同志们表示热烈的欢送和亲切的慰问！

香港回到祖国的怀抱，五星红旗和香港特别行政区区旗在这块土地上庄严升起，百年民族耻辱终于洗雪，香港将从此开辟历史的新纪元。这是中国人民一百多年来前赴后继、英勇斗争的结果，是中华民族振兴的历史丰碑，是本世纪具有深远影响的重大事件。此时此刻，全党全军全国各族人民，包括广大的港澳台同胞、海外侨胞，无不欢欣鼓舞，扬眉吐气。

香港顺利回归祖国，是邓小平同志"一国两制"构想的胜利，是以江泽民同志为核心的党的第三代中央领导集体坚持"一国两制"方针，成功推进香港回归的胜利。这一伟大胜利，生动体现了中华民族强大的凝聚力和创造力，象征着我国的综合国力正日益强盛，中国人民正以崭新的面貌自立于世界民族之林。

香港顺利回归祖国，实行"一国两制"、"港人治港"、高度自治，保持长期繁荣稳定，将有力地促进祖国统一大业和社会主义现代化建设，将为国际社会解决类似历史遗留问题提供一个成功范例，将对维护亚太地区以及世界的和平与稳定发挥重要作用。

中国人民解放军进驻香港，是中国政府对香港恢复行使主权的重要标志，是维护国家主权和安全，保持香港繁荣稳定的重要保证。驻香港部队是具有光荣传统的部队组建起来的，曾经屡建战功，英雄辈出。组建以来，坚持高标准，严要求，艰苦创业，团结奋斗，精心做好进驻的各项准备工作，取得了出色的成绩。现在，驻香港部队即将开赴香港，祖国和人民对你们寄予厚望。

希望你们坚定不移地贯彻邓小平同志"一国两制"的伟大构想，增强维护香港繁荣稳定的使命感和责任感。深入学习邓小平建设有中国特色社会主义理论，结合实际深刻理解"一国两制"构想的重大意义，把官兵的思想真正统一到"一国两制"的方针上来。认真执行中央关于处理香港问题的一系列方针政策，坚决服从命令，听从指挥，忠实履行防务职责，为香港的繁荣稳定贡献力量。

希望你们牢记全心全意为人民服务的宗旨，忠于党，忠于祖国，忠于人民，忠于社会主义。深入地开展爱国主义教育，增强民族自尊心和自豪感，激发广大官兵献身国防事业的政治热忱。继续保持谦虚谨慎、不骄不躁的作风，尊重香港特别行政区政府，尊重香港的社会制度和生活方式，热爱香港人民，时时处处维护香港人民的利益，以实际行动赢得香港人民的拥护和爱戴。

希望你们坚持从严治军，依法履行职责，严守纪律，秋毫无犯。严格遵守香港特别行政区基本法和驻军法，严格遵守香港特别行政区的法律法规，处处依法办事。认真落实我军条令条例和规章制度，加强部队管理，保持高度稳定和集中统一。自觉执行三大纪律八项注意，做到军容严整，文明礼貌，充分展示我军优良的作风和奋发向上的精神面貌。

希望你们切实加强精神文明建设，引导官兵树立高尚的道德情操。发挥我军政治工作的优势，保持部队官兵政治上的坚定和思想道德上的纯洁。教育官兵树立正确的世界观、人生观和价值观，艰苦奋斗，淡泊名利，无私奉献，大力弘扬正气，抵制歪风邪气，确保部队能够经受住特殊环境和复杂情况的考验，永葆人民军队的政治本色。

希望你们大力加强军事训练，强化官兵全面素质。深入贯彻新时期军事战略方针，居安思危，常备不懈。认真学习高科技知识，熟练掌握手中武器装备，打牢技术战术基础。根据香港防务和驻军特点，增强训练的针对性，提高部队合成作战能力和在各种复杂情况下遂行任务的能力。

我相信，驻香港部队一定能够按照邓小平新时期军队建设思想和江主席关于军队建设的一系列重要论述，继承和发扬人民军队的优良传统，始终保持我军威武之师、文明之师的良好形象，不负重托，不辱使命，圆满完成各项任务，让党中央、中央军委放心，让全国人民放心。

祝同志们顺利进驻香港，为祖国和人民再立新功！

（选自中国网）

二、写作题

每年的九月是新生来校的季节，六月是毕业的季节，请以人文学院学长、学姐和学弟、学妹的身份各写一份欢迎词和欢送词。

第七节　讲　话　稿

讲话稿又叫演讲稿，是会议主办方的领导在公众场合发表带有宣传、指示、总结性质讲话的文稿。讲话稿一般分为两种类型：一是广义的讲话稿，即单位领导人在单位举办的各种会议、活动上所做的讲话、致辞、报告等；二是狭义的讲话稿，即演讲者在集会或会议上发言的文稿和各种演讲比赛上的讲稿。在日常工作中，以职务身份发表讲话时所用的文稿多称为讲话稿，如《省领导在海南省第十届青少年科技节开幕大会上的讲话》；代表政府或机构在重要场合发表讲话所用的文稿则多称为演讲稿，如《让中新友谊与合作开创更多新的第一——李克强在新西兰各界欢迎宴会上的演讲》；以个人身份发表讲话时所用的文稿一般也称为演讲稿，如《竞选校学生会外联部部长的演讲稿》。

一、讲话稿的特点

（一）内容的针对性

讲话稿是讲给来参加会议的受众听的，讲稿的内容组织、讲话者的语速语调等因素都会或多或少影响讲话的质量。为此，要考虑听众的身份、职业特点、思维习惯及语言特点。此外，讲话稿还应考虑听众的其他特点，如职务、级别、在职与否等，使之具有针对性和科学性，不能用一个讲话稿对付五行八作，而要看菜吃饭、量体裁衣，因地、因时、因人而异。

（二）讲话的鼓动性

不论是会议上的演讲，还是活动中的致辞，讲话人面对听众说话的目的在于使人不但要听得明白，更要听得进去，最好能产生"快者掀髯，愤者扼腕，悲者掩泣，羡者色飞"之效果。而要达到这一目的，就要用源于真实材料的真挚情感与听众的心灵产生共鸣。

（三）语言的通俗性

讲话是通过语言实现心灵交流的最佳方式之一，而要听众在瞬息即逝的过程中听清、听懂讲话的内容，演讲者不仅要吐字清晰，讲稿更要通俗易懂，即使是讲道理也要善于把抽象的道理具体化，最终达到既要准确、简洁，又要通俗、生动之目的。

（四）话题的集中性

不论是开会时的演讲，还是活动时的即兴讲话，都需要注意这样的讲话只是整个活动引出主题的"序曲"。为此，讲话稿要在有限的时间、内容制约下围绕主题展开，切忌面面俱到、拖沓冗长。

二、讲话稿的类型

（一）按性质划分

根据工作性质的不同，讲话稿有政治类、学术类、礼仪类之别。

（二）按内容划分

根据讲话内容的不同，讲话稿有宣讲式、表态式、祝贺式之别。

三、讲话稿的写作格式

讲话稿的写作格式由标题、署名、日期、正文四个部分组成。

（一）标题

讲话稿的标题通常有三种形式。

1. 全景式标题

（1）"什么人＋什么会议（活动）＋讲话"。

如《习近平在金砖国家工商论坛开幕式上的讲话》，标明会议名称，既突出了讲话的主要内容，又凸显了讲话的主旨。这类标题有时可以将讲话人的名字写在标题下面。

（2）"什么人＋什么地方＋讲话"。

如《习近平在博鳌亚洲论坛2018年年会开幕式上的主旨演讲》，标题点明讲话人、讲话地点。

2. 新闻式标题：正题 + 副题

如《共同谱写自贸繁荣新篇章——李克强在中澳经贸合作论坛上的演讲》，标题的正题强调讲话的主要内容，副题说明讲话人、发表讲话的场合。这类标题多用于领导人出席活动所用，当然，个人演讲也可用。

3. 普通式标题：单行标题

如《勇立潮头　争做先锋》，这类标题主要用于个人演讲，目的是表达演讲主旨。

（二）署名

署名通常位于标题之下，居中标示。如果是重要人物，则需写上讲话人的身份、职务（学术会议还需加上职称、学位等）。如果标题中已写明讲话者，则不需要单列署名。

（三）日期

日期指讲话发表时的时间，多在署名之下，置于用阿拉伯数字居中标示的括号之内。写上日期时，年、月、日要全，如"2018年11月2日"。如果在规格较高的讲话稿下面书写日期，则用汉字以示郑重，如"二〇一八年十一月二日"。需要注意的是，年份中的"〇"是汉字所特有的表达日期方式，不能用阿拉伯数字的"0"或汉字的"零"取代，即不能写成"二０一八年十一月二日"或"二零一八年十一月二日"。

（四）正文

正文的结构由开场白、主体、结尾组成。

1. 开场白

开场白的写法没有特殊的要求，主要任务有二：其一是建立感情，即通过一些带有感情色彩的话语拉近演说者与受众之间的距离；其二是抛砖引玉，便于导入正题。开场白使用较多的有以下三种方式。

（1）总结式。

即简明扼要说明会议或活动的主要内容、意义、作用等，如《在第九届海峡两岸法学院校长论坛开幕式上的致辞》，开场白就梗概了两岸交流的意义所在。

> 本届论坛以"新时代法治人才培养机制优化与创新"为主题，高度契合两岸法学教育界关切，对于深化两岸交流、维护两岸关系和平发

展,对于建设法治中国、提高国家软实力,具有重要的现实意义。希望两岸法学教育人士借此机会,一道传承中华法治文化优良传统,共同培养卓越法律人才,携手建设国际知名法学院校,合力促进两岸同胞心灵契合。

(2)感谢式。
即用讲话者富有深情的感谢性词语表达对与会听众的感激之情,如《共同谱写自贸繁荣新篇章——李克强在中澳经贸合作论坛上的演讲》一文中,李克强总理就对与会人员表达了感谢。

> 很高兴与大家相聚在美丽的悉尼,共同出席中澳经贸合作论坛。我谨代表中国政府,对论坛的成功举办表示热烈祝贺,向长期致力于中澳友好合作的各界人士致以崇高敬意!
> 这是我第三次踏上澳大利亚这片美丽的土地。"炽热的阳光,辽阔的平原,遥远的地平线和蓝宝石般的海洋",是著名诗人麦凯勒笔下的澳大利亚自然之美,用来形容当前中澳友好合作的温度、广度和深度,也非常恰当。这次访问澳大利亚,从堪培拉到悉尼,我深切感受到各界人士维护世界和地区和平稳定、扩大中澳互利合作的强烈愿望,对两国友好关系发展前景更加充满信心。

(3)抒情式。
即讲话者用比较抒情的语言表达对参会人员的慰问、祝贺,如李克强《在国家科学技术奖励大会上的讲话》。

> 今天,我们隆重召开国家科学技术奖励大会,表彰为我国科技事业和现代化建设作出突出贡献的科技工作者。刚才,习近平总书记等党和国家领导同志,向获得国家最高科学技术奖的赵忠贤院士、屠呦呦研究员和其他获奖代表颁了奖。在此,我代表党中央、国务院,向全体获奖人员表示热烈祝贺!向全国广大科技工作者致以崇高敬意和诚挚问候!向参与和支持中国科技事业的外国专家表示衷心感谢!

2. 主体
作为整个讲话稿的核心部分,主体的撰写可以采用不同的结构方式。
(1)横式结构。
横式结构是根据会议、活动的主题,采用并列、因果等方式来组织材料、安排段落,如李克强《在国家科学技术奖励大会上的讲话》。

【例 3-10】

在国家科学技术奖励大会上的讲话（节选）

刚刚过去的一年，面对复杂严峻的国内外环境，在以习近平同志为核心的党中央坚强领导下，我国经济社会发展取得了显著成就，科技战线大事喜事多、创新成果多。党中央、国务院召开全国科技创新大会，明确提出要建设世界科技强国。创新驱动发展战略深入实施，《国家创新驱动发展战略纲要》颁布施行，面向 2030 年的科技创新重大项目部署启动，科技体制改革和管理方式创新加快推进，以增加知识价值为导向的分配政策制定实施，有效调动了广大科技人员的积极性。一批具有标志性意义的重大科技成果涌现，不少达到国际先进水平。神舟十一号载人飞船与天宫二号空间试验室成功交会对接，航天员实现中期驻留，世界最大单口径射电望远镜建成使用，世界首颗量子科学实验卫星"墨子号"发射升空，使用中国自主研发芯片的超级计算机"神威·太湖之光"再次刷新世界纪录。科技创新成果加速转化，大众创业、万众创新蓬勃兴起，创新作为引领发展的第一动力作用更加显现。中国创新令世界瞩目、让人民自豪。中华大地在创新中展现出勃勃生机与活力。

当前，世界新一轮科技革命和产业变革孕育兴起，抢占未来制高点的国际竞争日趋激烈。我国经济结构深度调整、新旧动能接续转换，已到了只有依靠创新驱动才能持续发展的新阶段，比以往任何时候都更加需要强大的科技创新力量。必须认真学习贯彻习近平总书记系列重要讲话精神，把创新摆在国家发展全局的核心位置，以新发展理念为引领，以供给侧结构性改革为主线，深入实施创新驱动发展战略，加快培育壮大新动能、改造提升传统动能，推动经济保持中高速增长、迈向中高端水平。

我们要全面提高科技创新能力，筑牢国家核心竞争力的基石。瞄准世界科技前沿，紧扣经济社会需求，在战略必争领域前瞻部署、超前研究，推进国家科技重大项目、重大工程和重大基础设施建设，夯实科技创新的基础支撑。要大力加强基础研究和原始创新，充分发挥科研院所和高校的主力军作用，建立长期稳定的支持机制，鼓励从事基础研究和原始创新的科研人员潜心研究，可以十年不鸣，争取一鸣惊人。要建立以企业为主体、以市场为导向的技术创新机制，引导社会各方面力量投入创新领域。推动开放式科技创新，深化国际科技合作，利用互联网等新平台新模式，加强产学研协同，集聚优化创新要素，提高科技创新和成果转化效率。

我们要深化科技体制改革，充分调动科技人员积极性。人才是科技创新最关键的因素。必须充分尊重科技人才，保障科技人才权益，最大限度激发科技人才的创造活力。要深入推进科技领域简政放权、放管结合、优化服务改革，推行科研管理清单制度，实施更加方便简约有效的规则，赋予科研院所和高校更大的科研自主权，赋予创新领军人才更大的人财物支配权。要加大成果处置、收益分配、股权激励、人才流动、兼职兼薪等政策落实力度，使创新者得到应有荣誉和回报，增强科技人员的持久创造动力。

我们要推动大众创业、万众创新，着力激发全社会创新潜能。人民群众是历史的创造者，也是推动创新的根本力量。我们有1.7亿多受过高等教育或拥有专业技能的人才，蕴藏着巨大的创新潜能，这是我国发展用之不竭的最大"富矿"。要不拘一格用好各方面创新人才，集众智、汇众力，提高社会创新效率。既要支持专业人才在创新上不断突破，也要激发普通民众的创造潜力；既要支持本土人才勇攀高峰，也要吸引海归人才、外国人才来华创业创新。我们要以海纳百川、求贤若渴的气度，为各类创新人才施展才华提供更大空间、更广阔的舞台。

我们要全面提高创新供给能力，推动科技创新成果向各行业各领域覆盖融合，加快新旧动能转换。新动能既来自新兴产业成长，也来自传统产业的改造提升。在科技创新的推动下，我国新兴产业快速成长，数字经济、分享经济、平台经济等新业态方兴未艾，对这些产业要审慎监管，使之健康发展。同时，要促进新技术、新业态、新模式加快与一二三产业融合发展，推动实体经济升级，使传统产业焕发新的生机与活力。要实施普惠性创新政策，落实和完善研发费用加计扣除、固定资产加速折旧等措施，支持企业与高校、科研院所、创客合作建立协同创新平台，推广"小核心、大协作"的"双创"模式，促进源头创新、成果转化、市场开发齐头并进，重点围绕提升产业竞争力、满足多层次消费需求和助力破解医疗、环保等领域民生难题，大力研发新品、多出优品、打造精品，着力提升"中国制造"的品质和"中国创造"的影响力。

我们要加强知识产权保护，打造良好创新生态环境。保护知识产权就是保护和激励创新。要开展知识产权综合管理改革试点，构建知识产权创造、保护、运用体系，严厉打击侵权假冒行为，使创新者的合法权益得到切实有力的保护，使知识产权更多转化为现实生产力。要努力营造支持创新、追求卓越的社会氛围，让尊重劳动、尊重知识、尊重人才、尊重创造蔚然成风，让人人皆可创新、处处是创新之地，促进科学创新精神与企业家精神、工匠精神相结合，形成推动创新发展的强大动力。

同志们，朋友们，科技改变世界，创新决定未来。让我们更加紧密地团结在以习近平同志为核心的党中央周围，倍加珍惜荣誉，切实担当使命，奋力创造辉煌，推动科技事业更好更快发展，以优异成绩迎接党的十九大胜利召开，为实现"两个一百年"奋斗目标和中华民族伟大复兴的中国梦、建设富强民主文明和谐的社会主义现代化国家，作出新的更大贡献。

（选自新华网）

【简析】

这是一篇激动人心的讲话稿。会议的主题是国家科学技术奖励，李克强总理的讲话在提纲挈领地总结我国科技战线大事喜事多、创新成果多之后，采用并列的方式，分别从以下几方面来组织材料：要全面提高科技创新能力，筑牢国家核心竞争力的基石；要深化科技体制改革，充分调动科技人员积极性；要推动大众创业、万众创新，着力激发全社会创新潜能；要全面提高创新供给能力，推动科技创新成果向各行业各领域覆盖融合，加快新旧动能转换；要加强知识产权保护，打造良好创新生态环境。整个讲话重点突出，逻辑清晰，使人听后既精神百倍，又豪情满怀。

（2）纵式结构。

纵式结构是以时间的先后或者逻辑的递进为顺序来组织材料、安排层次的一种结构方法，如李克强《在第六次全国妇女儿童工作会议上的讲话》。

【例3-11】

在第六次全国妇女儿童工作会议上的讲话（节选）

一、充分肯定妇女儿童事业发展取得的显著成绩

妇女作为"半边天"，对人类社会发展有着十分重要的作用和影响。儿童是一个民族、一个国家发展的未来和希望。尊重妇女、关爱儿童，既是社会文明进步的重要标志，也是中华民族五千年来生生不息的一个重要因素。党和政府历来高度重视妇女儿童工作。新中国成立以来特别是改革开放以来，党和政府坚持把促进妇女儿童全面发展作为重要奋斗目标，将男女平等确定为基本国策，大力倡导和践行儿童优先原则，先后制定实施了三轮中国妇女儿童发展纲要，有力推动了妇女儿童事业与经济社会协调发展。

党的十八大以来，以习近平同志为核心的党中央把促进妇女儿童事业发展放在更加突出的位置，不断推进理论创新、制度创新、工作创新，开创了妇女儿童事业发展的新局面。党的十八大报告明确提出"坚持男女平等基本国策，保障妇女儿童合法权益"，国民经济和社会发展"十三五"规划纲要专列章节对"促进妇女全面发展""关爱未成年人健康成长"作出部署，国家相继出台了《反家庭暴力法》和《关于加强农村留守儿童关爱保护工作的意见》《关于加强困境儿童保障工作的意见》等法律法规和政策文件，实施了一系列重大举措，包括对妇女"两癌"检查、贫困地区儿童营养改善、学前教育三年行动计划等一大批项目。妇女儿童的健康状况显著改善，目前女性人均预期寿命达到79.4岁，孕产妇死亡率下降到20.1/10万，婴儿死亡率和5岁以下儿童死亡率分别下降到8.1‰和10.7‰，这些指标总体上处于中高收入国家水平。妇女儿童受教育权利得到较好保障，九年义务教育巩固率达到93%，普通高校本专科和研究生中女生比例分别达到52.4%和49.7%。妇女在国家政治、经济、文化和社会生活各领域的权利得到有效实现，儿童的健康成长和受教育、受保护的权利得到有效保障。经过多年努力，我们走出了一条中国特色妇女儿童发展道路，妇女儿童事业发展取得举世瞩目的伟大成就，赢得了国际社会的广泛赞誉。

在党和政府的关心以及社会各方面的支持下，我国亿万妇女在经济社会发展各个方面，展现了"半边天"的别样风采，创造了"巾帼不让须眉"的光辉业绩，在科技、航天、航空、体育等各个领域都涌现出一大批卓越女性。比如，在科技领域，女科学家屠呦呦获得诺贝尔生理学或医学奖，成为在中国本土进行科学研究而获得诺贝尔科学奖的第一人。同时，我们加强国际妇女儿童交流合作，为促进世界妇女儿童事业发展作出了积极贡献。

在充分肯定成绩的同时，我们也要清醒地看到，由于受生产力发展水平和历史文化等因素影响，妇女儿童事业发展还面临不少困难和挑战。一些落后陈腐的思想观念和社会习俗依然存在，城乡、区域间妇女儿童发展仍不平衡，基层特别是贫困地区妇女儿童保护和服务资源相对匮乏，侵害妇女儿童合法权益现象时有发生。这些情况表明，促进妇女儿童事业全面发展任重道远，必须持续不懈努力。妇女儿童工作只能加强、不能放松，更不能削弱。

二、在更高水平上促进妇女儿童事业与经济社会协调发展

"十三五"时期是全面建成小康社会的决胜阶段。加强妇女儿童工作，关系经济社会发展全局。我们要牢固树立新的发展理念，继续贯彻男女平等基本国策和儿童优先原则，以更有力举措推动解决妇女儿童发展中存在的不平衡等问题，在更高水平上促进妇女儿童事业与经济社会协调发展，确保完成2011—2020年中国妇女儿童发展纲要确定的目标任务。

第一，着力促进妇女在共建共享中实现全面发展。妇女的全面发展，既是实现社会公平正义的应有之义，也是推动经济发展的强大动力。当前，我国经济发展进入新常态，正处于新旧动能接续转换、结构转型升级的关键时期。培育经济发展新动能，离不开广大妇女聪明才智的充分发挥。在蓬勃兴起的大众创业、万众创新中，广大妇女成为有生力量。很多地方的妇女在家里通过互联网开展"双创"，不仅使家庭致富，而且为当地经济发展增添了活力。通过就业创业，广大妇女不仅为社会创造了财富，也成为自己命运的主人，创造出精彩的人生。我们要进一步为妇女广泛参与"双创"搭建平台，加大技能培训、税费减免、贷款贴息等支持，提供政策咨询、信息交流、法律援助等服务，帮助妇女就业创业，促进女大学生充分就业，帮助困难妇女就业。要坚决消除就业中存在的性别歧视，促进妇女公平就业，实行同工同酬，加强对女职工的特殊劳动保护。农村妇女占农业劳动力70％左右，要鼓励和支持她们在推进农业现代化、建设社会主义新农村中担当重任。就业是民生之本。我们要创造有利、平等的就业条件，为妇女自强自立奠定基础。政治地位和民主参与是妇女全面发展的重要标志。要加大培养妇女人才、选拔女干部的力度，加强教育培训，提高妇女参与经济社会事务管理的机会和能力。健康是妇女全面发展的基础。要实施好落实好妇幼公共卫生服务项目，提升妇幼保健服务能力，提高妇女的健康素质和生活质量。要更加关爱贫困妇女、病残妇女、单亲母亲、老年妇女等特殊困难群体，让她们更多地享有发展的获得感、生活的幸福感。家庭是社会的细胞，是社会和谐稳定的基础。要发挥妇女在家庭生活中的独特作用，创建文明家庭，倡导科学家教，弘扬良好家风，让中华民族传统美德代代相传。

第二,始终把儿童发展放在优先位置。我国有2.8亿儿童。让孩子们健康快乐成长,是每个家庭最大的愿望和期盼,也是国家走向繁荣富强的基础和支撑。全社会都要树立一切为了儿童的理念和道德。各级政府在公共政策制定实施过程中,要优先考虑儿童利益和需求,做到"三个优先":一是坚持儿童教育的优先发展。投资孩子就是投资未来。日子再紧也不能紧教育、苦孩子。近几年,虽然经济下行压力加大、财政增收困难,但我们稳定增加教育投入的决心从来没有动摇过。要发展普惠性学前教育。围绕促进教育公平、提升教育质量两大重点,着力统筹推进县域内城乡义务教育一体化改革,推进义务教育均衡发展。深化教育综合改革,特别要加强创新创业教育,着力培养学生的社会责任感、创新精神和实践能力。二是推进儿童健康服务的优先供给。近年来,伴随着医改的逐步深化,我国医疗卫生服务能力有了长足进步,但儿童健康服务供给仍然不足。全面两孩政策实施后,这方面的矛盾更加突出,必须尽快解决。要完善儿童医疗卫生服务网络,深入实施健康儿童计划,增加儿科医务人员,提高整体素质,增强儿科岗位的吸引力,逐步解决儿科资源短缺问题。要把预防为主、关口前移的思路体现在儿童卫生工作中,把健康教育纳入国民教育体系,围绕威胁儿童健康的出生缺陷、营养性疾病、危急重症、儿童用药短缺等突出公共卫生问题,拿出更有针对性的解决办法,多措并举预防和控制儿童伤害,为儿童身心健康成长打牢坚实的基础。三是努力实现儿童福利的优先保障。困境儿童是最脆弱的群体。近年来,见诸媒体的留守儿童非正常死亡、病残儿童遭弃等极端事件虽属个别现象,但社会影响极大,令人痛心疾首。各级政府要履职尽责,扩大儿童福利覆盖面,增加项目,提高标准,鼓励社会力量参与服务,加大社会救助,推动儿童福利由补缺型向适度普惠型转变。要特别关爱和帮助孤儿、病残儿童、流浪儿童、留守儿童等困难儿童群体,努力使所有儿童都能享受社会主义大家庭的温暖,都能拥有美好灿烂的明天。

第三,依法保障妇女儿童权益。妇女儿童权益是基本人权,也容易受到侵犯。保障妇女儿童合法权益,是社会道德和文明的体现,是尊重和保障人权的体现,是国家法治水平的体现。要将保障妇女儿童合法权益的工作贯穿于科学立法、严格执法、公正司法、全民守法的全过程,加强部门联动,促进政府、社会和家庭协调配合。要深入贯彻实施《妇女权益保障法》《未成年人保护法》《反家庭暴力法》等保护妇女儿童权益的法律法规，建立健全法规政策性别平等评估机制，不断完善法规政策体系。要进一步加大执法监督和政策执行力度，严厉打击暴力、虐待、性侵、拐卖、校园欺凌等侵害妇女儿童权利的违法犯罪行为，建立运行监测预防、强制报告、应急处置、评估帮扶、监护干预"五位一体"的儿童保护机制，依法保障妇女儿童获得法律援助和司法救助。要加强法治宣传教育，提高妇女儿童运用法律武器保护自己的能力，让法治意识深入人心。

妇女儿童权益涉及社会生活的方方面面，当前要重点解决好一批群众反映强烈的突出问题。比如，农村妇女土地权益既是关系到农村妇女生存的民生问题，也是关系农村社会和谐稳定的政治问题。要落实保障农村妇女土地权益的相关政策，纠正与法律法规相冲突的村规民约，在农村土地承包经营权确权登记颁证工作中真正做到符合条件的妇女"证上有名，名下有权"，确保妇女享有与男子平等的土地承包经营权、宅基地使用权和集体收益分配权。这既是加强基层法治建设的必然要求，也是解放、保护和发展生产力的必然要求，不能含糊。又如，"舌尖上的安全"一直广受关注，近年来兴起的针对婴幼儿用品的"海淘""代购"等，表明有的群众对食品安全状况仍然抱有疑虑。各有关方面一定要以高度的责任感，完善婴幼儿生活用品、食品、玩具的国家标准、监测标准和质量认证体系，严厉打击制售假冒伪劣产品的违法犯罪行为，让每个孩子的衣食住行都能得到最大限度的安全保障。

第四，补齐贫困地区妇女儿童发展的民生短板。贫困地区的妇女儿童往往是贫中之贫、困中之困。据了解，贫困地区5岁以下儿童低体重率和生长迟缓率约为城市地区的6—8倍。要打赢脱贫攻坚战，就必须解决好贫困地区妇女儿童的民生问题，兜住底线，多做雪中送炭的事，确保他们基本的生活、教育、医疗等方面需求。

教育是阻断贫困代际传递的治本之策。公共教育投入要加大向中西部和边疆、民族、贫困地区的倾斜力度，改善农村薄弱学校和寄宿制学校办学条件，尽最大努力为孩子们创造公平的受教育条件。要强化软件建设，推进城乡教师交流，落实提高乡村教师待遇政策，让乡村教师"下得去、留得住、教得好、有发展"。继续扩大重点大学面向贫困地区定向招生规模，让更多贫困家庭孩子有平等机会接受更高质量的教育。

目前，我国贫困人口中有40%以上是因病致贫返贫，一些地方甚至超过50%，其中相当数量的是妇女儿童。要深入实施健康扶贫工程，精准到户、到人、到病，加强贫困地区妇幼保健机构能力建设，扩大妇女"两癌"检查项目覆盖范围，扩大贫困地区儿童营养改善项目覆盖范围。要完善大病保险制度，对贫困人口实行倾斜性支付政策，加大医疗救助力度，加强各项医疗保障制度衔接，织密织牢贫困人口看病就医的基本保障网。

三、全社会都要关心支持妇女儿童工作

妇女儿童事业是一项涉及多部门、各层面、宽领域的系统工程。各级党委和政府要充分认识做好新形势下妇女儿童工作的重要意义，切实加强对妇女儿童工作的领导。要高举中国特色社会主义伟大旗帜，全面贯彻党的十八大和十八届三中、四中、五中、六中全会精神，深入学习贯彻习近平总书记系列重要讲话精神，认真落实党中央、国务院决策部署，强化责任担当，以更加务实高效的举措推进妇女儿童事业发展再上新台阶。

一要进一步夯实政府主体责任。各级政府在出台行政法规、制定政策措施、编制发展规划、安排财政预算时，要切实落实男女平等基本国策和儿童优先原则，通过有力的政策支持和资金保障，使妇女儿童发展与经济社会发展同步规划、同步实施、同步落实。要把各地各部门落实妇女儿童发展纲要、促进妇女儿童发展的情况纳入国务院督查的重点内容，强化跟踪问责。各级妇女儿童工作委员会要加强组织协调，健全工作机制，创新工作方式，强化部门联动。要在解决妇女儿童发展重点难点问题上谋突破，在为妇女儿童解难事办实事上下功夫，在促进妇女儿童发展上见成效。

二要充分发挥群众团体和社会力量作用。群团组织是党和政府联系妇女儿童的桥梁纽带。工会、共青团和妇联等群团组织要围绕中心、服务大局，把工作重心放到基层，帮助妇女儿童排忧解难，协助党和政府多做稳人心、暖人心、得人心、聚人心的工作。要强化统筹协调，促进群团组织整合资源、协同发力。社会力量在推动妇女儿童事业发展中具有重要的补充作用。要注重聚合社会力量的人才优势、技术优势、资源优势，加强对公益慈善类等社会组织的培育、扶持和管理，引导市场更好地配合政府增加服务供给，形成共同促进妇女儿童事业发展的工作格局。

三要营造良好的社会环境。要推动全社会进一步形成尊重妇女、保护儿童的良好氛围。加强对文化市场、传媒和网络的监管，坚决制止危害青少年健康成长和贬损女性形象的不良信息传播。加强舆论引导,大力宣传妇女自尊自信自立自强的时代精神,生动展现在党和政府关怀下儿童健康成长的良好风貌,让尊重和关爱妇女儿童成为国家意志、公民素养和社会风尚。

同志们,推动妇女儿童事业发展责任重大,使命光荣。让我们更加紧密地团结在以习近平同志为核心的党中央周围,齐心协力,奋发进取,努力开创妇女儿童工作新局面,为实现"两个一百年"奋斗目标、实现中华民族伟大复兴的中国梦作出新的贡献!

(选自中国政府网)

【简析】

这是一篇高屋建瓴的讲话稿。整个稿件按照逻辑的递进为顺序,在充分肯定妇女儿童事业发展取得的显著成绩基础上,通过正视问题——由于受生产力发展水平和历史文化等因素影响,妇女儿童事业发展还面临不少困难和挑战等,表明促进妇女儿童事业全面发展任重道远,必须持续不懈地努力,并提出了具体举措。如何让这些举措落地、落实、有成效,讲话中提出全社会都要关心支持妇女儿童工作,进一步夯实政府主体责任,要充分发挥群众团体和社会力量作用,并营造良好的社会环境。整个讲话逻辑清晰,富有激情,是一篇激励人、鼓舞人的讲话稿。

(3)纵横结合式结构。

即纵式结构与横式结构交融互用,或纵中有横,或横中有纵,纵横有机结合,以畅达文意。这类结构多用于篇幅较长、内容较多的讲话稿中,一般情况下不建议使用,因对撰写者而言,因头绪多、层次多而不易把握;对听众而言,因情况不清、不明而不易听懂。如习近平的《共倡开放包容 共促和平发展——在伦敦金融城市长晚宴上的演讲》。

【例 3-12】

共倡开放包容　共促和平发展
——在伦敦金融城市长晚宴上的演讲(节选)

(2015 年 10 月 21 日,伦敦)

中华人民共和国主席　习近平

尊敬的叶雅伦市长,

尊敬的安德鲁王子殿下，
女士们，先生们，朋友们：

  大家好！很高兴在伦敦金融城同大家见面，相信我们会共同度过一个愉快的夜晚。

  这次我应伊丽莎白二世女王邀请对英国进行国事访问，旨在推动中英全面战略伙伴关系得到更大发展，更好造福两国人民。

  首先，我谨代表中国政府和人民，并以我个人名义，感谢英国王室、政府和人民对我们的热情接待，向在座各位，向友好的英国人民，向长期致力于中英合作和中英友好事业的各界人士，致以诚挚的问候和良好的祝愿！

  21年前，我曾经访问过英国，到了伦敦、牛津、格拉斯哥、爱丁堡等地，亲身感受了英国的悠久历史、独特传统、充沛活力。再次来到英国，看到耸立的大本钟，看到激湍的泰晤士河，我有一种"不知何处是他乡"的感觉。此时此刻，有关英国的记忆不断在我脑海中闪现，我想到了英国资产阶级革命、工业革命、宪章运动、诺曼底登陆，想到了莎士比亚、拜伦、雪莱、萧伯纳，想到了培根、克伦威尔、丘吉尔，想到了托马斯·莫尔、约翰·洛克、亚当·斯密、达尔文、阿诺德·汤因比、李约瑟，想到了《双城记》《雾都孤儿》《简·爱》《鲁滨逊漂流记》，想到了福尔摩斯，当然还有卡尔·马克思、弗里德里希·恩格斯……
   ……

  伦敦是世界历史文化名城，金融城则是伦敦的心脏，在这里可以感受到现代英国金融发展、经济跳动的强劲脉搏。在这一平方英里的土地上，管理着全球4万多亿美元的庞大资产，创造了英国3%的国内生产总值，中国五大银行均设立了分支，伦敦人民币离岸市场蓬勃发展，首支人民币货币市场交易所基金也在伦敦证券交易所挂牌。可以说，金融城既是中英深度合作的一个缩影，也是全球开放的一个生动诠释。

  当今世界，开放包容、多元互鉴是主基调。在21世纪人类文明的大家园中，各国虽然历史、文化、制度各异，但都应该彼此和谐相处、平等相待，都应该互尊互鉴、相互学习，摒弃一切傲慢和偏见。唯有如此，各国才能共同发展、共享繁荣。

  当今世界，相互联系、相互依存是大潮流。随着商品、资金、信息、人才的高度流动，无论近邻还是远交，无论大国还是小国，无论发达国家还是发展中国家，正日益形成利益交融、安危与共的利益共同体和命运共同体。冷战思维、阵营对抗已不符合时代要求。

当今世界，和平、发展、合作、共赢是主旋律。世界经济复苏进程曲折，国际和地区热点此起彼伏，恐怖主义、网络安全、气候变化、重大传染性疾病等全球性挑战仍很严峻。面对前所未有的挑战，没有任何一个国家可以独善其身。世界各国需要以负责任的精神同舟共济、协调行动。

女士们、先生们、朋友们！

在当今世界复杂多变的形势中，中国发展日益受到各方关注。一段时间以来，国际上对中国的各种看法和评价众说纷纭，其中有"唱多"，也有"唱空"，还有"唱衰"，有赞许、理解、信心，也有困惑、疑虑、误解。

当然，了解和理解一个有着5000多年文明、56个民族、13亿多人口的大国，确实不是一件容易的事情，但最好的判断就是以事实为依据，不要雾里看花、水中观月。这里，我愿就大家最感兴趣的几个问题谈谈看法。

第一，中国人民走的是历史选择的道路。道路决定命运。一个国家、一个民族，只有找到适合自己条件的道路，才能实现自己的发展目标。改革开放37年来，中国经济年均增速近10%，成为全球第二大经济体，6亿多人口摆脱贫困，人均国内生产总值超过7000美元。中国用几十年时间走完了发达国家几百年走过的发展历程。这充分说明，中国人民正走在正确的道路上。

历史是现实的源头。近代以后，中国饱受战乱动荡，历经长达一个多世纪的磨难。100多年前，中国人民开始"睁眼看世界"，努力探寻救国救民的道路。中国民主革命的先行者孙中山先生曾经到英国求学。在经历君主立宪制、议会制、总统制等的失败尝试后，中国最终选择了社会主义道路。这是历史的选择、人民的选择。诚如英国哲学家罗素所说："只有中国人最了解自己""只有他们自己慢慢摸索出的解决办法才是长久之计。"

中华民族历来注重变革创新。中国社会主义不是教科书里的教条，不是刻板僵化的戒律，而是在实践中不断发展变化的生命体。我们在实践中不断完善，在发展中不断变革，形成和发展了中国特色社会主义。中国特色社会主义就是要建设社会主义市场经济、民主政治、先进文化、和谐社会、生态文明，促进人的全面发展，促进社会公平正义，逐步实现全体人民共同富裕。

"履不必同，期于适足；治不必同，期于利民。"世界上没有放之四海而皆准的发展道路。只有能够持续造福人民的发展道路，才是最有生命力的。

第二，中国人民要的是更加美好的生活。当前，全中国人民正在为实现中华民族伟大复兴的中国梦而奋斗。我们确立了"两个一百年"奋斗目标，即到2020年实现国内生产总值和城乡居民人均收入比2010年翻一番，全面建成小康社会；到本世纪中叶建成富强民主文明和谐的社会主义现代化国家。我们深知，中国仍然是世界上最大的发展中国家。按照中国的标准，中国还有7000万人没有脱贫。按照联合国标准，中国还有2亿左右人口生活在贫困线以下。要让生活更加美好，中国人民还需要进行长期努力。

中国梦是中国人民追求幸福的梦，也同各国人民的美好梦想息息相通。中国发展必将寓于世界发展潮流之中，也将为世界各国共同发展注入更多活力、带来更多机遇。中国是一个负责任大国，在国际金融危机期间我们同国际社会风雨与共，为世界经济复苏发挥了"稳定器"和"发动机"的作用。当前，中国经济增长对全球经济增长的贡献率仍接近30%。我们正在加快推进新型工业化、信息化、城镇化、农业现代化，发展资本市场，提高开放型经济水平，中国的进口和出口、引进外资和对外投资将更加均衡。中国正在大力推进创新驱动发展战略，李约瑟在其巨著《中国科技史》中深入总结了中国古代科技发展的成就，中国要紧跟新的科技革命潮流，努力创造一流的科技成果。预计未来5年中国将进口超过10万亿美元的商品，对外投资规模将超过5000亿美元，还将有超过5亿人次出境参观访问、旅游购物。这对世界经济发展无疑是重大利好。中国愿同包括英国在内的国际社会一道，以实实在在的行动释放出更多潜力，实现更好发展。

第三，中国人民想的是和平与发展的世界。和为贵、和而不同、协和万邦等理念在中国代代相传，和平的基因深植于中华民族的血脉之中。近代以后，中国人民历经苦难，所以更珍视和平；中国致力于发展，所以更需要和平；中国期待美好未来，所以更爱护和平。中国坚持走和平发展道路，不接受"国强必霸"的逻辑。任何人、任何事、任何理由都不能动摇中国走和平发展道路的决心和意志。

中国倡导国际社会共同构建人类命运共同体，建立以合作共赢为核心的新型国际关系，坚持国际关系民主化，坚持正确义利观，坚持通过对话协商以和平方式解决国家间的分歧和争端。我们将同世界各国一道，维护世界和平，捍卫公平正义，推进共同繁荣。

中国的发展得益于国际社会，也必将回馈国际大家庭。中国一直是国际合作的倡导者和国际多边主义的积极参与者，将坚定不移奉行互利共赢的开放战略。随着中国实力上升,我们将逐步承担更多力所能及的责任,努力为促进世界经济增长和完善全球治理贡献中国智慧、中国力量。中国的发展不会牺牲别国利益,只会增进共同利益。中国将同各国一道,逢山开路、遇河架桥。世界上的路,只有走的人多了,才会越来越宽广。

女士们、先生们、朋友们!

中英相隔万里,但虽远犹近。中国视英国为重要伙伴和真诚朋友。第二次世界大战结束以来,中英关系总体走在中国同西方关系前列。近年来,两国关系和合作得到长足发展,正在稳定健康的快车道上加速行进。英国已经成为中国在欧盟内第二大贸易伙伴和投资目的地国,也是除香港外最大人民币境外交易中心。中国是英国在欧盟外第二大贸易伙伴和在亚洲首要投资目的地。从衣食住行到能源、基建、金融、科研,中英全方位务实合作成果早已"飞入寻常百姓家",不断惠及两国民众。

30多年前,中国领导人邓小平和英国首相撒切尔夫人以超凡的战略眼光,促成两国创造性解决了香港问题,树立了以和平方式解决历史遗留问题的典范。30多年后的今天,英国在西方大国中率先申请加入亚洲基础设施投资银行。我期待英方继续在对华各领域合作中做引领潮流、开放包容的典范,成为西方同中国合作的领跑者,以实际行动践行"中国在西方世界的最强支持者"。

……

女士们、先生们、朋友们!

"生存还是毁灭,这是一个问题。"哈姆雷特的这句话,给我留下了极为深刻的印象。我不到16岁就从北京来到了中国陕北的一个小村子当农民,在那里度过了7年青春时光。那个年代,我想方设法寻找莎士比亚的作品,读了《仲夏夜之梦》《威尼斯商人》《第十二夜》《罗密欧与朱丽叶》《哈姆雷特》《奥赛罗》《李尔王》《麦克白》等剧本。莎士比亚笔下跌宕起伏的情节、栩栩如生的人物、如泣如诉的情感,都深深吸引着我。年轻的我,在当年陕北贫瘠的黄土地上,不断思考着"生存还是毁灭"的问题,最后我立下为祖国、为人民奉献自己的信念。我相信,每个读过莎士比亚作品的人,不仅能够感受到他卓越的才华,而且能够得到深刻的人生启迪。

中国明代剧作家汤显祖被称为"东方的莎士比亚",他创作的《牡丹亭》《紫钗记》《南柯记》《邯郸记》等戏剧享誉世界。汤显祖与莎士比亚是同时代的人,他们两人都是1616年逝世的。明年是他们逝世400周年。中英两国可以共同纪念这两位文学巨匠,以此推动两国人民交流、加深相互理解。

"凡益之道，与时偕行。"培根说："黄金时代在我们面前，而不是身后。"在今天同卡梅伦首相的会晤中，我们就开创面向21世纪全面战略伙伴关系"黄金时代"达成共识。让我们行动起来，抓住时代赋予的机遇，共同开启中英关系的"黄金时代"，努力为人类和平与发展的崇高事业作出新的更大的贡献！

现在，我提议：

为叶雅伦市长和伦敦金融城，干杯！

（选自人民网）

【简析】

这是一篇实事求是针对历史，客观冷静面向未来的讲话稿。习主席此次访英之前，中英两国的关系因2012年英国首相决定会见达赖喇嘛进入一个"冬天"，卡梅伦首相表示再无接见达赖喇嘛之计划后两国关系才有所好转。在中英两国全面战略伙伴关系进入第二个10年、中欧建交40年之际，习近平主席对英国进行了首次国事访问。访英期间，习近平主席做了这次演讲。稿件以习主席"应伊丽莎白二世女王邀请对英国进行国事访问"为逻辑起点，从"21年前，我曾经访问过英国"入手，由个人对英伦的感受延展到中英友好交流已深入人心，顺势推导出"当今世界，开放包容、多元互鉴是主基调"的观点，并以此观点为新的逻辑起点，针对"国际上对中国的各种看法和评价众说纷纭"，依次道出中国人民的观点：中国人民走的是历史选择的道路、中国人民要的是更加美好的生活、中国人民想的是和平与发展的世界。随后，又以香港问题是两国"和平方式解决历史遗留问题的典范"为号召，希望两国"共同开启中英关系的'黄金时代'，努力为人类和平与发展的崇高事业作出新的更大的贡献！"整个讲话，习主席表达出世界各国需要有同舟共济、协调行动、开放包容、合作共赢的良好态度。

3. 结尾

结尾的作用在于再一次点明主旨，并收束全文。结尾通常有三种方式，第一种是祝福式结尾，如中华人民共和国主席习近平《共倡开放包容　共促和平发展——在伦敦金融城市长晚宴上的演讲》的结尾。

现在，我提议：

为叶雅伦市长和伦敦金融城，干杯！

第二种是总结式结尾，即在演讲的最后总结归纳自己的见解、主张，强化演讲的中心内容，给听众留下深刻印象，如李克强《在第六次全国妇女儿童工作会议上的讲话》。

同志们，推动妇女儿童事业发展责任重大，使命光荣。让我们更加紧密地团结在以习近平同志为核心的党中央周围，齐心协力，奋发进取，努力开创妇女儿童工作新局面，为实现"两个一百年"奋斗目标、实现中华民族伟大复兴的中国梦作出新的贡献！

第三种是号召式，即在演讲结束时，发出号召，如《共同谱写自贸繁荣新篇章——李克强在中澳经贸合作论坛上的演讲》的结尾。

"百舸争流，奋楫者先。"越是国际和地区形势复杂多变，中澳两国越要更加坚定地站在一起，携手推动中澳关系这艘巨轮破浪前行，为亚太和世界的和平、稳定、繁荣作出更大的贡献！

四、演讲稿写作注意事项

（一）内容新

内容新体现在两个方面：角度新和材料新。角度新有两层意思：第一层是老问题有了新观点，即面对看似重复的老问题，如何在新情况下有新的解决之道、解决之法，这样的新观点会让人耳目一新；第二层是常规现象有了新看法，生活不可能时时出彩，但要善于发现与众不同的地方，一些看似熟视无睹的现象如果转个方向、换个角度就能有"柳暗花明又一村"的感觉，这样的感觉会让人眼前一亮。材料新亦有两层意思：第一层是运用未曾被人引用过的材料，即要从主题出发去搜寻他人不曾注意到、留意到的材料为己所用；第二层是他人不熟悉的知识，即面对日新月异的社会所带来的扑面海量信息，利用常人不熟悉的知识、不擅长的领域，用另一种方法、角度进行解读，从而给听众留下与众不同的印象。

（二）语言简

语言简就是用语要简洁、明白，即有"删繁就简三秋树"之功效。简洁，即不啰唆，要言少而意丰；明白，即无歧义。语言简主要体现在两个方面：围绕中心、善用词语。围绕中心即讲话一定要围绕中心依次展开，不可信口开河随便讲。善用词语包括两个方面：一是善用代词，讲话稿中出现人名、地名的情况比较多见，如果前面用了，同一名词在后面出现的时候可用代词，使句子表达简洁；二是善用缩略语，缩略语即通过缩略形成的词语，如讲话稿中有可使用的众所周知的缩略语，则可使句子表达明了。

（三）开好头，结好尾

万事开头难，尤其是举办会议时，面对来自五湖四海宾朋时的讲话，能让那些见过大风大浪的与会者眼前一亮，讲话的开头非常重要。演讲稿的开头，首先内容要具体，即对所演讲的内容要有针对性。如对某件事情的"重要性"上，一省长在全省安全生产工作会议上的讲话开门见山提出：

> 要站在与以习近平同志为核心的党中央保持高度一致、增强"四个意识"特别是核心意识、看齐意识的高度，以对人民群众生命财产安全负责的态度，深刻认识安全生产工作的重要性。

其次用语要简短。不论是开头，还是结尾，切忌假大空话，多用简约而富有内涵、哲理的话语迎八方来客，送四海宾朋，从而让人在温暖中感受启迪，在温情中依依惜别。

【例 3-13】

温家宝在清华大学的讲演

（2012 年 9 月 14 日）

老师们，同学们：

今天我来清华看望同学们！上次我来清华的时候，同学们向我提出，说中国领导人出访时经常在国外的大学里演讲，能不能在国内的大学也作些演讲，并邀请我来清华作一次演讲。今天，我是来兑现承诺的。

走进清华园，看到同学们一张张朝气蓬勃的笑脸，心里非常高兴。清华是一块教育和学术圣地。清华园人杰地灵。一百年来，从这里走出了许多中华民族的精英，可谓人才荟萃，桃李满天下。"水木清华""婉兮清扬"。我年轻的时候读朱自清先生的《荷塘月色》，文中描绘的宁静恬淡的意境，至今记忆犹新。清华大学已经有 100 年的历史。100 年，对于一个人来说已为期颐高寿，但对于一所大学来说，却正值盛年，或者说还是青年。我祝愿清华大学永远年轻！

谈君子：

真正有见识的"君子"当知天时、任时命，顺应"天道"自然规律，以"天"的"自强不息"的精神，推动客观事物的运动和发展。

站在这里，我首先想起曾担任过清华教授的梁启超先生。1914年11月梁先生第一次来清华作演讲，题目是《君子》。他引《易经大传》中"天行健，君子以自强不息""地势坤，君子以厚德载物"的话，勉励学子们树立"完整人格"。我以为，他这次演讲，对清华优良校风的形成产生了深远影响。这以后，"自强不息，厚德载物"八个字就成了清华的校训。

在中国传统文化中，"自强不息""厚德载物"的思想，有着十分重要的地位。"自强不息"的品行，是古代先人的智慧和境界，它深深地融入每一个有血有肉的中国人的身心意识中，使其刚健而不屈，独立而不倚。"天行健，君子以自强不息"，就是说作为客观事物的发展，以其"刚健"的品格，自行运动着，真正有见识的"君子"当知天时、任时命，顺应"天道"自然规律，以"天"的"自强不息"的精神，推动客观事物的运动和发展，从而达到"天人合一"的境界。

"厚德载物"就是要像大地那样广博宽厚，容纳万物。这是我国古代人生修养的积极方面。孔子就说过："宽则待众"，要"成人之美，不成人之恶"，"不念旧恶，怨则用希"。孟子主张"君子莫大乎与人为善"，"利人者即为，不利乎即止。"厚德，就是要加强道德修养。清华老校歌中说："器识为先，文艺其从"，意思是说上学受教育，首先学习的是"气度"和"胆识"，学文学艺是第二位的。这里的胆识和气度其实就是泛指做人的问题，文艺其实就是为学的问题，为人与为学相比，不能不占首位。

……

谈改革：

我们不但要坚定不移地推进经济体制改革，而且要坚定不移地推进政治体制改革。

……

当前，我国正处于社会主义初级阶段。除了生产力仍不发达外，还存在社会发展与经济发展不协调、上层建筑的许多方面与经济基础不适应的问题。在经济快速发展中又出现一些如收入差距扩大、司法不公、贪污腐败和环境污染等人民群众反映强烈的新问题。要彻底改变中国的面貌，真正把我国建设成为富强民主文明和谐的社会主义现代化国家，还有很长的路要走。我们不但要坚定不移地推进经济体制改革，进一步解放社会生产力，继续发展经济、改善民生；而且要坚定不移地推进政治体制改革，发展社会主义民主法治，促进社会公平正义，实现人的自由平等。

谈民主与人民：

人民是国家一切权力的源泉，领导者应该恭敬人民，相信人民的判断能力和选择能力，从而依靠人民。

民主法治、公平正义和自由平等，是人类共同追求的理想和目标。在不同国家、不同民族、不同历史发展阶段，其内涵、形式、途径都不尽相同。改革开放三十多年的实践，为实现民主法治、公平正义、自由平等进行了深入的探索，积累了丰富的经验，奠定了一定基础。必须继续前进，而不能倒退。这关系到国家的未来和希望，也关系到民族的前途和命运。

……

谈法治：

维护国家法制的统一、尊严、权威，坚持司法独立和公正，是依法执政、依法治国的根本要求。

我们党从革命到执政，所处的地位和环境以及所肩负的任务都发生了重大变化，党的职能和领导方法就要相应地转变，以适应新形势、新任务的要求。历史的经验告诉我们，坚持依法执政、依法治国、建设法治国家，是党领导人民建设社会主义的基本原则。宪法和法律是神圣的、至高无上的，具有任何人必须严格遵守的不可侵犯的力量，是执政和治国的基石。维护国家法制的统一、尊严、权威，坚持司法独立和公正，是依法执政、依法治国的根本要求。

谈公平正义：

公平正义是社会主义制度的首要价值。如果一个社会的经济发展成果，不能真正为大众所分享，那么它在道义上是不得人心的，而且势必威胁社会稳定。

公平正义是社会主义制度的首要价值。如果一个社会的经济发展成果，不能真正为大众所分享，那么它在道义上是不得人心的，而且势必威胁社会稳定。必须毫不动摇地改善民生，改革分配制度，缩小贫富差距，使广大人民共享改革和发展的成果。……我希望，在我们的社会，有对人心、人道和人本身的尊重，每个人都有其尊严、选择和发展机会，确保人与人之间的平等，提倡人间的同情和关爱，让公平正义的阳光普照社会的每个角落，让人间永远充满青春、奋斗和自由的气息。这是公平正义的真正内涵之所在。

谈自由平等：

自由不是空洞的概念，而是言论、信仰等基本权利的实现。人类的进步就是在各种不同的思想的争鸣中萌发的。

自由平等是对每个人人格和权利的尊重。人生而平等，每个人在尊严和权利方面都是平等的，享有与生俱来的不可剥夺的生命、健康、自由和财产权利。自由是人全面发展的前提，也是人类进行创造的基础和源泉。自由不是空洞的概念，而是言论、信仰等基本权利的实现。人类的进步就是在各种不同的思想的争鸣中萌发的。中国要有一个真正光明的未来，必须发挥全体人民群众的积极性，特别要鼓励人民的创造精神，提倡独立思想和批判思维。社会活力和凝聚力来自社会成员的主动性和创造性，来自社会文化的"个性化"，来自崇尚理性、尊重科学的精神，来自国民教育的普及。要创造更加平等宽松的政治环境和更加自由的学术氛围，让人民追求真理，探索自然的奥秘、社会的法则和人生的真谛。

在我们这样一个人口众多的国家进行各方面的改革，实现民主法治、公平正义、自由平等，并非是一件轻而易举的事，必须在党的领导下有秩序地逐步推进，走出一条适合国情的民主道路。我们相信，只要全党和全国人民不懈地奋斗，一个繁荣富强民主和谐的社会主义现代化国家，就一定会屹立在世界的东方！

谈自我：

我已年届七十，即将退休了。我永远不会离开祖国和人民。

今天和大家谈谈心，我感到很高兴。我们从清华的校训、清华的精神，谈到我们中华民族的文化、中华民族的精神；从我们国家的历史，谈到中华民族的现在和未来。其实，个人的命运是和国家民族的命运紧密相连的。在我的一生中，经历过许多真实的苦难，这些苦难使我懂得了我们这个民族所经历的灾难太深重了。我是一个爱国主义者，我爱我的祖国，我的每一个细胞、每一滴血液都浸透着对我们民族的爱，都流淌着对伟大祖国的深情。我的一切都是祖国和人民给予的，即使将来我化为灰烬也属于祖国。在我的成长过程中，深受无数为救国救民和民族独立解放所献身的志士仁人的影响。孩提时代，母亲给我讲爱国英雄人物的故事，告诉我作为一个中国人，应该热爱我们的国家、热爱我们的人民，我一边听，一边流泪，立志长大后要报效祖国，献身人民。祖国和人民培养了我，给了我服务国家的机会，我也为祖国献出自己的全部心血和精力。今天，我已年届七十，即将退休了。我将回到母亲身边，回到群众中去，我永远也不会离开我的祖国和人民。

清华大学建立以来，为共和国培养了一代又一代优秀的专家学者，他们以渊博的学识、聪慧的才智和严谨理性的气质，诠释着一代大师"独立之精神，自由之思想"的箴言，上续民族惠民，下行"内圣外王"之道，成为中华民族的脊梁。他们不计名利，忧道不忧贫，始终保持高尚的境界和爱国的热忱，在艰苦的环境中洗净铅华，彰显本色，传承了中华民族的优秀品质。今天我们要培养和重塑民族的道德理性，就必须汲取传统文化的精神营养，倡导心存敬畏、行已知耻、诚实守信的社会道德观，对社会要有奉献精神，对他人要有责任感，对弱者要有同情心，养成情操高高的人格。这不仅是对社会的责任，对他人的尊重，更是人的自信与庄严。我相信，新一代清华人一定会牢记"自强不息，厚德载物"的校训，大力弘扬清华精神，努力学习，勤奋成才，将来为祖国的现代化建设作出更大的贡献，谱写清华大学更加辉煌的篇章！

（选自新浪网）

【简析】

这篇演讲稿的成功之处在于三点。

一是有针对性。演讲伊始，温家宝总理就开门见山地说此次演讲是答应同学们"在国内的大学也作些演讲，并邀请我来清华作一次演讲。今天，我是来兑现承诺的。"

二是有情感性。演讲的对象是人，演讲成功的关键在于演讲者以真情打动人，用实感鼓舞。温家宝总理以清华大学"正值盛年，或者说还是青年"来激励莘莘学子，达到了演讲能实现情感的传递和力量的交接之目的。

三是有节奏性。正文里，温家宝总理依次谈君子、谈改革、谈民主与人民、谈法治、谈公平正义、谈自由平等、谈自我来实现演讲内容的切换。从人讲起，到人收尾。整个演讲适当地插入幽默诗文、逸事等，起到了吸引听众的注意力之作用。

【例 3-14】

王天琦：事业是官员的年轮

魏书记，各位主任，各位代表：

非常感谢大家对我们的信任，正是有了大家的"信"，才有了我们的"任"。此时此刻，我深感责任重大、使命光荣。在此，请允许我代表新一届市政府领导班子成员并以我个人名义，向各位主任、各位委员、各位代表，向全市人民表示衷心的感谢！

上一届政府已经圆满完成了历史使命。原政府领导班子中，蓝绍敏同志已主政泰州；吕德明同志、刘亚军同志荣调省级机关履新；顾玉坤同志调回苏州工作；冯岩同志、赵丽丽同志分别转任我市其他重要领导岗位。在担任市长、副市长期间，他们为宿迁的发展倾注了大量的心血和汗水，作出了积极的、卓有成效的贡献。借此机会，我代表新一届政府，向他们致以崇高的敬意！

同一个人在同一地点，不同的时间，看到的风景不尽相同，内心的感受也不尽相同。记得 1104 天前，就在这里，我被选举为宿迁市第七任市长，内心充满了激动。今天，在同样的地点，当我再次当选时，多了一份感谢之情，添了一点感悟之怀。

我们要感谢的是，四年来，大家始终如一的襄助，对每一件事情的全力以赴。"6·23"特大暴雨中，一位素不相识的小伙子，开着一辆刚买来的崭新皮卡，看到了我们在雨中组织排水，毅然停下和我们并肩战斗而不惜新车受损。"大雨中，大家要互相帮助，能帮多少是多少"，这个小伙子朴实的言语，至今我仍记忆犹新。突如其来的大暴雨，考验着城市的功能设施，考查着干部的应急举措，更考量着城市的人文情怀。后来我们才知道，他是个"富二代"，有时候想想，"富二代"这个标签是不是公正？在宿迁道路的斑马线，无论是司机的主动礼让，还是行人通过时的点赞，都让我们感受到宿迁文明的积淀。改变一个城市的硬件固然不易，但更不容易的是改变人心。礼让斑马线绝不仅仅是管出来的，它是人心的变化，是人心对规则和这个城市管理者的托付，它更是人性的变化，是良善所彰显的互信。

四年来，政府工作有序运转，各项事业稳步推进，得到了社会各界和全市上下的充分认可和好评，也得到了省委、省政府的肯定和表扬。但我们深知，我们只是做了该做的事情，政府工作取得的所有成绩，都要归功于以魏国强书记为班长的市委的正确领导，归功于市人大和市政协的监督和支持，归功于全市586万人民的共同努力。

在上次当选市长时，我作出了"愿做西楚大地一棵树"的承诺。时序更替，每一天、每一年，都有不同的故事。当时光把故事刻进树里，便有了年轮，年轮是树木生存的价值。一年一轮，历经冬夏寒暑，因为降水、日照的不同，也因为根系的深浅，年轮有宽有窄。这恰如现实，每一地有每一地之困，每一时有每一时之忧，每一事有每一事之难，每一人有每一人之苦，无人无处可以例外。但无论如何，四年来，对待每项工作、对待每件事情，我们尽了一个公民的良心、尽了一个党员的忠诚、尽了一个市长的职责。这其间，有失去、有心酸，也有收获、有快乐。今天再一次当选，我和市政府各位副市长展望前路，凝聚共识，未来五年我们有八个赤心坚守：

一是政治坚定。方向正确，目标虽远而至；方向错了，走得越快只会离目标越远。没有政治坚定，不可能有落实的坚决心力，更不会有任务的顺利完成。政治坚定看似抽象的政治正确，但是如果把我们党的决策、作为，放在具体情境中体味，用更长的时间尺度和历史眼光思量，就会有开悟和更多的理解与敬仰，就会有更多的耐心和虔信。因此，政治坚定不仅仅是抽象判断，也是具体要求，概括起来就是两个字：追随。我们将牢固树立"四个意识"，自觉维护中央权威、遵守党的政治规矩，在思想上政治上行动上始终同以习近平同志为核心的党中央保持高度一致。坚决维护以魏国强书记为班长的市委领导，主动接受市人大、市政协的法律监督、工作监督和民主监督，努力发扬好政府班子团结协作的优良传统，群策群力谋发展，同心同德干事业。

二是平民情怀。我和各位副市长都是平民出身，虽然亲人大多依旧是芸芸众生中的一员，但我们本人做官已久、被簇拥已久，还知道多少他们生活中的细枝末节？他们或许偶被光环照耀，但更多的时候面临求生之艰、求学之难、求医之急、求职之苦，而这些也是黎庶百姓的生活常态。如果远离这些生活的真实，决策和工作怎能成功呢？生活的真实在哪里？在公厕、在菜场、在医院、在学校、在巷间、在路上……平民情怀，就是老百姓生活的种种艰辛和困难，能够让我们因酸楚而清然泪下；平民情怀就是惯常于琐碎而简单的生活，时刻体察一个普通人的作息行止。但是我们的责任不能止于有泪、止于不搞特殊。要努力改变，致力于点滴改善民生，致力于一个人一个人的改变，致力于最广大人群的需要和最弱势群体的保障，变民生的宏大叙事为具体行动。我们将始终坚持多做群众最急最盼的事，多做惠民利民的事，多做得人心暖人心的事，以念兹在兹的真诚行动，让广大人民群众有更多的获得感和幸福感。对于官员而言，没有什么能比离任以后还让老百姓牵记更幸福的事了。就为这个，一切的付出都值得！

三是法治习惯。法治就好比一个大屋顶，不漏雨时每一个人都安居乐活，如果屋顶漏雨了，就会身寒心惊；一旦屋顶坍塌，谁都无法幸免于难。无论市长还是副市长手里都有很多权，要时刻想着和人民群众同在一个大屋顶下，戒惧用权，以防"屋顶"损毁。法治的核心在于实体、程序的公正，在于对公民合法权益的维护，在于严格规范公正文明的执法。法治的屋顶是个大框架，但总是连接着一个个实实在在的问题，连接着一件件油盐酱醋的生活。法治的目的在于让市民安全地、有尊严地吃饱饭、吃好饭，过上更好的生活；而不是为了吃饱饭、吃好饭，牺牲安全和尊严。这几年，宿迁上访告状越来越少，矛盾冲突越来越少，很重要的原因是官员守法的意识强了，遵法的习惯强了。法治其实是用权者的自爱、执政者的自信。

四是市场思维。审视30年来的改革开放发展历程，无论是旧常态还是新常态、供给侧还是需求侧，经济发展始终都有着一个坚定稳固的内核，那就是市场。市场在配置资源要素上，虽然不是最好的，但一定不是最坏的。市场最公正，给了各个主体同样的机会；市场也最敏感，随时感知着供给和需求、"调节"着要素的流向。我们深知市场的力量，从过去资源要素配置的基础论到现在的决定论，字面上变的是市场，实质上变的是市长。其实，现在针对市场龃龉不断，不是市场本身的问题，恰恰相反，是市场没能真正发挥作用，却又归罪于市场的问题。因此，我们将时刻厘清并恪守政府和市场的边界，真正发挥市场对资源配置的决定性作用，促进市场主体在自由竞争下自我调节、充分发展。更好而不是更多地发挥政府作用，创造良好发展环境，提供优质公共服务，做好经济社会运行规则的制定者、经济社会生活秩序的维护者和社会公平正义的捍卫者。

五是实干精神。宿迁最大的问题还是发展不充分，解决这个问题最根本的还是靠实干，无论招商引资、项目建设，还是产业集聚，都来不得半点虚假。实干，就是实实在在地做事。实干，应该是不计功利地干，不能有点成绩便邀功求升迁；实干，应该是不图功名地干，不能有点进步便浮夸慕虚名。实干，干的是促进发展的事，让老百姓的口袋实实在在鼓起来；实干，干的是老百姓竖大拇指的事，老百姓说好才是真得好。实干，必须是主动干，万般无奈做不好事，鸡蛋从外部打破只能是食物；实干，必须是埋头干，不空谈、不虚文，说了就干，诚诚恳恳地干；实干更得带着大家一起干，一个人、一班人、一群人，团结更多的人，吃苦耐劳，善作善成。好官讲话讲干货、做事做真事。一个官员，美誉是干出来的，威望是干出来的。对于一个有情怀的官员来说，干事就是人生最大的价值。我们用不着天天计数着自己做了多少事，举头三尺有神明，这个神明是人民，是组织。

六是创新能力。创新是技术的进步、是方法的改变。当前经济社会发展日新月异，各种新情况、新问题、新挑战层出不穷，完全依靠老的办法和经验肯定行不通，必须在坚守良好传统的基础上不断创新，用创新的思维、创新的方式，推动问题的化解、矛盾的破除。当然，无论是技术的进步，还是方法的改变，都会不断地累积，成为改革，在机制和制度上实现突破，从而完成对利益格局的深度调整，让社会各个群体各得其所、各得其乐。创新精神是对旧的突破，对新的渴求，是一种永不满足的可贵品质。我们将始终保持敏感的心态、谦虚的精神，尊重和爱惜新生事物，如饥似渴地加强各种知识和能力的学习；以绝不满足、绝不将就的追求致力创新，一点一滴地改变、日复一日地更替，推动宿迁城市由量变到质变、经济由量变到质变、生活由量变到质变，彻底甩掉贫穷落后的帽子，由追赶型城市向引领型城市迈进，建成一个人民群众充满自豪感和归属感的"强富美高"全面小康新宿迁。

七是克难勇气。行船最怕遇到暗流、暗礁，但如果因为害怕就拒绝起航，那么我们永远都无法到达彼岸。勇气是什么，是敢作敢为、勇往直前的气概。一个地方的事业发展正如行船，必须勇于涉险滩、过暗礁、闯激流；但行船绝不能只凭勇气，真正的勇气在极端的胆怯和鲁莽之间。克难勇气不是硬干蛮干，而是对形势大局的科学判断，对具体问题的准确分析，更有智慧的担当。对待困难的态度，决定了一个官员的成就，遇到困难绕着走，可能安全世故但很平庸；遇到困难不回避，可能有风险但一定会进步，因为勇气就是一种能力。宿迁许多工作今天看起来波澜不惊、水到渠成，但当初推进之时也是惊心动魄，非常之难！

新常态下，我和政府一班人将继续积极应对各种复杂严峻的困难和挑战，以坚定果敢的行动、克难前行的勇气，推动经济社会持续健康稳定发展。

八是廉洁定力。廉洁就像过独木桥，每一步都要很小心，不能有一点偏移和差错，哪怕之前走得再好、再稳，一步走错了，一切都毁了。由于工作关系，我见过很多干部令人痛心的结局，深知思想腐化、定力不够是贪污腐败的根源。昨天不能代表今天，今天也不能代表明天。不敢、不能、不想，方能定力如山。廉洁的定力既需要个人的修养和操守，更需要制度的约束和规范。心有定力，能抵御诱惑；身有定力，能笃定守志；行有定力，能心静身安。我们将严格遵循《关于新形势下党内政治生活的若干准则》和《中国共产党党内监督条例》，织密织牢制度笼子，规范监督权力运行，磊落做人、清正为官，经得起法纪检验、经得起群众监督、经得起良心拷问。有了这份定力才可以坦然自若，晨昏定省；老之将至，含饴弄孙。

如果说流行语是时代的年轮、皱纹是脸庞的年轮、情感是内心的年轮的话，那么，事业则是我们的年轮。哪怕一瞬，都会留痕。

人生要经历儿童、少年、青年、中年、老年，各阶段有各阶段的年轮，各阶段有各阶段的美，但审美会疲劳，感情会冲淡。面对已经走过的相互信任、相互期许的四年时光，我们从陌生到熟悉，从相识到相知，太多画面，已经印在脑海；太多声音，还回响在耳边；太多感情，还没有来得及表达，人生步履，年岁不待。已经过去的一届，我们有很多工作没有做好，这时候再作道歉已显得苍白无力。关键是未来的五年，如何让市政府领导班子与广大市民感情保鲜？这需要用心用力地经营。男女之情要保鲜，不靠容颜靠生活；官员和市民感情要保鲜，不靠职权靠事业。这，不是一件容易的事情！

太阳不息，年轮不休！

谢谢大家。

（选自中共江苏省委新闻网）

【简析】

关于《王天琦：事业是官员的年轮》一文，《人民日报》发表评论《做有年轮的好官》给予极高评价，附全文如下。

人民日报纵横：做有"年轮"的好官

伍 果

不久前，江苏省宿迁市某官员的一篇题为《事业是官员的年轮》的就职演讲刷爆朋友圈。文中写道："如果说流行语是时代的年轮、皱纹是脸庞的年轮、情感是内心的年轮的话，那么，事业则是我们的年轮。哪怕一瞬，都会留痕。"充满感情、清新质朴的语言让人感觉清风拂面。

树有年轮，记录着它的成长；对于领导干部，事业就是年轮，镌刻其忠诚干净担当。一些领导干部出于谋生计或升官发财而进入仕途，没有公仆意识，也没有把全心全意为人民服务当作一生最重要的事业，少了担当，少了执着，也少了崇高的使命感和事业心。

事业是官员的年轮，清楚且如实地记录着官员的作为；事业也是官员的政治生命，事业干得好、有成绩，让党和群众满意，其政治生命就光彩夺目、有分量、有质量；事业干得差、没成绩甚至犯下严重的错误，给党和群众造成严重的损失，其政治生命就必然黯然失色，毁于一旦。人的生命是有限的，官员的政治生命更是有限。不论是在生命的哪个节点开始政治生涯，都须懂得政治生命的可贵，都须从一开始就培养强烈的事业心和责任感，不要在事业的年轮上留下污点，让世人唾弃。唯有如此，当退休后回看自己的年轮时，才能没有丝毫遗憾和悔恨，能无愧于党、无愧于人民、无愧于自己。

"靡不有初，鲜克有终。"自古以来，在为官做人上，敬终如始、善作善成的都是党和人民群众赞颂的好干部。且看那些落马官员，其进入仕途之初，莫不兢兢业业，时间一长，便消减意志，失去了追求事业的雄心壮志，不作为、乱作为。作为中国共产党领导下的干部，必须始终保持对自己的高标准严要求，严以律己、严以用权，谋事要实、创业要实，把从严履行职权、清廉务实为民作为干事创业的基本原则，始终保持忠诚干净担当的政治本色，始终保持强烈的使命感和事业心。

有事业的生命才有质量，有作为的人生才有光亮。把既要干净、又要干事当作毕生的崇高追求，为之奋斗，为之流汗，在生命的白纸上书写华章，群众的赞许会标注干部的作风品质，时间画出事业的年轮，印证在岗的每一天都没有虚度。

（选自人民网）

章节练习

一、填空题

1. 讲话稿的特点有_____、_____、_____。
2. 讲话稿的类型有_____、_____、_____。

二、赏析题

在机关老干部团拜会上的讲话

×××

灵猴踏春去,金鸡报晓来。今天,我们欢聚一堂,共叙交通发展,喜迎新春佳节。我谨代表××市交通局党委,向各位老领导、老干部,并通过你们向你们的家属,致以节日的问候和新春的祝福。

刚刚过去的××××年,全市交通工作捷报频传,取得了令人瞩目的成绩,是全市交通事业阔步前进,取得斐然成就的又一个丰收年。一年来,交通部门广大干部职工紧紧围绕交通发展这个中心,创新发展理念,增强发展能力,抢抓机遇,团结拼搏,圆满完成了年初既定的各项目标任务。高速公路建设在化解地方矛盾、克服各种地质灾害中实现了稳步推进;干线公路建设在攻坚克难中实现了快速发展;农村公路建设在负重拼搏中取得了巨大成就。运输市场监管日趋规范,交通安全形势保持稳定,交通依法行政迈出新步伐,行业文明程度进一步提升,这些都为我市经济的发展做出了积极的贡献。这些成绩的取得,凝聚着上级领导的关心和支持,凝聚着全市交通系统广大干部职工的奉献与拼搏,也凝聚着全市交通系统广大离退休老领导、老干部的智慧和心血。在此,我代表局党委向各位老领导、老干部表示衷心的感谢并致以崇高的敬意!

广大老干部是党和人民的功臣,是党和国家的宝贵财富,尊重老干部就是尊重历史。今天在座的老领导、老干部中,有的经历过革命战争年代的战争洗礼,有的经受过社会主义建设的严峻考验,无论哪一位都为××市交通事业的发展做出过巨大的贡献。可以说,××市交通发展到今天的规模,取得今天的辉煌成就,是与全体离退休老同志经过多年奋斗打下的良好基础分不开的。你们是××市交通的功臣,是××市交通的宝贵财富。多年来,广大离退休老同志、老领导虽然离开了领导岗位和工作岗位,仍然"心系交通情,离岗不离责任",继续保持、发扬党的光荣传统和优良作风,始终关注着交通改革和建设,离而不休、退而不息,在力所能及的范围内,通过不同的方式和途径,积极支持、参与交通现代化建设,为全市交通事业分忧解难,为全市交通发展献计献策,在维护交通稳定大局,促进交通实现快速、协调发展方面,做出了积极贡献。在春节这个团聚的时节、感恩的时节,我代表全市交通干部职工感谢你们。新一代的交通人,要永远铭记广大老同志的历史功绩和巨大贡献,继承发扬老同志的优良传统和崇高精神,凝心聚力,奋力拼搏,开拓创新,为推动××市交通全面协调可持续发展做出更大的贡献。

在新的一年里,局党委将更加重视和切实做好离退休老干部工作,进一步营造尊老、敬老的氛围,在政治上尊重老干部,在思想上关心老干部,在生活上照顾老干部,落实好老干部待遇,发挥好老干部作用,努力为实现"老有所养、老有所依、老有所教、老有所学、老有所为、老有所乐"创造良好的环境,切实解决好老干部工作中遇到的新情况、新问题,把老干部工作的各项政策措施落到实处,使老干部真正做到"愉快起来、学习起来、锻炼起来、充实起来"。

××××年,是全面实现"十一五"计划目标、衔接"十二五"发展的关键一年,是我市交通实现可持续发展的重要一年。做好今年的工作,对"十一五"期间的交通建设、管理与发展,具有非常重要的意义。今年的主要任务是落实科学发展观,继续加快推进交通基础设施建设;加大监管力度,全面提升交通运输管理水平;谋划发展思路,做好交通规划及前期工作;坚持执法为民,加快交通法制建设;落实长效机制,切实抓好交通安全生产;理顺管理体制,实现交通改革新突破;紧跟科技发展,推进交通信息化建设;坚持标本兼治,加强行业文明和廉政建设。

"莫道桑榆晚,为霞尚满天。"面对新形势、新挑战,交通事业任重而道远,我们殷切希望在新的一年中,各位老领导、老干部一如既往,继续给予我们的工作以理解、信任、关心和支持;继续发扬离而不休的奉献精神,为××市交通发展传经送宝、呐喊助威;继续在交通可持续发展过程中,发挥参谋助手和决策咨询作用;继续在弘扬党的光荣传统、培养教育下一代上,发挥示范和教育作用;继续积极参与全市交通物质文明、政治文明、精神文明建设,为开创××市交通全面、协调、可持续发展的新局面奉献余热。

我们坚信,在党的正确指引下,在上级领导的支持下,在局党委班子成员的领导下，在各位老领导、老干部的关心支持下，通过全市交通系统广大干部职工的共同努力，我市交通事业必将迎来一个更加美好的明天。

最后，再次衷心祝愿各位老领导、老干部，新年愉快、健康长寿、阖家幸福！

第八节　祝　　词

祝词也作祝辞，是指会议召开时，上级单位或友邻单位的代表对大会表示祝贺而发表的讲话。

祝词开头一般写称呼对象，正文说明祝贺的内容，以及对对方所取得成就的赞美。

【例 3-15】

化挑战为机遇　谋合作促发展　共创中国西部美好未来
——在首届中国西部国际合作论坛上的致辞（节选）

中华人民共和国国务院副总理　李克强
（2008 年 10 月 27 日）

女士们、先生们、朋友们：

上午好！今天，第九届中国西部国际博览会和首届中国西部国际合作论坛，在山川秀美的天府之国举行。在此，我谨代表中国政府并以我个人的名义，对博览会和论坛的举办表示热烈的祝贺！对远道而来的各国贵宾表示诚挚的欢迎！同时，我愿借此机会，对四川汶川特大地震后向中国提供宝贵支持和援助的各国政府、国际组织和各界人士，再次表示衷心的感谢！

5 个多月前，发生了震惊世界的汶川地震。面对突如其来的特大自然灾害，中国政府和人民紧急行动、迎难而上，灾区与全国同心协力、众志成城，国际社会无私援助，气壮山河的抗震救灾斗争迅速展开，最大限度地挽救了受灾群众的生命，最大限度地减低了灾害造成的损失，中华民族书写了发展史上新的壮丽诗篇。目前，抗震救灾已经取得重大胜利，灾后恢复重建正在有序推进，灾区经济社会继续发展，人民群众正在勇敢地走向新的生活。

此时此地，我们的心情很不平静，我们的感受非同寻常。这么多海内外朋友相聚一堂，参加中国西部国际博览会和国际合作论坛，共同探讨如何加强区域合作和国际合作，促进中国西部地区进一步开放开发，这充分显示了灾区人民不屈不挠、重建家园的决心，显示了中国人民发展经济、继续前进的恒心，也显示了国际社会相互支持、共克时艰的信心。

今年以来，中国经济克服种种困难保持了平稳较快增长，西部地区经济继续加快发展。当前，面对急剧变化的国际金融经济形势，中国采取了一系列积极有效措施，坚定不移地把发展作为第一要务，推动科学发展，及时调整宏观经济政策，增强预见性、针对性、有效性，保持经济稳定、金融稳定、资本市场稳定，同时推进结构调整和发展方式转变，实现经济社会又好又快发展。中国作为世界上最大的发展中国家，保持良好的经济发展势头，本身就是对世界经济的重要贡献。我们将继续本着负责任的态度，加强与国际社会的协调与配合，共同维护全球金融和经济稳定。

在新的形势下，实现中国经济平稳较快发展，需要扩大国内需求。像我们这样一个拥有13亿人口的大国，内需潜力巨大。中国正处于重要的战略机遇期，工业化、城镇化持续发展，消费和投资需求潜力巨大。中国将着力扩大国内需求特别是消费需求，着重改善民生，同时加强基础设施建设，推进企业改造提升。经过多年发展，我国物质基础日益雄厚，要素组合具有优势，体制机制逐步完善，有条件也有能力克服全球金融危机带来的影响，保持经济长期平稳较快发展。

……

加快地震灾后恢复重建，是灾区3000万群众正常生产生活的基础条件，也是扩大内需的重要领域。目前，四川、甘肃、陕西等地恢复重建全面展开，国内19个省市对口支援也在全力推进，国际社会继续给予支持。中国政府已经制定了灾后恢复重建总体规划，将多渠道筹集资金，用于恢复重建，优先用于保障和改善民生。我们将加大工作力度，加快建设进度，创新体制机制，提高工作效率，使恢复重建更好更快地向前推进。保障人民安居乐业、实现城乡共同繁荣、促进人与自然和谐相处。

女士们，先生们！

改革开放30年来，中国经济社会持续快速发展，靠的是改革开放；新时期推进西部开发、加快恢复重建、扩大国内需求，也要靠改革开放。我们将毫不动摇地坚持改革开放，不断完善社会主义市场经济体制，加快推进重点领域和关键环节改革，使各个方面蕴含的发展潜能充分涌流出来。推进西部大开发，需要充分发挥市场配置资源的基础性作用，充分调动社会各方面参与和支持西部开发的积极性。中国政府从区域协调发展的全局出发实行重点支持西部大开发的政策措施，按照特事特办的原则对地震灾区恢复重建出台了扶持政策，进一步扩大内需的举措也将有利于西部地区加快发展。国家实施西部大开发的战略坚定不移，对西部地区发展的支持必将进一步加强。

……

女士们，先生们！

特大地震给中国人民带来了巨大损失和严酷考验，抗震救灾凝练出了"万众一心、众志成城、不畏艰险、百折不挠、以人为本、尊重科学"的伟大精神。这是中华民族的宝贵财富。面对前进道路上的困难和问题，我们将继续大力弘扬伟大抗震救灾精神，坚定信心，沉着应对，变压力为动力，化挑战为机遇，努力把灾区人民的家园建设好，把西部地区开发好，把中国的事情办好，并为世界经济的稳定和发展作出应有的贡献。

最后，祝本次国际博览会和论坛取得圆满成功！

谢谢大家。

（选自光明网）

【简析】

在这则祝词中，李克强副总理表达了对第九届中国西部国际博览会和首届中国西部国际合作论坛的热烈祝贺，对远道而来的各国贵宾表示诚挚欢迎，对向汶川特大地震后向中国提供宝贵支持和援助的各国政府及国际组织和各界人士再次表示衷心的感谢。正文说明在困难面前，中国经济保持了平稳较快增长，西部地区经济继续加快发展。祝词感情真挚，言辞得体而又富有文采。

> **章节练习**
>
> **写作题**
> 如果你是文秘（1）班的班长，对文秘（2）班荣获校级"优秀学风班"，请你代表本班写一份祝词。

第九节 答 谢 词

答谢词，是指会议或活动过程中，主办方负责人在致欢迎词或欢送词后，由来宾所发表的对东道主热情接待、关照、馈赠等友善行为表示诚挚谢意时所使用的一种礼仪文书。

作为礼仪之邦，中华大地上自古就崇尚"受人滴水之恩当涌泉相报""礼尚往来"，对他人说出的"有劳""谢谢"等言语表与揖拳、鞠躬等肢体动作一起组成了感谢帮助的完美仪式。而在庄重的礼仪场合，用"答谢词"则更具内涵和深意。能够写成、写好饱含深情厚谊的答谢词对于主客双方情感交流、相关活动提升的实现具有积极的意义。

一、答谢词的类型

根据来宾致谢的原因和致谢的内容，答谢词可分为两类。

（一）"谢遇型"答谢词

"遇"，招待，款待。"谢遇型"答谢词，即用来答谢别人的招待的致词，它常用于宾主之间，既可用于欢迎仪式、会见仪式上与"欢迎词"相应，也可用于欢送仪式、告别仪式上与"欢送词"相应。

（二）"谢恩型"答谢词

"恩"，受到的好处，即别人的帮助。"谢恩型"答谢词，即用来答谢别人帮助的致词。它常用于捐赠仪式或某种送别仪式上。例如，1998年长江中下游地区的灾民在接受全国各地捐赠物品的仪式上，在洪水退后为抗洪抢险的解放军战士送行的仪式上，均使用了这种答谢词。

二、答谢词的写作格式和写法

答谢词由标题、称谓、正文、结语几个部分组成。

（一）标题

标题第一行居中位置，写上"答谢词（辞）"。

（二）称谓

称谓要另起一行，顶格用"尊敬的"等敬辞以及致辞对方的姓名、头衔，多数情况下是尊贵的客人要用全名，之后再说其他与会人员即可。

（三）正文

正文首先对主办方予以感谢，并简明扼要地对对方在会议组织、活动举办等过程中所显现的卓越能力表示赞赏，同时将自己的感受、感谢和希望宾主双方能在相关领域有进一步的发展予以表达。

（四）结语

结语再一次用简短的语言表示感谢。具体到"谢遇型""谢恩型"两种类型而言。

1. "谢遇型"答谢词

"谢遇型"答谢词应以"双方关系"为重点。虽说"谢遇型"答谢词是用来答谢别人的招待的，但是对"招待"的感谢往往说不了多少话，说多了便会显得浅薄或俗气；由于它是用于"宾主"之间的致词，其"客情"来自双方交往，故而应"借题发挥"，在"双方关系"上大做文章。如连战先生的答谢词。

【例3-16】

~~~~~~
<div align="center">胡锦涛会见连战一行　连战致答谢辞</div>

胡总书记、各位女士、先生，今天本人跟内人以及中国国民党三位副主席，率同很多的朋友，大家一起应胡总书记的邀请能够来访问大

陆,访问北京、南京、西安、上海,我要在这里首先表示最由衷的感谢。

过去这几天,所有的工作的同仁们,大家都尽心尽力,让我们旅程非常顺利,非常的愉快,也特别的感谢他们。

诚如总书记刚才所讲,今天的聚会是国民党和共产党60年来的头一次,也是在两岸的情况之下56年来党和党见面交换意见最高层次的一次,难能可贵。

我也很坦诚地来跟各位提到,那就是这一趟来得并不容易。我一再讲台北、北京,台北、南京距离不远,但是因为历史的辛酸,让我们曲曲折折,一直到今天才能够见面。所以我说,有点相见恨晚的感觉。

当然,中国国民党、中国共产党,我们过去曾经有过冲突,我们都知道这些历史的过程。但是历史毕竟已经是过去的事情,我们没有办法在此时此刻再来改变历史,但是未来却是掌握在我们的手里。

当然,历史的进程不会是很平坦的,但是这个不确定的时代,不确定的未来,尤其给我们提供了很多很多的机会,假如我们都能够以正面的态度勇敢地来面对,以迎接未来这种主导的理念,来追求未来,我相信"逝者已矣,来者可追"。这是今天我们怀抱着非常殷切的期望,能够来到这个地方,亲自跟总书记,跟各位女士、先生交换意见。

我个人觉得,两岸今天形势的发展,实在是让我们非常得遗憾,因为在1992年,各位都知道,经过双方的努力,不眠不休、日以继夜的努力,当时参与的很多位都在场,我们终于能够建立一个基本的共识。在那个基础之上,我们在1993年进行了辜振甫先生和汪道涵先生的会谈,打破了40多年来的一个僵局。两岸的人民同声叫好,对未来充满了希望。我那个时候主持行政的工作,也是全力地在配合,表达我个人以及国民党坚定的一个意向,辜汪两位先生会谈之后,事实上带来两岸大概有八年之久的非常稳定的、发展的、密切交流的时间,非常正面的发展。

但是遗憾的是,过去这十多年来所发生的事情,大家都很了解。离开我们这样一个共同塑造愿景的进程受到了很大的挫折。但是,我也感到一个非常令我们欣慰的事情,那就是胡总书记在一两个月前所提到的对和平的一个呼吁,和平的一个愿景,可以说给我们一个很大的正面的思考方向。

今天,我个人虽然是国民党的主席,也是带着一份人文的情怀,一种和平的期盼,同时也是身为民族的一分子,来到这个地方。我觉得我们来到这里,有几项意义,可以跟各位做一个报告:

第一，今天有人还只在从五十年前甚至于六十年前国共之间的关系、思维、格局来思考这个问题，来评断我们的访问，但是我觉得，我们已经远远超越了那个时代，已经远远超越了那个格局。今天诚如刚才总书记讲的，我们是以善意为出发，以信任为基础，以两岸人民的福祉做依归，以民族长远的利益做目标。我相信，我们在这样的基础之上，绝对应该避免继续对峙、对抗，甚至于对撞，要的是和解，要的是对话。所以，我们也相信，这样的做法有民意的基础，有民意的力量，我在这里不必再麻烦大家举很多的数据。

第二，和平都是大家所希望的，但是和平必须要沟通，沟通必须要有架构。什么是架构？国民党跟中国共产党，我们在1992年是经过了非常辛苦的一个沟通的过程，提到了"一中各表"的基础，当然不幸的是这几年来这样的一个基础被曲解、被扭曲，成为其他的意义，这个我们大家也都很了解。但是我们本身国民党从来就没有任何的改变，我们也希望能够继续在这样的基础之上建构两岸共同亮丽的未来和远景。

第三，我想借这个机会特别指出，我们很希望，这次国民党可以说是来得不易，既然有这样良好的契机，现在是我们可以总结过去历史的一个契机，让我们把握当前，让我们共同来开创未来。所以，在这样的一个理念之下，我非常盼望，过去那种恶性的循环不要让它再出现，我们尽我们的力量能够建立一个良性的循环，从点到面，累积善意，累积互信，我相信这种面的扩充会建立一个非常坚实的基础，而不是像这种恶性的循环，怨怨相报，由点而线而面，其结果互信完全崩盘，善意不在，结果是我们大家都受到损害。

所以，今天我以这些心情很坦诚地跟总书记和各位女士先生提到我个人亲历的一个历程。这次56年以来头一次国民党主席和副主席，党的干部能够到南京紫金山中山陵向中山先生致敬，心情感伤、复杂，但是我们也非常的感谢。中山先生弥留的时候一再要大家和平奋斗来救中国，和平奋斗事实上不是那个时候的一个专利，而是大家要共同努力，一直到今天，我都信奉不渝。秉持这样的精神，我都相信双方假如继续加强我们相互的理解和信任，我相信一定会给我们两岸所有的人民带来更好的、更多的安定，更好的、更多的繁荣，同时更重要的是给两岸带来亮丽光明的希望和未来，这是我今天在这里首先跟总书记和各位表达的一些意见。谢谢。

（选自人民网）

【简析】

以上连战先生的致词,仅首、尾两段表达了谢意,其余大部分篇幅都在围绕"双方关系"做文章。虽然由于两党、两岸关系的特殊性和复杂性让连战先生的"文章"做得长了些,但是,即便关系十分亲密、融洽的宾主之间,其答谢词也应以"关系"(包括"友谊")作为表达重点。这一点是不容置疑的。

2. "谢恩型"答谢词

"谢恩型"答谢词应以"致谢缘由"为重点。一方面,施恩、助人,乃是一种急人之难、"雪中送炭"式的义举,受恩、受助者最为感动甚至终生难忘的,便是这种义举发生的背景与由来(即"致谢缘由"),因此在他们表达谢意时,自会将这种"致谢缘由"从根到梢地说清楚(因为"念念不忘",所以才会"喋喋不休")。另一方面,从施恩、施助者的心理角度来看,他们的义举本不图回报,甚至不求回谢,当面对答谢人的致辞时他们并不想听到过多的感谢话,只希望听到"为什么要谢我"。俗语云"无功不受禄",致谢人只有将"致谢缘由"说清楚,才便于对方接受。因此,"谢恩型"答谢词理应以"致谢缘由"为写作重点。例如下列一篇答谢词。

【例 3-17】

在接受救灾粮仪式上的答谢词

亲爱的××领导,远道而来的客人们:

今天我们怀着无比激动、无比振奋的心情,在这里迎接红十字会给我们县师生捐赠救灾粮的亲人。

今年 7 月以来,我国遭受了百年未遇的大旱灾。7、8、9 三个月,炎阳连天,滴雨不下,池塘干涸,溪河断流,田地龟裂,禾苗枯死,真是赤地千里!虽经我们奋力抗灾,但自然灾害的肆虐,使 10 多万人饮水困难,30 多万亩田颗粒无收。我们县的中小学生,就有 1 万多名因受灾辍学,还有几万名靠同学、教师、亲属的接济度日。然而,党和政府没有忘记我们,兄弟县市的乡亲没有忘记我们,省市领导多次亲临,视察灾情,组织救援,市县国家干部职工争相解囊,捐粮捐钱。今天我们又接到了你们无私捐助的大批救灾粮食。"一方有难,八方支援",团结互助,无私奉献,只有在今天优越的社会主义制度下,只有在我们伟大的社会主义中国才能办到!

谢谢你们,远方的亲人!我们全县中小学生、全县人民,一定从你们的援助中吸取力量，奋发图强，重建家园；努力学习，奋勇攀登，以优异的成绩，来报答党和人民的关怀，报答你们的深情厚谊！

【简析】

这份答谢词首先用了"在这里迎接红十字会给我们县师生捐赠救灾粮的亲人"一句来表达谢意，紧接着就旱灾导致困难予以重现："10多万人饮水困难，30多万亩田颗粒无收。我们县的中小学生，就有1万多名因受灾辍学，还有几万名靠同学、教师、亲属的接济度日。"致谢人不但讲清了"致谢缘由"，还表达自己努力学习的愿望。全文语言平实，层次清晰，是一篇上乘的"谢恩型"答谢词。

三、注意事项

要想写出高质量、较完美的答谢词，除了把握以上几点要求之外，还须注意处理好以下几个方面的关系。

（一）客套与内容

"客套"是礼仪的表现，"内容"才是实际的东西。一方面，需要客套；但另一方面，客套要为内容服务，不宜过多，更不宜过分，以免造成对方的反感。

（二）友谊与原则

在谈论双边关系时，既要充分表达友好之情、友谊之愿，又不可丧失原则立场。对于敏感性问题，应尽可能地回避（宜放到谈判桌前去解决），对于回避不掉的矛盾与分歧，也应以坦诚的态度、温和的口吻、委婉的言辞做出恰当得体的表达，要谨防出言不逊或不慎而伤害了对方的感情。

（三）过去与未来

如前文中连战先生引用得好："逝者已矣，来者可追。"对于昔日的矛盾与分歧，不宜于念念在口、耿耿于怀，应面向未来，化干戈为玉帛。故而，致辞中应少讲昔日之"辛酸"，多谈未来之"亮丽"，在这里，连战先生的致辞堪称典范。

（四）现实与设想

也许，"现实"的双边关系不那么尽如人意，甚或存在着较大的矛盾与分歧。对于这种情况，致辞中可稍做点示，而应集中笔墨去做较完美的"设想"，因为"设想"的本身就是"面向未来"。但是，"设想"毕竟不是"现实"，不宜于说得那么实在，忌用"一定""必然"等副词修饰，宜用"虚笔"出之，比如可采用假设连词以及带有"感觉""希望"意义的意念性动词加以表达。在这方面,连战先生做得很出色,请看文中惯用字眼:"假如"(2次),"我相信"(5次),"我觉得"(3次),"我个人觉得"(1次),"我也感到"(1次),"我非常盼望"(1次),"我们也相信"(1次),"我们很希望"(1次),"我们也希望"(1次)。

(五)己见与人见

"己见",即自己的见解与意见;"人见",指别人的、对方的见解与意见。当然,答谢词所表述的主要是"己见";但是当自己的答谢处于对方的"欢迎词"或"欢送词"之后时,最好能将对方的意见引述过来,融入自己的意见之中。这样做,不仅可以丰富致辞的内涵,而且也可巧妙地融洽双方关系,增强和悦气氛。比如,连战先生曾两次引述胡锦涛总书记的话:

(1)诚如总书记刚才所讲,今天的聚会是国民党和共产党60年来的头一次,也是在两岸的情况之下56年来党和党见面交换意见最高层次的一次,难能可贵!

(2)今天,诚如刚才总书记讲的,我们是以善意为出发,以信任为基础,以两岸人民的福祉为依归,以民族长远的利益做目标。

这种引述,表明了对对方意见的认可,也是双方的一种"共识",十分明显地带有一种友好的色彩。

(六)言谢与行谢

"言谢",即以言语致谢;"行谢",指以实际行动致谢。孔夫子就主张要"听其言而观其行"(《论语·公冶长》),可见"行"是取信于人的一个最重要的方面。"谢恩型"答谢词一般要把"如何以实际行动感谢对方的帮助"明确地表白出来;而"谢遇型"答谢词则常将"行谢"的内容隐含在对未来的期望中,而且,一般不说自己将如何做,而是常以"我们……"来代指双方的共同行动。例如连战先生致语:

(1)假如我们都能够以正面的态度勇敢地来面对……来追求未来,我相信……

(2)我们尽我们的力量能够建立一个良性的循环……

(3)让我们把握当前,让我们共同来开创未来……

(七)直与曲

这是对"章法"以及"表达"形式的辩证要求。对于"谢恩型"答谢词来说,无论是章法结构还是表达形式,都应求"直"不求"曲"。也就是说,应依照其结构常式及逻辑层次平直地写来,无须章法上的起伏或者曲折,文字表达也应直来直去,排斥任何形式的婉言曲语。而"谢遇型"答谢词则不尽然,它要求"章法求直,表达求曲"。请看连战先生的一段表达:

  当然,中国国民党、中国共产党,我们过去曾经有过冲突,我们都知道这些历史的过程。但是历史毕竟已经是过去的事情,我们没有办法在此时此刻再来改变历史,但是未来却是掌握在我们的手里。

  当然,历史的进程不会是很平坦的,但是这个不确定的时代,不确定的未来,尤其给我们提供了很多很多的机会……

似乎半吞半吐、欲言又止,却能婉转透迤、曲折尽意,可谓抑扬顿挫、一波三折!

（八）雅与俗

这是对致辞语言的辩证要求。与其他的演讲文书一样,答谢词是诉诸听觉的,要想让人听得顺心悦耳,就应将优美雅洁的书面语与活泼生动的口语有机融合一体,以获得琴瑟和谐、雅俗共赏的美感。

（资料来源：韩大伟,《谈谈答谢词的写作》,《应用写作》,2006年第1期。）

【例3-18】

弘扬奥林匹克精神　共创世界美好未来
——在北京奥运会欢迎宴会上的祝酒词

（二〇〇八年八月八日）

中华人民共和国主席　胡锦涛

尊敬的国际奥委会主席罗格先生,尊敬的国际奥委会名誉主席萨马兰奇先生,尊敬的各位国家元首、政府首脑和王室代表,尊敬的各位国际奥委会委员,尊敬的各位贵宾,女士们,先生们,朋友们:

  今晚,北京奥运会将隆重开幕,我们共同期待的这个历史性时刻就要到来了。我谨代表中国政府和人民,对各位嘉宾莅临北京奥运会,表示热烈的欢迎!

  在北京奥运会申办和筹办的过程中,中国政府和人民得到了各国政府和人民的真诚帮助,得到了国际奥委会和国际奥林匹克大家庭的大力支持。在这里,我谨向你们并通过你们,向所有为北京奥运会作出贡献的人们，表示诚挚的谢意！

　　借此机会，我对国际社会为中国抗击汶川特大地震提供的真诚支持和宝贵帮助，表示衷心的感谢！世界各国人民的深情厚谊，中国人民将永远铭记！

　　女士们、先生们、朋友们！

　　2800多年前在神圣的奥林匹亚兴起的奥林匹克运动，是古代希腊人奉献给人类的宝贵精神和文化财富。诞生于1896年的现代奥林匹克运动，继承了古代奥林匹克传统，发展成为当今世界参与最广泛、影响最深远的文化体育活动。在历届奥运会上，各国运动员秉承更快、更高、更强的宗旨，顽强拼搏，追求卓越，创造了一个又一个佳绩，推动了世界体育运动蓬勃发展。

　　奥运会是体育竞赛的盛会，更是文化交流的平台。国际奥林匹克运动把不同国度、不同民族、不同文化的人们聚集在一起，增进了世界各国人民的相互了解和友谊，为推进人类和平与发展的崇高事业作出了重大贡献。

　　当今世界既面临着前所未有的发展机遇，也面临着前所未有的严峻挑战。世界从来没有像今天这样需要相互理解、相互包容、相互合作。北京奥运会不仅是中国的机会，也是世界的机会。我们应该通过参与奥运会，弘扬团结、友谊、和平的奥林匹克精神，促进世界各国人民沟通心灵、加深了解、增强友谊、跨越分歧，推动建设持久和平、共同繁荣的和谐世界。

　　女士们、先生们、朋友们！

　　举办奥运会，是中华民族的百年期盼，是全体中华儿女的共同心愿。2001年北京申奥成功以来，中国政府和人民认真履行对国际社会的郑重承诺，坚持绿色奥运、科技奥运、人文奥运理念，全力做好各项筹办工作。我相信，在国际奥委会和国际奥林匹克大家庭支持下，我们一定能够共同把北京奥运会办成一届有特色、高水平的奥运会。

　　现在，我提议：

　　为国际奥林匹克运动蓬勃发展，

　　为世界各国人民团结和友谊不断加强，

　　为各位嘉宾和家人身体健康，

　　干杯！

（选自《人民日报》）

【简析】

本文是国家领导人在一次十分隆重的宴会上发表的祝酒词，同时也是一篇欢迎词。称谓部分很长，所用称呼由"分"到"总"，兼顾各方来宾身份，准确、周到，充分体现出主人的诚意和对客人的尊重。正文内容紧扣活动主题，并有利于营造友好、热烈、喜庆的宴会气氛；措辞非常得体、精美，既极具文采，又不显雕琢；既充满激情，又不失庄重。读起来朗朗上口，很有感染力。祝酒内容简洁、妥当，与活动内容、来宾特点极相契合。

章节练习

填空题

1. 答谢词的结构由 _____ 、 _____ 、 _____ 、 _____ 、 _____ 等五部分构成。

2. 答谢词要注意照应欢迎词。主人已经致辞在前，作为客人不能"充耳不闻"。答谢词要注意与欢迎词的某些内容照应，这是对 _____ 的尊重。即使预先准备了答谢词，也要在现场紧急 _____ ，或因情因境临场应变发挥。

第十节 会议记录、会议纪要

一、会议记录

（一）会议记录的基本涵义

作为会议的正式文件的会议记录，一般情况下，凡是正式会议，都要做会议记录。所谓会议记录，是指在会议过程中，由专门负责记录的工作人员把会议的组织开展情况、与会人员的发言内容等按照先后顺序记录下来，就形成了会议记录。

通常情况下，会议记录有详记与略记之别。略记是记录人员针对会议的主要议题，记录会议上的重要或主要言论即可；详记则要按照会议记录的相关要求进行全部记录，尤其是会议上所有人员的发言必须准确、详细、完整记录下来。如果没有办法当场完成所有文字记录工作，则可以借助录音笔、摄录机等辅助手段进行补充完善，最终形成可以还原会议情境的文字内容。

（二）做好会议记录的准备工作

会议记录主要有记录人员完成，为此，记录人员要在会议开始之前提前到达会场，根据会议现场情况及时与会议组织方相关人员联系确定记录位置。

一般情况下，鉴于记录人员并非会议的发言人员，为便于其工作，其座位安排有"三靠原则"：首先要靠近扩音设备，因为会议流程在会议召开之前已经发给与会人员或者放在了与会人员的座位前的桌子上，记录人员可根据流程仔细聆听讲话内容；其次要靠近主持人，因为主持人在介绍发言人员或小结发言内容时会有所侧重，这对记录人员略记有很大帮助；最后要靠近主要发言人，因为任何会议都有一名或几名主要发言人，记录人员坐得近就能听得清他们的发言，记录能够更为准确。

（三）做好会议记录的基本要求

1. 会议要素要写全

即写全会议的名称、开会时间、地点，会议性质等。

2. 与会人员要写全

即写全会议主持人、与会的应到和实到人数，尤其是缺席、迟到或早退人数及其姓名、职务和记录人员的姓名。若为有外单位人员参加的重要会议，记录人员则需请他人代劳记录或复印签名簿的有关参会人员信息，确保记录准确无误。

3. 发言内容要记全

作为会议记录的重中之重，所有人员的发言，尤其是主要人员的发言要记录准确、全面。会议中其他情况，如发言中的他人插话、交流等互动环节也应如实予以记录。

一般情况下，记录发言有两种方式，第一种是摘要式记录，第二种是全文式记录。日常工作中，大多数会议因其经常性而只需记录与会人员发言要点即可，即把发言者所讲内容按照会议流程，依据所讲问题、相关观点及事实、有关结论及与他人交流的态度等进行梳理、整理之后予以摘要式的记录，不必"有闻必录"。某些特别重要的会议或特别重要人物的发言，则需记下全部内容。为确保记录的准确性，条件允许的情况下，都要用录音辅助设备予以补充，如使用录音笔、手机等，在对照记录、参考录音的基础上进而整理出具有"原貌"性质的会议记录。

4. 会议结果要记全

对于会议的决定、决议，尤其是表决过程中不同意见都要如实记录下来，以备后查。

需要强调的是，对于会议记录的工作人员而言，从事此项工作要牢记一个原则，即会议记录要求以事实为依据，以客观为准绳，决不允许将个人好恶带入记录之中，更不允许有意增删发言内容。

会议记录一般不宜公开发表。如需发表，尤其是在一些学术会议上一些重要人物的发言，一定要征得发言者的审阅并签署同意意见之后方可。

（四）做好会议记录的重点工作

要做好一份融合准确性、客观性于一体且有一定参考性的会议记录，则需在记录中突出重点。

（1）会议确定的中心议题以及围绕中心议题展开的有关活动的相关记录。

（2）会议讨论、争论的焦点及其各方的主要见解的相关记录。

（3）会议邀请的权威人士或代表人物就主要议题的言论记录。

（4）会议开始时关于会议的定调性言论和结束前的总结性言论的相关记录。

（5）会议形成的决议或者议而未决的相关事项的记录。

（6）会议上具有较大反响、能产生较大社会影响的其他言论记录。

（五）做好会议记录的注意事项

1. 真实准确

真实即以客观为依据，以事实为准绳，不添加材料，不遗漏内容，据实而记，依实而录；清楚即记录时写得清楚，便于识别，同时要记得条理清晰，便于阅读。故不论是详记，还是略记，会议记录均须按照会议进行时的"原貌"进行实录，记录人员既不能在记录中加入自己的看法，也不能截取他人观点。

2. 具体详细

一般而言，会议形成的决议、会议上与会人员具有建设性的意见和建议、重要议题不同人员之间交锋的看法等要记得明明白白、详详细细。

3. 注意保密

记录人员的职责仅仅是记录，而没有宣传、贯彻的义务，因此应当注意保守会议内容的秘密。即使不属秘密的事情，也不应随意乱说。因为会议讨论的问题有的是正在商量之中的，有的要通过一定的形式去贯彻执行，需要一个过程。别人不适当地插手，会扰乱正常秩序，影响工作。另外，还有的人不经过一定的批准手续随意查看或修改会议记录，这也是不允许的。如果改变会议记录的面貌，将使会议记录失去原始凭证的意义。

4. 认真负责

对会议记录者来说，认真负责是其工作的本职要求，不论是会议开始之前的准备工作，还是会议进行中的秉笔实录，抑或是会议之后的整理工作，都要抱着认真负责的态度，始终如一是应有的态度。记录人从会议开始到会议结束都要认真负责地记到底。

5. 注意格式

会议记录格式并不复杂，一般有会议名称、会议基本情况和会议内容。会议基本情况包括时间、地点、出席人数、主持人、缺席人、记录人。会议内容，这是会议记录的主要部分，包括发言、报告、传达人、建议、决议等。

凡是发言都要把发言人的名字写在前面。一定要先发言记录于前，后发言记录于后。记录发言时要掌握发言的质量，重点要详细，重复的可略记。但如果是决议、建议、问题或发言人的新观点，则要具体详细地记。

（六）做好会议记录的写作技巧

具体来说，要做好会议记录，应凸显快、要、省、代等四项写作技巧。

1. 快

记录人员要做好会议记录工作，要想记得全，前提是要记得快。故记录时字要写得轻一点以便节省体力，字要写得小一些以便节约时间。经过训练，可以多写连笔字，从而提高记录速度。

2. 要

记录人员要做好会议记录，不但要记得全，还要记得精。这就需要记录者要围绕会议主要议题，会议主持人具有倾向性、表态性的发言和其他与会人员的主要看法、主张，与会者就同一议题或不同议题发表的具有建设性的意见和建议，以及会议结论性意见、决定或决议等，要高屋建瓴善提炼，提纲挈领做记录，从而使会议记录既呈现会议开展过程的实录，又成为可独立成篇的文章，真正发挥会议记录"资政、存史、育人"之作用。

3. 省

记录人员要快速高效地完成记录工作，可在记录中使用具有普遍意义和自我特色的简称或简化词语。一般情况下，使用简称用语有三种方式。第一种是节缩式，如"中等专业学校"的简称是"中专"。第二种是统括式，如"五讲四美三热爱"："五讲"，讲文明、讲礼貌、讲卫生、讲秩序、讲道德；"四美"，心灵美、语言美、行为美、环境美；"三热爱"，热爱祖国、热爱社会主义、热爱中国共产党。第三种是选点式，如"一二·九运动"等。

4. 代

记录人员在工作中可用众所周知的简单法替代复杂法的方式加快记录速度，确保记录效果。如可用会议中发言人的姓代替其名，也可用笔画少、易写的同音字代替笔画多、难写的字，还可用一些数字和国际上通用的符号代替文字等。但在整理和印发会议记录时，均应按规范要求办理。

（七）会议记录的特点

1. 材料的整合性

一份最终形成的会议记录，是在对会议中原始记录、后期录音整理的基础之上形成的，具有材料的整合性和总结性的特点。

2. 文件的指导性

任何会议的组织召开，都是对现实生活、工作或对经济社会发展需求的直接或间接的回应，而根据会议过程形成的会议记录则对会中、会后有积极的影响。其一，会议记录体现和展现了会议本身的权威性；其二，会议记录集中反映了会议的主要精神和决定事项。因而记录一经下发，将对有关单位和人员产生约束力，起着类似于指示、决定或决议等指挥性公文的作用。会议记录还可以作为与会人员向单位领导汇报、向群众传达的文字依据。

3. 材料的参考性

作为为了落实工作而召开的会议而言，其会议记录主要呈现的是下级单位执行上级指示的汇报或上级单位向下级单位发出的通报情况。故这样的会议记录在很大程度上具有"资政、存史、育人"之功用。

（八）会议记录的分类

按照会议性质来分，根据重大决策事项、重要人事任免、重大项目安排、大额度资金运作等工作范围，会议记录大致分为支委会、总经理办公会、决策专题会议等。

第一类是支委会：党支部换届选举工作、优秀党员评选、预备党员转正、确定积极分子等；工会主席选举、代表推选等；本单位管理人员的竞聘、任免、聘用、解聘以及后备人选的确定，如本单位部室主任、乡镇负责人及关键岗位人员等。

第二类是总经理办公会：针对上级审计、巡察发现的问题，制定整改落实方案等；对外捐赠、赞助；年度先进员工评选、绩效评定、员工处分扣罚等；年度经营目标预算；经营绩效考核方案；合作伙伴的选择及引入；年度广告代理的招标、引入及签约等。

第三类是决策专题会议：年度投资计划、重要设备和技术引进、采购大宗物资和购买服务、重大工程建设项目等。如各类定点维修费、宣传费、车辆运行费、招待费的使用项目确定；房屋购买、租赁等；年度超预算的资金调动和使用，对外大额捐赠、赞助等。

（九）会议记录的记录流程

按照会议名称、会议时间、会议地点、参加会议人员姓名（全部）、会议主持人、会议记录人、各发言人的发言内容（每个人的发言也可只记录重点、关键发言内容）、会议决定事项（也可能是在会议进行中间分事项决定的，那么就记录在做决定的顺序处，不必集中记录）等八项进行，必要时有决策事项需要参会人员签字。

【例 3-19】

党支部讨论预备党员转正工作会议

时间：2018 年×月 26 日

地点：××楼会议室××号

出席人员：（姓名全称）

主持人：×××

记录人：×××

会议主题：讨论×××预备党员转正。

会议内容：讨论表决×××同志入党问题。

1. 请×××同志宣读《入党志愿书》。

2. 请第一介绍人介绍有关情况，并发表意见。

×××：×××同志能严格要求自己，遵守各项规章制度，组织纪律观念强，为人正直，是非分明，有较强的责任心。同意介绍其加入中国共产党。

3. 请第二介绍人介绍有关情况，并发表意见。

×××：她在学习生活中表现出了较高的思想水平，在学习和工作中较好地发挥了先锋模范作用。缺点是不太善于做群众的思想工作。同意介绍其加入中国共产党。

4. 请党员对申请人的情况充分讨论，发表意见。

张三：我同意接收该同志为预备党员。

李四：我同意接收该同志为预备党员。

5. 与会正式党员对申请人进行表决。

支部应到正式党员 29 人，实到正式党员 29 人；经过举手表决讨论后，29 人同意×××同志入党。

6. 支部书记宣读支部决议。本支部有表决权的正式党员 29 名就接收×××同志入党问题进行表决，0 票反对，0 票弃权。根据有关组织原则，支部大会决定接收×××同志为中共预备党员。

与会人员签字：
记录人签字：
年　月　日

【简析】

这是一则摘要式会议记录，开头概述了开会时间和与会人员等会议的基本情况，主体部分记录了会议重点事项：讨论表决×××同志入党问题。

【例 3-20】

×××公司总经理办公会议记录

时间：20××年×月×日星期×

会议地点：×××

会议主持人：×××

会议记录人：×××

出席人：（姓名全称，不以职务代替）

缺席：××人

会议主题：强调业务工作各岗位规范

会议内容：公司召开了业务会议，为了公司的良好发展，提出了以下内容。

×××提出：

1. 由于下班时候办公室在没有业务员的情况下仍然有电话打进，

建议将电话转接至业务员的手机，保证业务员能够及时接到电话。

2. 办公室的仪容要靠大家一起整理，小到每一个人的座位，大到公司的财产保护，尽力改善公司的形象，让别人看到公司的规范运作。

3. 同事之间应该互相提出建议，做到一起进步和努力。

×××经理提出：

1. 关于公司人员的重新分配，从今天开始，×××着重投入对于网络的优化工作，做好网页的宣传工作，而新入职的办公室助理则接手×××之前担任的行政工作内容，其他人继续做好自己的岗位工作。

2. 严格管理业务部，业务部分是公司最重要的模块，要加大力度管理和投入。

3. 严格执行考勤制度，一个月内迟到两次要相应地扣除工资，遵守打卡制度。如有特殊情况，须提前通知请假，请假的员工需在次日到梁经理处补名。

4. 有关座位的重新编排，把业务部的人员规划在一起，让公司有一个严谨、规范的形象。

5. 最后，规范一个专门对外接受咨询的QQ号，每天专门由×××一人负责登录，然后分派给业务员，到月末进行统计网上咨询了解公司产品和信息的客户人数。这样有利于决定加大还是保持公司的投入力度。

总经理××提出：

1. 加强生产、销售部分的管理，销售部分是重点，需要用心做。另外还提议员工多走走车间，这样可从中更好地了解产品的参数和构造。

2. 对商品的投放力度要加大，努力对网站进行优化和完善。

3. 尤其外贸部这一模块，需对其进行更详细的细化、整理。

最后，×××总结了今天的会议内容，每一个员工都需要用心投入，付出与收获是成正比的，公司的发展离不开每一位员工的努力。

（有决策事项需要全体与会人员签字）

【简析】

这是一则详细记录，开头部分分项说明了会议的基本信息，主体部分对与会人员的发言都一一做了详细记录，并由主持人和记录人签名确认。

二、会议纪要

会议纪要是根据会议的宗旨及其主要内容，在会议记录和会议文件以及其他有关材料的基础上，把会议的主要议程、基本精神和讨论的事项择其要点进行归纳整理的一种应用文书,即会议纪要主要用于记录会议的主要情况和反映会议的主要精神。整理加工时,或按会议程序记叙,或按会议内容概括出来的几个问题逐一叙述。纪要要求会议程序清楚,目的明确,中心突出,概括准确,层次分明,语言简练,便于向上级汇报或向有关人员传达及分发。

作为记载和传达会议情况和议定事项时使用的一种法定公文,会议纪要的行文方向比较灵活,可以是上行文、下行文和平行文。其作用主要表现为以下三点:一是以正式文件的形式下达,向有关单位通报会议情况,传达会议精神,让有关方面及时了解政策动向,明确工作任务,发挥指导和推动工作的作用;二是以新闻报道的形式发布,发挥宣布和传达政策法令的作用;三是记录会议议定的重要事项和主要精神,作为与会单位共同遵守、执行的书面依据。

(一)会议纪要的特点

1. 内容的纪实性

会议纪要必须实事求是地反映会议的实际,且必须是会议宗旨、基本精神和议定事项的概要纪实。会议纪要的撰写者,不能按主观意图随意增减或更改内容,不能借题发挥、添枝加叶,不许歪曲或篡改,更不能随意改动会议上达成的共识和形成的决定。除此之外,撰写者也不能根据个人主观感情需要对会议内容进行评论。

2. 表达的择要性

会议纪要是在会议记录的基础上整理归纳出来的会议要点,重点说明会议的主要参加者,基本议程,与会者有哪些主要观点,最后达成了什么共识,形成了什么决定或决议。因此,撰写会议纪要时必须按会议的主题,对会议的发言和其他有关材料进行分析综合、加工整理,进而提纲挈领地择要记录,即以明确的会议宗旨作为取舍的衡量标准,然后按类别加以概括归纳,分层次、条理清晰地将会议的主要精神记录下来。

3. 精神的指导性

会议纪要中传达会议情况、会议精神或要点,对有关部门或单位的实际工作具有指导作用,要求与会单位和相关部门以此为依据展开工作,落实会议的议定事项。

4. 称谓的特殊性

会议纪要一般采用第三人称写法。由于会议纪要反映的是与会人员的集体意志和意向,常以"会议"作为表述主体,表述一般都采用"会议认为""会议指出""会议决定""会议要求""会议号召"等作为段首词。意见有分歧的,可用"部分代表认为""一些代表认为"等。

（二）会议纪要的分类

会议纪要是以具体的会议为反映对象，因此，依据会议类型对会议纪要进行分类是最常用的一种分类方法。根据会议类型来分，会议纪要主要可分为办公会议纪要、工作会议纪要、协调会议纪要、研讨会议纪要等，会议的性质不同，写作重点各异。

1. 办公会议纪要

主要用于记载和传达领导的办公会议决定和决议事项。如其中涉及有关部门的工作，可将会议纪要发给他们，并要求其执行。

2. 工作会议纪要

用以传达重要的工作会议的主要精神和议定事项，有较强的政策性和指示性。

3. 协调会议纪要

用于记载协调性会议所取得的共识以及议定事项，对与会各方有一定的约束力。

4. 研讨会议纪要

主要记载研究讨论性或总结交流性会议的情况。这类会议纪要的写作要求全面客观，除反映主流意见外，如有不同意见，也应整理进去。

（三）会议纪要的写法格式

1. 会议纪要的标题

常见的会议纪要的标题主要有三种形式。

第一种是"机关名称＋会议名称＋文种"。如《京、津、沪、穗、汉五大城市治安座谈会纪要》《××市人民政府第××次市长办公会议纪要》，这一类标题多为例行会议纪要常用的标题形式。

第二种是"会议名称＋文种"。如《2010年全国教育工作会议纪要》《全国十佳文明旅游城市现场经验交流会纪要》。

第三种是双标题。如《真抓实干，不留死角——关于落实省委领导同志批示保护省级文物七级浮屠塔问题的会议纪要》《畅所欲言，献计献策——中青年教师座谈会议纪要》。

2. 会议纪要的文号格式

文号写在标题的正下方，由年份、序号组成，用阿拉伯数字全称标出，并用"〔 〕"括入，如：〔2004〕67号。办公会议纪要对文号一般不做必需的要求，但是在办公例会中一般要有文号，如"第××期""第××次"，写在标题的正下方。

3. 会议纪要的制文时间

会议纪要的时间可以写在标题的下方，也可以写在正文的右下方、主办单位的下面，以会议通过日期或领导人签发日期为准。要用汉字写明年、月、日，如"二〇一五年八月十六日"。

4. 会议纪要的主送机关

不写主送机关，而是用抄送的方式发送给各与会机关和需要知道会议情况的机关。

5. 会议纪要的正文

会议纪要的正文分为前言、主体、结尾三大部分。

（1）前言。

前言部分主要用来记述会议的基本概况，其中包括会议召开的背景，会议的指导思想和目的要求，会议的名称、时间、地点、主持人、主要出席人、会议主要议程、讨论的主要问题等。

（2）主体。

主体是会议纪要的核心部分，会议的主要精神、会议议定的事项、会议上达成的共识、会议对与会单位布置的工作和提出的要求、会议上各种主要观点及争鸣情况等，都要在这一部分有重点地予以反映。

其写作要点如下：

一是概括会议主要内容。写作纪要要在忠实于会议实际的基础上，围绕会议的主题抓重点，重点突出、条理清晰地反映出会议的基本情况和关键点。

二是着重写会议的结论和决议，点明会议的议定事项和主要精神。

三是分门别类，集中概括，对需要通报或须贯彻执行的问题加以叙述说明。如果纪要中涉及众多问题，可用加小标题或编排序数的方法，以确保叙述条理清晰。

（3）结尾。

结尾部分一般比较简短，内容因会议重点的不同而各有差异：有的提出希望、发出号召；有的强调贯彻会议精神的要求；有的突出强调贯彻落实会议精神的关键问题；有的对会议做出简要评价。结尾处还可以对会议的情况做一些补充说明，在不影响全文结构完整的前提下，也可以不写专门的结尾部分。

（四）会议纪要的基本写法

根据会议性质、规模、议题等不同，大致有以下几种写法。

1. 集中概述法

这种写法是把会议的基本情况，讨论研究的主要问题，与会人员的认识、议定的有关事项（包括解决问题的措施、办法和要求等），用概括叙述的方法，进行整体的阐述和说明。这种写法多用于召开小型会议，而且讨论的问题比较集中单一，意见比较统一，容易贯彻操作，写的篇幅相对短小。如果会议的议题较多，可分条列述。

2. 分项叙述法

召开大中型会议或议题较多的会议，一般要采取分项叙述的办法，即把会议的主要内容分成几个大的问题，然后加上标号或小标题，分项来写。这种写法侧重于横向分析阐述，内容相对全面，问题也说得比较细，常常包括对目的、意义、现状的分析，以及目标、任务、政策措施等的阐述。这种纪要一般用于需要基层全面领会、深入贯彻的会议。

3. 发言提要法

这种写法是把会上具有典型性、代表性的发言加以整理，提炼出内容要点和精神实质，然后按照发言顺序或不同内容，分别加以阐述说明。这种写法能比较如实地反映与会人员的意见。某些根据上级机关布置，需要了解与会人员不同意见的会议纪要，可采用这种写法。

三、会议纪要与会议记录的区别

会议纪要与会议记录虽然都是党政机关、企事业单位、社会团体会议活动所产生或形成的文字材料，有时二者容易混淆，其实，二者有着本质的不同，主要体现在以下几个方面。

（一）性质不同

从文体性质上看，会议纪要是一种法定公文，具有公文的法定效力，而会议记录只是会议情况的记录，只是原始材料，属于事务文书，不是正式公文。

（二）对象不同

会议记录一般是有会必录，凡属正式会议都要做记录，作为内部资料存档备查，或作为进一步分析研究问题和总结工作的依据。会议纪要主要记述重要会议情况，其作用是上呈下达会议精神。所以，只有当需要向上级汇报或向下级传达会议精神时，才有必要将记录整理成纪要。

（三）称谓用语不同

会议纪要通常采用第三人称的写法，以介绍和叙述情况为主。会议记录中，发言者怎么说的就怎么记，会议怎么定的就怎么写，贵在"原汤原汁"不走样。

（四）时间不同

会议记录是与会议同步进行的产品，而会议纪要则是会后整理的结果。具体而言，会议记录是将会议进行过程中由负责记录的人员当场记录下来的书面材料；会议纪要是会后根据有关材料（如会议记录、会议文件、中心议题等）通过选择归纳、加工提炼，进行去粗取精，分析、整理出来的。

（五）写法不同

会议记录无选择性、概括性，需将会议进程、会上发言和决定事项等内容如实、完整地记录下来，凡是会议关涉的内容事项，事无巨细，一律予以记载，目的在于完整准确地反映会议原貌。记录越具体、越全面、越准确越好。而会议纪要有选择性、概括性，它要求把会议的基本精神、重要或主要内容、做出的决定等，整理、概括、提炼出来，着笔的重点是会议做出了什么决定，得出了什么结果，而少写或不写做出决定与产生结果的过程。

（六）功能不同

会议记录一般不公开，无须传达或传阅，只作为资料存档；会议纪要通常要在一定范围内传达或传阅，要求贯彻执行。会议记录不具备指导工作的作用，一般不向上级报送，也不向下级分发，只作为资料和凭证保存。会议纪要经过上级机关审批，就可以作为正式文件印发，有的还直接在报刊上发表，让有关单位贯彻执行，因而它对工作有指导作用。

（七）分类方法不同

会议纪要种类很多。按其内容，可分为决议性纪要、意见性纪要、情况性纪要、消息性纪要等。按会议的性质，可分为常委会议纪要、办公会议纪要、例会纪要、工作会议纪要、讨论会纪要等。而会议记录通常只是按照会议名称来分类，往往以会议召开的时间顺序编号入档。对会议纪要的分类，有助于撰写者把握文体特点，突出内容重点，找准写作角度。对会议记录的分类则主要是档案管理的需要。

四、会议纪要与会议简报的区别

作为简报的一种形式,会议简报,是一种摘要性的内部文件,是国家机关、企事业单位、社会团体为了交流信息和提供情况,以达到沟通情况的目的而编发的事务性文书。而会议纪要与会议简报的区别有以下几点。

(一)承担任务不同

会议简报只是简报的一种形式,它的作用只是为了交流信息和提供情况,以达到沟通情况的目的,一般不具有约束力。会议纪要,当它作为指示性文件出现的时候,具有一定的权威性。它的结论可以指导有关方面统一认识,它的决定要求有关方面贯彻执行。

(二)篇幅长短不同

会议简报要求文字简约,以"简"为特征。会议纪要则不受篇幅限制,该长则长,当短即短,以"要"为主要特征。

(三)形成时间不同

会议简报一般在会中分期编号,随时交流。而会议纪要通常在会后形成。一个会议可以出一期或若干期简报,但会议纪要只能有一个。

五、会议纪要与会议决议的区别

会议决议是党政工作、商务活动中经会议讨论通过的重大决策事项,并要求进行贯彻执行的重要指导性公文。会议纪要与会议决议的区别有以下几点。

一是会议纪要是根据会议情况写的要点;而会议决议必须经与会者表决,按照法定程序通过后,才能生效。

二是一份会议纪要可以同时写不同方面的毫无关联的几项决定;而一个会议决议只能写某一方面或某一问题。

三是会议纪要的内容可轻可重,可大可小,只要是会议议定了的就要写进去;而会议决议的内容常常是一个单位或部门、一个地区或系统,乃至党和国家的重大问题。

六、撰写会议纪要应注意的事项

一要真实、准确地概括会议内容,尤其是会议的决议事项。会议纪要,既要忠实于会议的实际内容,又要做好归纳整理工作,不能随主观意图增减或更改会议的内容，而必须做到真实、准确地表达会议内容。

二要突出反映会议的重点内容，这主要是指重点反映会议所讨论的问题及形成的统一意见，即会议明确和解决的问题。

三要写作及时，如果拖延时间过长，会给人时过境迁之感，影响公文的效果。

【例 3-21】

关于成立高等学校文化素质教育指导委员会高职高专院校分委员的会议纪要

2010年11月5日，借教育部高等学校文化素质教育指导委员会在武汉召开"高等学校诗教工作暨当代中华诗教理论研讨会"之机，受教育部高等学校文化素质教育指导委员会（以下简称"教指委"）主任委员、华中科技大学杨叔子院士委托，教指委委员、副秘书长、华中科技大学余东升教授召集高等学校文化素质教育指导委员会高职高专院校分委员会（以下简称"分委员会"）（筹）协作组组长单位（顺德职业技术学院、深圳职业技术学院、浙江经济职业技术学院）召开会议，就成立分委员会等事宜进行了研究。

会议参加人员：教育部高等学校文化素质教育指导委员会委员、副秘书长、华中科技大学余东升教授，教育部高等学校高职高专文化教育类专业教学指导委员会主任、深圳职业技术学院院长刘洪一教授，教育部高等学校文化素质教育指导委员会委员、浙江经济职业技术学院党委书记俞步松教授，顺德职业技术学院党委副书记、副院长邹时智教授，浙江经济职业技术学院副院长邵庆祥教授，教育部高等学校高职高专文化教育类专业教学指导委员会秘书长、深圳职业技术学院示范办副主任王文涛副研究员。

会议主持人：教指委委员、副秘书长、华中科技大学余东升教授

会议议题及主要成果：

1. 进一步研讨成立分委员会的必要性和紧迫性，并达成共识。

2. 讨论分委员会（筹）主任委员单位问题。会议研究决定由深圳职业技术学院任主任委员单位，浙江经济职业技术学院和顺德职业技术学院任副主任委员单位，刘洪一院长任主任委员，委员会秘书处设在深圳职业技术学院。

3. 讨论分委员会委员单位设置问题。会议认为委员单位以20～30家为宜，先由教指委、三家主任委员单位联合推荐，其次根据情况再进行适当调整。

4. 讨论分委员会进一步参与教指委工作事宜。会议一致认同分委员会主任委员应积极参与教指委工作，建议增补刘洪一院长为教指委副主任委员，同时建议增补顺德职业技术学院相关领导（由顺德职业技术学院协商人选）任委员。会议认为要做好分委员会与教育部高等学校高职高专文化教育类专业教学指导委员会的衔接工作。

5. 讨论并确定近期开展的工作。近期要尽快开展的工作包括：就武汉会议形成会议纪要；拟定分委员会的章程；协调整合各组长单位现有工作；出一份本次会议精神的简报；参加文化素质教育15周年纪念活动并由刘洪一院长做主题发言等。

6. 讨论并拟定分委员会的工作规划。经过研讨，会议建议分委员会工作规划包括：开展高职高专文化素质教育工作调研；拟定相关的高职文化素质教育项目并立项；联合设立高职高专文化素质教育基地试点；创办高职文化素质教育通讯或相关刊物；组织开展文化素质教育活动。

上述相关意见和建议报请教育部高等学校文化素质教育指导委员会主任委员研究。

经过整理，会议研讨和交流的主要内容纪要如下：

一、关于协作组相关工作的回顾

余东升教授、邹时智副书记和俞步松书记对协作组的工作进行了简单的回顾。2007年4月，教育部高等学校文化素质教育指导委员会在浙江经济职业技术学院举办了"全国首届高职高专院校文化素质教育工作研讨会"。会议就高职高专院校面临的新形势与新任务，以及高职高专院校开展文化素质教育的重要性与必要性等主要问题进行了探讨，并达成共识，发出了进一步推进全国高职高专院校文化素质教育的倡议书。会议决定，成立教育部高等学校文化素质教育指导委员会高职分会（筹）协作组，充分发挥相关高职院校的优势，经过积极筹备后，在条件成熟时成立教育部高等学校文化素质教育指导委员会高职高专院校分委员会，以加强对全国高职高专院校文化素质教育的统筹、规划与指导，并逐步推进国家级高职高专院校文化素质教育基地建设。两年多以来，协作组分别在深圳、顺德召开了会议，就相关问题进行了研讨和交流，协作组的工作取得了很大的进展。

二、研讨成立分委员会的必要性

1. 人才培养的要求。俞步松书记和刘洪一院长都讲到,高等职业教育作为我国高等教育的半壁江山,已经成为我国高等教育事业发展的新的增长点,高职教育最终的目的还是培养人,培养一线需要的高素质高技能人才,因此,高等职业教育必须推进素质教育,才能解决好"培养什么人,怎样培养人"的根本问题。近年来高职高专院校在文化素质教育方面做出了积极有益的探索,在"整合现有的课程,建立人文与专业的新课程体系;加强校园文化建设,优化育人环境;开展实践活动,强化生活体验"等方面积累了一些经验。但是高职院校还应当把握自身特色,结合地区实际,全面推进高职素质教育,进而不断深化我国高职教育的内涵发展。高等职业教育人才培养的定位决定了,高职院校不仅要注重职业岗位技能的训练,更要加强对学生的文化素质教育,大力弘扬人文精神,不断增强学生的就业能力,以及社会适应性、可持续发展能力。

2. 外部环境的变化。余东升教授认为,现在再次把该项工作提上日程,主要是考虑到目前外部环境的变化,其一是教育部主管部门的变化,目前他们明确表示要加强和推进高职院校文化素质教育,深化高职院校的内涵建设,提高学生的就业质量,增强学生的社会竞争力,这是成立高职高专院校分委员会的应有之义。目前高职高专院校正是缺乏这种组织机构的指导,使得高职教育文化素质教育工作处在一个极度弱势,甚至被忽视的边缘。

3. 内部需求的聚集。余东升教授提到,最近江苏某高职院校召集相关院校召开文化素质教育方面的研讨会,邀请他及高教司的领导参加,这体现了民间或者在高职院校内部已经逐步认同了开展文化素质教育的重要性,并出现了某种程度的觉醒,所以他们要组织这样的活动,这对我们协助组是一种提醒和敦促。刘洪一教授也讲到,他本人是教育部高等学校高职高专文化教育类专业教学指导委员会的主任,该委员会其中一项工作就是指导高职高专院校开展文化素质教育的相关工作,但是因为没有非常明确地对外界宣布,加上高职高专教指委大都侧重于专业领域,所以,效果不理想,而在教育部高等学校文化素质教育指导委员会下设立高职高专院校分委员会,与高职高专文化教育类专业教学指导委员会相结合,将会对高职高专院校文化素质教育工作的开展起到关键的作用。

三、研讨分委员会的组织结构

俞步松书记提出,2007年协助组经过近三年的发展,三个学校都出现了很大的变化，尤其是在主要领导方面，因此建议重新考虑分委员会的牵头单位问题。他认为，组织机构很关键，不易太多；牵头单位和主任委员更为关键，必须具备综合实力强、知名度高、有一定的研究基础、热爱这项工作等条件，如能与高职高专文化教育类专业教学指导委员会工作结合最为合适。他建议，还是由顺德职业技术学院、深圳职业技术学院和浙江经济职业技术学院牵头，请深圳职业技术学院任主任委员单位，刘洪一院长任主任委员。邹时智副书记表示了一致意见，认为刘洪一院长和深圳职业技术学院牵头分委员会从多个方面考虑都是合适的，秘书处设在深圳职业技术学院也将更有利于开展工作。刘洪一院长表示，这时候把成立分委员会的工作提上日程，时机很合适，并代表学校感谢大家的支持和推荐。刘洪一院长提出，从资历和文化素质教育工作的开展上，浙江经济职业技术学院、顺德职业技术学院都是先行者，有很多值得深圳职业技术学院学习的方面，三家院校在一起合作一直都非常愉快，分委员会的筹备工作若由两家兄弟院校中的任一家牵头相信也都能够把事情做好。不管如何分工，深圳职业技术学院都会按照教育部高等学校文化素质教育指导委员会和兄弟院校的要求，努力做好工作。

余东升教授表示大家一致通过这个决议很好，刘洪一院长任主任委员、深圳职业技术学院任主任单位和秘书处单位确实很合适，杨院士非常看重深圳职业技术学院这块阵地。同时，邹时智副书记和俞步松书记建议，由教指委向教育部申请，增补刘洪一院长为教指委副主任委员，顺德职业技术学院为委员单位，以便于高职教育能在整个高等教育里有更多的声音，甚至是话语权。与会代表表示了赞同，并希望分委员会能在人员和工作上与高职高专文化教育类专业教学指导委员会更好的衔接。

四、近期需要开展的相关工作

余东升教授指出，高职文化素质教育还算是一个新生的事物，格局还远未形成，处在一种相对无序的状态，这不利于长远的发展，成立机构要在最大范围内将大家的力量拢到一起，分委员会的指导需要到什么层面、什么范围，都需要进行认真的思考。教指委希望为广大高职院校搭建平台，请大家来唱戏，希望能唱好这出戏。全国高校文化素质教育开展15周年纪念活动将于11月26日在北京召开，他表示，希望能在之前把相关的工作做好。随后，大家进行了认真的讨论，确定了以下相关工作。

1. 初步拟定分委员会的组织结构。由教指委发文，委托三所学校组建分委员会,同时考虑全国各个片区的实际情况,根据今后开展活动的需要,以及目前高职院校的情况,综合考虑拟定组织结构,一开始不宜过多,以后可以再进行增补。

2. 拟定分委员会的章程。要充分考虑中国高职教育的特点和高职高专院校现有的实际情况,科学合理地制定分委员会的章程,贯彻落实对战线文化素质教育研究、咨询、指导和服务职责要求,做好经验和成果的总结、推广工作。

3. 协调整合各单位现有工作。2007年协作组成立后,三家单位各自有一些分工,现在经过调整,三家要积极协调,对现有工作进行统筹。

4. 出一份简报。将教指委的委托函以及本次会议的主要精神整理后,可以教育部高等学校高职高专文化教育类专业教学指导委员会简报专刊的形式,发给相关高职院校。

5. 参加15周年纪念活动。由深圳职业技术学院代表做主题发言,提请各方面关注高职文化素质教育工作。

五、关于分委员会的工作规划

1. 在全国范围内开展调研工作。摸清家底,为开展下一步工作奠定基础。

2. 立项相关的高职文化素质教育项目。要从高职文化素质教育在专业、课程方面的改革与发展出发,思考高职教育开展文化素质教育工作的相关内容,争取教育部立项。

3. 联合设立高职高专文化素质教育基地试点。通过摸底、调研、申报、审定等形式联合相关部门、单位设立高职高专文化素质教育基地试点,通过基地试点推动高职文化素质教育的发展,分委员会要根据高职教育的特点积极拟定基地建设的指导性意见。

4. 创办高职文化素质教育通讯或相关刊物,加强高职院校之间的交流,并对高职文化素质教育工作进行指导,引导正确方向。

5. 组织开展片区或者全国性的文化素质教育活动。如相关的教师培训、经验交流会、研讨会等。

本次会议经过近5个小时的研讨和交流,提高了认识、凝聚了共识,为成立高职高专院校分委员会做好了最后的准备工作,并且意义重大。我们相信,随着相关工作的逐步落实,必将翻开高职高专院校文化素质教育的新篇章,必将进一步推动高职高专文化素质教育工作的良性发展。

(记录、整理 王文涛)

【简析】

这是一则研讨会议纪要,开头部分先简述了会议的概况,包括开会时间、主要与会人员的职务和姓名,主体部分则对关于协作组相关工作的回顾、研讨成立分委员会的必要性、研讨分委员会的组织结构、近期需要开展的相关工作、关于分委员会的工作规划与内容予以简要记录。

【例 3-22】

顺德职业技术学院第一届董事会第二次会议纪要
(2005 年 3 月 18 日)

一、概况

2005 年 3 月 16 日上午,顺德职业技术学院召开了第一届董事会第二次会议。

会议的主要议程:

1. 调整和增选校董会成员;
2. 陈智院长做学院工作报告;
3. 讨论设立延聘国际国内知名专家教授基金等学院建设和发展的重大事项;
4. 周天明区长致辞。

出席会议的有校董会荣誉主席梁洁华博士,校董会荣誉主席何享健 CEO,顺德区人民政府区长、校董会主席周天明先生,顺德政协主席杨肖英女士,顺德区人民政府副区长、校董会副主席潘志文先生,校董会副主席汤伟立先生,校董会副主席、顺德职业技术学院院长陈智教授,校董胡永辉先生,顺德教育局局长、校董叶盛和先生,校董会荣誉主席梁裕尤的代表周宁女士,校董会荣誉主席吴海恒的代表廖勇海先生,校董梁庆德的代表胡洪昌先生,校董胡成的代表梁涛先生,香港顺德联谊总会主席吴祯贻先生,顺德台商协会副会长蔡樟先生。学院顾问刘世宜先生,侨务外事局黄燕霞局长,顺德教育局副局长、校董会秘书长曾荣凡先生,校董会秘书长、顺德职业技术学院副院长何锐连先生,以及学院副院长罗勇武先生,副院长陈礼先生,纪委书记谭谦章先生等。

二、决议

1. 与会校董一致同意调整和增选校董会成员如下:

(1) 中共佛山市委常委、佛山市常务副市长、顺德区委书记、顺德职业技术学院党委书记陈云贤博士任校董会荣誉主席。

(2) 顺德荣誉市民、香港蚬壳电器工业集团有限公司主席兼集团董事总经理翁国基先生任校董会荣誉主席。

……

调整和增选后的顺德职业技术学院首届校董会成员名单如下：

(1) 荣誉主席

李兆基博士　顺德荣誉市民、香港港事顾问、香港顺德联谊总会荣誉会长、香港恒基兆地产有限公司及恒基兆业发展有限公司主席兼总经理

郑裕彤博士　顺德荣誉市民、香港顺德联谊总会荣誉会长、香港新世界发展有限公司董事主席

……

(2) 主席

周天明先生　顺德区人民政府区长

(3) 副主席

潘志文先生　顺德区人民政府副区长

汤伟立先生　顺德荣誉市民、香港顺德联谊总会副主席、顺德外商投资协会会长

陈　智先生　顺德职业技术学院院长

(4) 董事

周君廉博士　顺德荣誉市民、香港顺德联谊总会荣誉会长、香港周生生集团国际有限公司董事长兼主席

梁庆德先生　广东格兰仕集团有限公司董事长兼总经理

……

(5) 秘书长

曾荣凡先生　顺德区教育局副局长

何锐连先生　顺德职业技术学院副院长

2. 与会董事、领导和嘉宾认真听取了陈智院长的工作报告，高度评价和充分肯定了学院所取得的成绩，学院遵循"立足地方、以人为本、崇尚品位、办出特色"的办学理念，根据区域经济社会发展的需求，深化改革，积极创新，努力探索和开拓高等职业教育的规律和发展道路，使学院跃居全省乃至全国高职教育的前列。这些成绩的取得，是顺德政府重视、社会各界和海内外乡亲大力支持的结果，也是全院教职员工共同努力的结果。

校董和嘉宾还就学院的发展问题进行了深入探讨，发表了很好的意见，主要有六个方面：

第一，要求学院按照教育部有关人才培养工作水平评估的要求，认真做好迎接评估工作；

第二，要加强学院的人才队伍建设；

第三，学院的人才培养要十分注重与顺德及周边地区的产业发展紧密结合；

第四，进一步优化学科和专业建设，使人才培养更适应学生个人发展和社会发展的需要；

第五，努力提高学生的整体素质；

第六，通过社会化的形式，多方筹集办学的经费。

3. 与会校董和嘉宾对建立《顺德职业技术学院延聘国际国内知名专家教授基金方案》达成了共识。

设立顺德职业技术学院延聘国际国内知名专家教授基金，旨在通过延聘国际国内知名专家教授，推动和加快顺德职业技术学院与国际高等职业教育衔接，提升学院的办学水平，扩大学院国际国内影响，使学院跃居全国高等职业教育的前列。

享受基金的对象为：接受顺德职业技术学院聘请的在全国乃至国际上相关领域里有较高知名度和成就的学科带头人和专业负责人；担任顺德职业技术学院的学科带头人、专业负责人职务的专家教授。

会议决定在前3年筹集1000万元作为前期启动资金。

与会同仁一致认为，设立顺德职业技术学院延聘国际国内知名专家教授基金，是创新人才引进机制的一次大胆的尝试，也是进一步促进顺德人才队伍建设的重要举措，对顺德职业技术学院乃至整个顺德的经济社会发展，都具有深远的意义和影响，一致赞同并积极支持设立该项基金。

（附件：《顺德职业技术学院延聘国际国内知名专家教授基金方案》略）

4. 顺德区区长、顺德职业技术学院校董会主席周天明在讲话中充分肯定了学院的工作成绩，表示政府和董事会将一如既往地大力支持学院的各项工作，要求学院抓紧制订"十一五"发展纲要，如期高标准、高质量地完成学院的二期基建工程，高标准完成评估，根据学院的实际情况，切实抓好教师队伍建设、专业建设和校园文化环境建设等工作，努力建成一批国家级、省级示范性专业，早日把顺德职业技术学院建成国内一流的高职院校。

【简析】

这是一则工作会议纪要。工作会议议定事项主要是与会校董一致同意调整和增选校董会成员,与会校董和嘉宾对建立《顺德职业技术学院延聘国际国内知名专家教授基金方案》达成了共识,有较强的指示性。

章节练习

一、情景写作

请根据所在班级的一次班会情况,完成会议记录。

二、例文改写

请将以下会议记录改写为会议纪要。

大安区管委会整顿市场秩序会议记录

时间:2016年4月26日上午9时

地点:大安区管理委员会会议室

出席者:杨雄(大安区管委会副主任)、周安(大安区管委会副主任)、肖民(大安区××局副局长)、陈光华(工商局市管科科长)及建委、工商局有关科室宣传人员,街道居委会负责人

列席者:大安区管委会全体干部

主持人:李军(大安区管委会主任)

记录人:邹淮(大安区管委会办公室秘书)

会议议题:

1. 如何整顿城市市场秩序的问题。
2. 如何制止违章建筑、维护市容市貌的问题。

会议内容:

一、主持人李军讲话

在开发区党委领导下,我区各职能单位同心协力、齐抓共管,在创建文明卫生城市方面取得了一定成绩,相应的城市市场秩序有了一定的进步,市容街道的改善也较可观。可近几个月来,市场秩序倒退,街道上小商贩逐渐多起来,水果摊、菜摊、小百货摊满街乱摆,一些建筑施工单位沿街违章搭棚、乱堆乱放材料、搬运泥土撒落大街……这些情况严重地破坏了市容市貌,使大街变得又乱又脏,社会各

界反应很强烈。因此今天请大家来研究讨论两个问题：一是关于如何整顿城市市场秩序的问题，二是关于如何制止违章建筑、维护市容市貌的问题。

二、讨论发言

陈光华（工商局市管科科长）：市场是到了非整不可的地步了。我们的方针、办法都有了，过去实行过，都是行之有效的，现在的问题是要有人抓，敢于抓到实处。只要大家齐心协力，问题是能够解决的。

秦××（居委会主任）：整顿市场纪律我们居委会也有责任。我们一定发动群众配合好政府职能部门的工作，制止乱摆摊、乱叫卖的现象。

李××（建委副主任）：有的施工单位不顾市里创建文明城市时发布的文件，在人行道上搭工棚、堆器材，这些违章作业严重地影响了街道的整齐、美观，也影响了街道的整洁。希望管委会召集施工单位开一次会，重申政府相关文件，要求他们限期整改，否则按文件规定惩处，态度要明确、坚决。

罗××：对犯规者先是要宣传教育，如果施工单位仍我行我素，就按相关文件规定处理，这样他们也无话可说。

三、与会人员经过充分讨论、协商，一致决定

1. 由工商局牵头，居委会和其他部门配合，第一周宣传，第二周行动，监督实施到坐商归店，摊贩归点，农贸归市，彻底改变市场脏乱的状况。

2. 由管委会牵头，城建委等单位配合对全区建筑工地进行一次检查，然后召开一次施工单位工作会议，要求对违章建筑、违章工地进行限期整改，一个月内改变面貌。过时不改者，坚决照章处理。

四、散会（时间：上午10时40分）

主持人：李军
记录人：邹淮

第十一节 会 议 报 告

一、会议报告的含义

会议报告有广义与狭义之别：广义的会议报告包括各级各类工作会议、经验交流会、学术会议和先进事迹报告会等会议报告；狭义的会议报告则专指各级各类工作会议上所使用的报告，即会议工作报告。

会议工作报告也叫大会工作报告，是各级党政机关、社会团体、企事业单位的负责人代表领导机关在大型会议上，根据本系统、本部门、本单位的基本工作内容，发表指导意见的讲话稿，是向全体与会人员或会议代表，就某一时期的工作、形势或问题，做出介绍、分析、评价或总结工作中的经验、教训和今后工作意见进行汇报的书面文稿。

会议报告要总结并指导下级机关和人民群众正确贯彻执行党和政府的方针、政策。通过领导同志的报告，与会代表可以认清形势，明确任务，更好地完成会议提出的各项任务。

二、会议报告的特点

会议工作报告通常具备如下特点。

（一）内容的全面性

大会工作报告是对本系统、本部门、本单位的基本工作所做的全面性的报告，有着综合性、系统性、总揽全局的特点。因此，大会工作报告一般都要分成几个大的部分，从不同侧面、不同角度对工作进行汇报和部署，篇幅一般比较长。特别是政府负责人在人民代表大会上所做的工作报告，党的机关负责人在党的代表大会上所做的工作报告，所涉及的时间长、空间大、问题多、分量重，有时宣读时间可长达数小时。

（二）组织的体现性

会议报告往往代表一级组织的意见，是组织意志的反映，多是领导自己动手起草，或是领导提出报告的基本思想，包括主要的观点、意见、办法，形成初稿后，再由领导本人进行斟酌修改、润色而成。这与主要代表个人意志的领导讲话稿有本质的不同。因此，它不是一个人所能完成的，而是集体智慧的结晶。报告的指导思想、内容，一般要由报告人和领导班子的其他成员共同讨论决定，有时还要请有关部门的领导、专家、技术人员参与讨论，形成初稿后，仍要由领导班子集体讨论修改。

（三）工作的指导性

大会工作报告一般要对前段工作如何评价，对形势如何分析，对今后工作有何部署，指出存在什么问题，推广什么先进经验，从而统一思想、统一认识，在此基础上提出今后的任务和奋斗目标，以便大会之后统一步调、统一行动。因此，大会工作报告对今后的工作具有指导性的意义。

（四）问题的引导性

会议报告或阐述前段时间"做了什么""结果如何"，或分析当前的形势，明确今后的任务，或表明对某事某问题的观点、看法，申述自己的主张，或说明会议的重要意义等，皆需要旗帜鲜明地表明看法，进行阐述，做到有评价、有总结，从而能在字里行间进行引导。

（五）文稿的修改性

会议报告在起草过程中要经过反复修改。在领导宣读之后，要请代表们讨论，提出修改意见，甚至作为正式文件下发以后，还要注意听取贯彻单位的意见，发现与实际情况不符的地方要及时做出修改。经过上上下下不断、反复地修改，才能形成一个比较好的会议报告。这样的会议报告才是具有指导意义、接地气的报告。

会议报告与讲话稿的区别主要有如下几点：一是会议报告大多是在汇报工作、接受群众评议，或是部署工作的情况下使用，适用情形一般是特定的，讲话稿的使用范围要宽泛得多，内容更加丰富；二是会议报告的内容是组织意志的体现，讲话稿则主要体现的是领导的意志；三是会议报告多数需要提请大会审议，讲话则可以直接提出工作要求。

三、会议报告的类型

根据不同的划分标准，会议工作报告可以分为以下几种类型。

（一）依据报告的发布主体来分

依据报告的发布主体来分，会议报告可以分为政府工作报告和行业部门工作报告两大类。

1. 政府工作报告

政府工作报告是指各级政府在每年召开的当地人民代表大会和政治协商会议（俗称两会）上向大会主席团、与会人大代表和政协委员汇报政府工作情况的报告。政府工作报告由各级政府的办公机构拟稿，如国务院办公厅、省（自治区、直辖市）政府办公厅、市政府办公厅、区政府办公室等。交由政府领导审阅后，正式在两会上由政府正职领导人宣读，并发布印刷稿。之后也会通过各类媒体向大众公布全文。

政府工作报告一般由三部分内容构成。一是一年来的工作回顾。回顾并总结上一年来的政府工作情况。汇报政府取得的成绩和基本经济指标完成情况，然后再将政府工作分为几个大类（如经济、社会事业、劳动等），分别详细阐述工作举措和成绩。二是当年工作任务。归纳当年政府各项工作，汇报这一年政府的工作计划和目标。首先以一段纲要性的文字，说明当年政府工作的基本思路和主要任务。然后再将政府工作分为几个大类（如经济、社会事业、劳动保障等），分别详细阐述将要施行的工作举措和工作计划。三是政府自身建设。详细阐述对当年政府内部的政府职能、民主化建设、依法行政、政风建设等方面将要施行的工作举措和工作计划。

2. 行业部门工作报告

行业部门工作报告是机关、单位的主要领导人在本单位召开的干部群众大会上，向本单位的干部和群众汇报工作所做的报告，其内容结构与政府工作报告极为相似。

（二）根据报告的内容重点和报告人的意图来分

根据报告的内容重点和报告人的意图来分，会议报告可以分为汇报性工作报告、传达性工作报告和部署性工作报告。

1. 汇报性工作报告

这类工作报告，主要包括各级政府机关的最高领导人代表政府向所辖区域的民众汇报一个时期的政府工作情况，及机关、单位的主要领导人在本单位召开的干部群众大会上向本单位的干部和群众汇报工作的报告，也包括一届领导机构任期已满，在本次大会上选举换届之前，由上届领导所做的工作报告，如《2017年国务院政府工作报告》是国务院总理李克强在第十二届全国人民代表大会第五次会议上所做的报告。

2. 传达性工作报告

这类报告主要用于传达党和国家的方针、政策、法令、决议，以及上级机关的重要指示和重要会议精神，如《市委常委会传达全国宣传思想工作会议精神工作总结报告》。

3. 部署性工作报告

这类工作报告的内容侧重于对下一阶段的工作进行动员和部署，阐明工作活动的宗旨、任务、目的、意义。

（三）按照报告内容及其涉及的对象来分

按照报告内容及其涉及的对象来分，会议报告可以分为工作报告、主题报告、形势报道、动员报告和事迹报告等。

1. 工作报告

特定的机关或负责人就一段时期的工作向所负责的会议做出汇报，同时提出下一阶段工作任务和计划，提请会议审议通过的会议文件。

2. 主题报告

大型论坛、学术研讨会、专题工作会议上由主办方领导人所做的给会议定基调、指方向、下任务、提要求的报告，又称主题演讲、主题讲话。

3. 形势报告

报告人向与会者阐明当前形势、指明事物的发展趋势，帮助与会者了解情况、提高认识、明确方向的报告。形势报告涉及领域广泛，凡工作需要或者群众关心的政治、经济、军事、科教、文化等方面的热点问题，都可以成为报告的内容。

4. 动员报告

报告的目的在于提高与会者对完成任务意义的认识，鼓舞与会者的斗志，使其掌握完成任务的方法、步骤和措施。动员报告具有较强的激励性和鼓动性。

5. 事迹报告

即介绍先进集体或个人事迹的报告。事迹报告应当具有真实性、典型性、生动性。

四、会议报告的结构写法

会议报告一般由标题、称谓和正文三个部分构成。

（一）标题

会议报告的标题主要有两大类。

1. 公文式标题

公文式标题有三种具体的写法：第一种是"主题＋文种"式，如《关于上海市 2015 年国民经济和社会发展计划执行情况与 2016 年国民经济和社会发展计划草案的报告》；第二种是"报告机关＋文种"式，如《国务院关于今年以来国民经济和社会发展计划执行情况的报告》；第三种是"会议名称＋文种"式，如《在中国共产党第七届中央委员会第二次全体会议上的报告》。

2. 新闻式标题

以报告的中心内容为正题，副标题标明会议名称和文种，标题下再用圆括号表明具体时间和报告人姓名。具体示例如下：

决胜全面建成小康社会　夺取新时代中国特色社会主义伟大胜利
——在中国共产党第十九次全国代表大会上的报告

（2017 年 10 月 18 日）
习近平

（二）称谓

会议报告的称谓居第一句顶格写，如何书写要根据会议的性质和出席情况而定，如"同志们""各位领导、各位同志""各位代表""各位委员""尊敬的主席先生，女士们、先生们"等。

（三）正文

会议工作报告的正文一般由前言、主体和结尾三个部分构成。

1. 前言

前言用最精练的文字，开门见山地概述会议报告的基本内容，如会议报告的主要内容、时间、地点、背景、事件经过等，前言也可以将会议报告出来的规律性的认识、主要的经验或教训、主要的成绩或存在的问题用简短概括的文字写出来。这样，读者在读这篇会议报告之前就会对会议报告的全貌有一个大致的了解，也能够统领全篇，激发阅读的兴趣，吸引听众的注意力，启发和引导读者在以后的阅读中积极思考。

2. 主体

主体是工作性会议报告的重点内容。或依时间顺序，或从不同方面，或按具体问题进行叙述。一般包含以下四个方面的内容。

（1）成绩经验。

即对过去工作实践中所获得的物质成果或者精神成果、取得的优异成绩及其成功的原因与条件的分析归纳，即"做了什么"和"结果如何"。对这部分内容的表述，一要重点突出，讲有代表性的或重要的内容，不能泛泛而谈；二要条理清楚，把材料组织好，分类说明，给人以清晰、明确的印象；三要准确真实，对取得成绩的情况以及相关数字都要如实介绍。而要达到既谈成绩又说经验的双重目的，多数的会议报告是先总结成绩，再分析经验，也有的会议报告融经验于成绩之中，糅成绩于做法之里，形成水乳交融之势。基本的写法有以下三种。

第一种是并列式，即把会议报告的成绩经验按若干个方面来介绍。其特点是对报告成绩、经验分别进行阐述，层次之间的关系是并列的，它们分别从不同的方面来论证报告主旨。但并列式结构并不是随意罗列，各层意思谁先谁后也有一定的依据：或按性质的强弱，或按问题的主次，或按时间的先后等。

第二种是递进式，即将工作成绩和经验按时间先后的顺序层层深入地讲述。其特点是各层都以前面一层的意思为论述的基础，各层之间形成步步深入、层层递进的逻辑关系。这种结构一般是把工作过程分成几个阶段，分别对各个阶段的工作进行会议报告分析。采用这种结构形式的会议报告，适用于那些有明显阶段性的工作或在工作与思想认识上有逐步深入、层层推进的工作实际。

第三种是对比式。把两种及两种以上的不同意见、不同看法和不同方面的情况对照起来加以阐述。在实践中，以其中的一种形式为主，两三种结构形式结合使用，也是长篇报告经常采用的结构形式。但是，不管采取哪种结构，都必须集中于一个中心、一个主旨，即成绩是什么、经验是什么，要讲深、讲透、讲出门道来。这样，才能使听众得到一个完整、清晰、深刻的印象。

（2）原因分析。

任何成绩的取得都不是空穴来风，一定有其来之不易的原因；一切经验的形成都不是纸上谈兵，必定有其躬身实践的成分。因此，对成绩，不论是巨大的成绩，还是小小的进步，都要找出其背后的原因，以便能在今后的工作中规避失误，取得更大的成绩；对经验，既要分析成功的经验，也要总结失利的教训，方能在顺境时看到不足，逆境时看到希望，从而信心满满再上路，为未来再创辉煌奠定坚实的基础。

（3）实践体会。

会议报告不但要讲成绩经验，说原因分析，更要谈实践体会。"它山之石，可以攻玉"讲的就是这个意思。这些浸透着一个单位、一个部门全体员工血汗加智慧而来的体会，不仅是对理论指导实践、实践反哺理论的生动诠释，也是对事物内在规律及人的主观能动性的有力揭示。因而，实践体会对深化人们对客观事物的认识、指导今后的工作都十分有益。这一部分是工作性会议报告的精华。

（4）形势任务。

会议总结是对以前工作的总结，其核心目的在于用成绩经验鼓舞干劲，用原因分析拓展思路，用实践体会提振信心，从而鼓舞与会人员，并借由报告精神感染、引导本单位、本部门乃至于一个地区人民为下个阶段工作而不懈奋斗。

当然，现实工作中，并不一定每篇工作性会议报告主体的内容都会包含上述四个方面。不同的工作性会议报告，包含的内容会有所不同。

3. 结尾

工作性会议报告的结尾多数是总结全文，得出结论，表明态度，提出希望。也有的不写结尾。

五、撰写会议报告的注意事项

（一）报告起草的政策性和操作性

这包括三个方面：首先，要认真学习、深刻领会党和政府的方针政策和上级管理部门的指示；其次，要深入基层调查研究，全面具体地掌握情况，尤其是要准确把握现实中出现的新情况、新问题，及时地调查、分析，从中提炼出本质性的东西；最后，把调查得到的材料带回领导班子，经过集体讨论和自己的认真分析，按照党和政府的方针政策和上级机关的指示精神，形成系统的、条理性的意见。在此基础上才能动手起草会议报告。

（二）报告内容的全面性和系统性

会议报告是对本系统、本部门、本单位的基本工作所做的全面性的报告，具有综合性、系统性、总揽全局的特点。因此，会议报告的写作要从不同侧面、不同角度对工作进行汇报和部署，尽量全面地反映本单位、组织的各个方面工作情况。撰写会议报告要明确会议的目的、要求、中心议题，全面准确地领会领导意图。因此，会议报告要站在全局的角度和高度对过去工作进行概括总结，而且要本着实事求是的态度，成绩就是成绩，成绩不夸大；错误就是错误，错误不隐瞒。同时，提出今后要完成的任务、措施、办法，要切实可行。

（三）报告观点的鲜明性和清晰性

会议报告要主题鲜明，详略得当，层次清晰。报告的观点要鲜明，重点要突出，以便听众把握报告的要领，留下鲜明深刻的印象。如果报告内容较多或涉及方方面面，可以分标题撰写。

（四）报告语言的大众性和亲民性

会议报告是用来给与会人员听的，因此，要说得明白，听得清楚方可。所以，要在注意符合领导人讲话一贯风格的基础上，根据会议的性质、内容、领导者的身份，以及听众的具体情况和单位或部门的情况，确定会议报告的语言是否大众化、口语化。

知识延伸

会议报告与讲话稿的区别主要有如下几点。

一是会议报告大多是在汇报工作、接受群众评议，或是部署工作的情况下使用，适用情形一般是特定的，讲话稿的使用范围要宽泛得多，内容更加丰富。

二是会议报告的内容是组织意志的体现，讲话稿则体现的是领导的意志。

三是会议报告多数需要提请大会审议，讲话则可以直接提出工作要求。

下面的专题讲话稿是周恩来同志 1955 年在印度尼西亚万隆会议上的一篇著名的、极具特色的外交发言。他针对帝国主义者和殖民主义者在会议期间向中国提出挑衅，以离间亚非国家之间的关系的阴谋伎俩，根据会议进展情况，临时决定将原来的发言稿散发给各国代表，并另外做了这个补充发言。

需要特别说明的是，这篇专题讲话稿是周总理在当天上午会议间隙中极度紧张地赶写而成的。在这篇讲话稿中，他洞察帝国主义的阴谋，抓住团结反帝是亚非各国人民的共同愿望这一主题一气呵成，表现了非凡的外交斗争智慧和高超的写作艺术才华。

【例 3-23】

周恩来总理在亚非会议全体会议上的补充发言

(1955 年 4 月 19 日)

主席、各位代表：

我的主要发言现在印发给大家了，在听到了许多代表团团长的一些发言之后，我愿补充说几句话。

中国代表团是来求团结而不是来吵架的。我们共产党人从不讳言我们相信共产主义和认为社会主义制度是好的。但是，在这个会议上用不着来宣传个人的思想意识和各国的政治制度，虽然这种不同在我们中间显然是存在的。

中国代表团是来求同而不是来立异的。在我们中间有无求同的基础呢？有的。那就是亚非绝大多数国家和人民自近代以来都曾经受过、并且现在仍在受着殖民主义所造成的灾难和痛苦。这是我们大家都承认的。从解除殖民主义痛苦和灾难中找共同基础，我们就很容易互相了解和尊重、互相同情和支持，而不是互相疑虑和恐惧、互相排斥和对立。这就是为什么我们同意五国总理茂物会议所宣布关于亚非会议的四项目的，而不另提建议。

本来，对于美国一手造成的台湾地区的紧张局势，我们很可以在这里提出如同苏联所提出的召开国际会议谋求解决的议案，请求会议加以讨论。中国人民解放自己领土台湾和沿海岛屿的要求是正义的，这完全是内政和行使自己的主权，并得到许多国家的支持。我们也很可以提议会议讨论承认和恢复中华人民共和国在联合国的合法地位问题。去年，科伦坡五国总理会议，还有亚非其他国家，都曾经支持中华人民共和国在联合国的地位。而且，中国在联合国所受的不公正待遇，也可以在这里提出批评。但是，我们并没有这样做。因为这样一来，就很容易使我们的会议陷入对这些问题的争论而得不到解决。

我们的会议应该求同而存异。同时，会议应将这些共同愿望和要求肯定下来。这是我们中间的主要问题。我们并不要求各人放弃自己的见解，因为这是实际存在的反映。但是不应该使它妨碍我们在主要问题上达成共同的协议。我们还应在共同的基础上来互相了解和重视彼此的不同见解。

现在，我首先谈不同的思想意识和社会制度问题。我们应该承认，在亚非国家中是存在有不同的思想意识和社会制度的，但这并不妨碍我们求同和团结。第二次大战后，亚非两洲兴起了许多独立国家，一类是共产党领导的国家，一类是民族主义者领导的国家。前一类国家并不多。但是某些人所不喜欢的，就是六万万中国人民选择了中国共产党领导的、属于社会主义体系的政治制度，而不再为帝国主义所统治了。后一类国家很多，像印度、缅甸、印度尼西亚和亚非许多国家都是。我们这两类国家都是从殖民主义的统治下独立起来的，并且还在继续为完全独立而奋斗。我们有什么理由不可以互相了解和尊重、互相同情和支持呢？五项原则完全可以成为在我们中间建立友好合作和亲善睦邻关系的基础。我们亚非国家,中国也在内,不论在经济上或文化上都很落后。我们亚非会议既不要排斥任何人,为什么我们自己反倒不能互相了解、不能友好合作呢?

次之,我要谈有无宗教信仰自由的问题。宗教信仰自由是近代国家所共同承认的原则。我们共产党人是无神论者,但是我们尊重有宗教信仰的人。我们希望有宗教信仰的人也应该尊重无宗教信仰的人。中国是有宗教信仰自由的国家,它不仅有七百万共产党员,并且还有以千万计的回教徒和佛教徒,以百万计的基督教徒和天主教徒。中国代表团中就有虔诚的伊斯兰教的阿訇。这些情况并不妨碍中国内部的团结,为什么在亚非国家的大家庭中不能将有宗教信仰的和没有宗教信仰的人团结在一起呢?挑起宗教纷争的时代应该过去了,因为从挑起那种纷争中得到利益的并不是我们中间的人。

第三,我要谈所谓颠覆活动的问题。中国人民为反对殖民主义所进行的斗争超过一百年。中国共产党领导的民族、民主的革命斗争也经历了近三十年的艰难困苦的过程,才终于达到了成功。中国人民在帝国主义、封建主义和蒋介石统治下所受的苦难是数也数不尽的,最后才选择了这个国家制度和现在的政府。中国革命是依靠中国人民的努力取得胜利的,决不是从外输入的,这一点连不喜欢中国革命胜利的人也不能否认。中国古话说:"己所不欲,勿施于人。"我们反对外来干涉,为什么我们会去干涉别人的内政呢?有人说,中国在国外有一千多万华侨,可能利用他们的双重国籍来进行颠覆活动。但是,华侨的双重国籍问题是旧中国遗留下来的,蒋介石至今还在利用极少数的华侨进行对所在国的破坏活动。

新中国的人民政府却准备与有关各国政府解决华侨的双重国籍问题。又有人说,在中国境内有傣族自治区威胁了别人。中国境内有几十种少数民族共四千多万人,其中傣族和相同系统的壮族将近千万人。他们既然存在,我们就必须给他们自治权利。好像缅甸有掸族自治邦一样,在中国境内各个少数民族都有他们的自治区。中国少数民族在中国境内实行自治权利,如何能说威胁邻邦呢?我们现在准备在坚守五项原则的基础上与亚非各国、乃至世界各国、首先是我们的邻邦,建立正常关系。现在的问题不是我们去颠覆别人的政府,倒是有人在中国的周围建立进行颠覆中国政府的据点。譬如在缅甸边境就存在着蒋介石集团的残余武装分子,对中缅两国进行破坏。因为中缅友好,我们一直尊重缅甸的主权,信任缅甸政府去解决这个问题。

中国人民选择和拥护自己的政府,中国有宗教信仰自由,中国决无颠覆邻邦政府的意图。相反的，中国正在受着美国政府公言不讳地进行颠覆活动的害处。大家如果不信，可亲自或派人到中国去看。我们是容许不知真相的人怀疑的。中国俗语说："百闻不如一见。"

我们欢迎所有到会的各国代表到中国去参观，你们什么时候去都可以。我们没有竹幕，倒是别人要在我们之间施放烟幕。

十六万万的亚非人民期待着我们的会议成功。全世界愿意和平的国家和人民期待着我们的会议能为扩大和平区域和建立集体和平有所贡献。让我们亚非国家团结起来，为亚非会议的成功努力吧！

【简析】

同学们在阅读这篇专题讲话稿时，请注意以下几个方面。

① 这篇专题讲话稿首先以恳切的态度表明中国代表团求同存异的坚定立场，接着以不容置疑的观点，对帝国主义造谣、中伤新中国从三方面予以义正词严的驳斥，最后再一次阐明我国的外交方针，呼吁亚非国家紧密团结起来，为和平而斗争。

② 这篇专题讲话稿正气凛然，言词铿锵，逻辑严密，既对来自各方面的攻击严加驳斥，毫不退缩；又以诚恳的态度，注重团结大多数亚非国家，表现了原则性与灵活性的高度统一。

③ 这是一篇观点鲜明的专题讲话稿，试仔细体会"中国代表团是来求团结而不是来吵架的""中国代表团是来求同而不是来立异的""我们的会议应该求同而存异"等段旨句，增强了讲话的条理和气势，对旗帜鲜明表达文章的主旨起到有力的作用。

【例 3-24】

政府工作报告
——2018年1月11日在佛山市顺德区第十六届人民代表大会第三次会议上

佛山市顺德区人民政府区长　彭聪恩

各位代表：

下面，我代表顺德区人民政府向大会作工作报告，请予审议，并请各位政协委员和其他列席人员提出意见。

2017 年工作回顾

过去一年，我们在市委市政府和区委的正确领导下，坚定实施"开放引领、创新驱动"发展战略,凝心聚力,真抓实干,较好完成了区第十六届人民代表大会第二次会议制定的各项目标任务。连续六年位居全国综合实力百强区第一,第九次获评"中国全面小康十大示范县市"。预计全年实现地区生产总值3080亿元,增长8.5%;全社会固定资产投资956亿元,增长25%;地方一般公共预算收入223亿元,增长12.1%。

  一年来,我们坚持开放引领,全方位对接广深等周边城市,开放型城市格局更加彰显。

  基础设施建设再上新台阶。轨道交通建设进展顺利,广州地铁7号线西延顺德段、佛山地铁3号线加快推进,2号线全面施工,广佛环线顺德段土建施工收尾,佛山轨道交通9号线一期、11号线、13号线一期线站位基本确定,首个轨道站点TOD用地成功出让。水陆交通衔接更加顺畅,德胜东路改造、伦桂路二期等10余项工程完工通车,佛陈路东延线、菊花湾大桥等有序推进,顺德新港(了哥山港)投入试运营。4座110千伏以上变电站和1条220千伏电力线路建成投产,4宗水利工程基本完成,中心城区公交分担率提至23.3%。

  对外开放合作持续深化。成功在汉诺威、北京举办"发现顺德•全球路演"活动。中德工业城市联盟成员增至33个,联盟功能架构进一步做实。佛山机器人学院正式运营,弗劳恩霍夫协会等21家智能制造企业、机构入驻。顺德首个境外名优产品展示中心对外开业,创建出口木制品及家具质量安全示范区,积极构建外贸发展新格局。骨干企业"走出去"步伐加快,美的成功并购德国库卡,碧桂园、联塑等企业积极开拓海外市场。

  教育卫生发展掀起新高潮。坚持把教育卫生作为城市发展核心要素,启动19项区属学校重点建设项目,新增义务教育阶段学位5550个、公益普惠性幼儿园学位5500个。深入推进集团化学区制改革,组建8个医联体。积极推进公立医疗机构"管办分离"改革,在全省率先推行"两票制",促进医药领域健康发展。深入推进"以案治本"工作,全面取消药品和医用耗材加成。

  一年来,我们加快创新步伐,坚持新兴产业重点突破、传统产业转型升级两手抓,产业结构进一步优化。

  创新驱动发展战略深入实施。人才强区建设稳步推进,引进博士超400名,确认高层次人才10461名。广东工业设计城超额完成习总书记提出的聚集8000名设计师任务。广州大学城卫星城建设进展顺利,配建45万平方米人才住房。"产学研"合作多点开花,与13所高校开展全面合作，华工科技园顺德创新园区、暨大科技园顺德园区成功落地。引导企业自主创新，主营收入5亿元以上工业企业研发机构建有率100%。高效运作创新创业投资母基金，成立21支市场化子基金、4支政策性投资子基金。新增5家上市企业，新三板挂牌和股改企业数量均创新高，高企增至942家。建立信贷风险补偿机制，为53家科技型企业提供信贷支持。成立政策性融资担保公司，帮助企业融资超60亿元。

产业转型升级提速。大力推进技改工作，完成工业技改投资221亿元，新增950台应用机器人。智能制造产业加快发展，与美的、库卡共建智能制造科技园，全区产值超亿元的机器人及智能制造企业达5家，华隧盾构机项目建成试产。会展业影响力持续扩大，潭州国际会展中心二期顺利推进，成功承办珠西"装洽会""互联网＋"博览会。生物医药产业聚集发展，省健康医疗大数据产业园正式开园，国际创新转化生物产业孵化中心进驻企业16家。军民融合产业蓄势待发，全国首届军民融合卫勤装备发展促进会成功举办，广东顺德军民融合创新产业园一期顺利开园。特色小镇建设有力推进，乐从成为继北滘后全区第二个国家级特色小镇，北滘-龙江-乐从-陈村获评省特色小镇集群示范区。

招商引资成效显著。引入社会专业力量，实施专业招商、精准招商。探索异地招商，重点对接深圳创新溢出效应，打造深圳湾顺德创新港，储备超40个科技创新团队和企业。成功引入深圳大疆、天劲、沃特玛等一批重大项目。谋划建设顺德（南山）科技园，为深圳创新资源进入顺德提供无缝对接。推进本地企业增资扩产，引导新宝、申菱等企业就地扩大产能。全年招商引资总额达1313.8亿元，其中产业类项目1071亿元。

产保区建设和村级工业园改造取得突破。全国首创建设产业发展保护区。出台"1＋N"配套政策，完成18万亩产保区划定，启动建设10个产保区示范园。村级工业园改造初见成效，1362家企业完善环保手续、配套治理设施，536家不合格企业彻底搬迁或拆除设备，484家不符合环保要求的企业关停。

一年来，我们坚持共建共享，持续保障和改善社会民生，加强生态文明建设，群众获得感幸福感有力提升。

社会保障更加有力。发布"顺德就业通"微信服务平台，扎实做好就业用工对接，城镇登记失业率低于2.5%。医保城乡一体化改革稳步推进，建立起统一参保、统一待遇的新型社保。企业职工养老金提升6.5%，人均养老金达3050元/月。加大社会弱势群体救助力度，低保标准、特困人员供养标准分别提高42.9%和9%，孤儿、事实无人抚养儿童及重病儿童补贴提至1800元/人月。完成省下达的保障性住房任务。全面落实粮食安全政府责任制，实现全区粮食安全。和的慈善基金会获个人捐赠60亿元，慈善事业取得新进步。

文体事业繁荣进步。创文工作扎实推进，蝉联"全国文明城市"称号，被确定为第一批省公共文化服务体系示范区。创意城市博览会、大学城卫星城创新设计周引人入胜，华语文学传媒大奖、美食节精彩纷呈，城市吸引力逐步增强。勒流黄连等5个古村落活化工作稳步推进，北滘和园主体工程完工。洪拳、双皮奶制作技艺通过省级非物质文化遗产评审。社区体育公园增至76个。代表国家参加世界龙舟锦标赛，荣获7枚金牌。成功承办市九运会，荣获团体总分第一名。

社会环境安定祥和。全国首启"电子支付＋检测追溯＋食品安全责任保险"监管模式。始终保持安全生产监管高压态势，安全事故起数稳步下降，未发生较大以上安全生产事故，连续两年未发生致人死伤消防事故。全面加强立体化治安防控体系建设，构筑全方位、无死角治安防控网，全区刑事警情同比下降41％、创历史新低，"两抢"警情同比下降51.1％、实现268天零发案。圆满完成党的十九大期间安保维稳任务。

城乡环境生态宜居。新增、改造绿化面积110.2公顷，市域森林覆盖率增至35.9％，成功创建国家森林城市。顺峰山公园改造稳步推进，"绿城飞花"建设成效显著。扎实推进海绵城市建设，全面推行河长制，桂畔海水系综合整治全面启动。城市扬尘有效治理，顺控环投热电项目即将试点火，高污染燃料禁燃区范围扩大至10个镇街建成区，农村分散式生活污水处理能力进一步增强。引入"环保管家"模式，"两法"衔接铁腕整治环境污染。

一年来，我们不断优化完善体制机制，深入推进重点领域和关键环节改革，廉洁高效型政府加快建设。

供给侧结构性改革全面推进。坚持"去"动真格，"降"见成效、"补"抓关键，有效推进"三去一降一补"，累计减免企业成本超100亿元，6家区属国有特困企业全面完成出清重组。健全风险监测预警机制，加快处置不良资产。单独设置镇（街道）安全生产监管机构，城市管理和综合执法、食盐监管体制改革稳步推进，10个行政职能事业单位改革顺利完成。

农村管理更加规范。顺利完成村居"两委"换届选举。完成50个村居"三资"取得突破，完成2426宗宅基地审批工作，兑现863亩历史征地留用地。美丽文明示范村居建设成效明显，建成32个"五好"

新村居，推进北滘桃村、杏坛右滩2个精品村居建设。基本完成农村土地承包经营权确权登记颁证工作。

政府建设全面加强。深入推进"一门式一网式改革"，6类"一门式"综合窗口建成运行。探索跨行政区通办服务，启动番顺跨城通办、全区通办改革。清理规范99项行政审批中介服务事项。实行"挂图作战"攻坚模式，强化重点项目督查督办。加强公务员队伍建设，推动中层干部交流锻炼，组建专责团队攻坚重大任务。加强行政监察和审计监督，创新重大工程项目标后监管机制，推进药品供应链改革，强化廉政风险防控。双拥优抚、武装、人防、扶贫、外事侨务、民族宗教、工青妇、工商联、残疾人、档案、史志、气象、邮政等工作取得新进步。

各位代表，以上成绩的取得，是区委正确领导、全区上下团结奋斗的结果。在此，我代表区人民政府，向全区广大干部群众，向省、市驻顺单位，向解放军、武警驻顺部队，向海外侨胞和所有关心支持顺德发展的各界人士，表示衷心的感谢！

在肯定成绩的同时，我们也清醒看到存在的问题和挑战，主要表现在：产业结构与现代化经济体系要求不匹配，服务业特别是生产性服务业整体发展水平不高，创新能力仍需进一步提高；城市建设、文化建设和生态文明建设均滞后于经济建设，不平衡、不充分的发展难以满足人民对于美好生活的需要；土地开发强度高企与村级工业园用地低效相互矛盾，发展空间亟须拓展。对此，我们将高度重视、积极应对，加快解决。

2018年工作部署

2018年，是全面贯彻落实党的十九大精神的开局之年，也是改革开放40周年、决胜全面建成小康社会的关键一年。新时代、新征程、新使命，我们要认真学习领会党的十九大精神实质，在区委的坚强领导下，联系实际学、脚踏实地做，以只争朝夕的紧迫感、敢为人先的创新精神、更好满足人民美好生活需求的责任担当，加快实现全面平衡优质发展，扎实推动习近平新时代中国特色社会主义思想在顺德落地生根、开花结果！

2018年政府工作思路和发展目标：不忘初心，牢记使命，高举习近平新时代中国特色社会主义思想伟大旗帜，主动拥抱新时代，积极践行新发展理念，大力造环境、造空间，加快构建现代化产业体系，着力建设高品质现代化中心城区，持续提升农村发展水平，决胜全面建成高质量小康社会，开启现代化顺德建设新征程。实现地区生产总值增长

8%左右,地方一般公共预算收入增长8%以上,城乡居民人均可支配收入与经济保持同步增长。

为实现上述目标任务,我们将做好以下重点工作:

一、加快构建现代化产业体系

坚持发展实体经济不动摇,持续优化营商环境,深入实施创新驱动发展战略,不断提升科技创新水平,大力建设科技顺德,推动产业大区向产业强区转变。

打造一流营商环境。优化提升企业服务水平,坚持"抓大扶小",抓实"一企一策"支持平台型企业发展,做大做强一批"隐形冠军"企业,加大对中小微企业扶持力度。落实"粤十条""佛十条",力促实体经济降成本,提升竞争力。整合区镇企业服务资源,优化拓展企业服务直通车平台功能,打造365天全天候政企互动平台,推动政企沟通"零障碍"。加快构建亲清新型政商关系,主动对接、服务企业。到企业调研,必须坚持带着问题去,切实为企业办实事、解难题。

提升区域创新活力。加快建设中德工业服务区、南方智谷、顺德高新区三大科技创新集聚区,带动三大片区创新发展。在禅南顺高端创新集聚区规划建设中发挥主力军作用,加快对接广深科技创新走廊,争当大湾区协同创新主角。大力推进人才安居工程,年内建成25万平方米人才住房。成立科技顾问团,引进、培育一批高水平科技领军人才和创新创业团队。鼓励龙头骨干企业全球布局研发机构,充分发挥海外资源优势,荟集全球人才助力创新发展。深化与华工、暨大等高校"产学研"合作,加快建设一批高水平创新载体。扩大创新创业投资母基金规模,撬动各类资本参与创新资源的引进和培育。高标准规划金融小镇。实施高新技术企业和知识产权增量提质计划,强化科技创新券引导作用,加强高企培育。加大创新创业风险补偿力度,扩大信贷风险补偿金规模,推动龙头企业建设供应链金融平台,降低中小微企业融资成本。全面实施加快推动企业股改上市三年行动计划,鼓励和引导企业通过多层次资本市场实现资源优化。

加快布局新产业。大力发展智能装备和机器人产业,加快推进美的库卡、大疆等智能制造重点项目,依托智能制造科技园、佛山机器人学院等平台,打造国内领先的机器人产业基地。推动生物医药产业加快聚集,依托云天生物医药创新中心等载体,引进一批重大项目和相关人才。加快向新能源汽车、环保等新行业进军,全力支持新能源汽车小镇、盈峰环保产业园等项目建设。做大做强生产性服务业。制定工业设计产业三年发展规划,提高广东工业设计城建设水平,努力打造全国工业设计高地。深化与汉诺威展览公司合作，年内完成会展二期及配套工程建设，办好"互联网+"等重要展会。支持更多顺企参与"军转民、民参军"分工，加快广东顺德军民融合创新产业园建设。

优化升级传统产业。以科技力量武装传统产业优化升级。实施规上工业企业技改倍增计划，投入15亿元支持科技创新和技术改造，引导不少于400家企业开展工业技改。推动家电、机械装备两大产业集群优化升级。支持企业创新商业模式，推动制造业与互联网深度融合，加快向"制造+服务"转变。把品牌建设作为产业转型升级的重要手段，弘扬工匠精神，挖掘顺德元素，注入文化内涵，打造一批企业自有品牌，提升产品附加值，推动传统产业向价值链高端延伸。

强化招商引资。做实深圳湾顺德创新港，年内引入不少于10个科技创新团队和企业。探索在北京等地设立产业加速器。发挥中德工业城市联盟等国际平台作用，加大以商引商力度，力争引入更多德国重大产业类项目。实施优质企业"回归"和"腾飞"计划，支持在外发展的顺德企业、资金回流，继续推动本地优秀企业就地增资扩产，将成长性强的企业留在顺德。国资引领高标准建设一批科技产业园、孵化器，以更低成本、更优环境引入一批龙头型、补链型重大项目，实现全年招商引资1200亿元目标。

二、大力建设高品质现代化城市

坚持规划先行，不断提升城市建设和治理水平，加快推进"大良-容桂"一体化发展，以强中心引领城市现代化建设。

推动中心城区一体化发展。坚持规划引领，按照超150万人口规模城区标准，高起点制定大良-容桂中心城区发展规划。加强中心城区交通对接，研究规划金沙大道南延线，加快推进105国道节点和325国道节点快速化改造。研究规划大良和容桂之间的快捷通道，推动中心城区向伦教拓展。高标准建设德胜河"一河两岸"城市客厅，按5A级景区标准打造顺峰山公园。实施城市亮化提升工程，完成德胜新城中轴线改造升级。加快推进华侨城、大信等项目建设，规划布局科学馆、新体育中心、工青妇教综合活动中心等一批高水平公共服务设施，提升中心城区文体商业辐射能力。加强老城改造，挖掘、提升金榜等一批旧街区、旧巷道，整体规划清晖园片区、华盖路步行街，加快建设容桂上佳市特色文化街。

加强基础设施建设。加快建设广州地铁7号线西延顺德段、佛山地铁3号线，推动佛山地铁2号线一期、广佛环线主体结构全面完工。做好9号线一期、11号线、13号线一期动工准备工作，待规划获批即全力推进。争取南沙疏港铁路增设均安站，稳步推进轨道站场及周边土地TOD综合开发。加强与广深等周边城市的交通对接，研究制定连接虎门二桥、深中通道、港珠澳大桥和珠三角新干线机场的路网规划，加快推进海华大桥、岭南大道南延线等跨市区项目，确保容桂外环接中山加六线顺利通车。加强全区交通一体化规划，年内建成裕和路东延线、伦桂路北延线、佛陈路东延线等道路，加快推进菊花湾大桥建设，研究推动碧桂路北滘段快速对接105国道，加快建设顺德一环。加强顺德与广州、深圳等地港口的江海联运。

提升城市现代化治理水平。全力推进智慧顺德一期建设，加快打造智慧顺德指挥中心和云计算中心，积极搭建综合信息平台，进一步提升政府信息化建设和管理水平。加快打造城市综合治理网格化平台，推动全区网格化覆盖率达100%，实现人、事、物网格化服务和智能化管理。建设"一体化"综合执法平台，推动跨部门、跨领域联合执法。加快建设智能交通，为市民提供动态实时交通信息，尽量减少施工对市民出行影响。全力开展"五位一体"沿街景观整治。

三、全力推动镇村新一轮振兴发展

顺德的现代化，离不开镇村的现代化。要以村级工业园改造为突破口，全面提升镇村发展活力和质量，打造顺德新一轮发展的重要增长极。

全面推进村级工业园改造。将村级工业园改造作为政府"头号工程"，研究制定工业企业搬迁改造三年行动计划。"一园一策"准确定位、合理规划村级工业园，科学划定保留发展园区、限期搬迁园区、承接转移园区。研究制定厂房补偿、土地出让和入园安置标准，确保各方共享改造效益。探索引入社会资本参与村级工业园改造，加快建设承接转移园区，为优质企业和产业链关键环节入驻提供载体。加强部门联合执法，铁腕清理淘汰一批低端落后产能。制定产业发展保护区管理机制，按照时间节点有序推进一批产保区示范园区建设。

大力发展农村经济。以建设国家及省级现代农业示范区为引领，加快构建现代化农业产业体系。推动互联网与农业深度融合，年内建成1个"互联网+现代农业"产业平台。依托岭南水乡特色优势，建设休闲农业与乡村旅游示范点，大力发展民宿经济，重点建设4个美丽田园示范区。加强农业品牌培育，年内完成1个国家级地理标志登记。创新政银保支农模式，设立政银保专项资金，撬动金融资本支持现代农业发展。从严监管农村"三资"，实现农村集体资产全面录入、经济合同和农村财务全面监督。

建设美丽文明和谐乡村。完善农业农村利益补偿机制，推动农村和中心城镇一体化规划建设。围绕"大美顺德、水乡家园"主题，全面推进28个"五好"新村居和2~3个精品村居创建工作，打造一批美丽文明示范村居。开展村居绿化公园和绿道建设，确保每个行政村居都建成至少1个绿化公园。开展镇村史志编修，加强村史馆建设，加快桃村、黄连等5个古村落活化工作。

积极化解农村历史遗留问题。全面核实、完善农村历史遗留征地留用地动态台账。通过实地收购、指标折算货币等方式，年内兑现不少于500亩历史征地留用地。鼓励、提倡建设公寓式村民住宅，加快推进固化宅基地审批、分配，在符合规划的前提下，年内分批完成不少于1500宗固化宅基地审批。深入开展矛盾纠纷滚动排查，建立完善四级工作台账，落实领导包案责任制，控增量、减存量，加快化解历史积案。

四、共建共享和谐美丽顺德

人民群众是政府一切工作的中心。要从人民群众的切身利益出发，不断提高公共服务质量，每项工作都抓到关键处、每件实事都办在群众心坎上，全力满足人民群众对美好生活的期盼。

提升社会保障水平。全面推广普及"顺德就业通"信息平台，加大就业创业服务扶持力度。加快推进医保城乡一体化改革和机关事业单位养老保险制度改革，推行多元复合式医保支付，落实全征地居民基本养老补贴、失业保险稳岗补贴等政策。健全完善城乡社会救助体系，研究制定"支出型"贫困家庭医疗救助政策。引导社会资源积极投入养老服务业，推进养老机构服务标准化建设。落实惠残政策，推动残疾人实现就业。健全完善复退役军人服务体系。大力推进新时期精准扶贫精准脱贫三年攻坚工作，全力帮扶区内困难群众脱贫脱困，加强对西藏、新疆、湛江、凉山等地贫困县的对口帮扶、支援工作。

优化公共服务供给。全力推进基础教育学校新（扩）建工作，力争郑裕彤中学、罗定邦中学扩建工程年内竣工，确保华师大附属顺德北滘学校、京师励耘实验学校、新南江中学建成招生，新增义务教育学位不少于10000个。落实新建住宅小区配建幼儿园，推动建设村级幼儿园，确保年底实现公益普惠性幼儿园占比达75%。深化集团化办学改革，增加优质公办教育资源。实施强师工程，不断提高办学质量。加快建设南医大顺德校区、北科大顺德研究生院等，拓宽高素质人才培养渠道。深化公立医院"管办分离"改革，全力落实与南医大等高校合作办医，加快推进广州中医药大学顺德医院、区公共卫生服务中心等建设。推动建设区域医联体，探索"三师共管"社区卫生服务模式。挖掘顺德深厚历史文化传统，大力弘扬时代精神，加快实现文化小康，建设文化强区。深入开展纪念改革开放40周年系列活动，通过筹建展览馆、举行文体纪念活动等，总结顺德经验，提振改革锐气。加强粤剧、龙舟说唱、香云纱等保护和继承，打造祠堂文化、状元文化等品牌，谋划推进"博物馆之城"建设，修缮保护青云塔、太平塔等历史建筑。研究制定餐饮业发展扶持办法，建设顺德美食文化体验中心，加快顺德美食产业化发展，擦亮"世界美食之都"招牌。

提升社会治理水平。加快社会治安防控体系建设，完善群体性事件联动处置机制，打造共建共治共享社会综合治理格局。稳步实施"雪亮工程"，加快人面识别系统建设，提高治安管理智能化水平。加快推进机动车驾驶员考试中心建设。扩大食品检测、追溯范围，加快打造全过程信息化监管模式。持续保持安全生产高压态势，确保安全生产形势平稳向好。加强基层工青妇等群团组织建设，培育发展社会组织，加快构建多方参与、共同治理的城乡社区治理体系。实施"阳光村（居）务"工程，全面推进党务、村（居）务、财务公开。创新村（居）现代治理模式，搭建"智慧村居一门通"手机智能化平台，实现政务村务快速高效办理。

优化提升生态环境。制定生态文明建设规划，严格落实生态保护红线，加快打造绿色宜居环境。加强水环境整治和生活垃圾处理，严格落实河长制，在确保质量的前提下，加速推进桂畔海水系综合整治。加快老旧供水管网改造，保障终端水质。推行"互联网＋大数据"智慧环保工程，加强重点污染企业在线监控。强化工程扬尘动态监管，减少扬尘污染。推行环保警察与环保部门联合执法，加强"两法"衔接，严惩环境污染违法行为。探索环境污染第三方治理，吸引社会资本参与生态环境保护，以环保产业促进产业环保。加快顺控环投热电项目建设，年内全面建成投产。

今年，我们还将集中力量办好十件民生实事，让市民生活得更方便、更幸福、更美好。

五、加强政府自身建设

进入新时代，站在新起点，要以全面从严治党促进政府治理体系和治理能力现代化，加强政府自身建设，提高执行力，增强战斗力，以实干推动顺德加快走向现代化。

提升政务服务水平。筹建数字政府建设管理局，加大数据统筹力度，深化政务数据开放、共享与应用，打造数字政府。深入推进"一门式一网式"政务服务改革,优化行政审批流程,提升政务数据应用水平。搭建行政审批在线咨询预审平台,探索"不见面、不等候、不填表"的智慧政务服务改革,逐步实施"一次搞定""不见面审批"。深化企业投资管理体制改革,优化投资报建审批流程,规范中介服务。深化商事制度改革,推行电子营业执照和全程电子化登记管理。加强政民在线互动,把8180热线建成24小时"市民政务小秘书"。

强化执行力建设。严格落实"挂图作战"工作机制,加强重大工程项目标后监管,实时掌握重点项目进展情况,督促项目高质高效推进。加强干部培训,提高干部执行力,注重在重大工作中锻炼培养和发现干部,让干部在实践中学知识、增本领、长才干,努力锻造一支新气象、新作为的干部队伍。坚持激励与监督并重,严格考核奖惩,完善责任追究,把问责贯穿于决策、执行、监督的全过程。加强党风廉政建设,严格落实中央八项规定精神,继续加大行政监察和审计监督力度,严肃查处违纪违法行为。

加强法治政府建设。坚持党领导法治建设的工作机制,把政府工作全面纳入法治轨道,依法全面履行职责,保障法治政府建设顺利推进。深入开展普法宣传教育,提高干部运用法治思维解决实际问题的能力。完善重大行政决策机制和政府法律顾问制度。坚持阳光行政,落实政务公开,增强政府公信力和执行力。自觉接受区人大的法律监督、区政协的民主监督和社会群众的舆论监督,认真办理人大代表建议和政协委员提案。

各位代表,社会主义现代化建设已开启新篇章。让我们更加紧密地团结在以习近平同志为核心的党中央周围,高举习近平新时代中国特色社会主义思想伟大旗帜,积极践行新发展理念,在上级和区委的坚强领导下,埋头苦干,一步一个脚印,狠抓落实,为加快建设科技顺德、美丽顺德、和谐顺德、富裕顺德而不懈奋斗!

佛山市顺德区人民政府2018年十件民生实事

市民健康。加强妇女健康知识宣教,"两癌"检查对象防治知识知晓率达90%以上;推进适龄妇女"两癌"筛查工作,完成8000例妇女"两癌"筛查,筛查可疑病例随访率达100%;加强服务质量管理,实施项目的医务人员培训覆盖率达到90%以上。

住房保障。争取完成612户城市棚户区改造,其中以安置房方式改造188户,货币化方式改造424户。争取完成发放租赁补贴220户,保障中低收入住房困难家庭的居住需求。

公共交通。采用定制班车或大站快线公交的模式，加强与广州市南沙区、深圳市南山高新区、佛山西站等地域的公交对接。推广应用70台氢能源公交车，开通我区首条氢能源公交示范线路，进一步推动公交绿色化发展。

便民服务。推动各镇（街道）行政服务中心建设智慧服务大厅，进一步完善政务办事网上统一预约、现场统一排叫号等功能。区级"一门式"综合窗口提供首批纳入事项证照包邮送达服务，业务涵盖"社会民生类""经营许可类""投资建设类"三大类综合窗口。将办事咨询、预约排号、办事提醒、进度查询、评价和建议等功能整合于"顺德政务百事通"微信平台，优化市民办事体验。

教育惠民。全力推进基础教育学校新（扩）建工作。确保顺德区京师励耘实验学校、华南师范大学附属顺德北滘学校、大良新南江中学建成招生，全年新增义务教育学位不少于10000个。

文体共享。举办文化艺术夏令营活动，设立不少于10个支队，招收不少于1500名营员。开展5场区级全民健身活动，满足群众对健康美好生活的需求。

食品安全。全区食品检验量从每年每千人3批次提高到4批次。以"检测＋追溯"食品安全现代监管体系为基础，扩大"食用农产品（散装食品）电子支付＋检测追溯＋食品安全责任保险"项目范围，覆盖至我区20家农贸市场，促进市民食品消费安全，保障消费知情权。

社会保障。扩大困难群众医疗救助范围，将医疗救助对象扩大到符合条件的因病致贫群众，最大限度减轻困难群众医疗支出负担。全面拓展"新兴产业工匠班"的支持范围，支持8个项目开展高技能人才培训，促进全民充分就业和更高质量就业。

环境整治。推进环保警察与环保部门联合执法，铺开区域联合执法和交叉执法，严惩环境污染违法行为。加强村级工业园区环境监测体系建设，加强重点污染企业在线监控。

治安提升。持续推进视频监控建设和高清化改造，加快1万支三类视频监控建设。全面推进禁毒"831"工程，争创全国社区戒毒社区康复示范县区。

佛山市顺德区人民政府2017年十件民生实事落实情况

优生优育。为9858对夫妇进行免费孕前优生健康检查，任务完成率达100％。31949名孕妇接受了产前筛查，孕产妇产前医学检查率为98.91％。助产医疗机构内出生的新生儿代谢性疾病筛查率达99.75％，听力筛查率达 98.81%。121 个村居建成科学育儿指导站点，覆盖率达 59.31%。

教育惠民。完成 11 所公益普惠性幼儿园新（扩）建工程，下拨园舍建设奖补资金 1505 万元，全年合计新增公益普惠性幼儿园学位 5500 个。顺德京师励耘实验学校、华南师范大学附属顺德北滘学校、西山小学高新区学校建设均已完成设计、立项、报建工作并顺利进场施工。

文化共享。推进 36 个村（社区）综合性文化服务中心建设工作，全区 205 个村居已全部建成综合性文化服务中心，覆盖率 100%。在容桂、伦教、均安、龙江、陈村建设 5 个自助图书馆。举办 12 场"德胜读书会"阅读分享会活动。新建或改造 10 个社区体育公园。

食品安全。选取大良金利蔬菜批发市场和大良现代街市作为试点市场推行"电子支付＋检测追溯＋食品安全责任保险"项目。完成食品、食用农产品监督抽检 5390 批次，药品、保健食品、化妆品、医疗器械监督抽检 712 批次，发现不合格的"四品一械"共 132 批次，不合格"四品一械"处置率达 100%。

就业提升。"顺德就业通"微信就业服务平台正式运营，注册用户 7150 人（家），粉丝数 20625 人，达到了"就业零障碍、招聘零成本、服务零距离"的效果。全年共认定广东乐创电商创业孵化基地等在内的 4 家创业孵化基地。以资金竞争性分配方式择优扶持 5 个培训项目，涵盖智能制造、工业机器人、电子商务等新兴（支柱）产业。

社会保障。在确保养老机构普惠性和公益性的基础上推进杏坛镇敬老院运营社会化改革。将我区支出型贫困家庭纳入慈善医疗救助范围，年度最高救助限额可达 10 万元，帮扶 321 人（户）减轻医疗负担 499 万元。引导成立区慈善组织联合会。

便民服务。区行政服务中心东西座所有进驻部门已正式全线使用智慧服务大厅系统，提供网上预约业务种类共 274 项。将"因私护照"及"边防证"业务下放至镇街一级出入境窗口办理，镇街出入境业务窗口为群众就近办理护照超过 5 万件、办理边防证超过 330 份。"顺德百事通"平台共完成整合包括市民健康档案、低保信息查询等 41 项便民服务功能。

治安提升。顺利完成 1038 路高清视频监控点的升级，并接入了视频云平台进行深度应用。设立佛山市顺德区联众戒毒社会工作服务中心，并在各镇街建立集动态管控、戒毒治疗、心理矫治、帮扶救助、就业指导、宣传教育"六位一体"的社区戒毒社区康复工作站。

生态家园。完成大良金榜鸿图新村、环城新村，陈村登洲村中心等三个片区的城中村和旧居民社区改造升级工作。改造容桂、伦教辖区的城市棚户区262户，创建37个绿色村庄并顺利通过市、区验收。伦教垃圾中转站已完成招标、桩基础和报监工作，勒流垃圾中转站已完成土建施工招标工作。

公交优化。开通大学城卫星城至广州西塱、大学城卫星城至广州南站、陈村碧桂花城至番禺市桥地铁站等3条对接广州的如约公交线路，开通北滘公园至南海千灯湖的跨区公交快线。率先在佛山地区完成公共自行车系统一卡通改造工程，开发扫二维码借车的功能，进一步方便市民借还公共自行车。

注释：

1. TOD：以公共交通为导向、站城一体化的开发模式。

2. 集团化学区制改革：在学区内通过一定的管理制度、运行机制及考核评估措施，搭建交互平台，实现资源共享，实施优质学校对薄弱学校在学校管理和教育教学上的指导与帮扶，以及教育设施设备、师资和生源的均衡分配，从而缩小区域内学校间的差距。

3. "政校合作"办医：政府、高校本着优势互补、资源共享、互利共赢、共同发展的原则，在公益性质不变、产权不变、依靠的主要力量不变、投入使用范围不变、"以案治本"的制度不变、党风廉政建设属地管理原则不变等"六不变"的前提下，将政府办非营利性公立医院交高校运营管理。

4. 医联体：即区域医疗联合体，将同一区域内医疗资源整合起来，通常由一个区域内的三级医院与二级医院、社区医院、村医院组成一个医疗联合体。

5. "两票制"：药品从生产企业到流通企业开一次发票，从流通企业到医疗机构再开一次发票。

6. "以案治本"：指通过剖析典型违法违纪案件暴露出来的问题，落实整改，修订完善相关制度，从源头预防腐败行为发生。

7. 深圳湾顺德创新港：科创集团设立的深圳顺创产业加速器服务有限公司，定位为顺德在深圳的产业对接中心、创新合作窗口和承接深圳产业溢出的服务区。

8. 产保区：即产业发展保护区，为保障我区产业用地总体规模，依照法定程序科学划定的保护区域。

9. 产保区"1+N"配套政策：在《佛山市顺德区产业发展保护区管理办法》的基础上，陆续出台《关于妥善处理违法建设工程问题的通知》《提升工业用地利用效率管理办法》《创新招商引资体制机制的实施意见》等系列配套政策文件,在规划、国土、产业、资金、环境保护和安全生产等方面全面强化保障。

10. "两抢":抢夺、抢劫两种违法犯罪行为。

11. 河长制:即由各级党政主要负责人担任"河长",负责组织领导相应河湖的管理和保护工作。

12. "环保管家":向镇(街道)、村(社区)工业园区提供一体化环保服务和解决方案的第三方专业环保服务机构。

13. "三资":资金、资产、资源。

14. "两地":征地留用地、固化宅基地。

15. "五好"新村居:规划建设好、绿化美化好、空气水质好、公共服务好、社会治安好的新农村。

16. 标后监管机制:为保障政府投资建设重大工程项目建设"保时、保质、保安全"的目标,打破原有工程建设监管格局,组建高级别的独立权威的专责机构,实施全过程、全方位、全领域监管。

17. "粤十条":《广东省降低制造业企业成本支持实体经济发展的若干政策措施》。

18. "佛十条":《佛山市降低制造业企业成本支持实体经济发展若干政策措施》。

19. "军转民、民参军":军工企业利用军工技术发展民用产品,民用企业利用民用先进技术参与国防建设。

20. "三师共管":一种家庭医生团队服务模式,即由1名综合医院专科医生、1名基层全科医生和若干名健康管理师组成团队,为签约居民特别是慢性病患者提供定制化、连续性医疗卫生服务。

21. "雪亮工程":以县区、乡镇街道、村居三级综治中心为指挥平台,以综治信息化为支撑、以网格化管理为基础、以公共安全视频监控联网应用为重点的"群众性治安防控工程",通过发动社会力量和广大群众共同看视频监控、共同参与治安防范,真正实现治安防控"全覆盖、无死角"。

22. 数字政府:指在现代计算机、网络通信等技术支撑下,政府机构日常办公、信息收集与发布、公共管理等事务在数字化、网络化的环境下进行的国家行政管理形式。

【简析】

该政府工作报告主要由三部分内容构成。一是2017年的工作回顾,回顾并总结2017年来的政府工作情况。二是2018年工作部署,主要做好五项工作:加快构建现代化产业体系、大力建设高品质现代化城市、全力推动镇村新一轮振兴发展、共建共享和谐美丽顺德、加强政府自身建设,并分别详细阐述将要施行的工作举措和工作计划。三是佛山市顺德区人民政府2018年十件民生实事以及佛山市顺德区人民政府2017年十件民生实事落实情况。全文条理清晰,指导性强。

【例 3-25】

顺德职业技术学院考核组
对伦教街道中小学行政干部届中考核的报告(节选)

根据伦教街道教育局《关于开展伦教街道中小学行政干部届中考核的通知》要求,顺德职业技术学院陈建华、刘晓顺、廖荣盛、曾庆云、黄树生、强金国、陈文海等人组成的专家组,于2017年7月8日分别听取了汇贤初级中学、周君令初级中学等14所中小学校长的述职,9日又到各个学校听取了学校行政干部的述职。现将考核情况向汇报如下。

一、考核概况

专家组选取了顺德职业技术学院具有副高以上职称、负责一线教育教学工作的专业人员21人,组成评估组7个。通过听取校长报告、干部个人述职、专家问答、个别访谈等环节,考核学校14所(其中中学3所,小学11所)。听取学校行政干部汇报108人次,教师座谈47人次,现场察看14场次。

二、考核综述

1. 依法办学,目标明确。不论是听取校长、副校长及各行政干部报告,还是现场查看、与教师访谈,考核组都能明显感受到伦教街道各学校能够在依法办学的前提下,围绕教育教学这个中心,按照上级要求并结合自身实际开展联盟办学,大力推进家庭教育指导中心建设和强师工程、课堂教学改革工作等方面目标明确,思路清晰。如培教小学充分挖掘社会资源,发挥教师特长,结合本土文化特色,积极开发有利于学生健康成长的系列课程:艺术课程、社团课程、"海量阅读"课程、校史课程、实践课程、"安消"课程等,学生的核心素养和学科素养得到了不同程度的提升。

2. 班子团结,师生和谐。各校班子都能以办人民满意的教育为宗旨,开拓创新干工作,团结务实谋发展;学校行政与教师、教师与学生关系融洽，教师凝心聚力教书育人，学生锐意进取尊师乐学。如三洲学校领导班子比较团结，黄永兆是一位有人性美、亲和力的校长，事必躬亲，踏实肯干，作风务实。

翁祐中学黄咸成校长是一位颇具才气、有较深厚学养和较高理论水平的校长。持身廉洁，执行力强，敢于担当，关心下属，任人唯贤，在学校教师中享有较高威信。该校的副校长及中层干部，素质较高，多能独当一面，开拓进取。教师精神状态饱满，办学实力和办学水平呈明显跨越式发展的态势。

永丰小学中层干部能团结一致，致力于学校"阳光育人计划"的推进，工作认真踏实，家庭教育方面做得比较好，杂务多，执行力强，干部整体能力较高，能依据学校教育对象的实际情况开展安全管理和教学改革，总体体现了知人善用的作风，重视对教师的培训。

羊额何显朝纪念小学领导班子配合好，干部队伍整体素质较高，工作出色，精神风貌好。

仕版奋扬学校班子凝聚力强，真诚合作。校长能以身作则，爱生爱校，关心下属，给予老师业务上的指导。班子对学校发展方向有比较清晰的认识，能公正对待每一位老师，给年轻老师成长、展示的空间。学校不大，但氛围好。

3. 管理规范，文化育人。在经济社会转型发展的当下，为进一步改善办学条件，各校在积极争取政府支持的同时，还想方设法合理配置和有效利用资源，学校管理制度日益完善，校园设施先进，既有自然美，又有艺术美；既有科技特色，又有人文精神。如伦教小学把"以人为本，全面发展"作为办学理念后，教育质量和办学水平持续全面提高。管理上实行决策民主化。领导班子由分工合作，上升为分工不分家的境界。事关学校发展的大事，广泛征询校务委员会、教代会的意见。

霞石善祥学校努力完善制度文化，实行分层管理、精细服务。各部门协调灵活，行政人员有担当，有奉献精神，执行能力强，管理效果较好。领导班子努力做到三省：一省，明确政策法规及相关规定；二省，熟悉工程招标及公费使用等规范操作流程；三省，公开校务工作，做到管理公开，民主透明。

周君令中学推行了较多的教改，逐步形成了较为规范的教学管理制度，能依据时代的发展变化推行教学和德育等工作的创新改革。

伦教小学把"以人为本，全面发展"作为办学理念后，教育质量和办学水平持续全面提高。管理上实行决策民主化。领导班子由分工合作,上升为分工不分家的境界。事关学校发展的大事,广泛征询校务委员会、教代会的意见。在制度上建章立制。伦教小学制定了《伦教小学章程》,进一步完善学校各岗位、各线的常规管理制度并汇编成册,让各职工有章可循,有章必循,使得各职能部门工作规范有序开展。工作上突出教学重点。伦教小学依据工作目标和管理制度,狠抓教学管理。按照"重落实、重跟进、重创新、重成效"的工作思路做到"五抓",所以伦教小学这几年的教学质量都位于街道首位乃至区的前列。

培教小学文化育人成效明显。学校以"微笑教育"为办学特色,使学校的各项工作核心更突出,方向更清晰。欧阳艳冰主持申报的《培教小学"培德教养"校园文化构建研究》获得顺德区级立项。

4. 特色鲜明,成效明显。各校针对自身特点谋划特色发展,在展现校本特色方面下功夫,用真招,取得了良好的成效,并借此以点带面、点面结合来促进和带动学校的整体工作。

三洲学校突出了体育教学尤其是足球教学。"班班有足球,人人会踢球",是他们人才培养所追求的目标。汇贤初级中学大力建设"贤德文化"这个品牌。鸡洲锡全小学针对生源主要是外来工子弟的情况,提出"孝雅文化"的概念。永丰小学致力于学校"阳光育人计划"的推进。

伦教小学在德育工作方面做到了"全员育人、全科育人、全程育人",打造"儒雅文化"特色,建设文化强校,不断提升班主任素质,建设德育工作队伍;抓好常规,使德育工作有序进行。

荔村小学以学校小但气魄不小的视野和举措着实建设"科技点亮人生,诗教传承文化"这一办学亮点。每遇到重大的节日或活动,学校都举行征诗活动。学校成立了"小星火"创客营,参加国家、省、市、区的科技创新大赛,屡获佳绩,2016年获顺德区青少年创新科技大赛优秀组织奖。"小星火创客营"被评为佛山市优秀红领巾社团。

霞石善祥学校以"培养快乐、阳光、自信、智慧的善祥少年"为培养目标,构建了"乐在善祥""乐在课程""乐在实践"三大板块的特色课程体系,纵横交错、整体交织,形成立体的课程框架,从不同的侧面与角度引领学生的全面发展与教师的专业成长。2016年,学校被评为伦教街道的"德育特色学校"。

羊额何显朝纪念小学以"责任教育"为培养目标,并取得初步成效。

三、考核建议

1. 加强政治学习,做党和人民满意的教师。在考核中,有的校长竟然混淆了学校的办学特色和社会主义办学方向。这种认知与教师的身份、行政干部的身份是不相匹配的，也是不应该出现的。考核时，唯一一位迟到的校长因为抽签结束而只能接受最后一个号码时，竟然据此对工作人员大发雷霆。这种问题出在自己身上却要他人负责的庋气不知从何而来，这种做法更与教师、校长的育人者身份大为不符。有的学校的领导班子职业素养还需进一步加强建设，班子成员须以负责的态度站好最后一班岗，还有的学校的领导班子成员没有将工作重心全力放在学校的本职工作上。有的学校的中层干部分工不明确，岗位设置不合理，岗位职责不明晰。个别干部的岗位与职责不符。有的学校的个别中层干部工作积极性不高，有怨气，请假较多，纪律方面也有待加强。为此，要加强领导干部的理论学习和开展针对性的培训至关重要。只有跳出繁杂事务的泥沼，用学到的知识理论指导实践，工作才有目标，事业才有追求。

  2. 学校的办学特色、校长的办学理念、教师的办学愿景如何彼此交汇、互相融合，进而形成共识，内化为师生自觉行动还有一定的差距。同时，防止校长"独角戏"和教师"看客"局面的出现，也需要认真对待。一些学校因为实施了管理扁平化模式，该模式尽管可以"一以贯之"，提高工作效率，但这种管理模式还是比较粗糙的，它强化了"面"，却忽略了"点"与"线"，搞不好，会出现"外行管理内行"的现象。管理者所管的范围，可能不是自己所熟悉的学科和专业。由于有些管理者缺乏专业权威性，故学科组的建设还需摆上议事日程。因此，要在充分调研的基础上，摸清管理的短板。可尝试开展点、线、面相结合，多面立体的管理模式，最基本的要求是做到"专业管理回归专业"。同时要厘清工作分工，使之做到科学、合理、规范，尽量避免"一岗多责"，让教师工作有归属，业务有方向，未来有追求，个人有幸福感。

  3. 要牢牢抓住教育教学这个中心工作不放松，不能以提升科研水平来削弱教学水平。随着经济社会进一步发展，中小学的科研水平也越来越受到重视。此次考核，考核组欣喜地看到，伦教街道所有学校的教师都不同程度地参与、主持了从国家、省、市、区的科研项目，但在科研与教学的互动上似乎还是两张皮，没有有机融合，且有的行政干部一个人就有诸多科研项目，自己有时间和精力从事教学、管理工作吗？这些问题，需要重视。有的学校教师科研水平呈现出中层干部强、教师弱的态势，既不利于以科研促教学工作的有序开展，也不利于教师队伍持续稳定发展。建议学校进一步提高普通教师的科研水平，给教师提供更多参与课题研究的机会。

4. 开发校本课程要从学校的办学历史、办学特点和师资队伍上来通盘考虑，不能为了课程而课程。考核中发现，所有学校都在提校本课程，而所谓的校本课程多为校长的办学思想和学校的办学特色。这种只与校长个人挂钩的校本课程的生命力有多旺盛，需要经过严格论证方才比较可行；办学特色的校本课程因有了历史积淀而加大建设力度，同时也要注意教师的衔接问题，避免有了课程而教师退休或调走导致无法对接问题的产生。

5. 学校文化建设不能为文化而文化。"贤德文化""孝雅文化""儒雅文化""微笑文化""阳光文化"等概念让人目不暇接。每一个文化概念的提出应有一个规范的释意、系统的设计，不能内涵不清、外延不明，更不能以校长马首为瞻而出现口号式文化的现象。有的学校的中层干部对学校的文化建设的理解和认识有待深化，对以教育教学为中心的各项工作的促进作用认识不深刻，导致虽工作干劲足，但用力点不明确问题的出现。

（执笔　强金国）

【简析】
本文是一种并列式报告，即把伦教街道中小学行政干部届中考核的成绩、需要改进的地方若干个方面逐条来介绍，既肯定了成绩，又指出了不足，逻辑关系清晰。

章节练习

问答题

1. 会议文件有哪些种类？
2. 会议记录的主要内容、做会议记录的注意事项有哪些？
3. 会议纪要的主要内容、做会议纪要的注意事项有哪些？

第十二节 简　　报

一、简报的含义

简报就是工作情况的简要报告。简报是党政机关、人民团体、企事业单位编发的向上反映情况或向下、向平行单位通报情况、沟通信息、交流经验、推动工作时经常使用的一种简短、灵便的事务文书。简报又称"情况反映""情况交流""动态""简讯""要情""摘报""工作通讯""情况反映""情况交流""内部参考"等。

在工作中，简报起着看似简单实则重要的作用。简报既可以下情上达，在汇报工作中反映、说明情况，也可以上情下达，在互通信息中提供、交流经验。而一般情况下，一份简报的编辑质量和采编速度，往往成为一个单位干工作、谋发展的侧面写照。

需要注意的是，作为内部文件，严格意义上来说，简报不是正式公文，不能代替请示、报告等正式公文向上或向下行文，但它既可以直接刊载有关领导人的意见，也可以通过按语形式传达领导机关的意图，用以推动和指导工作，还可以发表一些典型经验和做法，供有关方面参考和借鉴，所以在一定程度上它又起公文的某些作用。

二、简报的特点

（一）时效性

简报以讲究时效性著称。简报要把情况迅速及时地反映给上级或通报给有关部门和单位，以供处理问题时参考，这样才能起到应有的作用。而它的形式灵活、短小精悍、重点突出，比起其他文字材料来，编写、印刷都很方便及时。

（二）简约性

简报最突出的特点是简约。简，不仅是指文字少、篇幅短，更主要的是它追求用最少量的文字概括出事实的精髓和意义，简短而不疏漏。一般一篇简报一两千字，重点突出，一目了然，使人一看便能抓住要害。尤其是，简报的主要阅读者是各级领导同志，他们工作繁忙，如果简报篇幅太长，领导没时间读完，必然影响对情况的掌握。

（三）限制性

简报不是公文，也不同于报纸、刊物，有些内容可给新闻单位提供新闻线索，但多数情况下，简报只在编报机关管辖范围内各单位之间交流，不宜甚至不能公开传播，特别是涉外机关和专政机关主办的简报更是如此。有的简报，往往是专给某一级领导人看的，有一定的保密要求，不能任意扩大阅读范围。

（四）专业性

简报一般由有关单位、部门主办，专业性十分明显。如《教育部简报》《科研工作简报》等，分别由主办单位组织专人撰写，传递该项工作的各种信息，包括情况、经验、问题和对策等，一般性的东西少说，无关的东西不说，专业性的东西多说。这样，对一般读者来说，能使他们了解工作的进展情况，增强责任感。对领导机关来说，掌握了情况，也知道了处理问题的办法。

三、简报的类型

简报的种类，从时间上划分，有常规简报和阶段性简报；按版期分，有定期的简报、不定期的简报；按性质分，有一事一报的专题简报和综合反映情况的综合简报，如工作简报、生产简报、学习简报、会议简报等；按内容分，有综合反映情况的简报和反映特定情况的专题简报。从其反映的内容和所起的作用区别，简报大体可分为四种类型。

（一）动态简报

动态简报所反映的是本单位的动态，包括思想动态和业务动态。思想动态简报反映员工对工资、福利等问题的认识与看法等。业务动态简报则主要反映与本部门、本企事业单位有关的业务动向、人事变动等，如《部分机电产品市场行情》等。这类简报的时效性、机密性较强，要求迅速编发，发送范围有一定限制，在某一个时期、某一阶段要保密。

（二）工作简报

工作简报又称业务简报。这是一种反映本地区、本系统、本部门日常工作情况、方法、经验或问题的经常性的、不定期编发的长期性简报。它包含的内容较广，可以是对党的方针政策，上级的指示、决定、通知等的贯彻执行情况，也可以是工作中的经验情况、成绩问题、经验教训；本单位的好人好事、好风尚或不良倾向，也可用简报予以反映。通常情况下，这类简报的时效性相对较差。

（三）会议简报

会议简报是会议期间反映会议情况的简报，它是一种临时性的简报，主要反映会议的概况、议程、进程、中心议题、讨论情况及与会人员的意见和建议及会议决定等。规模较大、时间较长的会议常要编发多期简报，以起到及时交流情况、推动会议的作用。小型会议一般是一会一期简报，常常在会议结束后，写一期较全面的总结性的情况反映。

（四）专题简报

专题简报又称中心工作简报，是一种阶段性的简报。这种类型的简报主要是针对单位工作中某一时期的中心工作、某项中心任务而办的具有明确指向性的专题性简报，反映这项工作的进展情况、工作中出现的问题、取得的经验等。往往这项中心工作完成，简报也就停办了。

四、简报的结构写法

简报有约定俗成的格式，一般包括报头、报体、报尾三部分。报尾有时可以省略。报头、报尾有严格的规范。

报头包括简报名称、期数、编发单位、印发日期、密级、份号。有些简报可以省略密级或编号。报头和正文部分，用一条间隔横线隔开。报尾包括主题词、印制单位、时间，有的还注明发送单位、印制份数等。报尾和正文部分，也用一条横线隔开。

（一）报头部分

报头部分，又称版头。一般占首页三分之一的上方版面，用间隔红线与报体部分隔开。报头的内容包括：

（1）简报名称。简报名称一般用套红印刷的大号字体，要求醒目大方。

（2）期数。排在简报名称的正下方，用括号括上。按期序编排，有的简报还注明总期数。如有特殊内容而又不必另出一期简报时，就在名称或期数下面注明"增刊"或"××专刊"字样。

（3）编发单位。写在横隔线的左上方位置上。

（4）印发日期。在横隔线的右上方位置上。

（5）密级。秘密等级在报头左侧上方位置，标志密级加标识□，如"机密□""秘密□"，也有的写"内部文件"或"内部资料，注意保存"等字样。保密时限在标识后写上，如"1年"或"6个月"之类。

（6）份号。印在报头右侧上方位置。

（二）报体部分

报体部分内容包括按语、标题、正文以下三项。

1. 按语

按语是表明办报单位的主张和意图的文字。简报的按语是简报的编者围绕所编发的稿子，提出看法，表明态度，或提供背景材料，让读者加深对问题的理解。简报的按语分编者按和编后两种。无论是编者按还是编后，都应当简洁、精练，以事实说话，要讲究艺术，切忌以领导者自居，居高临下，更不能以势压人。按语主要包括两个方面。

（1）编者按。

简报编者按的功能和写法同新闻编者按的功能和写法基本相同。编者按属评论性文章，是编者代表简报的主办机关对一些重要事实表明态度、看法，或介绍有关情况。编者按，同其他文章相比，较为正规，不能随便发言表态，并且要精、要简，不能拖泥带水。

编者按大多放在文前，也可放在文中。编者按没有题目，在其开头用比正文稍大一点的字"按语""编者按"或"编者按语"加以显示。

编者按可长可短，长可达几百个字，短可以只有一句话十几个字。编者按无论长短，其功能概括起来主要有两个方面：一是根据上级有关精神或当前工作中需要注意的问题，对有关重要事实表明态度和看法，明确提倡什么，否定什么，哪些经验值得推广，哪些问题应当引起人们的注意，对工作有明显的指导意义；二是对简报中文章的背景、有关情况加以交代，或对某些问题做补充性说明。

（2）编后。

简报的编者，在编完一篇文章之后，感到有话可讲，就可以将其整理成文，形成编后。编者按较为正规，不可盲目使用，而编后相比之下则较为随意，有触景生情、借题发挥之意。编后可单独成篇，放在文章之后，可有题目，也可以不要题目。尽管编后较为灵活、随便，但也要有的放矢、旗帜鲜明，要善于分析问题，阐述道理，要善于谋篇布局，创新求精。

按语，一般有三种写法。

① 说明性按语：介绍稿件的来源、编发原因和发至范围。如教育部简报〔2018〕第 50 期。

西安交通大学大力弘扬西迁精神　深入开展爱国奋斗精神教育

教育部简报〔2018〕第 50 期

编者按：2017 年 12 月 11 日，习近平总书记对西安交通大学史维祥等 15 位老教授的来信作出重要指示，希望西安交通大学师生传承好西迁精神，为西部发展、国家建设奉献智慧和力量。在2018年新年贺词中，习近平总书记再次为西安交大西迁的老教授"点赞"。"弘扬爱国奋斗精神、建功立业新时代"活动启动以来，西安交通大学以传承弘扬"胸怀大局、无私奉献、弘扬传统、艰苦创业"的西迁精神为重点，突出特色、追求实效，深入开展爱国奋斗精神教育。现将有关做法予以编发，供参阅。

② 提示性按语：提示稿件内容，帮助读者理解稿件的精神。一般加在内容重要、篇幅较长的文稿前面。如教育部简报〔2018〕第16期。

拓展立德树人的有效途径
——全国高校学生暑期社会实践活动综述之一

教育部简报〔2018〕第16期

编者按：习近平总书记5月2日在北京大学师生座谈会上的讲话明确指出："不论学习还是工作，都要面向实际、深入实践，实践出真知。"2018年暑期，各地各高校以习近平新时代中国特色社会主义思想为统领，充分发挥社会实践育人功能，精心策划组织了系列社会实践活动，引导广大师生在实践中践行"爱国、励志、求真、力行"的要求，产生了较大社会影响，取得了良好成效。现将各地各高校暑期社会实践活动开展情况予以编发，供参阅。

③ 批示性按语：也叫要求性按语，主要写在具有典型意义或指导作用的稿件前。一般要声明意义，表明态度，并对下级提出要求或提供办法。如：中共中央书记处政策研究室对水利电力部第20期简报的按语。

"这个材料说明，在黄土高原治理中，实行联产承包责任制，把个人利益同国家利益结合起来，把长远利益同眼前利益结合起来，把治理水土流失同治穷致富结合起来，把经济效益同生态平衡结合起来，调动了广大群众治山治水的积极性，给黄河中下游水土保持工作增添了无穷的活力。

这种承包治理应该在统一规划下进行，应以治理为主，承包期应当更长一些，比如可以三五十年。承包者在治理范围内种的树木，应由承包者自由处理，本人年老去世，则归继承人所有和处理。国家和集体如因建设需要，收回承包土地时，应对承包者在治理面积上投入的工料和所栽树木给以合理补偿。

希望各地随时总结经验，对于实践中提出的各项政策问题，要认真研究，以使政策不断完善，内容不断丰富，把这项事业办好，造福后人"。

水利电力部第 20 期简报内容为:"山西省推行以户承包治理小流域方法",本刊第 3 期以"山西省推广以户承包治理小流域"为题发表了此文。

【例 3-26】

企业管理提升活动信息

国资委管理提升活动重要文件专刊

(第 33 期)

企业管理提升活动办公室　　　　　　　2013 年 3 月 7 日

【关于做好 2013 年中央企业管理提升活动有关工作的通知(国资厅发改革〔2013〕9 号)】……………………………………1
【关于印发《中央企业做强做优、培育具有国际竞争力的世界一流企业要素指引》的通知(国资发改革〔2013〕17 号)】………8
【关于印发《中央企业做强做优、培育具有国际竞争力的世界一流企业对标指引》的通知(国资发改革〔2013〕18 号)】………47

编者按:国资委近期连续印发了三个重要文件:《关于做好 2013 年中央企业管理提升活动有关工作的通知》(国资发改革〔2013〕9 号)、《中央企业做强做优、培育具有国际竞争力的世界一流企业要素指引》(国资发改革〔2013〕17 号)、《中央企业做强做优、培育具有国际竞争力的世界一流企业对标指引》(国资发改革〔2013〕18 号)》(简称 2013 年管理提升工作、要素指引、对标指引)。这些文件,对做好集团公司管理提升工作意义重大。尤其是国资委印发的要素指引和对标指引,高屋建瓴地指出了构成世界一流企业的管理要素、理念和架构,提出了通过多层次对标管理活动,找准、认清自我,实现管理水平不断提升,非常契合我们建设一流的综合性电力集团的战略目标要求。

各部门、各单位务必要深入学习要素指引及对标指引两个文件,提升管理水平,找准目标,开展对标管理活动。管理提升活动办公室将择机组织召开对标管理工作座谈会,进一步推进对标管理工作。

需要注意的是，不是每篇简报皆要配按语。是否需要配按语，要根据稿件的情况而定。

2. 标题

简报的标题比较灵活，为达到精确、具体化、有吸引力的目的，标题如同新闻标题一样，可分为单标题和双标题两种基本类型。

（1）单标题。

将报道的核心事实或其主要意义概括为一句话作为标题，如《我校通过"211工程"专家组审查验收》《陈宜瑜副院长视察植物所标本馆改造工程进展情况》等。标题中间可以用空格的方式表示间隔，也可以加标点符号。

（2）双标题。

双标题有两种情况：一种情况是"引题＋正题"，引题具有概括活动的特色或效果，正题浓缩活动主要内容，如《体察民情　为民解忧——市民政局组织开展帮困扶贫送温暖活动》《尽责社会，完善自身——华东师大团委开展"把知识献给人民"的活动》；第二种情况是"正题＋副题"，正题概括活动事实，副题补充说明，如《再展宏图创全国一流市场——××农贸市场荣获省信誉市场称号》《找问题　排隐患　保安全——市消防局组织开展消防安全集中治理活动》。

3. 正文

简报的正文由导语、主体和结尾三个部分构成。

（1）导语。

类似于消息的导语，用简洁、明了的话语概括全文主旨，给读者提纲挈领的认知。

导语的具体写法可根据主题需要，分别采用叙述式、描写式、提问式、结论式等几种形式。用概括叙述的方法介绍简报的主要内容，叫作叙述式。把简报里的主要事实或某个有意义的侧面加以形象的描写，以引起读者的阅读兴趣，叫作描写式。把简报反映的主要问题用设问的形式提出来，以引起读者的思考，叫作提问式。先将结论用一两句话在开头点出来，然后在主体部分再做必要的解释和说明，叫作结论式。这几种导语形式，各有所长，写作时可根据稿件特点选择运用。

需要注意的是，简报的导语虽然类似于消息的导语，但在写法上又与导语稍有区别。消息的导语在注重直接点题的同时，强调生动形象，而简报的开头特别注重直接点题。同消息的导语一样，简报的开头最好能够反映出简报所述问题的中心思想。也就是说，要尽可能运用简洁的语言将简报所要反映的核心内容放在开头部分，及早告诉给大家。因此，开头必须简短。

(2) 主体。

主体是简报的主要部分，它的任务是用足够的、典型的、富有说服力的材料把导语的内容加以具体化，用材料来说明观点。为使得整个文章便于阅读，可采用小标题、序数法等方式展开，从而将足够的、典型的、有说服力的材料为读者所吸收和掌握。

写好主体是编好简报的关键。主体的内容，或是反映具体的情况，或是介绍具体的做法，或是叙述取得的成绩和经验，或是指出存在的问题，或是几项兼而有之，要视具体情况而定，没有固定的框框。

主体的层次安排有"纵式"和"横式"两种形态。纵式结构按事件发生、发展的时间顺序来安排材料，横式结构按事件分类的顺序安排材料。如果内容比较丰富，各层可加小标题。

需要注意的是，简报的主体部分与消息的主体部分的写法有所不同。简报的主体部分是简报的重头戏。在此部分要用典型事实富有逻辑性地将文章的主要内容说清说透，其写法同新闻的主体部分的写法大同小异，只是消息的主体部分不宜采用"一二三四"并列几项措施经验的写法，而简报在此方面较为灵活随便，既可以采用新闻稿的写作方法，也可以参照公文或行务信息的写法，分会条分项布局结构。主体部分的写法，应视简报的具体内容而定，哪种写法有利于表现主题、突出主题、深化主题就采用哪种方式。

(3) 结尾。

结尾是文章的结束部分，可以只有一两句话，给人以希望或引起人们的深思，也可以省去不写。简报要不要结尾，因内容而定。事情比较单一，篇幅比较短小的，可以不单写结尾，主体部分话说完就结束，干净利落；事情比较复杂，内容较多的，可以写个结尾，对全文做一个小结，以加深读者印象。有些带有连续性的简报，为了引起人们注意事态的发展，可用一句交代性的话语作为结束，如"对事情的发展我们将继续报告""处理结果我们将在下期报告"等。

（三）报尾部分

报尾部分位于简报最后一页的最下方，在一黑线下面或两条平行黑线内注意本期发送的范围，包括某些单位和领导同志。简报亦应当有主题词，但无文种词。有些简报的最后还注明印发份数、编审、责任编辑等。

五、简报的写作要点

（一）要体现政策性

简报要体现并宣传国家的方针、政策，要为政策的贯彻落实服务，这是收集编写简报的基本要求。但所选取的材料必须真实，不能为了政策的需要而虚构编造，歪曲事实真相。

各级各单位、各部门每天都发生着许许多多的事情，对这些近来发生的事实，并非都能够编写成简报，需要严格筛选。在选择的标准上，从宏观上来讲，要符合、服从和服务于国家的有关方针、政策；从微观上来讲，应当有利于本单位、本部门相关工作的开展，要体现领导机关的意图。

简报取材的政策性包括两个方面：首先是选取的材料中所蕴含的主题，必须符合国家的有关方针、政策，是正确的东西；其次是材料中所蕴含的主题，能够反映出近期国家、地方的政策、措施的贯彻落实情况及正确程度，对工作有指导作用。当然，不能为了突出某项政策及改革方案的正确性，就对工作成绩人为拔高，或者盲目改变某些成绩取得的原因，不应当无原则地迎合领导和上级。

要写出具有政策性的简报，应该注意四点。一是从全局着眼。简报的作者必须站在单位领导的高度、全局的高度去观察事情、分析问题。一定要跳出自己工作岗位的"小天地"，放眼全局，做到"全局在胸"。二是善于抓趋势。所谓趋势性问题，既不是偶然发生的问题，也不是个别的问题，而是反映事物发展的动向性问题。这种动向，有好的，也有不好的，不论哪一种，只要及时抓住，就能提炼出有针对性的好的简报主题。掌握了事物发展的趋势，了解了本单位工作和生产下步朝着哪个方向发展，再去观察问题，就能十分清楚。符合事物发展方向的先进经验、障碍事物发展的不良倾向以及事物发展遇到的实际问题，都是撰写简报应该抓准的问题。三是善于抓苗头。所谓苗头性问题，就是那些代表新生事物的先声、新创造的火花、新经验的先导，具有强大的生命力，采写简报应该对这种代表事物发展方向但还处于萌芽状态的苗头性问题予以高度注意。不能只注意那些众所周知的典型性事物，还必须特别留神尚未引起人们注意的细小之事，认真剖析，放大比较，沙里淘金，抓出"小中见大"的带有典型意义的问题，用简报宣传、反映。四是具备工作敏感。所谓工作敏感，是指作者对于单位内外各种客观事物具有敏锐的观察能力、判断能力和预见事物发展进程的能力，以及能够及时、准确反映事物的能力。而要抓准问题，从长远看，必须不断地提高自己的工作敏感。工作敏感不是一日之功，它是长期学习、观察和实践的结果。

（二）要体现突出性

凡是群众关心的问题，一定是经济社会发展中的突出问题，也是各级领导关心、关注的焦点的问题。要有效、及时地解决这些问题，就需要上级部门、机关及时了解相关工作中出现的新情况、新问题，可以对某些政策措施加以调整完善，避免政策失误；而基层单位则针对工作中出现的新情况、新问题，可以有的放矢做工作，一心一意谋发展，从而避免工作中的盲目性。

在简报的编写中，应当实事求是，要对本单位、本部门的工作情况做全面而准确的反映，有喜报喜，有忧报忧。可是，不少单位的简报，经验多、成绩多，问题少、教训少，每年即便出上一两期反映问题的简报，也是羞羞答答、不痛不痒，触及不到问题的实质。这样，领导及有关部门得到的信息就会片面、失真，容易导致决策失误。反映问题的简报应当反映出问题的实际情况，分析问题产生的原因，提出解决问题的办法措施。只有如此，才能引起人们的注意，吸取教训，促进工作。

要在简报中体现突出性，主要包括三个方面的内容。一是有关政策、措施与实际工作有何不适应。各个时期的政策、措施，在贯彻过程中总会遇到这样或那样的问题，将这些问题及时地反映出来，能够实现下情上达，使有关政策、措施更加完善。二是实际工作中迫切需要解决的问题。将工作中迫切需要解决的热点、难点、焦点问题及时反映出来，既要实现下情上达，又能使有关方面吸取教训，及时发现，及早解决。三是一些倾向性、苗头性的问题。倾向性、苗头性的问题，常常因其弱小而被表面现象所掩盖。越是如此，越应该主动去发现、去整理，加以研究分析，为领导决策服务。

（三）要体现经验性

要想起到发挥反映情况、沟通信息、交流经验等作用，在材料的选择上，简报一定要做到选择具有典型性，这样的材料因其政策性强、问题突出而在经验上值得借鉴和推广，能够有效、有力、有利地服务于工作。

为此，要从"榜样的力量是无穷的"角度出发，发现、撰写经验典型、突出，具有代表性、科学性、政策性和指导性，对工作有推动作用的材料作为简报予以刊发。同时，要按照突出经验的构想来审视工作，从无论是创造出来的新经验、还是在原有基础上有所发展的经验，都应当反映出产生经验的背景条件和工作成绩的前提出发，在简报中不仅说成绩，还要谈体会，更要讲经验。尤其需要注意的是，这里所说的经验不仅要有值得学习的先进性，还要有可资借鉴的具体性，从而让经验发挥榜样的作用，引导、推动相关单位、部门的工作再上新台阶。

当然，经验材料不只有正面的、成功的经验，也要选取那些反面的情况、失败的教训。因为正面情况可以公开报道或通过其他渠道向上反映，而一些反面情况则不宜公开报道，正宜发挥简报这种内部材料的作用。

（四）要体现真实性

简报是向领导机关反映情况的。领导机关很可能根据简报反映的情况做出决策，因此材料一定要可靠。为取得真实性的材料，相关人员一定要大兴调查之风,深入基层、深入实际、深入群众去听群众声音,知一线疾苦,从时间、地点、参办人员到事情发生的来龙去脉、前因后果,特别是引用的数据、人物的语言等,一定要核实清楚、准确。写简报的同志应力求亲自调查研究,如果是别人反映的情况,应加上"据××反映""据××说"等。在调研中要避免"隔着玻璃看,围着桌子转"的走马观花的蜻蜓点水式做法,更不可"听风就是雨",凭想象和感情完成工作,不为迎合而弄虚作假,不赶"浪头"追时髦,不搞事态发展的"提前量",必须忠实于事实,保证符合事物本来面貌。需要对工作的基本情况做出估价时,要适当、客观,既不夸张,也不缩小,要掌握好分寸,思想动态尤忌无限上纲或肆意美化。拿不准的宁可不反映,也不可想当然地贸然反映,以免造成不良后果。特别在估计成绩和宣传先进时,更要严格把握分寸,有一说一,有二说二,实事求是,恰如其分,留有余地。

（五）要体现简明性

简报的写作必须注意做到简短、明快,用尽可能少的文字说清楚必须说明的问题。一是注意主题集中,一稿一事,不贪大求全。一份简报只抓住一个问题,不搞面面俱到,才能使简报的主题凝聚,篇幅短小,问题说得透彻。如果简报所涉及的内容较多,可以把想说的问题进行归纳、提炼,抓住最能反映事物性质的东西做主题,重点来写,其他则一概摒弃；也可以将可写的几个问题,各写一期简报分期介绍,一期一个重点,一篇一个侧面,千万不可使几个观点纠缠在一篇简报上。二是注意精选材料,围绕主题精心挑选典型事例。简报所使用的材料和其他文章一样,总是以个别反映一般,不能也没有必要写尽事物的整体。因此,撰写简报之前,必须对材料进行分析研究,精心选择。凡是能够表现主题的材料,都要注意加以精选,不可轻易放过；凡是与主题无关的材料,即使十分生动,也必须忍痛割爱、坚决舍弃。选择材料时还要注意选择典型材料。典型材料具有代表性,最能反映事物的本质。筛选出最能代表一般的典型材料加以使用,做到不堆砌、不罗列、不雷同,少而精、少而美。要通过材料的剪裁突出主题、缩短篇幅。使简报的主题充分而明确地表现出来,使简报的内容更加简洁。三是注意既要求简,又要写清。简报求简,是在说明问题的前提下求简。"简",应该是服从内容的需要,不能由一个极端走向另一个极端。

（六）要体现时效性

简报是单位领导对一些问题做出决策的参考依据之一,也是单位推动工作的一个重要手段。简报的时间性很强,紧急情况必须立即反映,使领导机关及时掌握和处理,否则时间一过就没有意义了。简报的功能,决定了简报的编者必须讲求时效。要做到快,除了要求简报的作者思想敏锐、行动敏捷,对问题反应得快,对材料分析得快、写作构思快、动笔成稿快外,还要做好调查研究,抓住要害,紧追不放,了解情况具体而全面。这样写起来得心应手,出来就快了。同时,还要求简报的编辑、签发、打印、发稿速度快,共同把握发稿时机。

【例 3-27】

××简报

第二期(总第××期)

××××厂主办《××简报》编辑部编印　　　　　　2015 年 3 月 20 日

提高素质　优化结构　我厂调整一批中层领导干部

为适应企业转换经营机制和工厂承包经营形势,推动工厂民品发展再上新台阶,春节前后,我厂对中层领导干部进行了调整。共免去 7 名中层干部的领导职务,8 名党政中层领导由副职提为正职;2 名中层干部被任命为厂长助理;还选拔了 7 名年轻干部担任中层领导职务,他们平均年龄 37.7 岁,文化程度平均在中专以上。这次中层以上干部调整的特点是:

1. 一批老干部退居二线,但不"一刀切"。目前,工厂正处于艰苦创业时期,虽然新的形势给工厂经济好转带来了机遇,但工厂面临着更多的困难:资金严重不足;企业严重亏损;企业走向市场,产品开发任务艰巨;领导工作的难度更大。为使中层干部队伍更好地适应形势,肩负起开发民品的重任,工厂安排了一部分年龄较大的干部退出领导岗位,同时选拔了一批年富力强的中青年干部充实干部队伍。个别老同志干劲大,积极性高,工作岗位又确实需要,因此仍留在领导岗位上。

2. 重实绩,一批年轻干部被大胆起用,有的走上了重要领导岗位。承包后的各单位被工厂推上了市场,要想在市场竞争中夺得显著效益,就需要那些精力充沛、头脑清醒、思想解放、敢闯敢干、有能力的同志做带头人。这次新提拔和副职提正职的干部,就具有这些特点,他们在过去一年的工作中取得了突出的成绩,受到厂领导和职工群众的公认,工厂注意发现并给这些同志提供发挥才干的机会,给他们表演的舞台,放手让他们在创业中为工厂做出贡献。

3. 大胆尝试,逐步增加党政担子一肩挑的干部。加快经济发展的新形势,要求企业政工干部必须熟悉生产经营,生产经营中的思想政治工作也需要由党、政干部共同去做好，党、政干部都应成为生产经营和思想政治工作的内行。党政担子一肩挑，有利于企业领导干部真正成为"内行"，有利于企业生产经营和思想政治工作的开展，促进工厂经济发展。这次干部调整，有 16 名中层领导干部挑起了党政两副担子。

经过这次干部调整，我厂中层领导干部的结构渐趋合理，整体素质得到进一步提高，从而为我厂的经济发展提供了有力的组织保证。

（人事部供稿）

报：（略）

抄送：（略）

【简析】

这是一篇企业人事动态简报。正文前言表述目的，概括叙说"春节前后，我厂对中层领导干部进行了调整"，简述了中层领导干部的任免情况，接着用"这次中层以上干部调整的特点是"，导出主体内容。主体内容为"特点"的开展。

这篇简报文字简洁，表述清楚，是一篇不错的简报，但细究起来，结构还不太合理，还可做这样的调整：将前言第二句话独立成段，冠上小标题："一、中层干部任免数量较大"；以"二、中层干部调整的特点"为原文第二、三、四各段的小标题。

【例 3-28】

××房改简报

第一期

××市房改办公室　　　　　　　　　　××××年×月×日

按：××矿务局房改办为确保住房制度改革中"提租补贴"政策的正常运转，10 月份对全局所属单位进行了全面调查。这次调查，得到了各级领导的支持，组织严密，投入自查的人员多，自查效果好，在全市是绝无仅有的。他们这种对工作认真负责的精神，为全市各房改单位做了好榜样，也充分反映了领导和房改办的工作人员高度重视住房制度改革，坚持执行房改政策，敢于和善于自查自纠的工作作风。现将××矿务局《房改工作检查情况的汇报》转发给你们，供参考借鉴。

房改工作检查情况的汇报

为确保住房制度改革,实现"提租补贴"的正常运转,真正做到"一手发出去,一手收回来"。在二步到位运转一周年之际,局房改办于今年10月份召开了各单位房改办主任会议,部署了房改大检查工作,要求各单位以自查的形式,进行"两查四核实"。"两查"是:查补贴范围,查漏扣资金。"四核"是:核实住房面积,核实租金额,核实补贴基数,核实补贴金额。经过两个月的自查核实,截至11月底,大多数单位都已基本完成。

已查实的16个单位中,除有5个小单位参改人员较少,没有发现问题外,其余的大多数单位都不同程度地查出了问题。据九矿、三厂、局直、基建公司等14个单位的统计,在被调查的62863房承租户中,漏扣资金的有484户,占0.7%,少扣资金168552.58元。在已发补贴的91578人中,不该发补贴的有218人……通过追扣漏扣租金和多发的补贴,可追回资金205783.24元。

这次检查核实工作,之所以能取得较大的收获,主要原因有以下三点:

1. 领导重视,业务部门配合。在局里召开房改办主任会议以后,按照要求,各单位立即行动,有的矿长亲自挂帅,召开了工资、财务、房管和工会有关人员参加的房改工作会议,进行了动员并布置了工作。如××矿副矿长××同志,就亲自召集了财务、审计、工资等各科科长会议,要求这几个部门把检查工作当成自己业务的一部分,给房管科以大力支持,并抽出一名工薪员专做检查核实工作。因此,这个矿虽然职工居住分散,人员调动频繁,检查工作难度大,但经过两个月的工作,仅漏扣资金一项就查出57户,少扣租金23343.53元。补贴方面的问题,还在继续检查中。

2. 配备力量,分层包干。(略)

3. 执行政策,方法得当。(略)

【简析】

这是一篇反映专题工作情况的简报。按语对正文的内容做了评价,提了要求。正文除用大量数字介绍工作成绩之外,还介绍了三条工作经验。各条经验个性特点明显,具有一定的借鉴或启示意义。文章观点材料结合紧密,事例典型。

> **章节练习**
>
> **简答题**
> 简报的写作要点有哪些?

第十三节 总　　结

一、什么是总结

总结是单位、个人对过去一段时期（通常以季度、半年、一年为时间周期）内的活动在认真回顾的基础上，或予以评估，或借此总结，并从中肯定成绩、发现缺陷，以找出规律、指导工作的事务性文书。

二、总结的分类

(1) 按内容划分，有工作总结、生活总结等。
(2) 按范围划分，有部门总结、单位总结等。
(3) 按时间划分，有月份总结、季度总结、年度总结等。
(4) 按性质划分，有全面总结和专题总结等。

三、总结的写作格式

总结常见的写作格式包括标题、正文、署名和日期三个部分。

(一) 标题

总结的标题大体有两种写法。

1. 公文式标题

由"单位名称＋时间＋内容＋文种"组成，如《顺德职业技术学院2006年工作总结》。

2. 双标题

即"主副＋标题"的形式，如《以评估为契机，深化改革、励精图治，为实现评估目标而奋斗——顺德职业技术学院2004—2005学年第二学期工作总结》。

(二) 正文

全面总结正文包括以下四个部分。

第一部分，基本情况。这是总结的开头部分。一般概述基本情况，即简要交代总结工作的全貌、背景，做了什么工作，取得了哪些成果，并将主要的成绩、经验、问题扼要地提出来，给人以总的印象，作为下文的铺垫。

第二部分，成绩经验。这是总结的重点部分。一般分门别类地详写用了什么方法，采取了什么举措，从而取得了哪些成绩。尤其需要强调的是，撰写总结不是事情的简单罗列，而是要通过总结过去，找到工作中带有规律性和指导性的东西。如果能在此基础上实现螺旋式上升总结，提炼出具有一定理论水平的看法，那就更好了。

第三部分，缺点问题。这是总结的略写部分。一般高屋建瓴地略写工作中还有哪些应完成而没有完成的任务、有哪些该解决而没有解决的问题，尤其是要力所能及地找出这些现象背后的原因所在，从而为下一步整改、落实找好突破口。

第四部分，下步工作。这是总结的结尾部分。一般豪情满怀地根据已有业绩，针对存在问题，提出下步打算，从而起到坚定信心的作用。

(三) 署名和日期

全文之后要写上单位全称及完整的年、月、日。如果标题中已出现单位名称，在落款时可不再写单位名称。

四、注意事项

(一) 收集材料要全，使用材料要精

要想写好总结，占有材料是第一要务，对所在单位、部门的相关材料要全面收集。在此基础之上，还要对材料进行精选，要选择典型、有代表意义的材料予以展示，同时还要注意挖掘不太突出的材料的意义，确保相关材料都能在点和面、大和小等方面有所体现，从而能写出既全面，又有广度，更兼深度的总结来。

(二) 篇章结构要站位高

总结的重点在于写好经验体会。因此，写作切忌面面俱到，全篇几个部分之间要详略得当。

(三) 语言使用要简明准确

总结的目的在于总结经验，为下一步工作开好局。因此，总结应该是直言其事，用语要简要明晰。

【例 3-29】

以评估为契机，深化改革、励精图治，为实现评估目标而奋斗
——顺德职业技术学院 2004—2005 学年第二学期工作总结

2004—2005 学年第二学期，学院秉承"以人为本，崇尚品位，立足地方，办出特色"的办学理念，以迎接省教育厅组织的高职高专院校"人才培养工作水平评估"为工作主线，全面推进各项工作的改革和建设。经过全院师生员工的共同努力，本学期学院各项工作取得重要进展，呈现出全面、协调、持续和快速发展的良好趋势，教育质量、科研水平和办学实力均有较大提高。

一、迎评以来的工作

（一）广泛发动，充分认识迎评工作的重大意义

按照省教育厅的安排，学院将于 2005 年 12 月进行人才培养工作水平评估。为达到优秀评估标准，学院坚持"以评促建、以评促改、以评促管、评建结合、重在建设"的指导方针，把握正确方向，抓住机遇，真抓实干，稳步推进自身建设，切实做好自评工作。

人才培养工作水平评估工作是一项复杂的系统工程，牵涉面广，工作量大，任务重，难度大，没有全院广大师生员工的参与，将难以实现评估的预期目标。为此，本学期我们先后召开了全院教职工动员大会、学生干部骨干动员大会、全体学生大会，进行层层动员，明确了评估的目的和意义。

4 月份，学院主要结合保持共产党员先进性教育活动，进行党内发动，提高认识，发挥党员在评估中的先锋模范作用。4 月 6 日，学院召开了顺德职业技术学院第一届教职工代表大会暨工会代表大会第二次会

议。与会代表以主人翁的高度责任感和工作热情,为评估工作献计献策。各民主党派召开座谈会,积极响应号召,以满腔热情投身到评估工作中去。各系也分别召开会议统一思想。经过认真学习、深入发动,全院师生员工统一了思想,认识到此次评估对学院今后的发展有重大影响,也直接关系到每位师生员工的长远利益。

5月份,为了使广大干部和骨干教师对学院的总体部署做到心里有数,并对办学理念、办学模式、产学研结合、校园文化建设等工作有更深入的理解,院级领导在自身学习的基础上,分别向专业负责人以上的干部和骨干教师进行讲解宣传,收到了良好的效果。

6月份,学院重点检查自评的进展情况。6月27日,聘请北大、清华、北航、北京化工大学专家来院进行咨询和检查。专家组听取了专业建设、实训基地建设、课程建设、部分课程的教改、师资队伍的建设等情况汇报,审阅了学院的《自评报告》、《特色和创新项目报告》、教务工作、招生就业工作的总结专集,并与主要撰写人进行研讨、交流。对学院的自评,专家组既有肯定,也指出了不足,并提出了建议:一是办学理念要进一步贯彻落实;二是师资队伍要进一步充实和完善;三是继续扎扎实实做好教学的基本建设,包括专业建设、课程建设、实训基地建设和管理规章制度的建设,特别是在一些细节方面要做好改进。

7月份,根据专家意见,全院上下要高度重视,做好整改和修改自评报告等工作。为实践"通专结合"的人才培养模式,组织全院二年级学生和教师深入企业和事业单位进行实践和调查。学习做人做事的道理,体验人生的价值。

(二)以评估为契机,大力实施"人才强校战略",师资队伍建设取得较大进展

按照优秀评估标准对师资队伍的要求,学院教师队伍存在数量不足、结构不合理等问题。对此,学院从制度、资金、人才引进与培训等方面着手,逐步解决队伍建设的问题,使之不再成为制约学院发展的瓶颈问题。

一是陆续修订和完善了《顺德职业技术学院关于招聘及调入教师程序的规定》《顺德职业技术学院人事调配管理规定》等10项制度,使学院人事工作逐步规范化。

二是学院于3月16日召开了第一届董事会第二次会议。会议讨论并通过设立"延聘国际国内知名专家教授基金"等重大事项。目前,基金筹措进展顺利。学院利用此项基金首先延聘了香港著名酒店管理专家梁王巧云女士为特聘教授。梁教授已于6月23日报到,并迅速进入工

作状态。此举将使学院酒店管理专业建设跨上新台阶，朝着有国际水准的品牌专业方向发展。

三是在上学期积极引进硕士研究生的基础上，本学期重点引进具有副高以上职称的人才。开学以来，共组织了四次面试，引进副高以上职称的教师51人。

四是为弥补学院师资队伍中"双师素质"教师数量少的缺陷，4月份，学院与广东省高职高专培训基地合作，对110名专业教师进行为期一个月的"双师素质"培训。此次共有104人通过了结业考试，取得了优异的成绩。

目前，学院共有教师429人，其中，专任教师达到339人，青年教师中研究生学历或硕士以上学位的99人，占专任教师的29.2%，副高以上116人，占专任教师的34.2%，师资队伍逐步扩大，层次逐步提高，结构更加合理，并呈现出年轻化、梯队化的结构。

（三）以评估为动力，推动基础设施建设和校园文化建设，构建和谐的校园文化环境

为了进一步实施"以人为本"的办学理念，继续改进和完善师生的生活、学习环境，营造和谐的文化氛围，本学期学院新建了教工活动中心、400米跑道标准田径运动场、游泳池、篮球场、排球场、网球场、旱冰场、第五栋教工周转房等，购置了健身器材，多功能学生活动中心及室内体育馆的梁銶琚堂即将竣工。本学期，共完成基础建设投资1947万元。目前，正在施工的建筑面积21815平方米，已竣工的建筑面积50877平方米。

校园景观不仅能够美化环境、装饰校园，而且还积淀着深厚的社会文化价值，能够以独特的物质文化形态影响着全校师生员工。本学期，学院积极贯彻教育部与共青团中央联合下发的《关于加强和改进高等学校校园文化建设的意见》（教社政〔2004〕16号）文件精神，校园文化景观中的日景、天鹅居已经开工建设，校史展厅也在装修中。学院逐渐形成了人与人、人与自然和谐的人文环境，使师生时刻能够在优美环境中陶冶情操、净化心灵。

为更好展现学院的办学成就，结合社会经济发展的新形势，学院编印了新的学院简介、画册和校园文化读本。其中，校园文化读本做到师生人手一册，使全院师生都能够对学院校园景观文化有较为深刻的理解。

作为加强与兄弟院校、地方政府联系的桥梁及校内各部门间沟通渠道之一的校报，本学期共出版6期。在继续保持与全国200多家兄弟院

校校报交流的同时,给顺德区委、区政府各级部门寄发校报,已成为一项制度坚持下来,这种及时将学院的重大事项、重点工作的进展情况向院内外加以宣传的做法,扩大了学院的宣传力度和影响力,收到了良好的社会效果。

(四)以评促建,加强高水平专业建设

在各系的大力支持和配合下,通过评估办公室的专业建设组两轮的专业建设检查、督促,各专业比较全面地对专业建设的成果和特色进行了总结、自评和整改,形成了分项报告、自评报告和特色报告。学院的专业建设成效显著。对发现的问题及时进行了调整和整改。经过调整后,学院现有31个专业,基本上满足地方经济社会发展的需要,初步形成了适应地方需要的、特色鲜明的、多学科互补的专业格局。同时,我们也要看到,专业负责人中具有高级职称只有14人,仅占45%。这与优秀评估的要求,还有一定差距,还有待于进一步调整和充实。

按照人才强校的战略步骤,在顺德政府、人民和海外侨胞的倾情支持下,学院以人才带动专业的高速发展,呈现良好开端。为筹办高水平的酒店管理专业,学院特聘请梁王巧云女士作为特聘教授,梁教授报到之后,提出酒店管理专业的方案,明确了专业建设的目标,确定了三种类型的课程安排——证书型课程、培训课程、学历课程(包括专科、本科、硕士、博士系列课程),并提出近期与远景目标。为了给酒店管理专业创造更为优质的发展环境,学院将把此专业作为专业建设的"特区",提供专业建设的必要条件,按照国际标准的要求来打造,以国外先进的理念来培养具有国际水平的酒店管理人才,并以此带动旅游和烹饪专业,未来有可能进行专业整合,以谋求更好、更快的发展。

筹建中国烹饪学院。6月份,学院与中国烹饪协会接触,双方就共建中国烹饪学院的想法基本达成一致意见。针对营养师、食品检测师等专业人才缺口大的现状,我们将开设一些新型专业,培养懂技术、懂管理的烹饪方面高级人才,以求对顺德、对广东乃至全国饮食业的发展起到促进作用。

此外,学院与澳大利亚TAFE学院合作打造具有国际水平的电子商务、物流管理等专业,目前已准备招生。

(五)以教学为中心,深化教学改革,加强管理,提高教学质量

1.深入课程建设与改革,加强管理。以国家级精品课程的建设经验为先导和示范,在课程教学改革上。本学期,学院教学改革呈现出力度大、亮点多的特点,全院共组织了4门精品课程的建设和申报工作。这次申报准备时间长,基础条件较好,录像拍摄、课件制作等工作精益

求精，课程质量有较大提高。除精品课外，其他课程建设和改革也颇具特色。如单片机技术、CAD/CAM技术实训等理论实践一体化课程和整合课程，较好地解决了理论教学与实践教学各自为政以及理论教学过于空泛、高深等问题，呈现出教学方法更灵活、教学效果更明显、高职教育特色更突出的良好势态。

  艺术设计系以学生为中心改革课程体系。强调"新"，以新设计、新工艺、新材料为课程内容重新设计教案。课程大纲和电子教案放在校园网上供学生下载自学。学生设计的家具作品先后参加了第七届深圳家具设计大赛、第五届名家具设计大赛、顺德区大专院校学生第二届发明专利大赛等，共获得金奖2个，银奖3个，铜奖4个，最佳创意奖1个，优秀奖25个，最佳院校组织奖2个。在2005年的毕业设计展中，出现了300多家企业争聘65名家具设计专业毕业生的热烈场面。家具专业毕业设计作品还应深圳家具协会邀请，参加第十七届深圳国际家具博览会家具设计精品展，在家具业界和高校引起极大的反响。

  教育系组织"新开课""开新课"教师的试讲工作，对所有教师的教学进度表、教案进行检查；中期，对教学进度的完成、作业的布置和批改、辅导答疑的落实情况进行检查；期末，对命题、课程复习以及课程状态记录本进行检查和展览，从而严格把好教学全过程的质量关。该系还对过去几年的教学内容和课程体系建设与改革的经验和成果进行总结，同时，制订未来五年课程建设与改革的规划。发动教师积极尝试各种教改方法和手段，改革考试模式。通过定期开展教研活动，及时沟通、交流教学经验等多种途径规范管理，提高质量。在今年"3＋证书"高考中，该系加强高考考前辅导，2002级79名考生全部通过了省的高考线。

  医学系按照本系的《青年教师教学能力培养办法》，在日常教学中，请经验丰富的教师讲公开课，课后组织教师讨论，加强对青年教师的培养，在全系形成一种热爱教学、重视教学、研究教学的良好氛围，教师教育教学质量明显提高。该系在学院青年教师首届教学基本功比赛中，获得了优秀组织奖、一等奖、二等奖、三等奖等九个奖项。

  电子工程系积极落实"通专结合"的人才培养模式，取得良好的教学效果。该系安排部分教师进行试点，如在"电子技术基础"课程中使用"快乐教学法"，引进管理、人文等课程内容，不但激发学生的学习兴趣，还有机地将学习做事与学习做人结合起来，受到了学生的欢迎和好评。"单片机技术"课程组，对教学内容进行较大改动，将书本上的MCS-51系列单片机内容改为顺德家电企业使用较多的MC68HC08JL3

系列，使学生在校学习的知识能够很快运用到实际工作中去，不仅实现了理论与实践接轨，还为学生实习、就业打下了坚实基础，赢得了企业、学生的赞誉。

机电工程系在课程设置上，坚持通识与专业教育相结合，整合以人文科学、自然科学为主的通识教育内容和专业教育课程内容，形成新的课程体系。该系还改革了12门课程的考试方式方法，在已有一门国家级精品课的基础上，又完成了"机械设计基础"的省级精品课程申报工作。

外语系实施集体备课制度，制定了"外语应用能力训练方案"和课后辅导方案，平均每位教师课后辅导10次以上。取长补短的备课方式和有的放矢的辅导举措，使该系的教学成效明显提高。

2. 构建人才培养质量保障体系，提高人才培养质量。在构建人才培养质量保障体系中，本学期，学院实施现代化管理，分级式反馈，形成高效的以人为本的教学评价形式和结果查询制度。2005年初，学院引进教务管理系统，包括学生评教在内的大部分教务管理、教学管理实现由人工操作转向全面网上操作，开始实现质量管理的现代化。以学生评教为例就可以看出，本学期与上学期相比，学生满意率由92.5%提高到99.1%，理论课平均分由80.8提高到83.7，实践课平均分由83.7提高到85.7，教学质量明显提高。我们今后还要进一步完善教学督导组评教、中层以上干部听课评价、教师互评和学生评教等评教形式，逐步实现教学质量管理的现代化，使教学质量有较大幅度的提高。

（六）产学研结合的新趋势——研发新技术，突出前瞻性

1. 积极参与顺德区成立的省级"华南家电研究院"工作。作为理事之一，华南家电研究院的成立，为学院的产学研提供了极好的机会和提高科研水平的平台。我们要抓住这种机会，积极参与，加强合作。今年家电研究院成立了两个中心，即家电有害物质替代品研究中心和智能家电研究中心。学院相应地成立了化工研究所和智能家电研究所，提出了研发计划，以谋求与家电研究院的合作，使学院的科研水平和层次能够有较快的提升。

2. 拟建立先进的模具基地。由顺德区科技局牵线，学院生产力促进中心拟引入华中科技大学的国家重点项目"模具设计与制造"。学院的实训基地可以与该项目进行合作，优势互补，在服务社会的基础上，做好科技研发。今后，我们还要大量引进高水平的科技成果，带动学院实训基地科技水平的提高。

3. 拟与清华大学深圳研究院全面合作，建立新材料、新技术研发

基地等。学院的产学研工作要突出前瞻性,面向中小企业,积极引进和开发科技含量高的项目,推动中小企业的发展,提升企业的竞争力。

(七)以评促管,加强实训基地建设与管理

培养高技能与技术应用性人才是学院的根本任务。因此,建好实验实训基地,既是培养应用型人才的重要保证,又是学院的一项重要工作,也是评估的一个重要指标。为此,在统一规划的基础上,学院投入了1663万元用于实验实训基地的建设,相继完成了经济管理系、电子工程系、计算机系、外语系、艺术系、医学系和人文社科系实训室建设等58个设备购置项目。其中,机电工程系的机电、数控、汽车等实验实训基地的建设已经初具规模。经济管理系的金融实训室、ERP实训室等5个实训室也大体完成,会计手工模拟实训室的改建,以及电子商务实训室、会计电算化实验室的搬迁和改建工作也基本完成,基本解决了制约该系发展的瓶颈问题。人文社科系建起了旅游实训室和酒店管理实训室,购置了一批教学用品,使学生初步拥有实践教学的场所和设施。

实验实训室不仅要建设好,还要使用好、管理好。本学期,教务处把实验实训室的管理工作作为改革切入点,修订了实验实训基地各项管理制度,汇编成册。在学期末考评中,分别从实训基地建设、管理、运行三个方面对各系实训基地建设工作进行考评。为提高应用率,实验实训基地在完成教学任务的同时,开展科技开发和承接校外的培训任务,使其功能得到了充分利用。

至2005年6月,学院已有实验实训室110间,校外实训基地116个,教学科研仪器设备值达到7809.67万元,教学科研实验实训条件跨上了新台阶。

(八)抓住"迎评创优"的机遇,以"大学生素质拓展计划"为重点,以学风建设为突破口,大力抓好学生工作

1. 强势推进"大学生素质拓展计划"。为确保大学生素质拓展计划得以贯彻,学院制定了《顺德职业技术学院"大学生素质拓展计划"实施纲要》,本学期,业余党校培训学员319人,业余团校培训了800多名学生干部,提高了学生政治水平。为有的放矢开展政治工作,组织开展了学院第一次学生思想政治状况调查活动,调查涉及2个年级,33个专业,5184位同学。从调查结果来看,学院学生的思想政治状况呈现出稳定、健康、积极向上的良好态势。为增强学生政治理论的学习积极性和主动性,我们结合学生实际,把握社会热点、焦点,多渠道开展主旋律教育。建立理论学习型学生社团,搭建学生政治理论学习的有形

平台。以征文、演讲比赛等形式，深入开展"三有一好"教育活动；开设大学生文化素质大讲堂，邀请校内外专家、名人和学者等到学院开展人文、风俗、技能等方面的讲座，已经举办了《顺德五百五十年文化》《诚实守信——为人谋事之本》等11期专题讲座，共有3000余人次参与活动。

2. 以"挑战杯"创造发明活动为龙头，加强学生职业素质教育。组织参加第八届"挑战杯"广东省大学生课外学术科技作品竞赛，取得一银二铜的好成绩；参加顺德区第二届专利发明大赛，获二金三铜十三个优秀奖。为在全院营造良好的创新发展的风气，促进学生创造能力的不断提高，我们大力扶持专业学习型学生社团的发展，成立了"电子创新研究协会""物流协会""人力资源协会""市场营销协会"等学生社团，同时，还邀请青年企业家开设《企业信息化的建设、发展及展望》等讲座，与学生进行面对面交流。在第二届科技节活动中，先后组织技能大比拼活动9项，竞赛活动5场，开放实验室64次，举办大型晚会7场，组织参观图片展示活动4场，举办文化素质大讲堂活动10期，广大学子比创意、争优秀蔚然成风。

3. 加强学生心理健康教育工作。为加强心理咨询日常管理，制定和完善了《心理咨询中心职责》《心理咨询工作人员守则》《值班制度》等相关制度，组织心理咨询专职教师参加省教育厅举办的高校思想政治骨干培训和中山大学等高校举办的高校心理咨询人员培训等。本学期，共接受学生个别咨询104人次、电话咨询430人次、邮件咨询320人次、短信咨询30人。同时，成立了团队心理辅导营，对19个集体近1200多人进行团队辅导和培训。举办了第二届大学生心理健康节，出版心理健康读物《心苑》，不断加强和维护"心苑"网站的建设，开设《大学生心理健康》公选课，共300多人选修。

4. 积极争取资金，努力拓宽渠道，加大帮扶力度，"奖贷助减缓"工作取得成效。本学期，共有11名学生获得国家奖学金4.8万元，308人获得国家助学奖学金32.34万元，104人获得国家助学贷款62万元。建立起"特困生信息管理库"，在校园开辟勤工助学岗位150多个。与多家公司建立长期合作关系，为贫困生提供社会兼职岗位。开设"绿色通道"咨询热线电话，为387名贫困生办理缓交手续。教育系设立"李佘少鸿优秀贫困生奖学金"，19名贫困学生得到资助。

5. 加强学生工作队伍建设，着重提高队伍整体素质。本学期，先后组织学生工作人员参加了广东省思想政治工作培训班、危机干预与处理培训班并取得结业证书；组织辅导员到外校参观交流，邀请专家、教授到学院来开设讲座；制定了《学生辅导员管理条例》《班主任管理条例》，明确学生辅导员、班主任工作职责和考核方法等。通过一系列行之有效的活动，学生工作队伍素质有明显提高。

6. 制定专题研讨活动阶段性计划，有步骤地促进学生专题研讨活动的开展。本学期，成立了院系组织机构，为每个班配备专业指导教师、计算机老师、英语老师、"两课"老师，分阶段、有计划地推动专题研讨活动的开展，使学生在专题研讨能力和素质上得到锻炼和提高。

（九）认真开展保持共产党员先进性教育活动，加强党的建设，取得明显成效

根据《中共中央关于在全党开展以实践"三个代表"重要思想为主要内容的保持共产党员先进性教育活动的意见》文件精神，按照顺德区委的统一部署，学院作为全区第一批保持共产党员先进性教育活动单位，从今年二月中旬开始，集中开展了保持共产党员先进性（以下简称"保先"）教育活动。学院党委高度重视"保先"教育活动，全院上下积极努力，深入扎实地开展了教育活动，达到了预定目标，取得了实实在在的效果。教育活动中，广大党员把学习、实践"三个代表"重要思想与搞好本职工作、促进学院发展的动力结合起来，自觉做到胸怀大局、奋发向上、立足岗位、无私奉献，"保先"教育与学院以评估为中心的各项工作都有了重大进展。

在党建工作上，学院党员队伍迅速发展壮大。按照"坚持标准，成熟一个发展一个"的原则，积极发展新党员。本学期共发展党员294人，确定建党对象299人，其中全体学生中有党员499人，占学生总数7.4%，超过上级有关高职高专院校学生党员比例达到5%的要求。

7月3日，学院召开了保持共产党员先进性教育活动总结表彰大会，会上表彰了5个先进党总支、15个先进党支部、65名优秀共产党员。

（十）制定"十一五"发展纲要

2005年是学院发展中的重要一年，也是实现"十五"发展纲要提出的"三年打基础、求发展"目标的最后一年。"十一五"发展纲要，首先从办学理念、办学规模、基础设施、办学模式、人才培养模式、管理模式及校园文化建设等方面回顾了"十五"期间的发展情况，并从机遇和挑战方面分析了未来五年学院将面临的形势，从而明确学院在"十一五"期间的发展目标、指导思想和各项建设与改革。为了制定一个科学的、富有前瞻性的、适于学院发展情况的规划，学院于2005年1月14日组织召开了"十一五"发展纲要战略咨询会，成立了"十一五"

发展纲要领导小组,进行了广泛的调查研究,编写了十余万字的调查资料。7月12日邀请学院顾问,对"十一五"发展纲要进行咨询和审议,各位顾问提出的咨询意见和建议为修改《"十一五"发展纲要》(以下简称《纲要》)提供了有力的依据。今后在全院广泛征求意见的基础上,将对《纲要》做进一步修改,重点在队伍建设、人才培养、科技开发、专业建设、精品课程建设、数字化校园、校园文化建设等方面再上新台阶。

(十一)按照评估要求,科研、管理等工作取得较大成绩

1. 科研成果喜人。"财务管理""Visual Basic 程序设计"两门课程被评为2004年度省级精品课程。"家具设计课程教学改革的研究与实践""制冷工程专业'两个结合六个支撑'人才培养模式的探索和实践"获得第五届广东省高等教育省级教学成果一等奖,"家具设计课程教学改革的研究与实践"获国家级教学成果二等奖;"创建生产力促进中心,拓宽产学研结合平台探索高职人才培养新途径"获得第五届广东省高等教育省级教学成果二等奖。本学期,学院教师主编、参编教材7部,其中任主编、副主编的4部;公开发表论文、作品54篇(幅);获得省级项目3项,顺德区项目2项,院级项目10项,获得各级35万元项目资金支持。

2. 图书馆建设步伐加快。本学期共采集、编目、加工新书47700册,图书馆上架图书藏量已达122221种,339224册,藏书结构逐步改善,师生读者人数和图书借阅量逐步增加。购入电子图书30万册,馆藏图书总数达到65.75万册,生均96.9册。图书总量和生均指标均超过了人才培养水平评估的优秀标准。

3. 招生就业工作顺利进行。学院培养的应用技术性人才吸引了大批企业前来招聘员工。截至6月30日,学院已就业的毕业生为1178人,其中,汽车工艺与维修、制冷工程、外贸英语、会计电算化四个专业就业率为100%。

4. 学院社会影响扩大。学院的改革与建设成为顺德教育发展乃至全国高职高专教育发展的亮点,广受社会各界关注,被各大新闻媒体争相报道,新华社广东分社、《人民日报》、《佛山日报》就学院办学理念、办学成绩等对陈智院长进行了专访。《南方日报》、《南方都市报》、《珠江商报》、佛山电视台、顺德电视台等媒体报道学院达50余次,广东省教育厅网站发布学院新闻36篇。社会各界、港澳同胞纷纷来学院参观访问。今年1—6月共完成接待来访单位42个,近800人次,在校园网上发布友好往来类新闻60余条。学院的社会影响力进一步扩大。

5. 管理机制日趋完善。本学期，学院共处理外来文件486份，内部请示114份，校内发文308份，处理传真176份，文件的收发、送阅、承办、跟进落实，逐步规范，同时，收集、归整了2004年文件，立卷各类档案167卷，接受档案查询183卷次。

二、存在问题及改进措施

（一）实验实训基地的建设仍需要进一步加强

有些实验实训的设备招标工作要抓紧。实验实训基地的管理还须进一步规范。院系两级管理职责要进一步界定清楚。有些系实验实训基地的负责人不能很好地履行岗位职责，一些实训设备利用率还不够高。

（二）学风、教风建设需要加强

学生上课迟到，课堂上吃东西、讲话、睡觉等现象时有发生。少数教师不能履行教书育人的职责，对学生缺乏责任心，不认真管理，上课迟到早退，遇到事情未提前请假而是私下调课，备课不认真等情况都不同程度地存在。我们要在建设良好学风的同时，还要大力提倡严谨教风，今后要加快完善质量保障体系，认真评教。此外，要加强对新进教师的培训，使他们尽快熟悉教师职责和教学管理方式、方法，有经验的教师要做好传、帮、带工作，带动青年教师尽快成长。

（三）科研工作应加大力度

科研工作对于培养教师的研究能力、提高教师的学术地位、优化教师的知识结构、更新教师的专业技能、提升教师的教学水平具有十分重要的意义。目前，我们的科研工作还处于起步阶段，跟不上学院发展的步伐，要采取有力措施推动科研工作。

（四）教材建设还需加强

学院的亮点在于"通专结合"的人才培养模式，教材建设是重中之重，要加强这方面的工作力度。

三、秋季学期工作初步设想

下学期，我们将迎来省教育厅对学院人才培养水平的评估。这意味着，即将到来的2005—2006学年第一学期，会是一个繁忙的，同时也会是一个充实的学期，按照我们的预期目标，这还将是一个收获的学期。为了实现既定目标，我们要在以下几个方面的工作中继续努力。

（一）按照学院《党建工作三年规划》，采取多种方式，不断加强思想政治和党建工作

贯彻落实中央第十六号文件的精神，通过各种途径不断加强大学生思想政治工作。在全院范围内，加强党总支和党支部建设，做好教职工

思想政治工作，为评估工作提供有力的组织保证。要加快在学生和教师尤其是骨干教师中发展党员的步伐。

（二）同心同德，做好评估的各项工作

进一步完善学院自评报告、分项自评报告、特色或创新项目报告，全面检查落实其他各项工作。从理论高度上总结各项工作，展示成果，突出亮点，为学院的其他工作提供经验和示范，以提高学院人才培养工作水平。

（三）在广大师生员工中继续开展宣传教育活动

要大力宣传学院各项工作取得的成绩，做到人人都知道评估的主要内容，以及每个人所应承担的责任。

（四）制定青年教师的培训计划

在不断加大人才引进力度的同时，进一步抓好对现有教师的培训，特别是对青年教师的培训。锻造出一支规模适度、结构合理、形象好、素质高的教师队伍。

（五）继续抓好教学内容的优化和课程体系的建设

加强国家级、省级、院级精品课程建设，不断提高课程质量。在充分调研、论证和总结已有经验的基础上，按照贴近需要、贴近实际、贴近学生的原则，不断进行课程设置、教学方法、考核模式的改革，完善人才质量保障体系和评价制度。

（执笔　强金国）

【简析】

这是一份层次清晰、振奋人心的工作总结。总结采用双标题，即"主副＋标题"的形式，既体现了目标明确的要旨，又展现了取得成功的决心。整个总结"干了什么"交代得详细具体，取得的经验清楚明了。

【例 3-30】

人文社科学院期中教学检查总结

（2014—2015 学年第二学期）

人才培养始终是高等教育的第一职能，是高等职业教育的本质要求和根本任务。本学期，人文社科学院积极主动贯彻落实学校《关于进一步树立质量意识，加强质量管理，提高人才培养质量》（顺职院发

〔2014〕9号）的精神，进一步明确了人才培养目标和育人思路，把全面提高教育教学质量作为学院一切工作的重中之重，凝心聚力服从和服务于学生的成长成才实际，教风学风进一步改善。现学期过半，根据顺职院教字〔2015〕21号文《关于开展期中教学检查的指导性意见》的要求和总体部署，人文社科学院从第9周至12周进行了为期3周的期中教学检查工作。通过传达学校文件、院内动员、院内自检，并通过教师相互听课评课，召开教师、学生座谈会等多种形式和手段，达到了预期目的，收到了良好的效果。现概括总结如下。

一、整体情况

各教研室根据教务处下发的期中教学检查要点，在参加学院统一组织的教师座谈会、听公开课、开展教学观摩、教学研讨活动的同时，通过教学研讨、召开学生座谈会等多种形式，有条不紊地开展了期中教学检查工作，并提交了期中教学检查记录表和学生座谈会记录表。各教研室的记录材料，既对教师自身的教学能力进行了梳理和反思，又指出了今后的努力方向和进一步提高教学质量的措施。

（一）狠抓教风和学风建设，教学秩序整体良好

各教研室以"文化育人、立德树人"为宗旨，在提高教师教育教学水平、改进教学方法、提高课堂教学质量等方面做了一系列工作。要求任课教师在教育教学中按学校教学工作规范的有关规定严格要求自己，对自身的教师职业生涯进行设计，认识教师的职责所在；优化课堂教学内容，提高教学质量。通过检查，人文社科学院的教师在授课方面总体来讲，不论是开课计划的执行，理论教学的进行，实践教学的运行，还是青年教师的"传帮带"等方面都能做到教态端正、教学严谨、备课认真、组织严密、帮扶得力、效果良好。尤其是针对14级新生开展的上晚修活动，各任课教师加大作业布置与检查、晚修辅导的力度，学生学习积极性、主动性明显增强，旷课、上课迟到现象明显减少，由此影响并带动二三年级同学尊师守纪，整个学院教师潜心教、学生努力学的良好教风、学风日益显著。

（二）积极组织听课、教学观摩和教学研讨活动，营造良好的教学研究氛围

人文社科学院积极开展教学研究、教学改革、教学建设等方面的教研活动，组织教师集体听课、集体评课、交流教学经验，促进教师教学水平和能力的提高。

截至10周，人文社科学院已经安排全院公开课9人次、说课4人次，通过不同教研室教师互相点评，尤其是老教师，如数学组的李宏远

老师不但现身说法讲教学，还对青年教师"扶上马，送一程"，指导他们如何上好课，使各专任老师尤其是青年教师均感到获益良多。同时，各教研室也有针对性地组织专题研讨，形成了良好的教学研究氛围。

（三）人文社科学院2014届毕业率为100%

这个结果是广大师生齐心协力谋发展、锐意进取抓质量的结果，但我们并没有因此而有丝毫松懈，而是希望在满就业率的同时能更好地提高就业质量。为此，一方面，着实抓好补考工作，为使更多同学能顺利、优质毕业，我们在本学期第二周组织召开了补考同学问情问计会。通过对需要补考的22人次的同学（2014—2015学年第一学期补考同学为62人次；此次补考还有09级3位同学）现场咨询得知，有5人次的同学是"计算机基础"课程没有通过，大家表示通过努力可以通过补考。

另一方面，我们组织专业教师、辅导员与已经毕业的学生进行交流，尤其是借助12级学生实习检查之机和一些毕业生进行交流，他们结合工作实际、成长成才等方面，给专业提意见、给老师提建议、给同学提希望、给学校提想法。同学们提出，希望老师在注重专业知识的同时，能更好地结合工作实际讲解一些更好处理人际关系的例子来让他们能提前"热身"，希望学弟学妹在课堂上能积极发言以便将来在工作中能更好地与人沟通等。

（四）调停课情况（1—10周）

前10周，共有30人次（其中有7人为外聘或其他部门人员）调停课49次（合计401课时，其中因故调课225课时；代课78课时；更换课室98课时），记录齐全。

二、本次教学检查呈现的特点

（一）思想认识到位，组织领导得力，检查目的明确，不图形式，不走过场

本次期中教学检查，人文社科学院高度重视此次期中教学检查工作，成立了以院长陈建华为组长，书记曾庆云、副院长强全国为副组长，五个专业方负责人（文秘专业为钟伟华；社工专业为凌远清；国学专业为饶晓明；数学专业为康永强；体育专业为陈凡粤）为组员、教学秘书孔丘林和实训室负责人林芝东为秘书的期中教学检查工作组。要求所有教师要从思想上提高对期中教学检查工作重要性、必要性、紧迫性的认识，不能走过场、图形式。所有教师都应以积极的态度，全心全意投入到期中教学检查工作中去。通过本次检查，总结了经验，发现了差距，完善了相关教学文件，进一步提高了教育教学水平和质量，达到了

预期的目的。

1. 理论教学方面。

文秘专业：专业老师的教学大纲、教案PPT等都齐备，按照教学计划安排教学工作。"秘书实务"则采用任务驱动的办法，在课堂中贯穿一个工作任务，使学生能够在做中学、学中做，学以致用。同学们希望老师要严格要求，上课点名；老师要多布置一点工作任务给学生，通过做事来培养学习的兴趣。

社工专业：任课教师都按要求制作了教案，并制作了课件。本专业的老师按照教学日历进行教学，教学进度正常。除了搞好课堂教学之外，本专业的老师能够布置分量恰当的课堂内和课外作业。教师能及时批改学生的作业，按规定记录好作业成绩。个别教师课堂上的气氛不够活跃，授课形式单一，过程枯燥。

国学教研室：全体老师都能按照教学计划和学校的教学要求开展教学工作，都完成了教学任务。使用规范教材，教案、教学计划完整，作业布置和批改符合教学实际情况。存在的问题主要是：教材过厚，没有译文；老师讲话须大点声，给学生一点发言互动；多讲点日常生活中的礼仪。

数学教研室：高职数学教师加强了对课堂教学的教学设计、教学内容、教学方法的探索，将数学文化及数学建模、数学竞赛融入高职数学教学中，根据学生的具体情况灵活地组织教学。在教学相关资料上，选用国家规划高职教材，各位教师的教学教案齐全，讲课进度正常，授课效果较好，每个教师所授的教学班的作业批改均达8次以上，且批改和批改记录齐全。存在的问题主要是：合班（3个班）要分开授课，合班上课的人数太多，影响授课效果；作业太少了，可以适当增加一点（普高班）等。

体育教研室：教师课堂教学的教学设计合理，教学内容与教学大纲一致，教学方法灵活，能调动学生练习的积极性，学生基本能掌握教师所教的动作要领；授课进度与教学计划一致。存在的问题主要是：网球场地少，学生练习的密度不够；乒乓球场地面太滑、灯光不好、球桌太旧；体育选项的种类太少；对学生要求严格等。

2. 实践教学方面。

文秘专业：实践环节清楚明白，实训大纲齐备，实训室的管理到位。

社工专业：能够根据专业课程的特点，结合课程进度及实训条件，在专业实训课堂上针对专业理论知识点进行大量的实训，实训过程中也注重师生互动及实训后的评讲。

体育教研室：体育的实践练习密度合理，在练习中能突出练习的难点、重点，在对抗和练习高难度动作时能做好保护安全措施。

3. 青年教师"传帮带"方面。

社工专业：专任青年教师的专业基本功扎实，教学方法也在不断完善之中。为了提高专业教师的教学水平，一方面我们加强与当地社会工作服务机构的联系，以获取社会工作服务最新的技术动态与发展趋势，另一方面我们也参加香港、台湾地区及广州等相关机构的观摩走访学习，以加强行业间的交流、沟通与学习。

国学教研室：建立了老教师帮带青年教师教学的制度，老教师与青年教师的帮带有了固定的安排和正常的交流活动。青年教师主动向老教师请教，进步比较快。学院领导和教研室主任都承担了培训和辅导青年教师的任务，帮助提高青年教师的教学能力。学院也非常重视青年教师的培训和进修工作。青年教师要加强实践教学的提高。

数学教研室：高职数学教研室加强青年教师教学基本功训练，利用老教师示范，如何组织课堂教学，如何组织教学内容，关键概念如何处理和把握等。经过近6年的交流和学习，青年教师均已成为教学能手。落实"传帮带"的情况，对青年教师毫无保留地提供教案、近10年来的试卷，通过示范课、公开课和说课及参与教研教改，不断提高他们的教学能力和水平。积极为青年教师参加培训、进修创造条件，并安排了3位青年教师参加暑期专业培训，使他们的专业水平不断提高。

体育教研室：教研室内部组织了青年教师进行教学方法和教学技巧的讨论，教同一个项目的教师们"传帮带"情况较好，但组织青年教师参加培训、进修情况少，有待改进。

（二）抓落实，求实效，注重提高教师的主动性、积极性和学生的参与性

我们按照专业负责人检查本专业，教学副院长、教学秘书检查各专业，书记、院长在听取各专业负责人汇报的基础上进行抽查的原则和流程对所有教师、课程进行爬梳式检查，确保检查全覆盖、不留死角。总体上来说，我们通过初查、核查、审查三道关口的检查，人文社科学院绝大部分教师们都按时保质地完成了学期工作计划中教学相关部分的内容。

1. 各教研室按时按质完成了期中检查任务，及时召开信息反馈、讨论会议，针对学生反映的问题有的放矢找病因，举一反三求改正，做到了反映的问题件件有着落，有关教师个个有回应。

2. 教学工作符合基本规范，教师们都能认真备课，授课方式灵活，积极进行教改，丰富教学手段和教学方法，大多数教师的教学效果得到了学生的认可。

3. 充分重视师生沟通，做到教学相长。能够把学生放在主体地位，在教书育人的同时，增强了服务意识。

4. 开展教研活动，组织听课、评课活动，提高了课堂教学质量，增强了教师的质量意识。在教学检查期间，教师之间相互听课并填写听课记录，既吸取了别人的长处，拓宽了视野，又反思了自己的不足。

三、存在问题

（一）教学管理方面

后勤方面：学校食堂的饭菜质量差且价格贵，宿舍水电收费不合理；加强实训室6-404、405、406的空调设备的维护；实训室6-403、404、405、406的窗帘须更换，须处理地面渗水问题；教学楼二楼以上的走廊灯要打开。

教务方面：不要按地域编班，不利于教学；体育选项的种类太少；教学设备老化，话筒音质很差；考核方式应该多样化，真实地考察学生。

教学场地方面：田径场附近的饮水机只有开水，没有温水；网球场地少，学生练习的密度不够；乒乓球场地面太滑、灯光不好、球桌太旧。

学生活动方面：学工部和各社团安排的活动太多，有些活动与素质拓展挂钩，强制参加，占用了太多的时间，建议以后各方要协调好，适可而止；学生在上自习课的时候大多在做与学习无关的事情，而且讲话的同学很多，晚自习的学习效果差。

（二）课堂教学方面

文秘专业：老师要严格要求，上课点名；老师要多给学生布置一点工作任务，通过做事来培养学习的兴趣。社工专业：学生希望教师讲课再活跃一些，管理更严格一些，教学内容更实用一些。数学专业：合班（3个班）要分开授课，合班上课人数太多；作业太少了，可以适当增加一点（普高班）；关注讲课速度及幽默度。国文专业：学生反映教材过厚，没有译文；加强课堂管理。体育专业：网球场地少，学生练习的密度不够；乒乓球场地面太滑、灯光不好、球桌太旧；体育选项的种类太少；对学生要求应更加严格等。

总之，通过检查，我们发现，个别教师讲课重难点不够突出，案例选择不够恰当；教学形式和方法单一，启发式教学运用得不好；个别教师的师生互动性欠缺；有些教师语速不当，影响教学效果；有的老师理论讲解深度不够，有的单位时间内信息量传递不够；有的教师活动空间较小，不经常深入学生中间进行互动。

（三）学生学习方面（略）

四、改进措施

（一）加快教学改革和教学方法研究

鼓励教师大胆尝试各种教学手段，发挥教研室以及学科带头人的作用，教学、科研相互促进。对教学能力弱的教师，各教研室应进行监督和帮助，以促进整体师德、师能的提高。在如何处理好教师的现代化教学手段与教学效果的协同，社会对人才需要的多样化与教学要求的相对稳定性之间的关系，人才培养模式改革中的理论课与实践课的关系等方面，还有待于今后通过经常举行教学改革研讨会等形式进行深入的研究和分析，以便更快、更好地提高教学质量。

（二）加强课堂教学管理

学院领导、专业负责人都应积极深入到教师和学生中进行经常性听课，及时解决教学过程中遇到的各种问题。

（三）拓宽师生沟通渠道

通过沟通，了解学生的需求，更好地开展教学工作；通过沟通，使教师了解教学信息，及时反馈，从而改进教学方法。

（四）提升教师教学能力

采取以老带新、相互交流的方法，使教师的整体教学水平和质量不断提高，并逐步培育自己的学科带头人。

通过期中教学检查，我们了解到教学工作中各方面的情况，尤其是存在的问题，这对于改进我们的教学工作，整顿教学秩序，加强学风、教风建设，提高学生的满意度均具有重要意义。我们将继续努力，为提高基础课教学质量做出贡献。

（执笔　强金国）

【简析】

这是一份结构完整、内容充实的部门总结。整个总结对"干了什么"——期中教学检查按照教研室逐个铺开，全文清晰明了，尤其是对本次教学检查中呈现的特点展现了团队的凝聚力、战斗力，对成绩客观描述，对问题毫不避讳，且有下一步的改进举措。全文条列清晰，行文流畅。

章节练习

一、填空题

总结的分类，按内容划分，有_____、_____等；按范围划分，有_____、_____等；按时间划分，有_____、_____、_____等；按性质划分，有_____、_____等。

二、简答题

1. 什么是总结？
2. 怎样写总结？
3. 撰写总结要注意哪些问题？

三、写作题

一年的大学生活飞逝而过，尤其是突如其来的新型冠状病毒，更是打乱了生活节奏。请据此写一份学习和生活总结。

团队运行篇
Tuandui Yunxingpian

第四章 公务往来

一、明确概念

公务文书是指各类社会组织,尤其是党政机关、企事业单位与组织在处理日常事务时所使用的、具有法定效力且有一定规范体式的应用文。日常所使用的公务文书有决议、决定、命令(令)、公报、公告、通告、意见、通知、通报、报告、请示、批复、议案、函、纪要等。

二、学习目标

知识目标

1. 理解公文的概念、特点、种类、行文规则和适用范围。
2. 掌握公文的规范格式及写作要求。

能力目标

1. 能根据不同情境选择合适的公文文种。
2. 能撰写常用的知照性公文、报请性公文及函。

三、知识平台

公务往来的相关概述如图4-1所示。

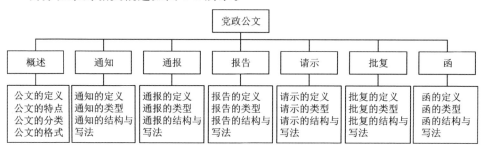

图 4-1 公务往来的概述

第一节 公文概述

一、公文的定义

公文,是公务文书的简称。狭义上的公文专指党政机关公文,而广义的公文泛指各类社会组织——包括党政机关、企事业单位、社会团体在处理公务时使用的具有法定效力和规范体式的一类应用文。

二、公文的特点

（一）权威性

公文体现的是党政机关的意志和主张,具有强制力和法定的约束力。

（二）规范性

与事务文书和商务文书相比,党政机关公文具有严格的规范性,各级机关单位应按照《党政机关公文处理工作条例》进行公文的拟制、办理以及管理。

（三）时效性

公文的拟制和办理都非常强调时效性,所有的党政机关公文必须标注成文日期,且有效期都是一定的。文书人员应按时、及时地完成公文的拟制、收发和处理。

三、公文的分类

根据中共中央办公厅、国务院办公厅于2012年4月16日联合发布的《党政机关公文处理工作条例》（以下简称《条例》）,现行党政机关公文共15种,分别为：决议、决定、命令（令）、公报、公告、通告、意见、通知、通报、报告、请示、批复、议案、函、纪要。

为加深对上述党政机关公文的认识,我们可按照不同的标准,将之划分成不同的类别。

(一)按行文方向划分

公文作为各类社会组织用于公务来往的文书,可因社会组织间的关系——纵向或横向,而形成不同的行文方向。如按行文方向划分,公文可分为上行文、下行文及平行文。

(二)按秘密等级划分

公文的秘密等级分三级,分别为:绝密、机密、秘密。因此按照秘密等级划分,公文可分为绝密件、机密件、秘密件。

(三)按紧急程度划分

公文的紧急程度有两级,分别为:特急、加急。因此按照紧急程度划分,公文可分为特急件与加急件。

(四)按适用范围划分

广义而言,公文的形成主体包括党政机关、企事业单位和社会团体,《条例》中所列出的15种公文全部适用于党政机关,部分适用于企事业单位、社会团体(见表4-1)。

表4-1 公文种类适用范围

公文种类	适用情况 (参照《条例》)	适用范围		
		党政机关	企事业单位	社会团体
决议	适用于会议讨论通过的重大决策事项	√	√	√
决定	适用于对重要事项做出决策和部署、奖惩有关单位和人员、变更或者撤销下级机关不适当的决定事项	√	√	√
命令(令)	适用于公布行政法规和规章、宣布施行重大强制性措施、批准授予和晋升衔级、嘉奖有关单位和人员	√		

续表

公文种类	适用情况 （参照《条例》）	适用范围		
		党政机关	企事业单位	社会团体
公报	适用于公布重要决定或者重大事项	√		
公告	适用于向国内外宣布重要事项或者法定事项	√	*	*
通告	适用于在一定范围内公布应当遵守或者周知的事项	√	√	√
意见	适用于对重要问题提出见解和处理办法	√	√	√
通知	适用于发布、传达要求下级机关执行和有关单位周知或者执行的事项，批转、转发公文	√	√	√
通报	适用于表彰先进、批评错误、传达重要精神和告知重要情况	√	√	√
报告	适用于向上级机关汇报工作、反映情况，回复上级机关的询问	√	√	√
请示	适用于向上级机关请求指示、批准	√	√	√
批复	适用于答复下级机关请示事项	√	√	√
议案	适用于各级人民政府按照法律程序向同级人民代表大会或者人民代表大会常务委员会提请审议事项	√		

续表

公文种类	适用情况（参照《条例》）	适用范围		
		党政机关	企事业单位	社会团体
函	适用于不相隶属机关之间商洽工作、询问和答复问题、请求批准和答复审批事项	√	√	√
纪要	适用于记载会议主要情况和议定事项	√	√	√

* 现实行文中存在滥发公告的现象，严格地说，作为公文的"公告"，其形成主体仅限党政机关

四、公文的格式

格式的规范性是公文的一大特点。2012 年 6 月 29 日，国家质检总局、国家标准化管理委员会发布了（GB/T 9704—2012）《党政机关公文格式》，将党政公文格式纳入了国家标准体系。

（一）公文格式的要素

公文格式的要素大致包括版头、主体、版记三个部分。

1. 版头

（1）份号。

如需标注份号，一般用 6 位 3 号阿拉伯数字，顶格编排在版心左上角第一行。

（2）密级和保密期限。

如需标注密级和保密期限，一般用 3 号黑体字，顶格编排在版心左上角第二行；保密期限中的数字用阿拉伯数字标注。

（3）紧急程度。

如需标注紧急程度，一般用 3 号黑体字，顶格编排在版心左上角；如需同时标注份号、密级和保密期限、紧急程度，按照份号、密级和保密期限、紧急程度的顺序自上而下分行排列。

（4）发文机关标志。

由发文机关全称或者规范化简称加"文件"二字组成，也可以使用发文机关全称或者规范化简称。

发文机关标志居中排布，上边缘至版心上边缘为 35 mm，推荐使用小标宋

体字，颜色为红色，以醒目、美观、庄重为原则。

联合行文时，如需同时标注联署发文机关名称，一般应当将主办机关名称排列在前；如有"文件"二字，应当置于发文机关名称右侧，以联署发文机关名称为准上下居中排布。

(5) 发文字号。

编排在发文机关标志下空两行位置，居中排布。年份、发文顺序号用阿拉伯数字标注；年份应标全称，用六角括号"〔〕"括入；发文顺序号不加"第"字，不编虚位（即1不编为01），在阿拉伯数字后加"号"字。

上行文的发文字号居左空一字编排，与最后一个签发人姓名处在同一行。

(6) 签发人。

由"签发人"三字加全角冒号和签发人姓名组成，居右空一字，编排在发文机关标志下空二行位置。"签发人"三字用3号仿宋体字，签发人姓名用3号楷体字。

如有多个签发人，签发人姓名按照发文机关的排列顺序从左到右、自上而下依次均匀编排，一般每行排两个姓名，回行时与上一行第一个签发人姓名对齐。

(7) 版头中的分隔线。

发文字号之下4mm处居中印一条与版心等宽的红色分隔线。

2. 主体

(1) 标题。

一般用2号小标宋体字，编排于红色分隔线下空二行位置，分一行或多行居中排布；回行时，要做到词意完整、排列对称、长短适宜、间距恰当，标题排列应当使用梯形或菱形。

(2) 主送机关。

编排于标题下空一行位置，居左顶格，回行时仍顶格，最后一个机关名称后标全角冒号。如主送机关名称过多导致公文首页不能显示正文时，应当将主送机关名称移至版记。

(3) 正文。

公文首页必须显示正文。一般用3号仿宋体字，编排于主送机关名称下一行，每个自然段左空二字，回行顶格。文中结构层次序数依次可以用"一、""（一）""1.""（1）"标注；一般第一层用黑体字，第二层用楷体字，第三层和第四层用仿宋体字标注。

(4) 附件说明。

如有附件，在正文下空一行左空二字编排"附件"二字，后标全角冒号和附件名称。如有多个附件，使用阿拉伯数字标注附件顺序号（如"附件：1.×××××"）；附件名称后不加标点符号。附件名称较长需回行时，应当与上一行附件名称的首字对齐。

（5）发文机关署名、成文日期和印章。

① 加盖印章的公文。

成文日期一般右空四字编排，印章用红色，不得出现空白印章。

单一机关行文时，一般在成文日期之上，以成文日期为准居中编排发文机关署名，印章端正、居中下压发文机关署名和成文日期，使发文机关署名和成文日期居印章中心偏下位置，印章顶端应当上距正文（或附件说明）一行之内。

联合行文时，一般将各发文机关署名按照发文机关顺序整齐排列在相应位置，并将印章一一对应，端正、居中下压发文机关署名，最后一个印章端正、居中下压发文机关署名和成文日期，印章之间排列整齐，互不相交或相切，每排印章两端不得超出版心，首排印章顶端应当上距正文（或附件说明）一行之内。

② 不加盖印章的公文。

单一机关行文时，在正文（或附件说明）下空一行右空二字编排发文机关署名，在发文机关署名下一行编排成文日期，首字比发文机关署名首字右移二字，如成文日期长于发文机关署名，应当使成文日期右空二字编排，并相应增加发文机关署名右空字数。

联合行文时，应当先编排主办机关署名，其余发文机关署名依次向下编排。

③ 加盖签发人签名章的公文。

单一机关制发的公文加盖签发人签名章时，在正文（或附件说明）下空二行右空四字加盖签发人签名章，签名章左空二字标注签发人职务，以签名章为准，上下居中排布。在签发人签名章下空一行右空四字编排成文日期。

联合行文时，应当先编排主办机关签发人职务、签名章，其余机关签发人职务、签名章依次向下编排，与主办机关签发人职务、签名章上下对齐。每行只编排一个机关的签发人职务、签名章。签发人职务应当标注全称。

签名章一般用红色。

④ 成文日期中的数字。

用阿拉伯数字将年、月、日标全，年份应标全称，月、日不编虚位（即1不编为01）。

⑤ 特殊情况说明。

当公文排版后所剩空白处不能容下印章或签发人签名章、成文日期时，可以采取调整行距、字距的措施解决。

⑥ 附注。

如有附注，居左空二字加圆括号编排在成文日期下一行。

⑦ 附件。

附件应当另面编排,并在版记之前,与公文正文一起装订。"附件"二字及附件顺序号用 3 号黑体字顶格编排在版心左上角第一行。附件标题居中编排在版心第三行。附件顺序号和附件标题应当与附件说明的表述一致。附件格式要求同正文。

如附件与正文不能一起装订,应当在附件左上角第一行顶格编排公文的发文字号并在其后标注"附件"二字及附件顺序号。

3. 版记

(1) 版记中的分隔线。

版记中的分隔线与版心等宽,首条分隔线和末条分隔线用粗线(推荐高度为 0.35 mm),中间的分隔线用细线(推荐高度为 0.25 mm)。首条分隔线位于版记中第一个要素之上,末条分隔线与公文最后一面的版心下边缘重合。

(2) 抄送机关。

如有抄送机关,一般用 4 号仿宋体字,在印发机关和印发日期之上一行、左右各空一字编排。"抄送"二字后加全角冒号和抄送机关名称,回行时与冒号后的首字对齐,最后一个抄送机关名称后标句号。

如需把主送机关移至版记,除将"抄送"二字改为"主送"外,编排方法同抄送机关。既有主送机关又有抄送机关时,应当将主送机关置于抄送机关之上一行,之间不加分隔线。

(3) 印发机关和印发日期。

印发机关和印发日期一般用 4 号仿宋体字,编排在末条分隔线之上,印发机关左空一字,印发日期右空一字,用阿拉伯数字将年、月、日标全,年份应标全称,月、日不编虚位(即 1 不编为 01),后加"印发"二字。

版记中如有其他要素,应当将其与印发机关和印发日期用一条细分隔线隔开。

4. 页码

一般用 4 号半角宋体阿拉伯数字,编排在公文版心下边缘之下,数字左右各放一条一字线;一字线上距版心下边缘 7 mm。单页码居右空一字,双页码居左空一字。公文的版记页前有空白页的,空白页和版记页均不编排页码。公文的附件与正文一起装订时,页码应当连续编排。

(二) 公文格式图例

各种公文格式的图例见图 4-2 至图 4-12。

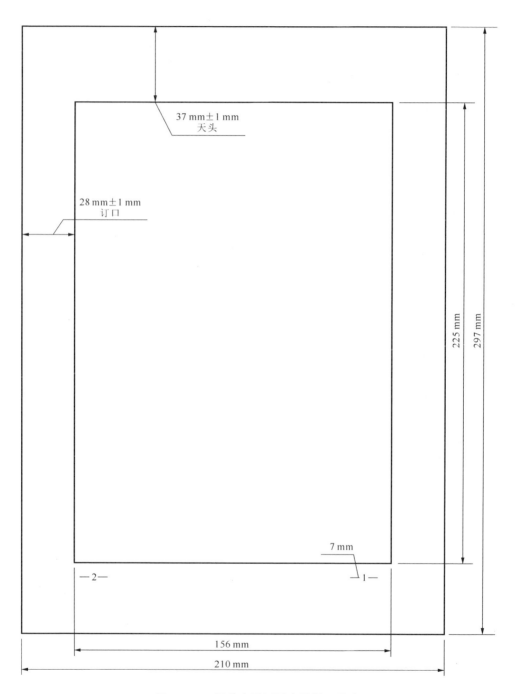

图 4-2　A4 型公文用纸页边及版心尺寸

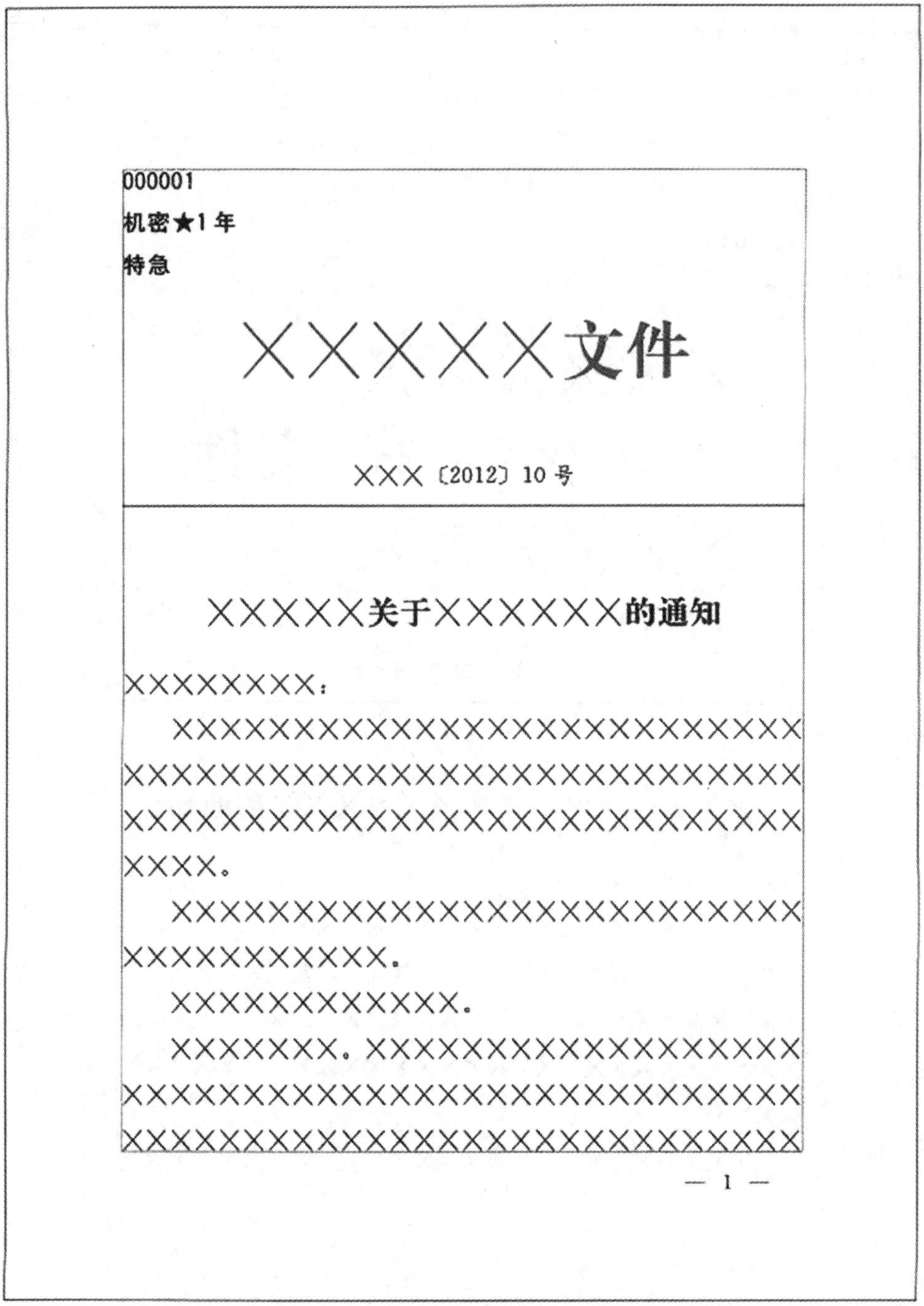

图 4-3　公文首页版式

（注：版心实线框仅为示意，在印制公文时并不印出，后余同。）

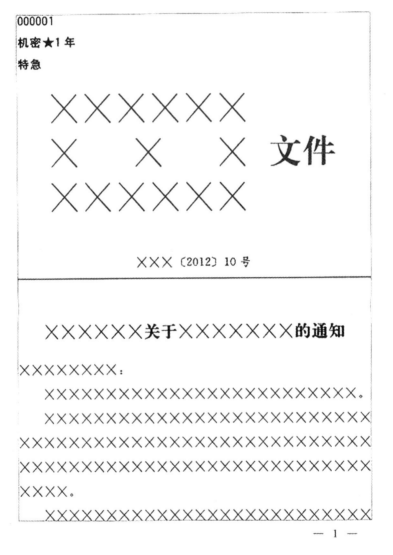

图 4-4　联合行文公文首页版式 1

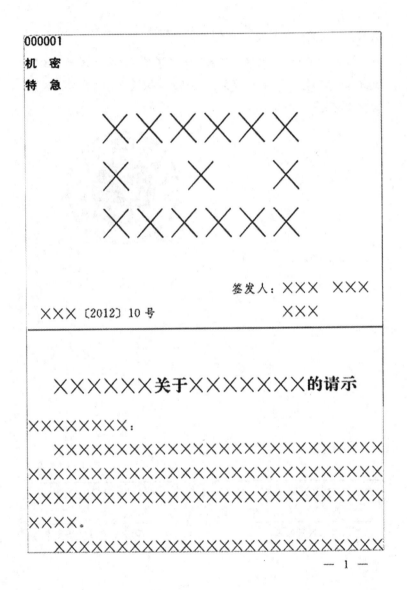

图 4-5 联合行文公文首页版式 2

×××××××××××××××。
　　×××。

2012年7月1日

（×××××）

抄送：×××××××，××××××，×××××，×××××，
　　　×××××。
××××××××　　　　　　　　　2012年7月1日印发

— 2 —

图 4-6　公文末页版式 1

```
×××××××××××××××。
    ××××××××××××××××××××××
××××××××××××××××××××××××××
×××××××。

                    ××××××××××
                  2012 年 7 月 1 日

(×××××)
```

```
抄送：×××××××，××××××，×××××，×××××，
    ×××××。
×××××××××              2012 年 7 月 1 日印发
```

— 2 —

图 4-7　公文末页版式 2

××××××××××××××。

××。

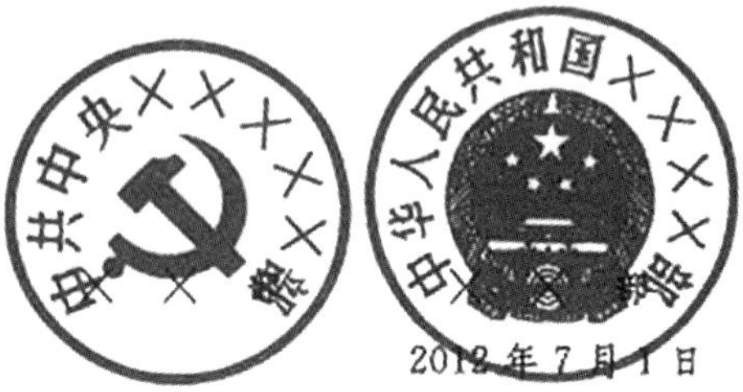

2012年7月1日

（×××××）

抄送：××××××××，××××××，×××××，×××××，×××××。

××××××××× 2012年7月1日印发

— 2 —

图 4-8　联合行文公文末页版式 1

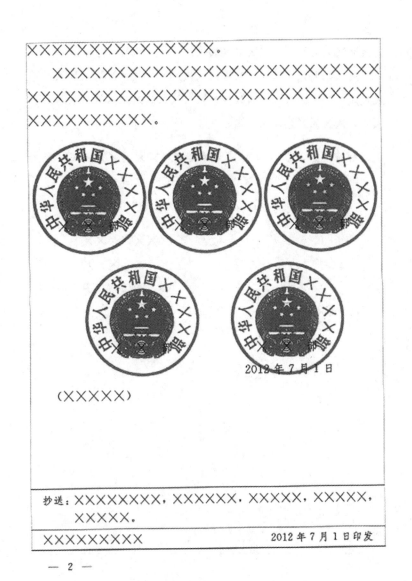

图 4-9　联合行文公文末页版式 2

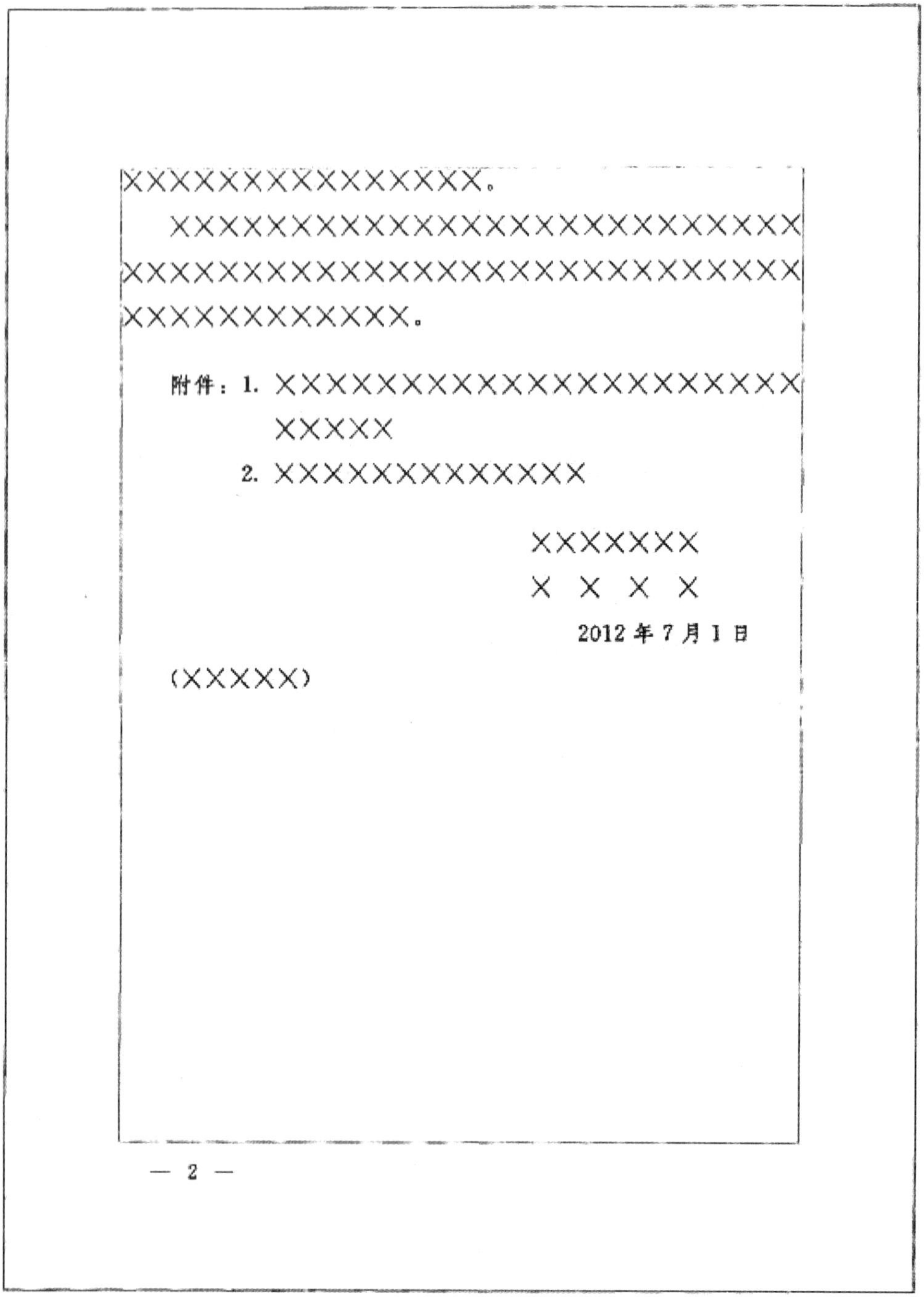

```
××××××××××××××××。
    ××××××××××××××××××
××××××××××××××××××××
×××××××××××。

    附件：1. ×××××××××××××××××
          ×××××
       2. ××××××××××××

                      ×××××××
                      ×  ×  ×  ×
                      2012 年 7 月 1 日

(×××××)
```

— 2 —

图 4-10　附件说明页版式

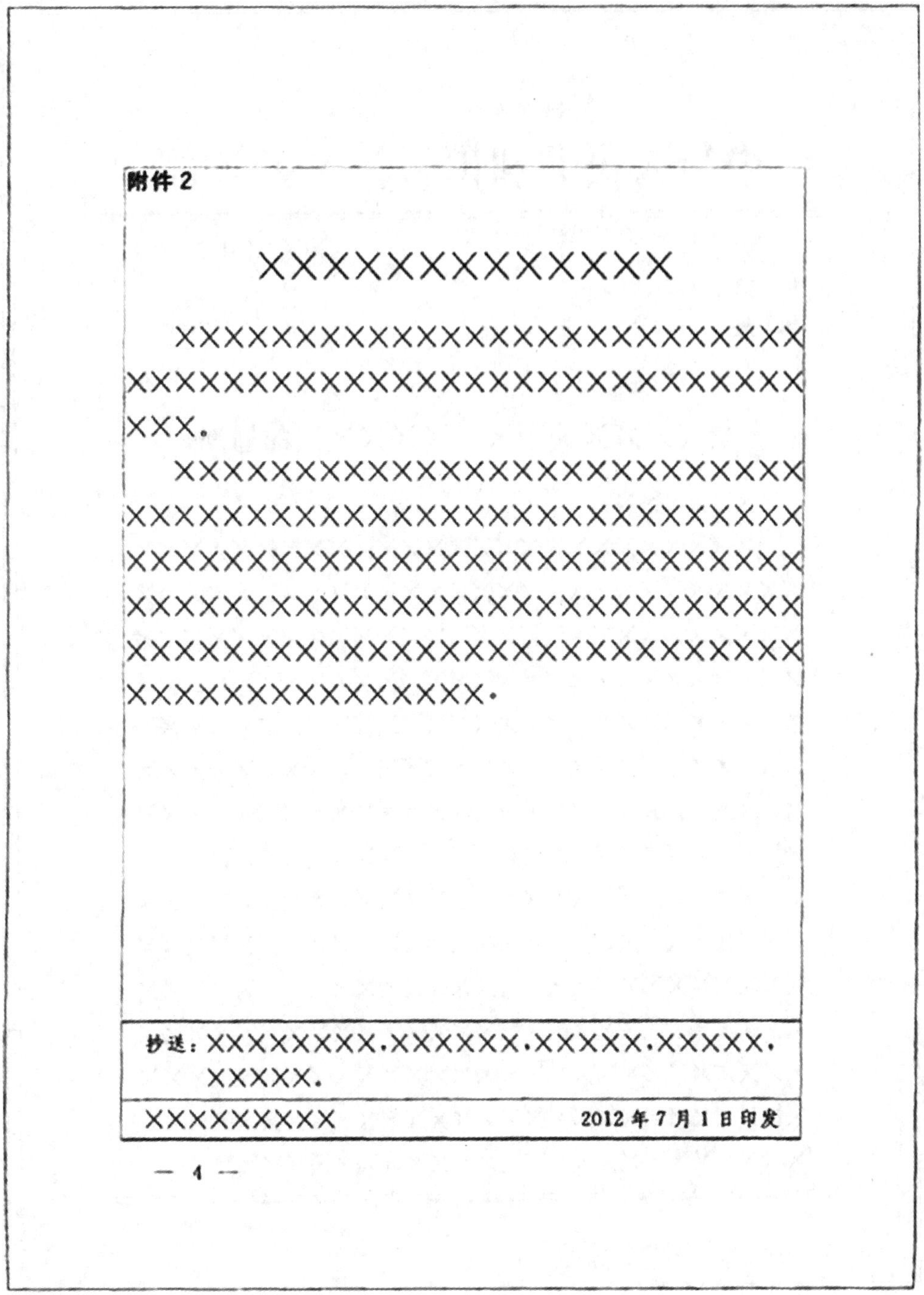
附件 2

XXXXXXXXXXXXXX

XXXXXXXXXXXXXXXXXXXXXXXXXX
XXXXXXXXXXXXXXXXXXXXXXXXXXXX
XXX。

XXXXXXXXXXXXXXXXXXXXXXXXXX
XXXXXXXXXXXXXXXXXXXXXXXXXXXX
XXXXXXXXXXXXXXXXXXXXXXXXXXXX
XXXXXXXXXXXXXXXXXXXXXXXXXXXX
XXXXXXXXXXXXXXXXXXXXXXXXXXXX
XXXXXXXXXXXXXXX。

抄送：XXXXXXXX，XXXXXX，XXXXX，XXXXX，XXXXX。

XXXXXXXXX **2012年7月1日印发**

— 4 —

图 4-11 带附件公文末页版式

中华人民共和国×××××部

000001　　　　　　　　　　　×××〔2012〕10号
机　密
特　急

×××××关于×××××××的通知

×××××××：

　　×××。

　　×××。

　　×××。

图 4-12　信函格式首页版式

第二节 通　　知

> 📖 **情景导入**

1. 奇美公司是一家从事家具在线销售的企业。最近，该公司正开展人事制度的改革工作，将于下周一的经理例会上就人事部门提交的改革方案进行讨论。为此，陈经理要求秘书夏琳写一份会议通知，提醒各参会人员准时出席，并附上人事制度改革方案供与会人员参考，方便会上讨论。

2. 经理例会顺利召开，会上讨论并通过了人事制度改革方案，公司拟于下月正式实施新的人事管理办法。为此，经理交代秘书夏琳写一份相关通知，将《奇美公司人事管理办法》下发到各部门，要求全体员工认真阅读并参照执行。

> 🔒 **问题思考**

除了内容不同以外，两份通知从性质上看是否存在区别？

一、通知的定义

通知适用于发布、传达要求下级机关执行和有关单位周知或者执行的事项，同时可用于批转下级机关的公文，或转发上级机关的公文。

通知是各级党政机关、企事业单位、社会团体均可使用的知照性公文。

二、通知的类型

按照内容性质的不同，通知可分为发布性通知、批转通知、转发通知和传达性通知四种。

（一）发布性通知

发布性通知是用以发布、印发行政法规、办法、规章制度的通知。发布性通知大多为复合体公文，要发布的规章制度不应视为公文的附件，而是与通知一起组成公文的正文。

（二）批转通知

批转通知是对下级机关报送的公文加批语后转发给其他下级机关的通知。学习时需注意将批转通知与转发通知区分开来。

（三）转发通知

转发通知是将上级机关和不相隶属机关发来的公文加转发语后转发给其他机关的通知。

批转通知与转发通知的区别主要为以下两点：① 转发文件的来源不同，批转通知转发的是下级机关报送的文件材料，而转发通知转发的是上级以及不相隶属机关发送的文件材料；② 批转通知一般带有"批语"（同意），而转发通知则仅仅包含转发语。

（四）传达性通知

传达性通知是传达要求下级机关执行和有关单位周知或者执行事项的通知。工作中常见的会议通知也属于传达性通知之列。

三、通知的结构与写法

（一）标题

常用的通知标题形式有以下两种。

1. 发文机关 + 事由 + 文种

如为发布性通知、批转通知和转发通知，则标题分别需带有"印发""批转""转发"字眼，如"教育部关于印发《前沿科学中心建设方案（试行）》的通知"。

2. 事由 + 文种

在具有版头的正式通知中，标题可省略发文机关，如"关于2018年调整本市征地养老人员生活费标准的通知"。

需注意的是，公文不能采用单元素标题，因此正式发文的通知不能仅以文种"通知"作为标题。

（二）主送机关

通知是下行文，因此主送机关应为发文机关的下级单位。如主送机关较多，则按照党、政、军、群的顺序排列，各机关间采用顿号（同类别）或逗号（不同类别）做区隔。

(三)正文

通知正文的写法一般包括发文缘由、通知事项、结尾几个部分。

1. 发文缘由

即撰写该通知的缘由、背景、目的、依据,开头最后一般带有承启语"现通知如下"或"现将有关事项通知如下"。

2. 通知事项

事项较简单的,可采用一段式写法;当事项较多时,可采用分条列项的形式将事项一一加以说明。

3. 结尾

通知的结尾形式如下。

(1)固定结语。"特此通知""现印发(或转发)给你们,请遵照执行""……经同意,现转发给你们"等。

(2)具体的执行要求或希望。

(3)秃尾。

(四)附件说明

如通知带有附件,则需于结尾后另起一行写上附件说明,格式详见图 4-10。需注意的是发布性通知、批转通知与转发通知为复合体公文,其后印发或转发的文件材料应视为正文的一部分,并非附件,因此无须写附件说明。

(五)落款

通知的落款为"发文机关+发文日期+公章"。
公章的有无是公文能否生效的标志。

(六)附件

附件应另起一页进行编排,并在版心左上角第一行定格标注"附件"字样,详见图 4-11。

【例 4-1】

教育部关于印发《前沿科学中心建设方案(试行)》的通知

各省、自治区、直辖市教育厅(教委),各计划单列市教育局,新疆生

产建设兵团教育局,部属各高等学校、部省合建各高等学校:

  为落实《高等学校基础研究珠峰计划》,建设前沿科学中心。我部研究制定了《前沿科学中心建设方案(试行)》,现印发给你们,请结合本地、本单位工作实际,认真遵照执行。

教育部
2018 年 7 月 18 日

前沿科学中心建设方案(试行)

  为落实国务院关于全面加强基础科学研究的有关精神,根据"高等学校基础研究珠峰计划",教育部决定在高等学校培育建设一批前沿科学中心。为做好中心组建工作,特制定本方案。(略)

(选自教育部门户网站)

【简析】

  印发通知属于发布性通知,用于发布本机关或本单位制定的法规、规章,包括条例、规定、办法、细则等,一些类规章性文件,如指示、意见、计划等也可通过印发通知来发布。正文结尾一般带有印发语"现印发给你们,请遵照执行(贯彻落实)"。

【例 4-2】

国务院关于批转财政部权责发生制政府综合财务报告制度改革方案的通知

各省、自治区、直辖市人民政府,国务院各部委、各直属机构:

  国务院同意财政部《权责发生制政府综合财务报告制度改革方案》,现转发给你们,请认真贯彻执行。

国务院
2014 年 12 月 12 日

(此文件公开发布)

权责发生制政府综合财务报告制度改革方案

  按照党的十八届二中、三中、四中全会精神,根据新修订的《中华人民共和国预算法》和《国务院关于深化预算管理制度改革的决定》

（国发〔2014〕45号）有关要求，为建立权责发生制的政府综合财务报告制度，全面、准确反映各级政府整体财务状况、运行情况和财政中长期可持续性，制定本方案。（略）

（选自中国政府网）

【简析】

批转通知，顾名思义是本机关单位批示、转发下级机关单位所制定文件时所用的公文。注意在写法上，批转通知除了有转发语"现转发给你们，请遵照执行（贯彻落实）"以外，还会出现表态用语"同意"，句式为"×××（发文单位）同意×××（被转发文件的成文单位）《××××××》（被转发文件名称），现转发给你们，请遵照执行"。

【例 4-3】

国务院办公厅关于转发教育部等部门
教育部直属师范大学师范生
公费教育实施办法的通知

各省、自治区、直辖市人民政府，国务院各部委、各直属机构：

教育部、财政部、人力资源社会保障部、中央编办《教育部直属师范大学师范生公费教育实施办法》已经国务院同意，现印发给你们，请认真贯彻执行。2007年5月9日经国务院批准、国务院办公厅转发的《教育部直属师范大学师范生免费教育实施办法（试行）》和2012年1月7日经国务院批准、国务院办公厅转发的《关于完善和推进师范生免费教育的意见》同时废止。

国务院办公厅
2018年7月30日

（此文件公开发布）

教育部直属师范大学师范生公费教育实施办法

教育部　财政部　人力资源社会保障部　中央编办

（内容略）

（选自中国政府网）

【简析】

转发通知与批转通知的本质区别在于用法,转发通知适用于本机关单位转发上级,或同级机关单位的文件,如例文中发文机关"国务院办公厅"与被转发文件的成文机关"教育部"等部委同属国务院机构(部门),由国务院直接领导,因此通知采用"转发"而非"批转"。

【例4-4】

教育部关于张树庭、段鹏任职的通知

中国传媒大学:

2018年6月4日研究决定:

任命张树庭、段鹏为中国传媒大学副校长(试用期一年)。

教育部
2018年7月12日
(选自教育部门户网站)

【简析】

任免通知是工作中常见的传达性通知,一般只起周知作用,行文简洁,无须带有"贯彻执行"等用语。

【例4-5】

关于2018年调整本市征地养老人员生活费标准的通知

各区人民政府,市政府各委、办、局,各控股(集团)公司,市社会保险事业管理中心:

根据《上海市人民政府关于印发〈上海市被征收农民集体所有土地农业人员就业和社会保障办法〉的通知》(沪府发〔2017〕15号)的有关规定,为切实保障本市征地养老人员的基本生活,规范征地养老人员的管理,现就2018年调整本市征地养老人员生活费标准的有关规定通知如下:

区管理的征地养老人员生活费标准的调整按照职保中原镇保养老人

员养老金增长的平均水平安排,具体办法由区政府制定。征地养老管理单位管理的征地养老人员生活费调整办法,参照所在地区政府制定的办法执行。

按本通知规定调整征地养老人员生活费标准所需费用按原渠道列支。

本通知自2018年5月16日起施行。2018年1月1日至本通知施行之日符合上述规定的人员,生活费按本通知规定调整。本通知有效期至2018年12月31日。

上海市人力资源和社会保障局

2018年4月20日

(选自上海市人民政府网)

【简析】

这则传达性通知正文第一段清楚地交代了发文的依据和目的,中间段落是对通知事项的说明,结尾部分则写明了通知的实施及有效时间,全篇逻辑严密,行文简洁。

【例4-6】

2018首届郑州国际城市设计大会会议通知

各有关单位:

经批准,由中国建筑学会、河南省住房和城乡建设厅、郑州市人民政府共同主办的2018首届郑州国际城市设计大会定于2018年9月18—21日在河南省郑州市郑东新区举行。

本次会议将以习近平新时代中国特色社会主义思想为指导,深入贯彻《中共中央国务院关于进一步加强城市规划建设管理工作的若干意见》,邀请国内外著名专家学者围绕城市设计的理论与实践、城市风貌特色保护与有机更新、城市设计教育与建筑学人才培养、新技术在城市设计中的应用等议题进行深入探讨,同时举办城市设计优秀成果展览展示活动,旨在通过城市设计与城市建设相关方的深度交流,提高我国城市设计与管理水平,塑造新时代城市特色风貌,并就城市设计的基本理念、方法和目标达成共识,形成会议成果。欢迎有关行业主管部门领导、相关单位负责人、广大会员、建筑师、规划师、工程师、科技工作

者、院校师生等参加会议。现将会议相关事项通知如下:

一、会议时间

2018年9月18—21日

二、会议地点

河南省郑东新区郑州国际会展中心

三、会议主题

塑造新时代城市特色风貌

四、会议内容与形式

会议形式包括主旨报告会、专题论坛和城市设计展。

主旨报告会将由宋春华、何镜堂、王小东、王建国、孟建民、朱子瑜、盖里·哈克(美国)、矶崎新(日本)等国内外知名院士、专家做报告,并邀请崔恺、常青院士担任主持。

专题论坛学术召集人由院士、大师和行业领军人物担任,并牵头策划了论坛的具体内容。专题论坛报告人将以国内中青年专家学者为主。大会设七个论坛:

1. 城市设计理论和方法前沿
2. 城市设计的多元创新与工程实践
3. 城市形态、建筑形态和城市设计
4. 历史场所精神再现和文化传承
5. 社区营造与城市活力再生
6. 城市设计教育与建筑学人才培养
7. 新区建设实验

城市设计展征集并邀请了近200项国内外优秀城市设计案例参展。

五、会议日程

日期	时间	会议内容
9月18日 星期二	10:00—23:00	会议代表报到
	11:00—12:00	城市设计展开幕式
	14:00—17:00	郑东新区城市建设观摩
9月19日 星期三	8:30—9:00	大会开幕式
	9:00—12:00	主旨报告会
	12:00—13:30	自助午餐
	13:30—17:30	主旨报告会
	18:30—20:30	"郑东之夜"欢迎晚会

续表

日期	时间	会议内容
9月20日 星期四	8:30—17:30	专题论坛 1. 城市设计理论和方法前沿 2. 城市设计的多元创新与工程实践 3. 城市形态、建筑形态和城市设计 4. 历史场所精神再现和文化传承 5. 社区营造与城市活力再生 6. 城市设计教育与建筑学人才培养 7. 新区建设实验
9月21日 星期五	上午	郑东新区城市建设观摩
	下午	疏散

六、会议报名

（一）报名方式：本次会议采取网上报名方式。中国建筑学会负责受理代表报名工作。报名网址为 2018iudc.chinaasc.org。

（二）在线注册报名时间：2018年8月1日8:00—2018年9月10日17:00。截止日期后将不再受理网上报名。

（三）会议费用：参会代表需交纳会议费。城际交通与住宿费用自理。9月10日前通过在线报名缴费，非个人会员1500元/人，个人会员900元/人，团体会员单位代表1200元/人。现场注册只能以现金、微信、支付宝形式缴费，不能刷银行卡。通过银行转账缴纳会议费时请注明"郑州国际城市设计大会会议费"。转账成功后请将相关凭证影印件上传至会议报名系统以完成注册登记。

户　　名：中国建筑学会

开户行：中国工商银行××××支行

账　　号：020000140908901××××

（四）入会申请：非会员入会请登录学会网站 www.chinaasc.org 在线申请，如遇问题请与学会会员部联系，电话：010-8808××××，联系人：张×平。

七、报到地点

组委会将在会议指定酒店和郑州国际会展中心（会议中心大堂）设立报到台，请参会代表于9月18日10点至23点前往报到并领取会议资料。

八、会议住宿

组委会指定美豪诺富特等酒店为大会合作酒店,向参会代表提供折扣价格。代表请与酒店直接联系预定,详情请访问大会网站 2018iudc.chinaasc.org "在线报名—交通住宿"栏目。

九、联系方式

会议咨询:吴×娟　电话:010-8808××××(学会)
　　　　　熊×富　电话:0371-6717××××
展览咨询:潘　蓉　电话:010-8808××××(学会)
　　　　　蔡×军　电话:1362382××××
报名咨询:郦×斯　电话:010-8808××××
发票咨询:施×萍　电话:010-8808××××
论坛咨询:夏　楠　电话:010-8808××××

中国建筑学会
2018 年 8 月 17 日
(选自中国建筑学会网站)

【简析】

本例文为会议通知,属于常见的一种传达性通知。例文清晰地说明了开会的时间、地点、会议内容、参会人员以及会议的报名方式,信息详细完整。除上述内容以外,会议通知常见的附件形式还包括参会回执、会议地点的交通路线图。

章节练习

一、病文改错

请指出以下通知存在的问题并予以改正。

关于《××职业技术学院学生转专业规定》的印发通知

各党政、教学、教辅机构:

现将第 14 次党政联席会议通过的《××职业技术学院学生转专业规定》印发给你们。

特此通知。

附件:××职业技术学院学生转专业规定

××职业技术学院
2018 年 12 月 12 日

二、情景写作

请根据本节"情景导入"提供的背景信息，完成通知的写作。

第三节 通 报

情景导入

按制度规定，A公司每半年进行一次业绩考核，并会对表现优秀的部门进行表彰。而在今年上半年的考核中，市场部和客服部的得分最高。为此，陈经理要求夏琳起草一份通报，号召公司其他部门向市场部和客服部学习。

问题思考

写这份通报的目的是什么？

一、通报的定义

通报是适用于表彰先进、批评错误、传达重要精神和告知重要情况的一种知照性公文。

二、通报的类型

根据适用情况，通报可分为表彰性通报、批评性通报、传达性通报。

三、通报的结构与写法

（一）标题

常用的通报标题形式有：①"发文机关＋事由＋文种"；②"事由＋文种"。带有版头的通报可在标题省略发文机关。

（二）主送机关

通报是下行文，主送机关应为发文机关的下级机关。

(三) 正文

不同类型的通报有不同的写法,结构大致有发文缘由、通报事项、分析、决定、要求几部分。

1. 发文缘由

即撰写该通报的缘由、目的、背景、依据等。

2. 通报事项

如为表彰性通报,则应交代清楚先进事迹的来龙去脉,包括时间、地点、人物与事件经过。

如为批评性通报,则应说明错误事实及其发生的前因后果,同样需要包含时间、地点、人物与事件经过。

如为传达性通报,则应将待传达、告知的情况加以清晰说明。

3. 分析

表彰性通报需要写清楚事件反映的积极意义,批评性通报需要阐述事件导致的负面影响或严重后果,而传达性通报可指出所说明情况中存在的经验或问题。

4. 决定

该部分内容是对先进事迹或错误事实所做出的嘉奖或惩处措施。

5. 要求

如为表彰性通报,则应在结尾提出向获表彰对象学习的号召。

如为批评性通报,则应要求收文机关人员引以为戒。

如为传达性通报,则应根据所传达的情况提出周知、保持或改进的要求。

(四) 落款

落款一般为"发文机关名称+发文日期+公章"。

【例 4-7】

关于表彰红线女等同志的通报

各市、县、自治县人民政府,省府直属有关单位:

建国以来,在省委、省政府的领导和关怀下,我省的粤剧艺术得到蓬勃发展,蜚声海内外,一批老艺术家为此付出了辛勤的劳动,作出了突出的贡献。为表彰他们的成就,树立榜样,省人民政府决定,授予红线女同志"粤剧艺术杰出贡献奖",罗品超、郎筠玉、罗家宝、林小群、陈笑风、杨子静、陈冠卿、林榆、莫汝城同志"粤剧艺术突出成就奖",并在全省范围内予以通报表彰。

希望受表彰的同志戒骄戒躁,再接再厉,珍惜荣誉,在今后的工作中,作出更大的贡献。全省广大文艺工作者要以他们为榜样,深入贯彻落实江泽民总书记"三个代表"重要思想和党的十五届六中全会精神,与时俱进,努力开拓,为弘扬广东粤剧艺术和社会主义精神文明建设作出新的贡献。

广东省人民政府
二○○一年十二月三十一日
(选自广东省人民政府网)

【简析】

这则表彰性通报言简意赅地交代了发文的目的,说明了被表彰对象被授予的奖项,并在最后向广大文艺工作者提出了希望和号召。

【例 4-8】

关于清新县云龙云来产业基地违法违规用地查处情况的通报

各地级以上市人民政府,各县(市、区)人民政府,省政府各部门、各直属机构:

2007年以来,清新县云龙、云来产业基地在未经依法批准的情况下,非法征占大量土地,损毁大量基本农田,破坏土地管理秩序,造成了严重的后果。为深刻吸取教训,严肃法纪,维护全省土地管理正常秩序,严防类似事件再次发生,经省人民政府同意,现将有关情况通报如下:

2007年4月,清新县委、县政府同意在禾云、龙颈、飞来峡3个镇设立云龙、云来两个产业基地,并确定由镇政府与私人企业进行合作开发。2007年5月,清新县委、县政府在明知云龙、云来产业基地未依法办理用地审批手续的情况下,要求禾云、龙颈、飞来峡3个镇政府尽快征地,并授权合作企业非法出让土地。2010年2月,省政府发现此案后,立即发出《关于严肃查处重大土地违法违规行为的通知》,责成清远市迅速采取坚决措施，对云龙、云来产业基地违法违规用地立即停止推土、立即停止建设、立即复耕复绿、立即恢复被违法占用的基本农田，并派出省调查组展开调查。现已查明，云龙、云来产业基地共涉及非法征地22928亩，非法占地8973亩，非法出让土地5836亩，损毁基本农田1185亩。在这起土地违法案件中，清新县委、县政府放任甚至纵容违反土地管理法律法规的行为，造成云龙、云来产业基地大量土地被非法占用，大面积基本农田被损毁；禾云、龙颈、飞来峡镇在未取得合法用地手续的情况下，按照县委、县政府要求，以镇政府名义非法大规模征地；县和相关镇国土资源管理机构对违法用地行为制止不力，禾云、龙颈镇国土所故意隐瞒违法事实，县国土资源局对本行政区域内发生的非法征地、占地行为，没有实事求是报告和严肃查处，以致违法征地用地问题更加严重。

在查清事实、分清责任的基础上，省委、省政府责成清远市委、市政府采取坚决措施，依法依纪对违法用地行为和相关责任人员进行严肃处理。目前，已对涉案的11名责任人予以处分，其中给予清新县委书记、县人大常委会主任欧国伟撤销党内职务处分，依法罢免其县人大常委会主任职务，按副处级干部另行安排工作；给予清远市人民政府市长助理贝冰（原清新县委书记）党内严重警告、行政降级处分；给予清新县委副书记、县长郑小燕党内严重警告、行政记大过处分；给予清新县委常委何霖生（原副县长）党内严重警告处分；给予清新县副县长林明晓党内严重警告、行政记大过处分；给予清新县国土资源局党组书记、局长陈新祺撤销党内职务、行政撤职处分。对相关企业非法占地行为，清远市已立案查处并作出行政处罚，没收违法占用土地上所建建筑物和构筑物，共计48万平方米，并处罚款931万元。清远市人民政府已就此案向省人民政府作出深刻检查。

省人民政府认为，清新县云龙、云来产业基地违法违规用地案件，是一起我省近年来罕见的违法违规用地典型案件，涉及非法征占土地面积、损毁基本农田面积数量巨大，特别是在近年来国家和省采取严厉措施，打击违法违规用地行为的背景下，清新县仍发生此起重大案件，性质严重，影响恶劣。为进一步加强全省国土管理工作，依法严厉查处和遏制违法违规用地行为，省人民政府要求：

一、各地、各有关部门要引以为戒，举一反三，真正从思想、工作、管理和作风上牢固树立科学发展、依法行政的意识。要根据本地实际，科学制订发展规划，合理确定发展方向，进一步强化规范管理，切实维护经济社会发展良好秩序。

二、要推动国土资源管理共同责任制的落实,充分发挥各职能部门的作用,共同监管,共担责任,促进土地管理工作上新水平。要加快基层国土管理机构及执法监察队伍建设,加强动态巡查和报告工作,防患于未然,力争把土地违法行为遏制在萌芽状态。

三、各地要根据2009年度土地卫片执法检查的工作要求,对本地区违法用地行为进行全面清查,加大力度整治违反国家产业政策和供地政策行为,及时完成违法用地查处整改工作,确保违法用地发现率、立案率、查处率、整改率达到100%和结案率达到95%以上。

广东省人民政府办公厅
二〇一〇年六月一日
(选自广东省人民政府网)

【简析】

这则批评性通报首先详细地陈述了被批评对象的违法、违规情况,阐明其行为所导致的严重后果,其次交代了有关部门对违法、违规人员的处罚,最后向各地、各有关部门提出相应要求。

【例4-9】

2018年上海市月饼监督抽检情况通报

各有关部门:

中秋节前夕,上海市食品药品监督管理局对本市生产经营的月饼进行了监督抽检。截至目前,全市共抽检188批次,其中本市生产企业116批次、流通企业60批次、餐饮单位制售的12批次。覆盖世纪联华、农工商、麦德龙、乐购、欧尚、大润发、联家、好又多等连锁超市、食品店以及本市月饼生产企业,品牌涉及杏花楼、新雅、功德林、老大房、沈大成、元祖等知名品牌。结果显示,合格187批次,不合格1批次(不合格项目:菌落总数超标),样品检验合格率为99.47%。

本次抽检依据《食品安全国家标准食品中污染物限量》(GB2762)、《食品安全国家标准食品添加剂使用标准》(GB2760)、《食品安全国家标准食品中致病菌限量》(GB29921)、《食品安全国家标准糕点、面包》(GB7099)等国家标准要求,检验项目主要包括:铅、酸价、过氧化值、苯甲酸及其钠盐、山梨酸及其钾盐、菌落总数、大肠菌群、沙门氏菌、金黄色葡萄球菌等指标。

食药监部门提醒广大消费者，购买月饼时，可闻其味、观其色。购买后应尽快食用，避免长时间贮存。

上海市食品药品监督管理局
2018 年 9 月 17 日
（选自上海市人民政府网）

【简析】

这是一则传达性通报，例文的开头概述了此次检查的总体情况，包括检查的范围、数量和检查结果，中间部分对检查的内容进行了介绍，结尾是针对检查结果所提出的相关建议。

章节练习

一、病文改错

请指出以下通报存在的问题并予以改正。

广华药业有限公司关于对总店虚开发票行为的处理通报

各位市民：

经市工商行政管理局调查发现，我司医药总店于元月上旬以来，每天派出两名职工佩戴市工商行政管理局发给该店的零售营业执照，在郊区人口稠密处销售人参蜂乳精、阿胶、参类等 20 多种不能公费报销的高档滋补药物，并给购买者开具发票，上面标注的却是普通草药或西药。

总店的行为公然违反我国关于滋补、营养、饮料等保健类药品不准公费报销的相关规定，营业执照已遭市工商行政管理局暂时吊销。

特此通报。

广华药业有限公司
2017 年 3 月 6 日

二、情景写作

请根据本节"情景导入"提供的背景信息，完成通报的写作。

第四节 报 告

📖 情景导入

夏琳所在的行政部要参与此次的年中绩效考核,部门工作报告的写作任务就落在夏琳身上。行政部今年上半年开展的主要工作有:协助总经理制定公司本年度的工作计划;协同人力资源部完善了公司的人事制度,制定了新的人事管理办法;协助人力资源部顺利完成公司的春季招聘工作,并对新入职员工进行了培训;协助公司举办各类活动,以及负责大小会议的组织和落实工作。

🔒 问题思考

报告的写作目的是什么?写作对象又是谁?

一、报告的定义

报告属于上行文,适用于下级机关向上级机关汇报工作、反映情况,以及回复上级机关的询问。

二、报告的类型

报告的形式繁多,按照不同分类标准,可得出不同的报告类型。如从《条例》对报告的定义出发,则可将报告分为汇报工作报告、反映情况报告、答复询问报告三种。

三、报告的结构与写法

(一)标题

报告的常用标题形式有:①"发文机关+事由+文种";②"事由+文种"。带有版头的报告可在标题处省略发文机关。

(二)主送机关

报告是上行文,因此主送机关应为发文机关的上一级领导机关或上一级业务主管机关。

(三)正文

1. 发文缘由

即撰写该报告的缘由、目的、背景、依据等,常伴有承启语"现将……报告如下"。

2. 报告事项

如为汇报工作报告,则应说明过去某段时间的工作所取得的成绩、经验与存在问题。

如为反映情况报告,则应说明情况或事件的起因、经过、结果、性质与相关建议。

如为答复询问报告,则应对上级机关的问题予以清晰回复,答复一定要有针对性,不能答非所问,也不能借题发挥。

(四)落款

落款一般为"发文机关名称＋发文日期＋公章"。

【例 4-10】

关于报送 2016 年政府工作报告任务落实情况的报告

市政府督查室:

根据《关于上报 2016 年政府工作报告任务落实情况的通知》要求,市行政审批服务局对照《关于印发中共银川市委 2016 年工作要点责任分工　银川市政府工作报告重点任务分工的通知》(银党办〔2016〕16 号)等文件,对 2016 年政府工作报告安排的工作任务进行了认真梳理总结,现将报告随文附上,请审阅。

银川市行政审批服务局
2016 年 7 月 18 日

2016年上半年政府工作报告任务落实情况的报告

2016年上半年,根据《关于印发中共银川市委2016年工作要点责任分工 银川市政府工作报告重点任务分工的通知》(银党办〔2016〕16号)文件要求,市行政审批服务局以"人民群众满意方便""改革永远在路上"为工作指引,锐意进取、不断创新,努力破除各种机制障碍,力促"简政放权、放管结合、优化服务"工作再取得突破性进展,为全市经济社会健康有序发展作出应有贡献。

一、工作任务落实情况

1. 强力推进审批流程简捷化。(略)
2. 建立完善审管互动监管机制。(略)
3. 推行"一表通"便捷审批模式。(略)
4. 推行营业执照"经营范围"登记改革。(略)
5. 不断推进"审批改备案"改革。(略)
6. 进一步完善"同城通办"机制。(略)
7. 推行"五证合一"登记制度改革。(略)
8. 推进网上直办、"掌上审批"。(略)

二、存在的问题及下一步工作措施

今年以来,通过一系列的改革,市审批局在流程优化、系统升级、效能提高、服务提升等方面取得了比较好的成效,激活了市场活力、降低了行政成本、提升了政府公众满意度。但也存在一些问题:距群众、企业对进一步简政放权的需求还有一定距离;"多套系统并行""信息孤岛"和"数据烟囱"林立;放管结合双向发力不均衡;部门法律、法规、规章、规范性、政策性文件对审批设置的不合理条款等问题,在一定程度上影响制约了改革向纵深推进。

行政审批局的生命在于创新,在于简政放权,在于群众满意,我们将以"变中求新、新中求进、进中突破"的理念,坚持改革创新不放松,继续先行先试,推动各项工作,引领全区,示范全国。

1. 不断推进审批流程优化。(略)
2. 深入推进商事制度改革。(略)
3. 强化科技运用,积极破解"信息孤岛"。(略)
4. 强化审管改革的协调推进。(略)
5. 继续向县(市)区下放审批权限。(略)

银川市行政审批服务局
2016年7月18日

(选自银川市人民政府网,有删节)

【简析】

在这则汇报工作报告中,发文单位对过去一年工作任务的落实情况进行了总结与汇报,并指出其中存在的问题,提出了下一步工作的方向和措施。

【例 4-11】

上海市 2008 年环保专项行动饮用水源保护区后督查情况报告

为了进一步贯彻落实《国务院关于落实科学发展观加强环境保护的决定》,确保环境保护"十一五"规划和节能减排任务顺利完成,严肃查处违法排污行为,切实解决当前突出的环境问题,保障人民群众的切身环境权益,根据环境保护部等八部委联合发布的《关于继续深入开展整治违法排污企业保障群众健康环保专项行动的通知》精神,结合上海饮用水源保护实际情况,我市环境保护执法人员于 2008 年 7 月至 8 月,对城镇集中式饮用水源地保护区划定的重点水污染源企业进行了专项检查,现将检查情况汇报如下:

一、检查情况

本次专项后督查行动中,上海市、区(县)两级环境保护执法部门共出动 734 人次,检查了企业 1000 余户次。根据"环保专项行动"实施方案,精心组织,周密部署,制定计划,认真排摸梳理,确定检查范围。明确了本次专项后督察的 7 项重点内容,即环保审批手续是否齐全,污染治理设施是否到位、运行是否正常,是否有规范的台账记录,危险废物"联单"执行是否到位,是否有应急预案并落实了应急措施,污水干管到达时废水是否已纳管,2007 年的各项环保整改要求是否落实到位。在专项后督查中,我市调动各方力量,形成行动合力,充分发挥各镇、村级机构在专项行动中摸底调查方面的优势,联合区水务局发挥在截污纳管工作方面的合力,有效调动了方方面面的力量,保障督察工作的顺利开展。

上海市饮用水源保护专项执法的范围共涉及 10 个区县,包括市级饮用水源地 2 个(黄浦江上游水源保护区、陈行水库)及一些远郊区县级饮用水源取水口。对于已有明确范围的饮用水源地,按划定的范围进行检查;还没有划分范围的饮用水源取水口,按取水口上游不小于 3000 米,下游不小于 2000 米的河道水域,沿岸纵深不小于 2000 米的范围进行检查。

（略）

二、下阶段工作

从贯彻落实新的水污染防治法，加强饮用水源地保护角度，我市将开展下阶段工作：

1. 落实和完善饮用水水源保护区制度。
2. 对饮用水一级水源保护区陆域范围实施围栏控制措施。
3. 设置国家统一的水源地警示标识和标志。
4. 加强饮用水水源管理和保护力度。
5. 继续加强对环境隐患的整治力度。

饮用水安全问题是社会公共安全的一个重要组成部分，直接关系到人民健康、国家稳定和经济发展，在这次饮用水源保护专项执法检查中，我们执法人员做到环境监察与环境宣传相结合，确保专项行动取得实效。既贯彻好"严厉打击违法排污保障群众健康"环保专项行动精神，对水源保护区内排污单位严格执法，坚决杜绝超标排污现象；还结合形势开展宣传，吸取太湖受污染的教训，切实做好饮用水源保护工作。

水环境和自然生态处
二〇〇八年九月二十六日

（选自上海市生态环境局网站，有删节）

【简析】

发文机关在这则反映情况报告中对其执行的一次专项检查做了详细的情况汇报，并针对检查结果提出了下阶段的工作要点。

【例 4-12】

关于省人大常委会教科文卫工作委员会
《关于我省文物保护执法情况的调研报告》研究处理情况的报告

省政府办公厅：

接贵厅《山西省人大常委会办公厅关于交办〈关于我省文物保护执法情况的调研报告〉的通知》（以下简称《调研报告》）后，我局高度重视，按照省政府领导批示，立即召开了专门会议进行了研究讨论，并致函司法厅、财政厅、建设厅、旅游局、宗教事务局和省编办，就《调研报告》反映的问题和建议征求了有关部门意见。现将研究处理情况汇报如下：

一、有关部门的反馈意见

围绕省人大《调研报告》提出的六个方面建议，各有关部门反馈的主要意见如下：

省财政厅对《调研报告》中文物保护专项经费预算"……增加幅度应不低于同级财政增长幅度。建议省级财政预算每年不低于1亿元，市级一般不低于1000万元，县级不低于30万元，文物大县（市、区）不低于100万元"的要求持不同意见，提议取消。

省编办针对文物保护机构建设、增加行政执法机构和人员编制等要求表示：我省行政编制总量由中央确定，在2009年市县政府机构改革中，行政编制已经全部分配下达到各市、县（市、区）。各地可根据实际情况和工作需要，按照有关规定解决文物行政部门调整、增加内设行政执法机构和人员编制，以及省级以上文物保护单位建立管理机构、重点文博单位适当增加人员编制的问题。

省司法厅、建设厅、旅游局、宗教事务局等部门从加强组织领导、落实法定责任，加强法制建设、推进行政执法，注重文物保护、促进城镇化建设，做好开发利用、发挥综合效益等方面提出了一些建议和思路。

二、落实省人大建议的主要措施

我省是全国第一文物大省，文物多、价值高是我省独特的省情和资源优势。省人大高度重视文化遗产保护事业，支持政府工作，《调研报告》反映的问题符合我省实际情况，很有针对性，提出的建议顺应我省转型跨越发展大局，很有前瞻性和紧迫性。特别是增加财政预算和机构、人员编制的建议，对我省文物保护事业的发展将起到关键作用。针对《调研报告》提出的建议，我省将采取得力措施，着重做好以下工作：

（一）关于加强组织领导，落实法定责任。（略）

（二）关于加强政府主导，提供经费保障。（略）

（三）关于加强机构建设，提高队伍素质。（略）

（四）关于加强法制建设，推进行政执法。（略）

（五）关于注重文物保护，促进城镇化建设。（略）

（六）关于做好开发利用，发挥综合效益。（略）

山西省文物局
二〇一一年三月七日

（选自山西省文物局网站，有删节）

【简析】

这是一则答复询问报告，因此报告开头先表明对方来文已收悉，接下来就对方来文反映的问题和建议做出回复汇报。主体部分分为两小节，层次清晰。

章节练习

一、病文改错

请指出以下报告存在的问题并予以改正。

关于××县粮食局加强春节期间安全生产工作的报告

××市粮食局：

  现将我局春节期间安全生产工作的部署情况报告如下。

  1. 加强节日期间值班工作和落实应急措施。安排人员值班、领导干部在岗带班。要求值班者尽职尽责、不擅自离岗，做到值班人员与应急救援人员的信息畅通，做到救援措施完善，反应迅速，处理得当。

  2. 在春节来临之际，领导小组到各站库点进行全面大检查，发现普遍存在用电线路老化，场所干粉灭火机配备数量不够，各仓库年久失修造成屋檐腐烂，屋面漏雨等问题，我局监督公司下达整改通知书，要求立即整改，不得存在安全隐患。

  3. 切实加强对安全生产工作的组织领导。漳平县粮食局组成了以局领导为组长，各股负责人及公司领导为成员的工作领导小组，针对春节期间安全特点，分兵把关、加强防范，确保度过安全、欢乐、祥和的春节。

  特此报告。

  附件：××省粮食局关于切实做好2018年春节期间安全生产工作的通知

××县粮食局
2018年1月5日

二、情景写作

请根据本节"情景导入"所提供的背景信息，完成报告的写作。

第五节 请 示

情景导入

一年一度的秋季招聘即将开始，经过与人力资源部的研究讨论，行政部拟将招聘时间定在 10—11 月，并采取网络招聘结合校园招聘的形式招揽人才。为此李主任让秘书夏琳就秋季招聘的时间、形式向公司领导做出请示。

问题思考

同为上行文，请示与报告有何区别？

一、请示的定义

请示，是下级机关向上级机关请求指示、批准的文种。需注意的是，"上级机关"包括具有直接隶属关系的党政领导机关及业务主管机关。

二、请示的类型

根据请示的适用情况，可分为求示性请示与求批性请示。

三、请示的结构与写法

（一）标题

请示的常用标题形式有：①"发文机关＋事由＋文种"，请示多采用三元素标题，如"湖南专员办关于招录公务员的请示"；②"事由＋文种"，在实际工作中，也有部分请示因带有版头而在标题处省略发文机关名称，如"关于推广应用 HAN 阻隔防爆技术过程中亟待解决问题的请示"。

（二）主送机关

请示是上行文，因此主送机关为发文机关的上一级党政领导机关或业务主管机关。

（三）正文

请示正文的一般写法有发文缘由、请示事项、结尾几部分。

1. 发文缘由

即撰写该请示的缘由、目的、背景、依据等。

2. 请示事项

如为求示性请示，则应阐明当前所遇到的问题、困难，以及本机关针对存在问题、困难所提出的意见或建议。如为求批性请示，则应写清楚待上级批准同意的事项详情。

3. 结尾

求示性请示的尾语常为"请批复""请指示"，而求批性请示的尾语往往为"当否，请批准"。

（四）落款

落款一般为"发文机关名称＋成文日期＋公章"。

（五）附注

为方便上级机关的询问和联络，请示应带有附注，附注中需注明联系人的姓名和联系电话。

附注位于成文日期下一行居左空二字，并加上圆括号，详见图4-6。

【例 4-13】

关于推广应用 HAN 阻隔防爆技术过程中亟待解决问题的请示

国家安全监管总局：

  按照国家安全监管总局、建设部、交通部、质监总局《关于推广应用 HAN 阻隔防爆技术的通知》（安监总危化字〔2005〕101号，以下简称《通知》）文件要求，我省已开展 HAN 阻隔防爆技术推广应用工作。随着推广工作的不断深入，遇到几个亟待解决的问题，请国家总局给予指导。

一、《通知》第三条规定："对现有储存容器实施 HAN 阻隔防爆技术改造时，应委托具有相应施工资质的单位承担。"这里所指相应施工资质单位具体指什么施工资质？相应资质应由什么部门授予？

二、《通知》第五条规定："安全监管部门要会同建设、交通、质检部门，严格按照阻隔防爆技术标准的要求，对实施阻隔防爆技术改造的储存容器进行验收，验收合格的储存容器加贴'阻隔防爆技术储罐标记'"。国家总局是否将制定《阻隔防爆技术储罐验收工作管理办法》，还是由省局自行制定？

三、《通知》第六条规定："现有周边安全距离不符合《汽车加油加气站设计与施工规范》的加油（气）站的储罐实施 HAN 阻隔防爆技术改造并验收合格后，加油（气）站的安全距离按符合《汽车加油加气站设计与施工规范》的规定核定。"目前，牡丹江市一加油站距离市委仅 20 米，严重不符合《汽车加油加气站设计施工规范》（GB50156—2002，以下简称《规范》）规定的距离重要保护建筑物 50 米要求。该加油站如果采用 HAN 阻隔防爆技术，且验收合格后，是否可以核发危险化学品经营许可证，不再考虑其安全距离问题？

四、经 HAN 阻隔防爆技术改造的现有安全距离不符合《规范》要求的加油站，我省公安消防部门并不给出具《消防验收合格意见书》，而《消防验收合格意见书》为危险化学品经营许可证审批前置要件之一。为此，请国家总局协调公安消防部门对上述问题给予解决，否则，将严重制约 HAN 阻隔防爆技术推广应用。

以上问题，请国家总局尽快答复为盼！

黑龙江省安全生产监督管理局
二〇〇六年一月二十七日
（选自黑龙江省人民政府网）

【简析】

这则请示的开头开门见山地指出了发文目的，即出现了新问题，要求上级给予指导，因此属于求示性请示。主体部分分点陈述了遇到的问题，结尾表达希望上级尽快回复的强烈意愿。

【例 4-14】

湖南专员办关于招录公务员的请示

财政部：

  近年来，财政部安排的日常监管与专项检查任务日益增多，人少事多的矛盾越来越突出，一些处室由于人员短缺而无法兼顾到所有的日常业务，对监督工作的有效开展带来了一些影响。

  我办现有编内在职公务员 37 人，2009 年底我办将有 1 名干部办理退休手续，因此到 2010 年初我办将距 38 人的编制有 2 个空缺。

  为充实我办干部队伍，有效缓解人力过度紧张的局面，特申请 2010 年招录 2 名公务员。

  以上请示妥否，请批示。

湖南专员办
二〇〇九年七月八日
（选自财政部驻湖南省财政监察专员办事处网页）

【简析】

这则求批性请示表达了发文机关希望上级能批准新增人员的愿望，因此属于求批性请示。文章开头先介绍了发文背景，即目前工作面临人少事多的问题，继而提出请求事项——招录人员，最后以请示常用结语作结。

章节练习

一、病文改错

请指出以下请示存在的问题并予以改正。

关于拨款维修厂房的请示

总公司：

  超强台风"鲇鱼"在上月登陆，给我厂造成了较大损失。其中受损最严重的 2 号生产车间屋顶被吹毁，横梁钢架部分坍塌，车间机器全部进水。

  为尽快恢复生产，我厂恳请总公司能下拨专项经费用于车间及机器的修复。

　　以上请示如无不当，请批准。

××司福建分厂
2018年10月5日

二、情景练习

请根据本节"情景导入"所提供的背景信息，完成请示的写作。

第六节　批　　复

情景导入

奇美公司陈总经理批准了行政部所提交的关于招聘事宜的请示，同意行政部对秋季招聘所做出的工作安排。

问题思考

批复与请示在写法上有何联系？

一、批复的定义

批复是上级机关用以答复下级机关请示事项的文种。

二、批复的类型

批复是与请示相对应的文种，因此批复的类型也与请示的类型相一致，分为审批性批复与指示性批复。

三、批复的结构与写法

（一）标题

批复的常用标题形式有以下两种。

1. 发文机关＋表态用语＋（请示机关）＋事由＋文种

一般公文标题的元素最多只有三项，而批复标题的元素最多可达五项，与三元素标题相比，增加"表态用语"和"请示机关"两项，其中，请示机关可省略。

例如《绍兴市民族宗教事务局关于同意绍兴市半江庵更名为绍兴市半搁寺的批复》，与一般公文的三元素标题相比，增加了表态用语"同意"，事由为"绍兴市半江庵更名为绍兴市半搁寺"。

2. 发文机关＋（请示机关）＋事由＋文种

针对求示性请示的批复，上级机关一般不用表态同意或不同意，因此标题无须写上表态用语，标题形式类近普通三元素标题，例如"公安部关于实施《中华人民共和国行政复议法》中有关问题的批复"。

（二）主送机关

请示与批复是一一对应的关系，因此批复的主送机关即为原请示的发文机关。

（三）正文

批复正文的一般写法有引述语、批复事项、结尾几部分。

1. 引述语

批复开头必须先引述对方请示的标题和发文字号，作为发文依据，写法为"你单位＋请示标题＋发文字号＋收悉"。

2. 批复事项

批复主体部分应针对下级机关的请示内容进行回复。如果来文是求批性请示，则批复机关应明确是否批准下级机关的请示事项；如果来文是求示性请示，则批复机关应针对下级机关提出的问题给予指导建议。

3. 结尾

批复的结尾以两种写法最常见：一是固定结语"此复""特此批复"；二是提出具体的要求或希望。

（四）落款

落款一般为"发文机关名称＋成文日期＋公章"。

【例 4-15】

绍兴市民族宗教事务局关于同意绍兴市半江庵更名为绍兴市半搁寺的批复

绍兴市佛教协会:

你会《关于绍兴市半江庵变更登记名称的请示》收悉。依据《宗教事务条例》第十六条和《浙江省宗教事务条例》第三十四条的规定,经审核,同意绍兴市半江庵更名为绍兴市半搁寺,原登记编号不变。

特此批复。

绍兴市民族宗教事务局
2014 年 9 月 5 日
(选自绍兴市人民政府网)

【简析】

从标题的表态用语可知该批复为审批性批复。文章开头先表明下级单位的请示已收悉,然后明确表示同意对方的请示事项,并提供了审批依据,最后以批复固定尾语作结。

【例 4-16】

公安部关于实施《中华人民共和国行政复议法》中有关问题的批复

陕西省公安厅:

你厅《关于实施〈中华人民共和国行政复议法〉中有关问题的请示》(陕公法发〔2000〕1 号)收悉。现批复如下:

一、委托代理作为复议代理的一种形式,在于方便申请人、第三人参加行政复议时行使权利和履行义务,以维护其合法权益。代理人基于委托人的意思表示,依法代理申请人、第三人参加行政复议时,可以查阅除涉及国家秘密、商业秘密或者个人隐私外的被申请人提出的书面答复、作出具体行政行为的证据、依据和其他有关材料。律师代理和公民代理在行政复议中享有相同的权利。国家秘密和商业秘密的范围,应当以法律、法规和依据法律、法规制定的规章、规范性文件的规定确定。

二、《人民警察法》第九条规定的留置对象既包括犯罪嫌疑人员,也包括违法嫌疑人员。留置对象经留置盘问后，未对其依法刑事拘留或者治安拘留的，当事人不服可以依法申请行政复议。

三、公安机关对信访案件作出的复查结论，是针对原案件处理结果是否正确所作出的结论，当事人对复查结论不服可以再申诉，但不能申请行政复议。信访部门或者信访案件的处理机关，如果发现信访材料符合行政复议法规定的，应当及时移交行政复议机关处理。

公安部
二〇〇〇年三月三日
（选自公安部网页）

【简析】

这是一则指示性批复，批复机关在文中对下级单位请示中所提出来的问题一一做出了答复，并给予进一步的解释。

章节练习

情景写作

请根据本节"情景导入"所提供的背景信息，完成批复的写作。

第七节　函

情景导入

得到公司领导的批准后，行政部马上启动了人员招聘的准备工作。李主任安排夏琳尽快与当地的高职院校联系，商讨校园招聘会事宜。

问题思考

为何上述情景下只能采用函的形式交流？函作为文种到底具备哪些特点？

一、函的定义

函是不相隶属机关之间用以商洽工作、询问和答复问题、请求批准和答复审批事项的文种。

二、函的类型

函按照其功能的不同，可分为商洽函、征求意见函、请批函、批答函、问答函等；而从公文处理程序来看，可分为发函和复函两种。

三、函的结构与写法

（一）标题

函的常用标题形式有以下三种。

1. 发文机关＋表态用语＋事由＋文种

此种标题形式适用于批答函，例如安徽省财政厅"关于不同意收取卫生学评价费的复函"。

2. 发文机关＋事由＋文种

典型的三元素标题，例如"海口市园林管理局关于请求办理世纪明珠小游园绿化工程竣工财务结算手续的函"。

3. 事由＋文种

当函采用具版头的完整格式行文时，发文机关可省略，例如"关于《关于请求支持在天津市宝坻区举办独立学院的函》的复函"。

（二）主送机关

函是平行文，主送机关必须是不相隶属的机关，即与发文机关之间没有行政或业务上的领导和被领导关系。

（三）正文

函正文的写法一般有发文缘由、事项、结尾几部分。

1. 发文缘由

如果是发函，则应在开头说明发文的目的、背景或依据；如果是复函，则应引述对方来文的标题和发文字号作为答复的依据。

2. 事项

函的事项部分应根据函适用范围的不同而采用不同写法，可以是提出问题、商洽工作，或者答复提问和请求的事项。

3. 结尾

不同类型的函有不同的结语，例如：商洽函常用"恳请协助""望协助办理，盼复"等尾语作结；询问函可用"盼复""请予复函""敬请函复"作结；批答函和答复函常用"此复""特此函复""专此函告"等作结。

（四）落款

落款一般为"发文机关名称＋成文日期＋公章"。

【例 4-17】

浙江省安全生产监督管理局关于征求
《浙江省矿山建设项目安全设施设计审查与竣工验收工作指导意见（征求意见稿）》
《浙江省非煤矿山安全生产许可证审查工作指导意见（征求意见稿）》
修改意见的函

各市安全生产监督管理局，有关矿山安全评价机构、设计单位：

为进一步做好矿山建设项目安全设施"三同时"监管和非煤矿山安全生产许可证审查工作，根据《国家安全监管总局关于印发金属非金属矿山建设项目安全设施设计编写提纲的通知》（安监总管一〔2015〕68号）、《国家安全监管总局关于规范金属非金属矿山建设项目安全设施竣工验收工作的通知》（安监总管一〔2016〕14号）和浙安监管矿〔2015〕119号、浙安监管矿〔2015〕109号文件，我局对浙安监管矿〔2014〕14号、浙安监管矿〔2014〕16号两个文件进行了修订，形成了《浙江省矿山建设项目安全设施设计审查与竣工验收工作指导意见（征求意见稿）》和《浙江省非煤矿山安全生产矿山许可证审查工作指导意见（征求意见稿）》，现向你们征求意见。请你们于8月10日前将修改意见书面反馈我局矿山处，传真 0571-87053043，邮箱 ABCD87053043@163.COM。

附件：1. 浙江省矿山安全设施设计审查与竣工验收工作指导意见（征求意见稿）

2. 浙江省非煤矿山安全生产矿山许可证审查工作指导意见（征求意见稿）（备注：两个附件请自行到我局网站下载）

浙江省安全生产监督管理局
2016 年 7 月 22 日

（选自浙江省人民政府网）

【简析】

询问函是很常见的一种函的类型，标题处即点明了待征求意见的文件名称。询问函的正文部分必须要说明清楚意见的反馈时间和形式，并把待征求意见的文件作为附件发送给收文机关。

【例 4-18】

海口市园林管理局关于请求办理世纪明珠小游园绿化工程竣工财务结算手续的函

市财政局：

海口市世纪明珠小游园绿化工程于海口市碧海大道，主要建设内容为广场铺装、亭、花架与绿化种植工程。工程于 2010 年 12 月 8 日开工，2011 年 1 月 7 日完工，2013 年 6 月 20 日组织有关部门对该项目进行了竣工总验。工程现已审计结算完毕，最终审定建安费为 921347.68 元。按审计后建安费计取设计费为 29483.13 元（921347.68×3.2％）、建设监理费为 23033.69 元（921347.68×2.5％）、工程结算审计费为 4526.83 元，由市审计局支付。

根据《海口市发展和改革委员会、海口市财政局关于规范政府投资项目工程财务决算管理的通知》有关要求，现要求贵局办理该项目的竣工财务决算手续。

此函。

附件：《海口市审计局政府投资项目结（决）算审计报告（海审投报〔2015〕86 号》一份。

海口市园林管理局
2015 年 12 月 15 日

（联系人：王××，联系电话：1307×××××××××）

（选自海口市人民政府网）

【简析】

这是一则请批函,注意其与请示的区别。请示用于上下级机关之间,而不相隶属机关之间要提出请求事项则应采用函的形式。

【例 4-19】

关于不同意收取卫生学评价费的复函

省食品药品监督管理局:

  你局《关于请求参照相关收费项目收取卫生学评价费的函》(皖食药监财函〔2011〕225号)悉。经研究,现函复如下:

  原国家物价局、财政部《关于发布中央管理的卫生系统行政事业性收费项目及标准的通知》(价费字〔1992〕314号)规定,"委托性卫生防疫服务费"是国家设立的卫生部门的收费项目;省物价局、财政厅《关于制定我省卫生部门部分行政事业性收费标准的函》(皖价费〔2007〕17号),"卫生学评价费"是"委托性卫生防疫服务费"的一个子项目。

  按照《行政事业性收费项目审批管理暂行办法》(财综〔2004〕100号)文件的有关规定,收费单位不得擅自设立收费项目,不得随意变更收费主体。"卫生学评价费"为国家审批设立的属卫生部门的收费项目,其他部门不得收取。

  食品药品监督管理部门依据《餐饮服务许可管理办法》(卫生部令第70号),核发《餐饮服务许可证》前,接受餐饮单位委托,开展卫生学评价,如要收取卫生学评价费,应按照行政事业性收费审批管理权限和规定程序,由中央主管部门报财政部、国家发展改革委审批。

安徽省财政厅
二〇一一年十一月七日
(选自安徽省财政厅网站)

【简析】

这是一则批答函,开头引述了对方来函的标题和发文字号作为答复依据。主体部分援引国家相关规定,对来函机关的请求事项给出审批意见。

【例 4-20】

关于招投标工作职责的复函

国家发展和改革委员会：

　　你委《关于请重新明确我委指导和协调全国招投标工作等职责的函》（发改法规〔2003〕1181 号）收悉。根据你委"三定"规定和《国务院办公厅印发国务院有关部门实施招投标活动行政监督的职责分工意见的通知》（国办发〔2000〕34 号），原国家计委和原国家经贸委承担的"指导和协调全国招投标工作"以及监督有关招投标活动（不含内贸）的职责由你委承担。

　　此复。

中央机构编制委员会办公室
2003 年 10 月 15 日
（选自四川省人民政府网）

【简析】

　　这是一则答复函，开头的写法与批答函一致，同样引述了对方来函的标题和发文字号作为回复依据。与批答函不同的是，答复函只需回答来函单位的提问，不需要给出审批意见。

章节练习

一、病文改错

请指出以下函存在的问题并予以改正。

关于对 2018 年××区全民歌唱大赛工作方案征求意见的函

　　区总工会、区文旅广电局：

　　为做好 2018 年全民歌唱大赛的组织筹备工作，我部初拟了《2018 年××区全民歌唱大赛工作方案》（征求意见稿），现印送给你们征集意见和建议。

　　联系人：周××

联系电话：1802358××××

××区委宣传部
2018年4月6日

二、情景写作

请根据本节"情景导入"所提供的背景信息，完成函的写作。

宣传文书篇
Xuanchuan Wenshupian

第五章 宣传文书

一、明确概念

宣传是机关团体、企事业单位的一项经常性的重要工作。它对扩大本单位的影响、树立良好的公众形象具有重要意义。

宣传有多种形式，如召开会议、刊登广告等，但最简捷方便的是通过新闻报道来进行。因此，新闻报道是各单位文字工作者常用的一种文体。它主要包括消息、通讯等体裁，此外还有广播稿等。

二、学习目标

知识目标

1. 理解并掌握消息、通讯等概念。
2. 了解和认知消息、通讯的写作格式及要求。

能力目标

1. 根据实际情况，写出标题精准、结构合理、语言生动的宣传稿件。
2. 根据实际情况，结合所学知识，写出融客观性、文采性、生动性于一体的宣传稿件。

三、知识平台

关于宣传文书写作的能力进阶情况如图 5-1 所示。

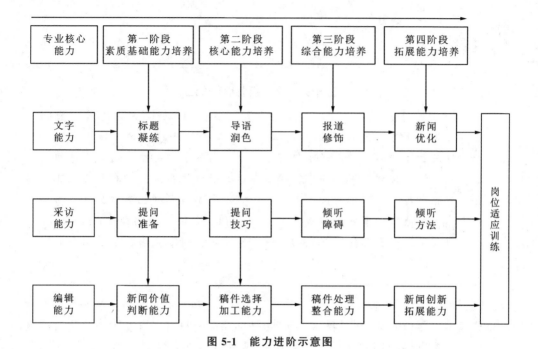

图 5-1 能力进阶示意图

第一节 消 息

一、消息的定义

消息,是用概括叙述的方式,简明扼要的语言,迅速及时地报道国内外新近发生的、有报道价值的、群众最关心的事件的一种文体。

消息是各种新闻体裁中用得最多的文体样式,是人们认识生活、认识世界的窗口,是各级政府部门和企事业单位联系群众、表扬先进、帮助后进、揭露问题、指导工作的重要手段。

消息的内容具备一些必要的因素,国外新闻界称之为"五要素",即时间、地点、人物、事情、为什么。我国有人称之为"六何",即何人、何时、何地、何事、何因、何果。无论是把它称之为"五要素"或"六要素",无非是说消息要把叙述的事情交代清楚,让人一看就明白:那是在什么时间、什么地方发生过的什么事情。比如 1949 年 4 月 22 日新华社播发的电讯,题目是《我三十万大军胜利南渡长江》,就是一篇公认的典型的好消息。

【例 5-1】

我三十万大军胜利南渡长江

【新华社长江前线二十二日二时电】 英勇的人民解放军二十一日已有大约三十万人渡过长江。渡江战斗于二十日午夜开始,地点在芜湖、安庆之间。国民党反动派经营了三个半月的长江防线,遇着人民解放军好似摧枯拉朽,军无斗志,纷纷溃退。长江风平浪静,我军万船齐发,直取对岸,不到二十四小时,三十万人民解放军即已突破敌阵,占领南岸广大地区,现正向繁昌、铜陵、青阳、荻港、鲁港诸城进击中。人民解放军正以自己的英雄式的战斗,坚决地执行毛主席、朱总司令的命令。

【简析】

这篇消息写得非常简明精粹,全文包括标点在内只有一百九十多个字,就报道了这场震撼世界的伟大战役,把它所要叙述的事情讲得清清楚楚,即渡江何时、何地开始,战斗的情况如何,结果如何,现在的动向如何,趋势如何等,都交代明白了,写作消息的"要素"在这里都具备了。当然,并不是要求每条消息都像这篇报道一样,必须完全具备"五要素"。有些消息常常只有三个要素或四个要素,也能把事情的内容叙述清楚,这也不是不可能的。

二、消息的特点

(一)真实性

真实性是消息的灵魂和生命,是消息写作的基本原则。消息中所反映的事实、引用的资料,包括人物、时间、地点、事件细节、数字等,要求具体真实、准确无误。写作中不允许"合理想象",更不能随意编造。因为从新闻本身来看,新闻是事实的报道,真实是新闻的生命,新闻离开真实或严重失实则不成新闻;从读者方面来看,读者读新闻是为了了解和认识周围世界的真实面貌,以便增广见闻,提高认识,选取对策,决定行动,如果报道不真实就会把他引上错误道路,动摇他对新闻的信赖。所以坚持新闻真实性原则成为消息报道的首要原则取向。

（二）时效性

时效性又称为消息的"新闻性"，即要报道新情况、新经验、新问题，给人以新意、新信息、新启发，舍去一个"新"字，新闻便成为历史。对国内外发生的重要事件，对当前工作中出现的新形势、新动向、新问题，对于改革开放中涌现出的新人、新事、新风尚，必须敏锐发现、尽快把握、迅速反映。

新闻内容新意味着报道要快。快、迅速、及时，这是新闻的显著特色。从这个意义上说，新闻是名副其实的"易碎品"，随着时间的流逝，本来很有意义的新闻会很快失去它的价值。因此，新闻写作不能打"马后炮"，送"雨后伞"。至于有些新闻出于政治考虑和经济利益有意迟发甚至不发，则另当别论。

（三）简短性

新闻一般是简明扼要、短小精悍的，消息为新闻文体之一，更应如此。表现在语言上是十分简练；表现在结构上一般是开门见山。事实的叙述概括准确，细节的描述典型精粹，段落简短明了，句子短促有力，这是新闻文体的重要特点。

从篇幅上来说，消息当然没有绝对的规范，但"短些，短些，再短些"则是一般的要求。例如简讯往往只有一句话，消息一般在七八百字左右，长消息一般在一千字上下。通常采取一事一报的原则。至于新闻中的通讯、评述等虽然常常要长些，但力求简短精粹的原则仍是重要的。换句话说，简短精粹仍是新闻报道的特点，消息尤甚。

（四）求实性

新闻是新近发生的事实的报道，因此消息首先要真实准确、客观公正。但纯新闻即纯客观的消息报道，只在很狭小的科技报道中存在，大量的新闻报道既然用于政治、经济、文化等方面的宣传，就不能没有传播机构和作者的意图和观点。没有意图、没有观点，也就没有了宣传。

新闻宣传不同于理论宣传。新闻宣传的手法是让事实说话，也就是让活生生的真实无误的事实来说明客观事实、客观真理。这是新闻宣传的长处，也是它的特点。但这并不是说新闻中没有议论，只是说，就文体而言，让事实说话而不滥发议论是新闻的本性，消息尤为如此。

三、消息的分类

消息有不同的划分方法。如果按照题材范围来划分，可分为政治、经济、军事、文化、体育、教育、卫生、社会生活等不同的种类。如果按反映的对象来划分，可分为事件消息、人物消息、会议消息、经验消息等。从写作形式的角度来划分,可分为四类:第一类简讯;第二类动态消息;第三类综合消息;第四类述评消息。

(一)简讯

它只是简单地报道某件新发生的事情,内容单纯、简要,只写出何时、何人、何事即可,不加任何评论。有的一两百字,有的只几十个字。有的把若干同类的简讯编排在一起报道,并加上栏目。

【例5-2】

第四次全国经济普查现场登记工作正式启动

新华社北京1月1日电(记者 陈炜伟)1月1日零时,第四次全国经济普查现场登记工作正式启动。

《全国经济普查条例》规定,经济普查每5年进行一次。我国已在2004年、2008年、2013年分别开展了三次全国经济普查。按照部署,第四次全国经济普查标准时点为2018年12月31日,普查时期资料为2018年年度资料。

根据普查安排,2017年,是第四次全国经济普查的筹备阶段,主要是研究普查的总体方案和开展专项试点;2018年是普查的准备阶段,主要是组建各级普查机构,开展宣传动员,制订和部署普查方案,完成人员选调与培训等;2019年是普查登记、数据审核处理和普查结果发布阶段;2020年为普查资料出版和利用普查结果开展课题研究阶段。

国务院第四次全国经济普查领导小组副组长、国家发展改革委副主任兼国家统计局局长宁吉喆强调,现场登记是决定普查质量最关键的环节,各级普查机构、全体普查人员要着力组织好现场登记工作。经普办要加强现场调度和值班值守,及时研究各地普查工作中反映的问题;抓好督促落实,确保普查现场登记数据质量真实准确。

(选自中国政府网)

【简析】

这一则简讯就"第四次全国经济普查现场登记工作正式启动"相关情况进行了全面、概括性的说明。这份简讯有情况介绍、工作安排、成员组成,做到用简洁的文字表达尽可能丰富的内容,是一篇上乘的简讯。

【例 5-3】

李乾文教授与泽园新生共话"大学之道"

12月19日上午,泽园书院"大学之道"特色通识教育项目邀请我校党委常委、组织部部长李乾文教授,在泽园书院108会议室给同学们带来了一场关于"如何适应大学学习"的精彩讲座。本次讲座由泽园书院副书记刘海燕主持。

讲座伊始,李乾文指出,大学学习是个逐渐了解和适应的过程,大学生要学会探索,特别是要主动、深入地了解所学专业,有些同学对所学专业不够了解,就盲目地转专业、考证,这样的做法欠妥。每个专业的同学,只要用心探索、努力钻研,都会有广阔的成长空间。以在座大部分学生所学的工商管理专业为例,李乾文列举了多个优秀学生事例,向同学们证明了工商管理专业宽阔的视野和发展的前景,鼓励同学们坚定对专业的信心。

接着,就大学生如何适应大学学习,李乾文重点介绍了《刻意练习》中的"3F原则"。第一个F是focus,专注是走向成功不可或缺的要素之一。第二个F是feedback,及时反馈十分重要。第三个F是fix,即纠正。李乾文强调同学们应具备标杆意识,认清自身短板与长处,把握修正错误、弥补弱点的机会。

随后,李乾文针对大学生活提出了"五个一"建议。第一,在兼顾学习的同时加入一个好的社团,培养兴趣和能力。第二,可以与不同专业的同学共同申请一个大创项目,积累创业经验。第三,系统性地读一本专业扩展性或视野拓宽性的经典书籍,跟紧时代步伐,了解未来趋势,阅读的目的是从书籍中积累有用的方法和思维方式,而非拘泥于了解书本理论知识。第四,在假期中参加一项社会实践活动,积累工作经验,培养社会交际能力,或从世界名人演讲中获得人生启发。第五,参加一项学校的比赛,如辩论赛或三创比赛,锻炼口才和创新能力。

之后,李乾文和同学们进行了互动。针对大学生如何从不自信变得自信、如何激发自身创业思维等问题为同学们答疑解惑。

讲座最后,李乾文和刘海燕鼓励同学们培养人际交往、领导协助等能力,拓宽视野,开阔格局。同学们受益匪浅,向老师们表达了衷心的感谢。

(选自南京审计大学新闻网)

【简析】

本则简讯就"李乾文教授与泽园新生共话'大学之道'"进行了简单报道,内容简单明了,行文通顺畅达。

(二)动态消息

所谓动态消息,就是指及时地反映现实生活中出现的新事物的简短的新闻报道。它是迅速、准确地报道国内外的重大事件,反映一个部门、一个单位的新成就、新气象的新闻报道形式。动态消息比简讯详细,要具体说明时间、地点、人物、事件和原因,内容集中、突出。动态消息要一事一报,以叙述为主,用事实说话,文字简洁。

【例 5-4】

每期 16 分钟共 19 期的音频党课,累计收听量超过 3 亿人次
——《给 90 后讲讲马克思》:基于广播 赢在创新

"有没有这样一个人,你总是听到他的名字,如雷贯耳,可实际上你却对他所知甚少。""和大多数人一样,马克思的父母也望子成龙,希望他以后成为有名望的大法官,可小马克思想法独特,从小在心中就种下了与众不同的择业观,你猜得到是什么吗?且听下回分解!"

上述内容不是来源于说书节目,而是上海广播电视台为"90 后"量身定制的音频党课《给 90 后讲讲马克思》中的音频内容。该节目总共 19 期,每期音频 16 分钟。从 4 月 14 日播出到 5 月 5 日结束,累计收听量超过 3 亿人次,仅在阿基米德 APP 的相关社区中,收听量就达到 3000 多万人次。

一档 16 分钟的音频党课为何能迅速"走红",圈粉无数?"在基于广播优势的基础上,我们遵循新媒体和互联网传播特点,用'90 后'话语体系,向年轻人讲述马克思生平故事,迅速拉近了他们与马克思之间的距离,得到了良好的传播效果。"对此,上海广播电视台东方广播中心策划部主任杨叶超在接受《中国新闻出版广电报》记者采访时说道。

形式新颖:开篇 RAP 拉近与年轻人距离

"我们总是听到他、见到他,却没那么了解他;有人诋毁他、尊敬他,不可能不知道他——卡尔·马克思……"

随着这段轻松活泼的RAP，4月14日起，由上海广播电视台东方广播中心、阿基米德FM联合中共上海市委党校等打造的音频党课《给90后讲讲马克思》揭开了序幕。

该档节目是为了纪念马克思诞辰200周年。"目标受众该如何确定""讲什么内容""用什么方式来呈现"成为摆在项目组面前的一系列难题。

"对于马克思这个人，包括他的思想成熟过程，对大多数人来说只是书本中的一个片段和符号。前期讨论中，我们便感觉到，无论是马克思还是马克思主义，对很多人特别是年轻人来说就像'最熟悉的陌生人'。"杨叶超说，马克思主义思想需要年青一代薪火相传，所以一开始便将目标受众锁定了年青一代。"标题中的'90后'并非特指，而是泛指年青一代。"他进一步解释道。

确定了目标受众，项目组兵分六路走访了上海的多所高中和大学，与多位大学生和高中生进行沟通采访。"听了他们对马克思的印象和想法，也清楚了他们想要了解马克思的哪些内容，更加印证了项目组之前的想法。"杨叶超说，在这样的前提下，为年轻人还原一个真实的伟人，成为《给90后讲讲马克思》的策划初衷。

在调研中，节目组还发现，虽然这批年轻人不反感了解马克思，但是又不愿接受"灌输性""纯理论化""概念式"的表述。他们不喜欢深奥的理论和引经据典的刻板考证，而是期待还原一个真实的、有血有肉的马克思。"实践证明，对于年轻听众，语言表达体系非常关键，开头RAP迅速拉近了与'90后'的距离。"杨叶超说道。

内容生动：19个小故事还原真实马克思

节目的主讲人是8位"80后"，他们都是中共上海市委党校的青年教师。杨叶超介绍，"80后"给"90后"讲马克思有两层含义，一是让年轻人在他们熟悉的话语体系中，能更好地了解这个"熟悉的陌生人"，二是马克思创立马克思主义理论的时候，跟现在的"90后"一样大，而当他把这种理论发挥成熟时，又到了现在"80后"的年纪。

为了向听众全面展示马克思一生的经历，在与8位主讲人进行多次沟通后，最终确定了19期的主题，也是贯穿马克思一生中有意义的19个小故事。比如"最熟悉的陌生人——1818年，伟人诞生"，"问题少年到学霸——1836年，大学生活"，"旷世宣言惊风雨——1848年，不朽宣言"，"史上最强判决书——1867年，鸿篇巨著"等，全方位呈现了一个有血有肉、丰富真实的马克思。

此外，项目组反复聆听讲课内容，并不断和主讲人沟通，比如"马克思念书的时候,应该是怎样的性格","当他身无分文时,他的情绪是否依然乐观"等,然后由此寻找合适的音乐和音效,以衬托气氛。

《给90后讲讲马克思》每讲都有16分钟,为了牢牢"抓住"听众的耳朵,基于音视频"短、平、快"的传播特点,每期节目的第五分钟左右,都会设计一次间隔。"节目的长度是根据文稿内容确定的,如果让听众连续听16分钟,效果反而不会太好。在每期节目的5分钟左右,都会有一个新的内容承上启下。"杨叶超说,为了"抓住"听众的耳朵,项目组还邀请了专业配音演员进行角色演绎。比如青年时期无忧而骄傲的马克思、记者时期睿智而犀利的马克思、撰写《共产党宣言》时胸怀天下的马克思……每一个时期,声音和情绪都有所不同,项目组成员为此反复揣摩,精心打造,最终节目呈现出一个有血有肉、成长中的马克思。

全国联动:网上"走红"线下"生根"

仅半个多月的时间里,节目累计收听量超过3亿人次。在杨叶超看来,这要感谢全国12省市的24家广播电台全国联动播出,引发"追剧"效应。

据杨叶超介绍,节目播出期间,听众不仅可以通过阿基米德《学习同心圆》社区收听节目,上海新闻广播FM93.4每天13:00、21:14(周末21:10),东广新闻台FM90.9每天11:00、13:00,连续播出19天。

此外,贵州广播电视台综合广播、山东人民广播电台、新疆故事广播、大连新闻广播、泰州新闻广播、怀化综合广播、遵义综合广播等全国24家广播电台同步联播,通过无线电波将《给90后讲讲马克思》传进了千家万户。

除了广播电台全国联动,为了更好地让年轻人了解《向90后讲讲马克思》这档节目,项目组还精心策划了多场线下活动。

4月15日,节目开播的前一天,项目组在中共一大会址举办了一场沙龙——对话"最熟悉的陌生人"马克思。8位"80后"主讲人与来自上海多家单位的"90后"党员们面对面交流,为第二天正式推出的系列音频党课"吸粉"。

5月5日,节目收官当晚,项目组又在复旦大学举办了一场线下沙龙,结合5月4日习近平总书记在"纪念马克思诞辰200周年"大会上的重要讲话精神,上海的3位马克思主义研究领域的知名学者与600多名大学生就"'90后'的担当"这个话题进行了富有意义的对话。

一头一尾的沙龙，主讲人与受众的面对面交流，提升了节目的传播效果。"通过这次《给90后讲讲马克思》音频党课的策划、制作和传播，我们更加深刻地认识到，在媒体融合转型的当下，主流媒体在主题宣传方面有着更广阔的潜力。"杨叶超说。

（选自《中国新闻出版广电报》）

【简析】

这一则动态消息，迅速、准确地报道了上海广播电视台为"90后"量身定制的音频党课《给90后讲讲马克思》中的音频内容这一事件，时间、地点、人物、事件和原因等要素集中、突出。整篇文章用事实说话，文字简洁。

(三) 综合消息

所谓综合消息，是全面反映国际国内的全局的或某一方面情况的新闻报道形式。它既不是对一个固定人物的描述，也不是对一个独立事件的阐发，而是由许多不拘泥于时间、地点的事实，经过综合、归纳、概括、提炼而成，具有鲜明的主题和很强的指导性。往往是围绕一个主题，综合三个较大范围（一个地区、一条战线、一个单位），在一个时期内发生的事情。它既有面的情况概括，又有典型材料做说明，做到点面结合，反映全局。这种形式适于宣传各条战线的形势，某项工作的成就，或者反映群众运动的声势、规模、特点、趋向。它纵览全局，有事实，有分析，给人们一个完整的印象。综合性的消息既要有全面概括的叙述，又要有代表性的事实，并使二者有机结合，防止"观点加例子"的机械拼凑。

【例 5-5】

教育扶贫多措并举精准发力
多照看，保证孩子有书念

各地强化教育帮扶，切实解决贫困家庭孩子上学问题。有的地方实行乡镇与学校双责任制，精准识别教育扶贫对象，保障适龄儿童接受学前教育；有的地方打出组合拳，使用数据筛查、分类劝返、精准资助等方式，抓好控辍保学；职业教育上，很多地方推出优惠政策，减轻入学经济负担。

江西:乡镇与学校双负责　贫困户幼儿能入园

炎热的夏日,6岁的蔡诗贤绑着一个清爽利落的马尾,乖巧地趴在教室的桌子上画画。她所在的海天幼儿园,位于江西省鹰潭市余江区刘垦乡,是一所普惠性民办幼儿园。园内现有贫困幼儿5名,低保户幼儿2名。

说起刚入园那会儿,诗贤的奶奶孙克凤哽咽难语。2012年,诗贤的爸爸查出肝腹水后,家里为了看病欠下不少债,日子越过越难。两年前,诗贤到了该上幼儿园的年龄。孙克凤来到幼儿园,小心翼翼地把园长艾早凤拉到一边,询问幼儿园的收费情况。艾早凤了解到诗贤家里的难处后,为她免除了第一学期的学费。

2019年,诗贤爸爸因病去世,家里仍然欠着不少债。了解情况后,余江区政务服务管理局的帮扶干部杨光鑫赶紧帮诗贤家向民政局递交了材料,申请到相关政策补助。同时和学校对接,把孩子的情况与艾早凤做了沟通。此后,孩子一年1980元的学费全免,每学期还能拿到1000元补助,直接打进社保卡里。

艾早凤是本地人,一年对孩子们做4次家访,谁家是什么情况,她都非常清楚。"我们市县乡3级,一年开4次资助大会,每次到村里去都要宣讲政策,还要和村干部对接。"无论在学校还是在村里,用公告栏、宣传图册、主题班会、致家长的一封信等方式,把相关政策宣传到位,不落一个死角。

实际上,在教育精准扶贫方面,江西省早在2018年便建立了乡镇与学校双负责制,乡镇确认核实学生的家庭信息,学校负责落实资助到位。余江区在此基础上进一步建立了教育扶贫责任包干制度,从乡镇到每户明确责任人。区教育局挂职洪湖乡西杨村的扶贫干部赵金龙,也是常和艾早凤对接的人员之一。"每年至少比对数据两次,确保无错漏、无重复,再发放。"

确保数据比对无遗漏,各项补助的发放就更精准。现如今,各项补助算下来,"在普惠性幼儿园就读的贫困户幼儿享受补助2000元/年,低保户幼儿1000元/年,其他困难家庭幼儿享受1500元/年。"余江区教育局学前办主任金红娥捏着一张红色宣传页介绍道。截至6月15日,鹰潭市资助学前教育幼儿983人次,资助金额约80万元。

学前教育是一份阳光事业,部分幼儿园对困难学生的学费能免则免,政府也出台了不少直接惠及学校的政策。"现在,区教育局给予持有教师资格证的老师每人3600元补贴,从今年开始,按照每个孩子200元补贴普惠性民办幼儿园。我们干起来也更有劲儿了!"说起这个,艾早凤很欣慰。

广西：控辍打好组合拳　补课谈心给资助

广西百色市田阳区民族中学校长廖忠等走到教室窗户边，往里一看，学生丹丹（化名）一边看着板书，一边做着笔记。廖忠等舒了一口气。

下个月，丹丹将迎来中考。可是年初，她差点就不打算上学了。因为成绩不理想，丹丹萌生了辍学的念头。她请假回到位于田阳区五村镇巴浪村大将屯的家里，帮忙干农活，照顾两个年幼的妹妹。母亲的心揪了起来："不上学往后可咋办呀？"

学校老师们的心放不下，去丹丹家走访。可是生性内向的她，安安静静地坐着不说话。过了几天，县里的劝返组也来了人："丹丹啊，你只有完成学业，将来才有更多的机会和更大的能力帮衬家里呀！"

经过多次面对面的沟通，丹丹的心扉总算是打开了。可是请了不少假，耽误了学业，怎么办？老师们就专门给丹丹开起"小灶"，心理老师也常找她谈心。由于丹丹家境不宽裕，学校还专门给她提供路费，减免了她的伙食费。这书包总算是背踏实了。

以前，在田阳区，义务教育阶段的失学辍学问题一直是家长们的痛心事、干部们的关心事、老师们的忧心事。这些农村孩子失学辍学的直接原因，主要是学习吃力，成绩上不来，产生了厌学情绪，加上不少家庭的经济条件不好，加剧了当地孩子辍学的情况。

为了抓好控辍保学，尤其是让建档立卡贫困户的孩子有学上，阻断贫困代际传递，田阳区打出了一套组合拳。首先要"找得准"，控辍保学数据处理中心专门负责大数据比对精准筛查，学生们的学籍信息等都可以在该中心查到；其次要"劝得返"，当地组建劝返组、原籍教师返乡团和心理疏导专班分类开展劝返工作，学校还为尚未返校的辍学生提供送教上门等临时性补偿教育；最后要"留得住"，通过落实精准资助、学业帮扶和心理疏导等方式开展帮扶。

除了贯彻落实"两免一补"政策，对城乡义务教育学生免除学杂费、免费提供教科书，对家庭经济困难学生补助生活费，开展中小学校舍维修改造以外，田阳区还格外重视加强教师队伍建设。2015年以来，通过农村小学教师定向培养等渠道，田阳区新增教师933名，大部分都充实到乡村学校。"我们还积极落实乡村教师生活补助政策，截至目前，田阳区今年共发放乡村教师生活补助超188万元，受益人数达4642人次。"田阳区教育局副局长农梅花说。

现在，田阳区小学阶段学生已全部返校，实现零失学。初中阶段不能及时回校学生从本学期初的81人降至3人，未回校率从0.62%降至

0.023%，劝返率达96.3%。接下来，田阳将进一步加大劝返和保学力度，争取实现未返校学生全面返校，已返校学生不再失学离校。

青海：补助政策减负担　职业教育给饭碗

洗鱼改刀、热油炝锅、兑汤下鱼、泼油装盘……西宁市城中区一家酒店的后厨里，17岁的赵统鑫正在师父的指导下，第一回试做酸菜鱼。这已经是他两个月内学会的第三十道菜了。

今年17岁的赵统鑫是青海省互助县职业技术学校中餐烹饪专业二年级的一名学生。两个月前，酒店负责人来学校招聘实习生，校长汪元寿极力推荐他。赵统鑫家有姐弟二人，还有体弱多病的母亲，全靠父亲打零工的收入，维持开支。2018年，赵统鑫中考失利，他一度一筹莫展。就在这时候，村里的扶贫干部带着县职中的老师找上了门，讲职业教育的前景、介绍各种惠民政策，"考虑到家庭实际，也想学技术，再加上有我喜欢的烹饪专业，于是就去了。"从入学起，学校的一系列减免、补助政策大大减轻了家里的负担，免除了赵统鑫的后顾之忧。

"我们按照'校领导包片、中层包乡、教师包村'的工作原则，组织专项工作组，深入各乡镇，宣传职业教育'两免一补''国家助学金''大学生自主贷款'等优惠政策，实行一对一帮扶，努力消除扶贫对象家庭学生思想顾虑、解决经济困难。"汪元寿说，学校在按照国家政策免除学费、课本费的基础上，每人每学年发放2000元的中职助学金，并免收600元的住宿费。建档立卡的学生全部享受每人每年3000元的雨露计划资金。目前，学校已累计为学生免除学费1356万元，免教材费103.42万元。

谈及未来的计划，已经被扬州旅游烹饪学院录取的赵统鑫信心满满："我准备大专毕业后再读个本科，提高自己烹饪技术的同时，也提高自己的知识文化水平，将来好好找份工作，让辛苦了一辈子的父母也享享福……"（本报记者　王丹　张云河　贾丰丰）

（选自《人民日报》）

【简析】

这一则综合消息，围绕教育扶贫多措并举精准发力这一主题，以"保证孩子有书念"为切入点，反映解决好群众的操心事这一全局。整篇文章既有情况概括，又有材料说明，是一篇好的作品。

（四）述评消息

述评消息是一种边叙边评、夹叙夹议的消息类型，它介于新闻和评论之间，既报道新闻事实，又在报道的同时对新闻事实的性质、特点、发展前景等做出分析、解释、评价。叙述事实要概括、扼要、有说服力；分析要中肯、深入，要针对报道的事实，而不能海阔天空地随便议论或者"放空炮"。写作中，要求采用夹叙夹议的方法，分析事物发展变化的原因、结果，肯定成绩，指明经验；找出问题，帮助读者理解事态的本质和真相。述评消息根据内容可分为形势述评、工作述评、思想述评和事件述评等。述评消息的内容，可以是政治、经济、军事、科技、文教等方面的形势和动态，可以是某一阶段工作的经验、情况或问题，可以是社会上出现的具有代表性、倾向性的思想、思潮，也可以是变化发展呈现错综复杂的重要事件。一般情况下，述评消息分为以下四种。

1. 形势述评

这是对国际或国内的政治、经济、军事、外交等方面的形势进行述评的消息。它的特点是视界广阔、气魄宏大，既着眼于目前，又有一定的前瞻性和预测性。写作的目的是帮助读者对普遍关心的重要领域的当前状态、发展前景有一个准确、全面的认识。

【例 5-6】

继续打好三大攻坚战——当前中国经济形势系列述评之二

新华社记者　董峻　吴雨　于文静　高敬

13日召开的中共中央政治局会议认为，今年以来三大攻坚战开局良好，并指出明年要继续打好三大攻坚战，按照已确定的行动方案，针对突出问题，打好重点战役。

做好"稳"字功，精准防范金融风险

防范化解重大风险被列为三大攻坚战之首，是全面建成小康社会必须跨越的重要关口。

今年以来，在多次重要会议上，防范化解重大风险屡被提及，一系列针对金融风险和地方政府隐性债务风险的监管政策陆续出台，效果逐步显现——

宏观杠杆率过快上升势头得到遏制，金融风险总体收敛，金融乱象得到初步治理，资管业务逐步回归代客理财本源，债券市场刚性兑付有序打破，金融机构合规意识、投资者风险意识显著提升。

新一届国务院金融稳定发展委员会在成立之初，就召开会议明确部署打好防范化解重大风险攻坚战，审议打好防范化解重大风险攻坚战三年行动方案。

总体看，我国经济金融风险可控。但也必须看到，在内外因素的共同作用下，防范化解重大风险仍然任务艰巨。

中国民生银行首席研究员温彬表示，目前我国经济指标基本保持在合理区间，但经济下行压力逐渐显现。中央政治局会议为下阶段经济工作奠定了政策基调，金融领域要保持定力，进一步做好"稳"字功，更加精准地防范化解金融风险。

向解决区域性整体贫困迈出坚实步伐

国务院扶贫办预计，年底我国现行标准下农村贫困人口将减少85%以上，贫困村将退出80%左右，贫困县脱贫摘帽50%以上。

中央统筹、省负总责、市县抓落实，开展建档立卡，精准识别贫困人口，选派驻村工作队，加强一线工作力量，加大投入，强化政策举措……在全社会共同努力下，我国在解决区域性整体贫困上迈出了坚实步伐。

"全国334个深度贫困县是工作重点，如果工作不到位就容易拉后腿。"国务院扶贫办主任刘永富说。

这些深度贫困地区产业落后，劳动力外出打工存在语言、生活习惯、缺乏技能等困难，而且相当一批是老病残人员。

下一步，脱贫攻坚这场硬仗将根据不同的致贫原因，继续采取精准措施——

有劳动能力的，鼓励支持发展产业或者出去打工；对于半劳力、弱劳力，鼓励参与护林员、护理员等公益岗位劳动来增收；对没有劳动能力的老病残群体，主要通过社会保障兜底。

污染防治力度不断加大，针对突出问题打好重点战役

为换回碧水、蓝天、净土，今年以来污染防治攻坚战不断发力。

上半年以来，京津冀、长三角、汾渭平原等重点地区通过持续开展强化督查，从企业超排到散乱污整治不彻底、从小锅炉整治到工地扬尘管控，污染问题得到遏制。

1月至10月，全国平均优良天数比例为81.5%，同比上升0.9个百分点；PM2.5浓度同比下降7.5%，PM10浓度同比下降4.2%。

水源地整治、城市黑臭水体整治、农业农村污染治理、渤海综合治理等攻坚战相继启动。水环境尤其是群众身边的水污染问题成为治水重点,确保老百姓的"水缸子"安全。

据国家统计局新闻发言人毛盛勇介绍,前三季度全国生态保护和环境治理业的投资同比增长33.7%,增速快于全部投资28.3个百分点,成为推动中国经济高质量发展的一大亮点。

中央环保督察被称为是污染防治的"一把利剑"。今年中央环保督察"回头看"正式启动,剑指"表面整改""假装整改""敷衍整改"等形式主义、官僚主义问题,为打好污染防治攻坚战提供了坚强保障。

明年,三大攻坚战将抓住重点精准发力,继续打赢几场硬仗苦仗大仗,为解决好发展不平衡不充分问题、如期全面实现小康社会奠定坚实基础。

(选自新华网)

【简析】

这是一则着眼于中国经济形势进行述评的消息。文章既着眼于目前,今年以来三大攻坚战开局良好;又有一定的前瞻和预测,指出明年要继续打好三大攻坚战。此则述评可以帮助读者对中国经济的当前状态、发展前景有一个准确、全面的认识。

2. 工作述评

这是对某一行业某一部门的主要工作现状进行述评的消息。它针对工作中出现的新情况、新问题,进行深入的分析研究,提出新的意见和建议,以帮助有关单位发现问题、制定策略、采取措施,从而促进工作的开展。

【例 5-7】

吉林省党建工作述评 党旗猎猎谱华章

白山松水千帆竞,潮起云飞满目新。

改革开放40年来,尤其是党的十八大召开以来,全省各级党组织深入学习贯彻习近平总书记系列重要讲话精神和治国理政新理念新思想新战略,认真贯彻落实中央和省委部署要求,牢固树立抓好党建是最大政绩的理念,坚持全面从严治党,突出问题导向,注重改革创新,全省党的建设得到切实加强,为加快吉林振兴发展提供了坚强的政治保证。

翻开全省党建工作篇章,亮点闪耀,催人奋进——

铸魂补钙，筑牢思想根基

吉林省先后开展党的群众路线教育实践活动、"三严三实"专题教育、"两学一做"学习教育……党内学习教育和思想政治建设环环相扣、层层深入，广大党员锤炼了党性修养，拧紧了思想政治上的"总开关"。

在"三严三实"专题教育期间，全省县处级以上领导干部共查摆出问题1.8万件，已解决1.2万件。在"两学一做"学习教育期间，对照"四讲四有"标准，共解决自身个性化问题40余万件、群众反映强烈的突出问题3.1万件。

加强理论武装，筑牢思想之基。突出抓好习近平总书记系列重要讲话精神的跟进学习，省级领导干部和各地各部门主要负责同志坚持以上率下，先学一步、学深一层。省市县三级共举办学习贯彻习近平新时代中国特色社会主义思想和党的十九大精神专题轮训班、培训班1631期，培训干部近23万人次。

充分利用"新时代e支部"智慧党建平台，持续推动学习宣传习近平新时代中国特色社会主义思想走向深入。自开通以来，党员在线学习时长累计超过9711万小时，日均在线人数30万人，浏览量累计超过8亿次。

通过一系列入脑入心的教育培训，广大党员干部进一步坚定了中国特色社会主义道路自信、理论自信、制度自信、文化自信，政治意识、大局意识、核心意识、看齐意识进一步树牢，习近平新时代中国特色社会主义思想在吉林大地落地生根。

锤炼党性，锻造先锋队伍

吉林省深入贯彻习近平总书记选人用人重要思想，认真落实新时期好干部标准，努力锻造引领新时代吉林全面振兴发展的执政骨干队伍。

坚持把政治标准放在首位，防止干部"带病提拔""带病上岗"。着眼落实从严治党要求，连续5年开展了12个专项整治。严格落实干部能上能下《若干规定》和我省《实施办法》，对60名省管干部给予提醒谈话、诫勉、降免职和改任非领导职务等组织处理，推动形成了能者上、平者让、庸者下的用人导向。

如何永葆共产党人的先锋本色？这是时代提出的重大课题，也是吉林振兴发展面对的重大挑战。

今年8月26日，吉林省委召开全省领导干部大会，要求开展为期50天的干部作风大整顿活动，对全省干部作风进行一次彻底的大排查、大扫除、大检修。

聚焦"五弊",查摆一批群众反映强烈、社会高度关注的突出问题,省管班子和省管领导干部共查摆突出问题万余件,查处了一批不担当不作为的干部,选树了一批典型,全省党员干部受到了一次深刻的思想教育和党性洗礼。

固本强基,坚实战斗堡垒

吉林省树立大抓基层的鲜明导向,压紧压实基层党建责任,推动基层组织建设全面进步、全面过硬。

在农村,9340个村部"社区式"改造升级全部完成,农村基层党建稳步提升,村级组织规范化服务建设整体推进;

在城市,社区党建全面加强,全省社区场所面积平均达到700平方米以上,社区每年服务群众经费平均达到13万元以上;

非公企业和社会组织党的组织覆盖和工作覆盖不断扩大,在全国范围内率先以省为单位推行"派驻组建法",派驻党建指导员1.7万名,受到中组部充分肯定。

真金白银投向基层,精兵强将派往基层,真心实意关爱基层。协调省财政从2013年起,连续5年每年投入6500万元发展壮大新型村级集体经济;连续3年每年投入3000万元支持村级组织规范化服务建设。

党建促脱贫攻坚工作扎实推进。创新开展"第一书记代言"活动,大力推动党建扶贫、宣传扶贫、新闻媒体扶贫、电商扶贫与产业扶贫深度融合,促进农产品销售,增加村集体和农民群众收入。

正风肃纪,净化政治生态

吉林省突出全面从严治党这条主线,一心一意谋发展、聚精会神抓党建,在思想教育、干部管理、作风建设、制度执行上严起来、实起来,营造了积极向上、风清气正、干事创业的良好政治生态。

2013年以来,全省共查处违反中央八项规定和省委具体规定精神问题2279起,处理2723人,给予纪律处分2202人,通报曝光典型问题959起。

正本清源,作风建设治标更要治本。近年来,我省相继出台落实主体责任和监督责任相关制度,压紧压实主体责任。2013年以来,全省共对874名党员领导干部实施问责,释放有责必担、失责必问、问责必严的强烈信号。

坚持挺纪在前,治"病树"、正"歪树",深化运用监督执纪"四种形态",由"惩治极少数"向"管住大多数"拓展。2014年以来,全省共开展谈话函询4264件(次),给予纪律轻处分25265人,纪律重处分6543人,严重违纪涉嫌违法移送司法机关1031人。

涤荡"四风",党风政风为之一新;铁腕反腐,党心民心为之一振……

放眼吉林大地,广大党员干部正迈出全面从严治党的坚实步伐。

时代引领新征程,新征程呼唤新实践。生机勃勃的吉林大地,正升腾着新的激情和梦想,不忘初心,继续前进,党建工作永远在路上。

(选自人民网)

【简析】

这是一则着眼于吉林省党建工作述评的消息。文章对吉林全省党建工作亮点——铸魂补钙,筑牢思想根基,锤炼党性,锻造先锋队伍,固本强基,坚实战斗堡垒、正风肃纪,净化政治生态等分别进行深入报道,具有很强的借鉴作用。

3. 思想述评

这是对当前具有倾向性的思想状态进行述评的消息。在一个特定时期内,往往会有一种普遍性的思想倾向,它影响着人们的行为,显示着某种动向。或许,这种思想倾向是积极的,应该加以肯定;或许,这种思想倾向背后隐藏着不易发现的消极因素,任其发展可能造成危害。这时,新闻工作者有义务以事实为依据,进行深入探讨,帮助读者明辨是非,提高认识。

【例 5-8】

2017 西方思想年度述评

作者 刘擎

天际晦暗的时刻,很难分辨是暮色还是晨曦。2017 年初,《华盛顿邮报》决定在报头下方刻写一句铭文:"民主死于黑暗"(Democracy Dies in Darkness)。黑暗的隐喻不只在警示民主政治面临的威胁,甚至不只是对美国动荡时局的忧患,而是对西方文明再次陷入严峻危机的预告。回顾 2017 年西方思想的流变,透露出多种明暗交织的迹象:美国社会的分裂在加剧,欧洲开启了"马克龙时刻"的转机,中国的影响力正在改变西方世界的感知,民主的危机再次成为焦点议题,反性侵扰运动席卷全球,"思想工业"正在转变公共领域的结构,而人工智能的发展令人兴奋也让人忧虑。

对于西方世界而言,2017 年仍然是一个不确定的时刻。但在一些结构性的政治、经济与文化因素制约下,这个晦暗时刻更可能是漫漫长夜前的黄昏,而不是黎明将至的预兆。

美国的特朗普元年

"特朗普元年"并不是一个误称,即便他无法成功连任。他登上权力舞台的中心,开启了美国政治的一个新时代,一个社会分裂与政治极化不断加剧的时代,一个持久的"文化内战"(cultural civil war)时代。终结特朗普主义需要美国建制派的深刻改革,也需要不同身份政治派别之间的对话与和解,需要政治文化的重建。这将是艰难而漫长的历程。

欧洲的马克龙时刻

目前的欧盟仍然是以欧元区为主体的"货币联盟",还远未达成有效的"财政联盟"(fiscal union)与"政治联盟"。这种"部分一体化"的格局造成了结构性的治理缺陷。面对持23种不同语言的27个成员国,欧盟推行的任何一项政治或经济政策都可能是高度争议的,不仅在不同成员国之间,而且在各成员国内部,引发分歧与冲突。欧盟的治理机制常常陷入"温和则无效,强硬遭反弹"的困局之中。目前一体化与反对一体化之间分野越来越明显,欧盟处在不进则退却又进退两难的困境之中。"马克龙时刻"可能产生一次推进的动力,但这个机遇的潜力是否能被充分实现,是否会遭遇新一轮的反弹,都有很高的不确定性。

中国的影响力与锐实力

在西方思想界,曾有人惊呼"中国将统治世界",也曾有人预言"即将到来的中国崩溃"。对中国的赞赏与质疑一直并行相随,而告诫"中国威胁"的声音也层出不穷。关于中国锐实力的警觉,很像是一种"防止和平演变"的论调。因此,这不只是中国"威胁"论的又一种翻版,还标志着西方意识形态从向外扩张转向对外防御的征兆,这可能是当前西方思想最发人深思的变化之一。

探究民主的危机

哈佛大学的青年政治学者芒克(Yascha Mounk)在发言中指出,民主社会实际上还没有经受过长期经济停滞的考验。经济问题并不是简单的收入多少,还与人们的相对获得感与相对剥夺感有重要关联。如果目前经济停滞的趋势再持续二三十年,那么民主体制可能就会崩溃。

多种呼声:布拉格、巴黎和波士顿

忧患是思想的内在品格,但各种立场的思想者都深感危机迫近,则是时代精神的征兆。2017年先后在布拉格、巴黎和波士顿发表的三份公开宣言,是当下政治风云与文化纷争的缩影,不同派别的知识分子试图提出自己的诊断、分析与期望,并集结起来以群体性的呼声介入公共论辩。

反性侵运动与女性主义辩论

《时代》周刊将2017年度人物授予"打破沉默者",向控诉和反抗性侵犯与性骚扰的社会运动致敬。封面刊登了五位女士的合影,她们勇敢打破沉默、公开陈述自己遭受性侵扰的经历。照片还包括只露出手臂的"第六个人",据杂志主编介绍,这代表着许多匿名的指控者,迫于压力与风险无法暴露身份,但愿意分享自己的遭遇。

无论如何,2017年的反性侵运动重新定义了社会对待女性的标准:什么是可以接受的,什么是不可容忍的。历史上每一次女性主义运动的进展都遭遇了反弹,但"时代精神"正在发生改变,每一次回潮都可能激发新的反思和勇气,开启下一次运动的再出发。

思想工业与明星学者

公共领域正在发生一场工业革命,过去的"思想市场"(the marketplace of ideas)已经转变为"思想工业"(the ideas industry)。牛津大学出版社在4月出版《思想工业》,作者德瑞兹纳(Daniel Drezner)是塔夫茨大学(Tufts University)国际政治系的教授,也曾从事智库研究工作并为《华盛顿邮报》撰写专栏,他对思想工业的成因与特征提出了独到的观察分析,《新共和》和《金融时报》等多家报刊对此发表书评。

人工智能的神话与现实

人工智能的发展让劳动变得更为轻松和简单,让生产更有效率、消费更为便捷,但同时也正在造成大量的失业以及更大的贫富差距。这一切给人类社会带来的政治、经济与文化的冲击可能只是刚刚开始,其广泛而深远的挑战意义令人兴奋也发人深省。

(选自腾讯网,有删节)

【例5-9】

应对"大事件"需要"大智慧"

新冠肺炎疫情正成为影响全球的大事件,给世界带来急迫而重大的共同挑战。站在新的十字路口,人们应该去建设一个怎样的世界?国际社会又该以什么样的作为来应对全球性挑战?

大事件面前，谁也不是孤岛

尽管同住一个地球村，但世界上许多人从未有过"环球同此凉热"的切身感受。如今，疫情扑面而来，迅猛得让世人惊愕：韩国、日本疫情尚未稳定，欧洲大陆已"烽烟四起"；伊朗确诊病例迅速破万；美国宣布进入国家紧急状态……

世界卫生组织 11 日确认，新冠肺炎疫情具有全球大流行特征——114 个国家和地区的确诊病例累计达到 11.8 万例。未来几周，确诊病例数、死亡人数以及受影响国家和地区的数量还将攀升。

在刚刚过去的一周，意大利、菲律宾等国被迫"封城"，伊朗第一副总统、加拿大"第一夫人"等政要高官确诊，欧盟、联合国等国际组织人员感染，重大赛事停摆、国际体坛拉响警报，美欧股市历史性暴跌触发熔断……从疫病流行到经济波动，全人类的利益和命运成为不可分割的一个整体。

在迫切需要凝聚全球共识的时刻，疫情如同一面镜子，折射出不同文明面对恐惧的心态。有的面对现实，快速行动，寻求国际合作；有的迟疑不决，左右观望，被动应战，贻误良机。更有甚者，对于不同国家采取同样防控措施，有人却出于意识形态的偏见、以双重标准"区别对待"。

"我们对于疫情的扩散速度和严重程度，以及一些国家不采取行动的情况感到忧虑。"世卫组织总干事谭德塞多次强调，"我们每天都在呼吁各国采取紧急且积极的行动。警钟已敲响，响亮而清晰。"

中国方案，给世界的启示

伊朗建"方舱"，法国上网课，流动大喇叭广播响彻意大利街头……发生在世界其他角落里的故事，让每一个刚刚经历抗疫记忆的中国人都感同身受。

"中国所采取的疫情防控措施为世界树立了标准，有中国的经验，其他国家不必'从零开始'。"世卫组织屡次提及中国疫情防控积累了宝贵经验，为其他国家提供了有益借鉴。

在这场突如其来的疫情阻击战中，中国以世所罕见的速度、规模和效率，全力延缓疫情在全球的蔓延：为此，封闭了一座千万人口的城市，不惜牺牲经济，全民总动员居家隔离；为此，调动全国、全军医疗资源第一时间驰援湖北，以奇迹般的"火雷速度"建成多座医院收治患者……正如联合国秘书长古特雷斯所言，"中国人民以付出巨大自我牺牲的方式，为全人类作出了重大贡献。"

锦上添花易，雪中送炭难

疫情不分国界，危机面前，人类更是一个命运共同体。

中国人民不会忘记，在2020年早春的这场疫情中，世界各国给予中国的善意和支持。投我以木桃，报之以琼瑶。面对一些国家和地区疫情数字的攀升态势，中国感同身受，牵挂在心。

即便自己仍处于紧张抗疫之中，中国仍以大国担当的勇气和承诺，践行着人类命运共同体的理念：一边向意大利、伊朗、韩国、日本和部分非洲国家捐助医疗防护物资；一边向疫情严重的国家，派出专家组赴当地帮助防疫抗疫……

"这是负责任大国的样子。"全球化智库（CCG）高级研究员、美国著名学者龙安志（Laurence Brahm）在接受中新社记者采访时说，"历史会铭记武汉人民的付出，感动中国，也将感动世界。"

大时代需要大格局，大事件体现大智慧。全球化时代，利益高度融合，责任共同交织，疫情让人类社会更深刻地认识到你中有我、我中有你的命运共同体理念。大疫面前，是深陷零和博弈的旧思维，还是秉持同舟共济的"大智慧"，是这场"大事件"留给世界的考题。（中新社记者　吴旭）

（选自中新网）

【简析】

这是一则关于新冠肺炎疫情正成为全球共同面对的挑战的事件述评。文章一面报道事实，一面指出事件的性质、特点和意义，提出"疫情让人类社会更深刻地认识到你中有我、我中有你的命运共同体理念"之观点，值得我们每一个人深思。

四、消息的结构与写法

（一）消息的结构

消息一般都由标题和正文组成，正文又可分为消息头导语、主体、背景、结尾四部分。

（二）消息的写法

1. 标题

标题，又称题目。新闻标题是用以揭示、评价新闻内容的文字，是新闻内容的集中、概括,是新闻的窗口、眼睛。

新闻标题的作用主要有三点。一是导受。吸引受众注意,引导受众获取自己喜爱和需要的信息,使读者在最短的时间里获取所需的信息。随着生活节奏的加快,"标题受众"越来越多。二是导向。标题往往要选择事实,揭示和评价事实,自然也有记者(或媒体)的态度和观点。版面中,对标题的设置(如字号、字体、位置等)往往也包含一定的立场和态度。三是美化和序化。作为版面元素之一,消息标题可使版面美化,亦可使版面内容井然有序。

(1) 消息标题一般分为单行标题和多行标题两种形式。

① 单行标题。单行标题是对消息内容进行高度概括的一种表达方式,如《习近平同缅甸总统温敏通电话》《为中国和世界的发展凝聚更多智慧和力量》。

② 多行标题。多行标题由引题、主题、副题组成。引题交代背景,副标题补充说明。

a. 第一种是"引题+主题"。

  习近平对毛南族实现整族脱贫作出重要指示强调
  把脱贫作为奔向更加美好新生活的新起点 再接再厉继续奋斗让日子越过越红火(主题)

b. 第二种是"主题+副题"。

  再接再厉,让日子越过越红火(主题)
  ——习近平总书记对毛南族实现整族脱贫重要指示 激励干部群众奋力夺取脱贫攻坚战全面胜利(副题)

c. 第三种是"引题+主题+副题"。

  中共中央政治局常务委员会召开会议(引题)
  分析国内外新冠肺炎疫情防控形势 研究部署抓好常态化疫情防控措施落地见效 研究提升产业链供应链稳定性和竞争力(主题)
  中共中央总书记习近平主持会议(副题)

(2) 消息的标题和其他文体标题的区别。

一是和文艺作品标题的区别。文艺作品的标题比较含蓄,消息的标题需要直白。文艺作品标题如老舍的《茶馆》,鲁迅的《狂人日记》,朱自清的《背影》,奥斯特洛夫斯基的《钢铁是怎样炼成的》等,含蓄、委婉;消息标题如《癞蛤蟆更名换脸进市场》《说情强台风席卷省纪委》等,直白、醒目。

二是和通讯标题的区别。消息标题强调动态,多用动词;通讯的标题,可动可静,一实一虚。消息标题如《失学童西安安家》突出动词"安",《32名教师持假文凭上课》突出动词"持";而通讯的标题,如《"金丝猴"下嫁句阳"好猫"喝上西凤——宝鸡烟厂改革纪实》《洛阳满城飘泪花》等，则虚实结合。

三是消息和新闻评论标题的区别。消息注重描述事实，观点比较隐晦，语言比较平实；新闻评论可以明确亮出作者的观点，语言可以很犀利。如消息标题《山东蓝翔副校长率百人赴河南与校长岳父斗殴》将事实情况明确提出，但较少包含作者的立场；而新闻评论《蓝翔不是神话，是职业教育的镜子》则包含了作者的一定态度。

2. 正文

正文包括消息头、导语、主体、背景和结尾等内容。

（1）消息头。

消息头主要有"讯"与"电"两大类。

"讯"主要指是报社通过自身的新闻渠道获得的本埠消息，如"本报广州 5 月 9 日讯"。

"电"主要由"传递者＋地点＋时间＋电"构成，如"本报北京 5 月 14 日电"。

（2）导语。

消息的导语指新闻稿的第一自然段或开头的几句话，用简练的文字将时间、地点、人物、事件、结果概括地反映出来，在反映新闻要点、确立新闻基调、引起读者阅读兴趣的同时，吸引读者读完全文。

（3）主体。

消息的主体是导语之后、结尾之前的内容，是新闻事实的展开部分，其内容比导语更详尽、充实，篇幅比导语长一些。

主体主要有两方面的作用：一是深化导语，就是将导语中高度概括、凝练的内容做进一步的细化和展开，使读者对新闻的来龙去脉有更清楚、具体、全面的了解；二是补充相关事实，鉴于导语一般只涉及最新鲜、最重要的新闻事实，故主体可补充导语中未涉及的相关新闻事实，使读者对整个新闻事实的了解更全面、更深刻。

（4）背景。

新闻背景或背景材料，是与新闻事实有关的历史背景、人物背景、地理背景、事物背景等。交代新闻背景的目的在于帮助读者能更加深入、深刻地理解新闻的内容和价值，从而在帮助读者理解新闻事件中凸显新闻价值。

（5）结尾。

新闻的结尾不仅有使整体效果更强烈，整体结构更匀称的作用，还可查漏补缺，做适当的补充，画龙点睛，留下余韵。

新闻结尾的方式有小结式、启发式、号召式、分析式、展望式等。这些结尾写作与一般记叙文结尾的写作并无大的不同。富于哲理和幽默感的语言收尾，可为新闻作品最后添彩。

【例 5-10】

折翼海天，用生命为航母事业铺路

本报讯　记者徐双喜、陈国全报道：4.4 秒，生死一瞬，他毅然选择"推杆"挽救飞机，放弃了第一时间跳伞。2016 年 4 月 27 日，海军歼-15 舰载机飞行员张超因飞机机械故障，在陆基模拟着舰训练中壮烈牺牲。没有留下豪言壮语，只有拼尽全力的执着，他最终倒在离梦想咫尺之遥的地方——只剩下最后 7 个飞行架次，他就能飞"上"航母辽宁舰。这一天，年仅 29 岁的他，来不及给年迈的父母、亲爱的妻子、2 岁的女儿留下一句话，便匆匆走了。

"他是我选来的，也是我送走的，他是个天生的优秀飞行员。"海军某舰载航空兵部队部队长戴明盟动情地说。张超，海军少校，一级飞行员，飞过 8 个机型。他驾驶歼-8 巡逻西沙，驾驶歼-11B 在南海战备值班。从陆基转为舰基，他的飞行技能有口皆碑。着舰指挥官王亮说："他最后一个飞行架次表现依旧出色，面对特情，他的处置冷静而准确。"

国之利器，以命铸之。舰载机上舰飞行，被喻为"刀尖上的舞蹈"，是航母形成战斗力的关键。为国担当，他到舰载航空兵部队报到时与妻子张亚约定："未来一年别来探亲，等我驾战机从航母上凯旋，再与你相聚！"凭着拼命三郎的劲头，张超和战友克服前所未有的风险和挑战，在一年之内完成歼教-9、歼-15 两型战机改装。"他用自身的实践，为海军舰载战斗机飞行员快速成长探索出了一条路。"海军某舰载航空兵部队参谋长张叶说。

"无论何时，他的脸上都挂着灿烂的微笑。"这是张超留给战友最深刻的记忆。篮球场上，满场飞奔、笑声爽朗的是他；饭桌上，讲笑话逗大家乐的是他；训练中，面对风险笑容依旧的是他。最后一次飞行，他还是微笑着登上战机……张超走了，战友们才意识到：这微笑的背后，是如山的坚强。海军某舰载航空兵部队政委赵云峰说："他用自己的牺牲换来战友们的飞行安全，用年轻的生命为航母事业铺路。"

暴雨如泣，英雄回家。他的老师不愿相信"那个品质淳朴、学习认真的阳光男孩"就这样走了;他的同学不愿相信"那个英俊帅气、有情有义的哥们"就这样走了。妻子张亚喃喃道:"超,醒一醒,你给我买的新裙子,我还没穿给你看呢。"女儿的哭声,让送行的人们泪流满面,却没能唤醒"睡着了的爸爸"。看完飞行事故视频,老父亲抹干眼泪:"崽,你尽力了,跟爸回家吧。"

【短评】

胜利需要用牺牲来书写

"敬礼!"在建军89周年之际,请让我们向英雄的舰载机飞行员张超烈士致以最崇高的军礼!张超很平凡,他因为投入到一项伟大的事业中而变得伟大。他用自己年轻的生命,在海天之间"飞"出一道永恒的航迹,为中国航母事业立起了一座熠熠闪光的精神"路标"!

"假如有人问我,你的幸福感是什么?我一定告诉他:是鲜红的军旗上有我的血。"张超,无疑就是拥有这样"荣誉观"的共和国军人。一支军队的胜利,从来都饱含着牺牲。八一军旗的辉煌,是无数官兵用鲜血铸就的。今天,这面鲜红的八一军旗上,又增添了一个新的名字——张超。他用自己的实际行动阐述着这样一个深刻道理:作为共和国军人,今天的作为,决定军队明天的命运;今天的牺牲,就是为了明天战场上的胜利。

一代军人有一代军人的使命,一代军人有一代军人的担当。今天,我们前所未有地接近实现中华民族伟大复兴的目标。今天,我们这一代军人的使命和担当,就是为中华民族伟大复兴的征程"护航"。要履行好这一历史使命,我们这一代军人必须以强烈的忧患意识,风雨兼程全力追赶,抓住新军事变革的时代机遇,抢占未来军事竞争战略制高点,实现"弯道超车"。

强军征程,创新之旅,风险难料,流血牺牲难免。面对祖国呼唤,我们应以张超同志为榜样,争当"四有"新一代革命军人,为国担当不惧生死,以坚定信念诠释忠诚,用一流能力攻坚克难,心无旁骛用执着追求梦想,为实现强军目标、建设世界一流军队贡献自己最大的力量。

(选自人民网)

【简析】

《折翼海天,用生命为航母事业铺路》一文荣获第27届中国新闻奖,人民网刊载该消息赏析,附全文如下。

用平凡的视角刻画出的伟大英雄
——评文字消息一等奖《折翼海天，用生命为航母事业铺路》一文

在第 27 届中国新闻奖的评选中，刊登在《解放军报》2016 年 8 月 1 日要闻版上的《折翼海天，用生命为航母事业铺路》一文，荣获文字消息一等奖。这是一篇用平凡人的视角，刻画了海军歼-15 舰载机飞行员张超烈士，用生命为航母事业铺路的英雄壮举。从新闻采写上来看，它有以下两个特色值得点赞。

妙用引语，价值倍增

记者是社会忠实的观察者和记录者，如果记者在新闻报道中发表个人观点，就等于夺走了别人说话的权利。记者的权利是一种公权。公权不能变成私权，记者不应利用自己手中的笔，表达记者个人的观点。记者在新闻报道中如果没有引语，就不能称之为记者。引号有吸引人眼球的功能，报道中带有引号的句子，最能引起读者的注意。记者一定要把最精彩的东西放在引号中。法国作家蒙田说："我引用别人是为了更好地表达自己。"引语还能使报道具有现场感。大量的新闻采写实践表明，在报道中巧用引语，可使新闻的价值得到倍增。这篇获奖消息在使用引语上是很成功的。如文中写道：

"他是我选来的，也是我送走的，他是个天生的优秀飞行员。"海军某舰载航空兵部队部队长戴明盟动情地说。

着舰指挥官王亮说："他最后一个飞行架次表现依旧出色，面对特情，他的处置冷静而准确。"

为国担当，他到舰载航空兵部队报到时与妻子张亚约定："未来一年别来探亲，等我驾战机从航母上凯旋，再与你相聚！"

还有文中在结尾处写的英雄的妻子、女儿、父亲说的话。全文 907 个字，引语就占了 240 个字，占全文篇幅的近三分之一。文中的引语使报道真实、客观、可信，从而使报道更加具有可读性和感染力。

细节说话，催人泪下

著名作家孙犁在《澹定集·与友人论传记》中说："古代史家，写一个人物，并不只记述他的成败，还记述他日常生活的细节。"细节决定一部作品或一个人物塑造的成败。文学作品如此，新闻作品也是同样的道理。曾获得过两次普利策新闻奖的美联社特派记者莫林说过，"一篇理想的新闻报道应该把读者带到现场，使他能看到、感受到，甚至闻到当时所发生的一切。要做到这一点，你就得收集有关细节，如面部表情、音调、姿势等"。细节，常被称作"新闻的细胞""通讯的血肉"。细节，是人物生活中最真实、最具特色的精华部分，是新闻的活力所

在。形象、真实、可信地表现人物，就是要让细节说话。

一滴水可见太阳，一个细节可见人生。这篇消息在运用细节上是很成功的。它以一种近乎白描的手法，既聚焦时代近景，写出了英雄的音容笑貌，又放大时代景深，写出了英雄用生命为航母事业铺路的悲怆。如文中写的：

4.4秒，生死一瞬，他毅然选择"推杆"挽救飞机，放弃了第一时间跳伞。

篮球场上，满场飞奔、笑声爽朗的是他；饭桌上，讲笑话逗大家乐的是他；训练中，面对风险笑容依旧的是他。最后一次飞行，他还是微笑着登上战机……

消息结尾更是抓住英雄骨灰回家的诸多现场细节，如文中写的：妻子张亚喃喃道："超，醒一醒，你给我买的新裙子，我还没穿给你看呢。"女儿的哭声，让送行的人们泪流满面，却没能唤醒"睡着了的爸爸"。看完飞行事故视频，老父亲抹抹眼泪："崽，你尽力了，跟爸回家吧。"这样的细节，读起来催人泪下，那个以"国为重、己为轻"的英雄形象使人心灵受到震撼，思想受到洗礼，并久久留驻心间。

在中国新闻奖参评作品推荐表"社会效果"一栏写道：消息推出后，便以其独家细节、独特视角、独具一格的表达方式，受到了读者和媒体同行的广泛好评。浏览各媒体平台的网友评论，很多跟帖进行点赞，其中一名网友点赞道："这篇消息让我第一次意识到，英雄原来离我如此之近，如此伸手可触。曾经的张超，平凡如我。他的成长，让我感到，有一天，我也能完成属于我的英雄壮举。"可见，消息收到了很好的传播效果。它的获奖是人心所向，众望所归。

（资料来源：刘保全，《新闻爱好者》2018年第1期。）

第二节　通　讯

一、通讯的定义

通讯与消息一样，是重要的新闻体裁。通讯是运用叙述、描写、议论、抒情等多种手段，具体、生动、形象地反映新闻事件和新闻人物的一种新闻报道形式，属记叙文体，具有内容真实详细、形式自由灵活、表达方式多样、语言生动形象等特点。

通讯是报刊、电台、电视台、通讯社等新闻媒体最常用的文体之一。

通讯与消息一样，许多新鲜的事件靠它来传播，许多重要的典型靠它来报道，许多精彩的场面靠它来描绘，许多迫切的问题靠它来探讨。通讯这种形式常常是抓住新近发生的典型事物、重要事件，从一个侧面或一个角度，写出一种思想、一个人物、一种经验、一个问题，具体深刻，生动感人，引发启迪。

二、通讯的特点

（一）体现新闻性

通讯的内容首先必须新鲜，时效性强，内容为读者所未知或所未全知，能够让人耳目一新。其次是重要，必须具有政治意义、经济意义、社会意义，或关系到大众的切身利益，因而影响广大。最后是要有共同兴趣，即有知识性、趣味性、人情味，为受众喜闻乐见。

（二）显现直观性

不管是写人物、写事件，都要突出新闻六要素。在描写时要对写作对象进行直接而具体、真实而客观的描写。抒情、议论要紧密结合事实，力求画龙点睛。通讯中的对话要忠实记录，突出真实感、现场感和个性特征。通讯中需要说明的事物要简明扼要地说明它的形式、特征、功能及与之相联的关系、原因等，使读者一目了然。通讯正因其直观性，才能显示其完整性、丰富性和饱满性。

三、通讯的类型

目前，还没有一种尽善尽美的分类方法，依照作者采写方式的不同将通讯分为三大类。

（一）叙事记述型通讯

既可以记人（人物通讯），也可以记事（事件通讯），还可以记地（风貌通讯、旅游通讯）；既可以根据事后采访所得材料进行记述，也可以根据事发时的目击和同步采访所得材料进行记述。由体验式采访所形成的通讯作品以及现场目击记述均属此类。

（二）调查分析型通讯

包含对工作经验或失误、社会问题、认识误区等的理性思考。由此，一部分调查分析型通讯演变成问题通讯，以提出各类严峻问题为己任，目的在于引起有关受众的注意，并在此基础上可以开药方，也可以不开。这类通讯一部分往往要进行艰难取证，对调查采访要求很高，除公开身份采访外，还常要进行隐蔽暗访。通常所说的调查性报道、解释性报道、新闻分析、深度报道，大都归于此类。

（三）访谈实录型通讯

包括专访、访谈、谈话记录等比较特殊的文体。在这类通讯中，访谈既是主要采访形式，也是新闻作品的主要内容。记者的采访提问，常常被如实写进通讯。被采访者谈话多被原封不动地大段引用（有些稿件甚至由谈话构成全篇），在这一点上又明显有别于上述两类通讯。

具体而言，访谈实录型通讯主要有以下几种类型。

1. 人物通讯

人物通讯是以报道各方面的先进人物为主的通讯，以表现人物为中心，从不同角度反映人物的事迹和思想，有的写一人一生的，为人物全面立传的；有写一个人的一个或几个侧面的，集中反映人物的某一思想品质；也有写群像的。

【例 5-11】

他留下了温暖的背影

怎么都不能相信，曾经朝夕相处的师父江学庆，今早走了。徒弟李海坐在武汉市中心医院的办公室里，倚着墙，一言不发，左手放在额头上，泪水顺着口罩流了下来。同事不忍，默默走出办公室，关上门，叹了一口气说："师徒感情太深了，让他自己待一会儿吧。"

3月1日凌晨5点32分，江学庆没来得及看到武汉的春天，就悄然离去。他是武汉市中心医院的名医，回国后一手打造了该院的明星科室——甲状腺乳腺外科，并担任该科室党支部书记、主任、主任医师。如今，在抗击新冠肺炎疫情的工作中，他不幸染病，经全力抢救无效在武汉市肺科医院去世，享年55岁。

医生，特别是战斗在武汉的一线医务人员，是这次疫情中最勇敢最可敬的人。刘智明、夏思思、彭银华……一位又一位具有崇高医德的白衣天使倒在了战"疫"最前线。在湖北这个英雄之地，他们都无愧于英雄二字，江学庆亦是如此。

专注细节的暖男医生

从医30余年，有同事说江学庆最大的特点是注重细节，有媒体曾经拿着仪器给他测过，他说话音量总是在60分贝左右，温言暖语让患者暖到心里。江医生是武汉青山人，他接诊时可以因人而异地切换武汉话和青山普通话，迅速拉近与患者的距离。

他收获了大批"粉丝"，被患者亲切地称为"暖男医生"。他先后荣获第11届中国医师奖、荆楚楷模、武汉"五一劳动奖章"、武汉市卫生系统优秀共产党员、"白求恩式的好医生"等荣誉称号。

"江主任是一个温暖的人。""他是这个世界上最好、最有耐心的科室主任。"……护士长戈文心三番五次地取下眼镜，拿出纸巾擦拭泪水。

从2009年来到武汉市中心医院，戈文心一直在甲状腺乳腺外科工作，从护士到护士长，她花了11年。而这11年，也给了戈文心足够的时间熟悉江学庆、了解江学庆。

"江主任问诊，不是一开始就谈病情，而是笑呵呵地跟我们拉家常，从能爬几层楼到每顿吃几碗饭，从平时走路喘不喘到心慌不慌、爱不爱出汗，常常一聊就是十几分钟，不时还开个小玩笑。"谈到自己的就诊经历，41岁的许女士感慨。

无论是自己的言谈举止，还是科室医务人员对患者的服务，江学庆都严抓细节二字，创科以来，在科室内形成了许多必须严格执行的规范，例如医生上班必须穿衬衫、皮鞋，打领带，不许边走路边端着碗吃早点，医护人员不准在科室任何地方抽烟，中午在值班室休息后起床要叠被子等。

江学庆尤其注重保护女性患者的隐私，规定男医生为女性乳腺疾病患者做身体触诊时，必须要有女医生或女护士在场，且一定要注意遮挡以保护患者隐私。

在江学庆看来，一方面，对细节的观察与把握，对于医生判断疾病并进行治疗非常重要，必须把每一个细节都做好，最终的效果才会更好，所以日常管理会从各个方面来强化医生的细节意识。另一方面，重视细节是对患者的负责与尊重，这也是医生职业礼仪的一种体现。

这么多年，江学庆工作中的点点滴滴，仿佛都印在了戈文心的脑海中："他太了解病人了。他知道，每一个即将接受手术的病人，都非常紧张且恐惧。只要是他做手术，他一定会一大早去查房，跟病人沟通，稳定他们的情绪。等病人醒来以后，他一定还会再看一眼，确认病患的术后情况。"

"暖男，耐心。"在回忆江学庆时，戈文心用了很多次这样的词汇。"我们科室会有很多中年人、老人，她们经常就一个问题反反复复地问我们，有时候护士们都被问烦了，但却从没见过江主任不耐烦。"在这样的良性互动下，很多病人都成为江学庆的好友。

治病疗心的粉红天使

"不用怕，我帮你。"这句话，是江学庆的口头禅。江学庆曾说："对女性来说，没有什么病比乳腺癌更可怕。"他总是先认真倾听，然后综合评估，再告诉她们，他能帮助她们。

实际上，乳腺癌有着"最容易被治愈的癌症"之称。只要积极配合医生，按现代医疗手段采取积极措施，患者就能减少痛苦，延续生命，改善生活质量，甚至达到临床治愈。"粉红丝带"是全球乳腺癌防治活动的公认标识，江学庆的高超医术则给他插上了"粉红天使"的翅膀。

几年前，武汉30岁的张女士在洗澡时，无意摸到左胸有一个小包块，到附近医院检查，被确诊为乳腺癌。这无疑是晴天霹雳。"我反正不想切除乳房，没了尊严，活着也是受罪。"她找到江学庆，一把鼻涕一把泪。

江学庆仔细听她诉说完，又看完片子后，这才开口："不用怕，我帮你。"一句话，让张女士的眼里燃起了希望。

江学庆提供了一个两全的办法：乳房重建。在听了半个小时的讲解后，张女士接受这套方案。如今，术后的张女士并没有因失乳而郁郁寡欢，重建的乳房让她渐渐找回生活中的自信。

像张女士这样被江学庆拯救的病患非常多。因为是名医，江学庆在武汉市中心医院是出了名的门诊量大。他每周一、周二出半天门诊，每次看病都有100多号。为什么问诊量这么大？因为他对病人加号的需求，总是尽量满足。

江学庆对患者的生活也十分体贴入微，关心备至。68岁的乳腺癌患者宋婆婆是江学庆的老病人，她2015年做了左侧乳腺癌手术，之后又接受了8个疗程化疗，前后住院近半年。

"江主任和护士们称呼患者从不叫床号，而是'这个姐姐''那个姐姐'，亲切得不得了。"宋婆婆说，手术后因为不好抬手，江学庆还安排护士们给她洗头洗澡，让她心里格外温暖。

"江主任没有一点大专家的架子，百问不厌，平易近人。"65岁的乐婆婆几年前在医院做过甲状腺包块手术，江学庆每次查房时，她都会拉着他问半天，尽管一些问题已回答过多次，但江学庆依旧耐心解答。为了方便与出院患者交流，指导她们尽快康复，江学庆将自己的电话和微信留给有需要的患者，有问题随时可以给他发短信或微信咨询，待他空闲下来会一一回复，紧急情况时还可以直接电话交谈。

除了自己指导、鼓励患者，江学庆还特别注意组织患者互助。因为乳腺癌患者非常特殊，她们除了面对疾病外，还常常要面对护理、生活、情感、夫妻关系等问题，生理和心理压力都比较大。

为此，7年前，江学庆在该院成立了乳腺癌术后康爱联谊会，并建立了"康爱联谊会"微信群，由医护人员轮流值班为患者答疑解惑，而患者之间也可以相互交流，相互学习，相互扶持，不少病友因此成为朋友、姐妹，并一起去帮助其他病友。

因为他的专业和耐心，还有一股乐于助人的劲儿，不少患者给他起了外号，比如"妇女之友""话疗医生"，还有就是"妙手医侠"，那是个40多岁的女性乳腺癌患者起的。几年前，在江学庆生日当天，她还专程送来一个照江学庆模样制作的软陶医生人偶，这让他格外感动。如今，这个人偶仍放在他的桌上。

既治病又疗心，是患者对江学庆的评价，不少患者成为他的忠实"粉丝"。江学庆带领团队与国际接轨，引入精准医疗理念，让每位患者获得精确个性化的治疗。据不完全统计，从2007年至2019年，12年间，有5000多名乳腺癌患者在江学庆手上重获健康，而经他治疗的甲状腺癌手术患者，更是多达1.2万多名。

难以割舍的匆匆背影

30多年来，江学庆始终如一用心对待患者，用细节赢得患者的信任，让他们感受到医者的温度和医学的温暖。在江学庆看来，作为医生，对待每一位患者要做到尊重、平等、互信，这正是医者的初心。

江学庆去世的消息出来后，戈文心接到了无数个以前病人的电话、微信。"他们都觉得这是谣言，不相信这么好的江主任就这么走了。其实，这一天，我们也是蒙蒙的，一直觉得他会扛过去的。"

"这样一个温暖了无数人的好大夫，就这么走了。"说着说着，戈文心又哽咽了，放在白衣口袋里的纸巾，早已皱成了团。

病毒无情，意外总是来得太快。1月17日，早上交班之前，李海看到师父有些蔫蔫的，穿的衣服比平时多一些，说有些冷，于是做了CT检查，当天上午就住院了。

"我当天就去病房看江主任了，当时情况还好，只是有些低烧。"李海说，不过，大家认为这是自限性疾病，觉得江学庆很快就能自愈出院。

之后，李海又去探望过一次师父，"江主任没有让我进去，怕把我们也感染了"。隔着门,打开一条缝,江学庆怕他听不清楚,就对他喊道:"把科室工作安排好,过几天我就会出院。"

刚开始几天,江学庆的病情稳定,之后加重,有些反复。1月22日,他被转入定点医院武汉市肺科医院进行治疗。没想到,病情急转直下……

在病情最严重的时刻,李海让人录了一小段外孙对他说的话,这段话用手机一直在他耳边循环播放。大家都希望能够出现奇迹,但最终,他还是没有醒过来,只为大家留下了一个"暖男医生""粉红天使"的匆匆背影。

(选自《光明日报》)

【简析】

在这篇人物通讯中,与患者说话音量总是在60分贝左右、口头禅是"不用怕,我帮你"、被患者起外号叫"话疗医生"等细节被挖掘出来,呈现了一个既耐心又细心的甲状腺乳腺外科医生形象,更是让人惋惜这样一位好医生的离去。

2. 事件通讯

事件通讯是以记写事件为中心,重点描绘社会生活中带有倾向性和典型性的生动事件及具有普遍教育意义的新闻事件。它的特点是以记事为主,交代清楚事件的原委,从而表达某种思想。

【例5-12】

同 仁 一 日

北京同仁医院是享有盛誉的三级甲等医院。它的眼科、耳鼻咽喉头颈外科诊疗水平位居全国之首,世界前列。同仁医院的运转堪称规模巨大、严谨高效,非身临其境是无法体会医务人员的努力和付出的。

9月27日清晨6时许,我们站在崇文门路口北连接着同仁医院东西两个院区的过街天桥上。

往西看,眼科挂号大厅门口人声鼎沸,数百名患者边等挂号大厅开门,边操着天南地北的口音,交流着各自的"看病经"。

向东望,医院不大的停车场已经停得满满当当,还不断有送病患的车欲往医院大门里拐,排队车辆占据了自行车道,向南堵到了100多米开外的崇文门路口,汽车喇叭声、自行车铃声此起彼伏,一片嘈杂。

门前车水马龙，门口人头攒动。同仁医院的一天，就这样开始了。

场景一　清晨：紧张有序

6时半，医院保卫处长马洁打开眼科挂号厅的大门，等候的患者蜂拥而入，狭窄的大厅里，空气立刻变得浑浊起来。

保安人员按先来后到，迅速将人流在挂号窗口前分成六队，队尾甩出了大厅外。

挂号室的张雪征动作麻利地换好工装，又仔细检查了一遍抽屉里的现金、桌面上的财务章和成沓的空白就诊卡。

7时整，张雪征和30余位同伴同时打开面前的窗口。"我要挂眼底的专家号……"

不到20分钟，大屏幕上滚动显示，眼科专家号已经全部挂满。几分钟后，耳鼻喉科的专家号也满了。

7时半，神经内科主任张晓君走进办公室，开始处理邮件，准备8点钟的科室交班。西区门诊楼三层眼科诊室外，护士董桂霞已经站在墙边的视力表旁，开始为已经排起长龙的200多名患者逐一检查视力。

8时整，喉科副主任王军带着七八名医生准时查房，与此同时，全院共有三四百名医生在病房交班、查看住院病人的病情；

8时整，眼科主治医师周海英在诊室中迎来了第一个病人，与此同时，数十间诊室内，200多名大夫同时出诊；

8时整，眼整形科主任李冬梅当天的第一台手术准时"刀碰皮"，与此同时，东西两区的33个手术室门口同时亮起了"手术进行中"的红灯。

如同一架高速运转的机器，清晨8点前，2000多名白班的同仁医护人员全部就位，门诊、手术室、病房、护理、药房、化验检查、CT室、划价收费等部门的准备工作全部就绪，开始进入高节奏的一天。

场景二　诊疗：尽心竭力

冲洗、切开角膜缘、剥离白内障、植入人工晶体……按部就班，干净利落，很快，一台白内障超声乳化手术就结束了。

此时，下一个病人已经完成术前准备，躺在手术台上等待手术。三个经验丰富的女医生同时上阵，十多名护士手一刻不停，为后续需要手术的病人眼睛贴标记，为再后面的近百名病人眼睛里点麻药。

在同仁医院，白内障手术就像一条精密仪器控制的流水线。虽然这只是眼科手术中的"小儿科"，但许多患者依然选择在同仁做，觉得心里踏实。半天时间，这条"流水线"就完成了200例白内障手术。

此时，全国知名眼底专家、眼科主任魏文斌的诊室里，也有一条流水线在"作业"。

十几平方米的诊室里，除了魏文斌外，还有4名助手和1位护士——护士负责叫号，魏文斌负责诊断，助手负责诊前检查和诊后开药。无论什么时候，"流水线"上的每个环节，都候着至少两三位患者。

诊室外，患者排成了两列长队，就像晚高峰时地铁1号线的站台，中间只留出一条曲里拐弯的小缝儿。一位身穿蓝衣的保安正满头大汗地维持秩序。

"您现在的情况需要住院，我先给您开住院证，但可能需要等床，一有床医院会马上打电话给您。"还不到上午10点，魏文斌就已经看到了当天加号的第10号。电脑显示，他当天的加号已经到了79号。乐观地估计，他得看到下午3点半。

"没办法，都是各个科室转给我需要会诊的病人，都有疑难问题，而且大多数是外地患者，不忍心让他们多等。"魏文斌记得，自己的"纪录"是一天看了110个病人，从早上8点一直看到下午4点多，午饭自然就免了。

医生没增加，来自全国的患者却在激增。今年8月份，同仁医院的门急诊总量达23万人次，比去年同期增加12%；出院病人数4556人次，比去年增加21%；住院手术加门诊手术共做了8616台，比去年增加20%。

场景三　　就餐：叹为观止

中午11时，西区患者食堂开始热闹起来，25辆饭车排着队被推出来，食堂工作人员小孙推着饭车奔向西区眼科病房。

在午饭时间来到同仁医院的餐厅，有一种与其他就餐空间完全不同的感受。餐厅规模之大、就餐人数之多、来去之快，令人恍惚。

医务人员、患者、家属、后勤人员，每天中午，在同仁医院三个区共7个食堂，同时供应近万人进餐。每天，食堂都要消耗3000多斤粮食，其中光蒸米饭就要用掉1000多斤大米，采购员买肉全部从顺义肉联厂直接进货。

医院的食堂，最难做的就是病号饭，医院称为治疗饭。这个病人是糖尿病，一顿只能吃1.2两米饭，大师傅称好放在饭盒里；那个糖尿病患者可以吃1.3两，继续称。这都是全院13位营养师根据当天医嘱和病人的身高、体重算出来的。

像这样为每个特殊患者量身定制的治疗饭，同仁医院一顿要做大约300份。

"我12点半才看完最后一个病人,下午1点还有门诊,先走了啊。"中午12点45分,西区职工食堂里,一位年轻男医生正跟同事打招呼,行色匆匆,10分钟前他刚进来,随便要了份素炒饼。西区职工食堂有400个座位,每天中午能接待近2000人就餐,多数人都是十几分钟结束"战斗"。

还有很多医护人员赶不上饭点儿,每天食堂都有人推着封闭饭车给手术室送饭。"医生最喜欢粥和汤,我们知道,他们站了半天手术台,都渴。"

场景四　救治:攻坚克难

医疗是知识密集型行业,是对人们生命的救护,要求精益求精。

下午1点多才下手术的杨庆文大夫走下手术台,活动了一下由于一个姿势保持太久而略感僵硬的胳膊腿儿,第一感觉就是又饿又渴——怕术中上厕所,他一上午没敢喝水。

手术室里有间六七平方米的"餐厅",几套简易桌椅,医生护士随来随吃,随吃随走。

今天的菜是西红柿炒鸡蛋和肉片苦瓜。杨庆文刚拿起筷子,电话铃响起,是急诊室打来的,一个6岁的贵州男孩因喉乳头状瘤堵塞气道,需要马上手术。

立刻叫停了后面的一台常规手术,铺单、准备手术器械、刷手消毒,手术室里忙而不乱。

孩子被推进来的时候,脸色铁灰,已经憋得不能平躺,只能坐在轮椅上,手无力地垂着。别看喉乳头状瘤是良性肿瘤,可是特别容易复发,这不,这已经是这个孩子第22次手术了!

由于情况危急,麻醉科副主任潘楚雄亲自上阵。给孩子施行了全身麻醉后,他的眼睛一刻不离监护仪,密切关注患儿的血氧饱和度。一根细长的黏膜切割钻,从孩子的嗓子眼儿里探进去,通过显微镜,杨庆文可以清楚地看到,不仅声门,就连气管上都长满了一嘟噜一嘟噜的肿瘤,堵住了呼吸道,难怪孩子喘不上来气。

其实,喉科医生并不爱做喉乳头状瘤手术,倒不是因为这个手术风险大,患儿极易在术中窒息死亡;也不是因为在术中,病毒会飞溅到主刀医生的脸上和手上,让医生染上扁平疣;更不是因为手术中的激光会对医生的眼睛造成很大损伤。而是因为,这个病的发病机理到现在还是个谜,有的孩子肿瘤长得特别快,每隔20多天就要做一次手术。每每看着一个个活泼可爱的孩子被肿瘤憋得小脸青紫,医生们总是备感医学的无能。

细细的钻头伸下去,如绣花般精细,一点一点,将肿瘤从声门处剥离,再往下探,将肿瘤从气管上剥离——刚才还堵得只剩下一道缝儿的气道,光滑通畅了。

切下来的肿瘤,被放进一个液氮桶,做成研究标本——对于喉乳头状瘤这个世界难题,同仁医院喉科有个专门的科研小组,密切关注世界医学这一领域的前沿进展,并对1000多名术后病人进行随访。毕竟,同仁是全国做喉乳头状瘤手术最多也是技术最棒的医院,责任感和使命感让他们不敢稍有懈怠。

这名患儿被平安推出手术室时,已是将近5点了,但杨庆文还走不了——刚才临时推迟的那台常规手术还要完成。

窗外,夕阳西垂。

此时,神经内科主任张晓君刚刚结束了全科室的一次疑难杂症讨论会,讨论非常激烈,持续了3个多小时。每天下午,像这样的病例讨论,在各个科室再寻常不过。

利用半个小时安排好"十一"期间的节日出诊表,张晓君赶到食堂匆匆扒拉了两口饭,这才想起,自己上午出门诊一直到下午1点半,连午饭都没顾上吃。晚上还有一堆事等着她:欠一家医学杂志的4篇约稿后天必须交了;带的3个研究生课题马上要开题;有一项国际学术会议今年首次从欧洲搬到中国举办,张晓君是主委之一……

场景五　医护:今夜无眠

夜幕低垂,喧闹了一天的门诊大厅安静下来。但医院这台24小时的"永动机"却不得停歇。

耳鼻喉科病房里,责任护士曹飞将200毫升安素——一种牛奶一样的肠内营养液,用注射器慢慢推入73床女患者的鼻饲管里。这位病人当天刚刚因为多发性副神经瘤做完手术,还不能进食,插着鼻饲管,这就是她的晚饭。喂完晚饭,曹飞又用同样的方法给患者喂了一点水。随后,晚间护理开始了,冲洗会阴、擦拭全身、洗脚……

这天,本该是重症监护病房护士罗晶轮休,但因为病房突然来了两个重病号,她又被临时叫来加班。晚上7点多赶到医院时,她发现当天的值班医生赵京阳已经忙得脚不点地,周华医生也被从家里叫过来"救急"。

两个重病号中,那位肠梗阻导致休克的老人已经80多岁了,住在13床。吸痰、监护、送去做CT,床旁做结肠镜,赵京阳一直忙到晚上11点多,曾经无数次从12床边走过,但是他根本没有时间多看一眼。12床的病人,是他的岳母。

深夜11时50分，一辆999急救车呼啸而来，蓝色顶灯旋转着生命的渴望，在漆黑的夜色中显得分外急迫。一位双目紧闭白发苍苍的老人被抬下救护车。"快，老人没有心跳了，需要抢救！"急诊室里一阵奔跑的脚步声。

这，注定又是一个不平静的夜晚。

尾声

当9月27日结束时，同仁医院留下了这样一串数字：

这一天，全院门诊量达10220人次，住院病人1486人。

这一天，全院400多名医生出诊。

这一天，仅西区的5个取药窗口就收方发药4000份，平均一个窗口40秒处理一张。

这一天，全院共做了200多台CT检查。

这一天，全院共完成391台手术，其中，时间最长的一台手术持续了10个小时。

向人民健康的守护者致敬！

（选自《北京日报》）

【简析】

在这篇报道中，作者按照时间顺序，依次选择了一天当中的上午、中午、下午、晚上四个时段的五个典型场景展开叙写。一是具体叙写。如"8点整"，喉科、眼科等名医在各自的岗位上开始了一天紧张的工作。二是重点叙写。分别是一天看110个病人的眼科主任魏文斌等重点人物，为病人做最难做的病号饭的医院食堂等重点场所。三是数字奇效。这些具有冲击力的数字给读者带来了强烈的震撼的同时，更是人们对"白衣天使"——医护人员借此产生深深的敬意。

3. 工作通讯

工作通讯又称经验通讯，是以报道先进工作经验或某项工作的成就和存在的问题为主要内容的通讯。写工作通讯要有针对性，抓住当前带有普遍性的，又需要解决的问题。介绍经验要科学，要有理论根据。经验要写得具体，使人看得见、摸得着、学得到。

【例 5-13】

党支部提能力,合作社添活力,贫困户有动力
——马鞍梁上的脱贫力量

甘肃徽县通过不断升级"党支部+合作社+贫困户+电商"的产业扶贫模式,整合贫困村发展产业资金、人力和资源,通过大力发展合作社,让贫困户真正受益。

"党支部控股,群众参股,贫困户配股,电商渠道销售",在甘肃徽县大河店镇火石村马鞍梁上的原生态养殖合作社里,村支书马永强对记者说起这种"党支部+合作社+贫困户+电商"的产业扶贫模式时赞不绝口。

这种模式的策划者是徽县县委常委、组织部长刘永成,他之前在另一个贫困县宕昌县工作时,就在一些贫困村推广这种模式发展养殖业,让宕昌县特有的"帽帽鸡"出了名,贫困户也因此脱了贫。刘永成告诉记者,现在马鞍梁上的合作社,是之前模式的"升级版"。

"三分三合"调动积极性

说新模式前,先得聊聊马鞍梁的原生态养殖合作社。去年底,刘永成到火石村调研,发现村里的致贫原因竟然是地多。"人均 4 亩多地,但是都在种玉米小麦,卖不了多少钱,还得天天守着。"怎么才能让群众在家门口挣钱呢?刘永成跟镇、村干部一合计,决定按照"劣势变优势、优势变产业、产业变产品、产品变商品、商品变收入"的发展思路,依托村里地多、林多的优势,发展"青泥黑猪"生态养殖产业。于是,他们成立了马鞍梁原生态养殖合作社。

合作社成立之初,徽县县委组织部为火石村党支部注入 20 万元的产业扶贫启动资金,其中 1.5 万元给 14 户贫困户和 1 户返贫家庭按照每户 1000 元配股,村党支部控股 18.5 万元,并将这 18.5 万元中的 5 万元股金产生的红利作为村集体积累,剩余的 13.5 万元股金所产生的红利平均分配给贫困户。有了启动资金,合作社还吸引全村 33 户村民入股 30 多万元。

合作社有了,但是刘永成在调研中发现,很多合作社在运作过程中,会因为内部运行机制的问题难以有长远发展,"比如发展方向问题、分红不均问题等,这些问题不解决,合作社运行一段时间就可能垮掉。这不仅会造成国家扶持资金的流失,而且还会加重老百姓的经济负担。"

刘永成说。

为此，在火石村创办合作社时，刘永成创造性地提出了"三分三合"运行机制："三合"就是整合贫困村发展产业的资金（帮扶资金、集体资金、社会资金、农户资金）、人力（基层组织、党员群众、能人大户、帮扶工作队）和资源（土地资源、物产资源、生态资源、技术资源）；"三分"就是在合作社中，党支部的领导权与理事会的管理权分离，监事会的监督权与理事会的经营权分离，资金管理权由镇农经站代管，与理事会的资金使用权分离。"新模式最大的优势就是将所有参与者的积极性都调动了起来。"

曾经与人合伙创办过合作社的马鞍梁养殖合作社理事长袁碧刚对这种模式最有发言权。"国家对合作社扶持政策多，以前有不少投资者办合作社，就是为搭个平台，钻政策空子套取补贴、贷款，老百姓没有真正受益。"袁碧刚说，现在的"三分三合"是真正的现代企业制度，党支部控股起引领指导的作用，理事会代表全体股民日常管理运营，有支部约束和监事会监督，不是一个人说了算，"在这样的互相制约监督的机制下，我们干事也放心，合作社也不会因为一两个人的退出而散伙"。

好机制让社员心连心

记者在合作社门前的公示牌上看到，在公开的账目中，大到几千元的饲料支出、小到5毛钱的生活用品开支，都有公示。袁碧刚说，"根据我们的规定，每一头猪的生长情况都有备案，如果生病，将由监事会记录，向股民大会报告原因"。

好的运行机制让大家的心也紧紧连在了一起，马永强对此深有感触。"合作社成立之前，村党支部的工作就是日常村务管理，缺乏凝聚力，平时组织清理水渠之类的义务劳动，大家伙儿都不愿意参加。"马永强说，现在通过参与领导合作社，党支部可以做更多的工作，威信和能力也在提高，贫困户、参股群众都主动来干活，"有时候群众自家地里割了青草，都会免费送到合作社来当饲草"。

62岁的李柏刚是村里的贫困户，全家7口人，妻子身患残疾，女婿是家里唯一的劳力，平时种着15亩地，一年的收成刚够家里日常开销。村里成立合作社后，李柏刚凑了1000元入股，县委组织部还给他配股1000元。"平时女婿在合作社打零工，每天有100元的收入。"李柏刚说，"合作社发展起来了，对大家都好，年底我们还能分红"。

现代营销破销售瓶颈

记者了解到，马鞍梁合作社已注册了"徽县青泥黑猪"商标，现在形成了300多头的养殖规模，全部用粮食、大豆秸秆、青草等饲料进行放养，预计到年底，可实现 500 头以上的养殖规模。记者在山坡下的放养区看到，每头小猪耳朵上都有一个二维码，领养者可以通过网络实时监控小猪的生长动态。等到出栏时，领养者可以通过快递，收到真空包装的新鲜猪肉。

这么好的猪肉，如何破解"养在深闺人未识"的销售瓶颈？刘永成告诉记者，马鞍梁合作社开通了网上交易平台，消费者可以通过网上认购后，在平台上实时查看养殖情况，目前已完成网上认购 100 头，销售额初步达到 20 多万元。到年底，猪出栏的时候销售收入有望达到 100 万元左右。

"我们将在完善总结马鞍梁合作社经验的基础上，充分利用县上对每个贫困村安排的 20 万元的产业扶贫启动资金，力争在全县 88 个贫困村实现'党支部＋'模式的全覆盖。"刘永成说。

（选自《经济日报》）

【简析】

该报道通过对甘肃徽县在贯彻落实国家扶贫攻坚政策中直面问题想办法，一心一意解难题上具体做法，即不断升级"党支部＋合作社＋贫困户＋电商"的产业扶贫模式予以关注，对相关扶贫工作有极大的借鉴意义。

四、通讯的主题

（一）主题正确

这是对主题的首要要求。一是合乎客观实际，贯穿于文中的主观认识与所报道的客观事实能够统一起来。二是顺应客观规律，思想观点导向正确，与社会潮流、社会规范合拍，具有时代色彩。

（二）主题鲜明

通讯所揭示的内容、描述的形象、报道的情节、采用的方法等，要求对作品中所写的人物、事件、情节等，显示出较为鲜明的态度，提倡什么、反对什么、歌颂什么、鞭挞什么，让人一看便知。许多情况下，可依靠标题直接表示，如《伟大战士邱少云》《英雄登上地球之巅》。

（三）主题集中

主题具有多样性，不同的事实需要不同的主题，对同一人物、同一事实的报道也可以有多主题。在通讯写作时，一篇文章应该围绕一个主题。

(四)主题深刻

深刻主要针对时代精神、历史意义而言,针对那些具有普遍意义的典型事件、典型人物等,展现了新的精神、新的探索、新的认识,起到了正面宣传的作用和舆论的正确引导。如《人民日报》2017 年 4 月 15 日和 16 日在头版分别刊发两篇通讯《"樵夫"的魔力——追记全国优秀县委书记廖俊波》、《爱人者,人恒爱之——廖俊波的大爱人生》(以下简称"樵夫""大爱"),追忆廖俊波的感人事迹和爱民情怀;4 月 19 日,第 4 版刊发长篇通讯《一个人,一辈子,一道渠》(以下简称"渠文"),讲述黄大发带领村民历经千难万险修渠致富的故事。这几篇人物通讯都获得了很大反响,受到了网民高度关注,而这样的先进人物才是有情怀、有温度、大写的"人"。

五、通讯的选材

(一)材料的主题性

通讯主题确立后,作者就围绕主题选择能够表现主题的事实材料。选择通讯素材,是一种思维的结果,是作者通过新闻价值标准过滤事实材料的结果。选择的每一个典型事例,都是想让读者顺着一个个事实领会作者对事实本来面目的认识。

(二)材料的典型性

用事实说话是新闻写作的基本方法。作为通讯选材必须具有典型性,以一当十,以点带面,以小见大。材料的典型性即材料的代表性,有两层含义:一是所选材料较一般事实材料突出,有特点,有特别之处;二是所选事例无论大小,都不是社会中的个别现象、个别事件,而是普遍存在的现象和事件。

(三)材料的生动性

所谓材料的主动性,是指一般人没有接触过,或熟视无睹却含有深刻意义,能使人感到新鲜别致的材料。也就是生活中鲜为人知或不大引人注意、非一般化而实际上含有深刻的社会意义的事物。只有选择这样的材料,才能表现出新鲜活泼的思想,才能吸引人,使人在阅读中深思,令人振奋。采写通讯要注意避免用那些早已被人用滥了的陈旧的、一般化的材料,要避免雷同。

(四)材料的细节性

细节材料是通讯写作最具特色的要素,指典型材料中细致的情节、细致的现场画面，或者富有个性化的对话。它们是通讯中最有灵性、最富有感染力、最易吸引受众的部分。

（五）材料采集的渠道

1. 现场观察

现场材料很多来自作者的悉心观察和记录。能够在事件发生的第一时间赶到事发地点采访的概率是很低的，是可遇不可求的。而对于大多数预知性事件，完全有可能在事件发生之前做好充分准备，并及时赶到现场。

2. 体验式采访

体验是人们认识事物的一种方法。体验式采访可以使作者获得、加深理解和感受，增强记忆。有经验的记者常常会千方百计接近采访对象，与采访对象共同生活，参与采访对象的工作，在现场访问中体验，在体验中观察记录，所得的不仅是详细的事实、材料，而且有作者因体验获得的感受。这样写出来的材料不仅让读者有身临其境之感，更能让读者生出真情实感。

3. 访问

要得到生动的材料，如果已无现场采访的话，靠访问当事人来获取材料是必走的途径。这不仅要求记者有很强的观察和现场捕捉能力，而且要有较强的人际交往能力。

六、通讯的写法

作为新闻作品，通讯也遵循一篇文章是由思想内容、组织形式、语言表达等三个方面组成之惯例。具体言之，思想是灵魂，结构是骨架，语言是血肉。只有思想深刻、结构清晰、语言丰满之作品，才能受到读者喜爱，也才能成为引领社会之作品。

关于通讯的写法，主要从两个方面入手。一是一般的写作知识，二是怎样拟定标题和写好开头。

（一）通讯的一般的写作知识

通讯的一般的写作知识主要讲立意、结构等。

1. 立意

立意就是确定思想，提炼主题，立意的过程也就是找角度的过程。一是在置身于全局工作中立意。同样一件事，角度不同，效果自然不同，即横看成岭侧成峰。二是置身于大背景下立意。也就是说要站在时代的高度上提炼主题，寻求与时代背景最佳的结合点。三是放在群众关注的问题中立意。近年来，随着经济建设步伐的加快，各种社会矛盾不断产生，关系群众切身利益的事件不断涌现。如何让群众在直面困难的过程中看到希望，是新闻工作者义不容辞的责任。

【例 5-14】

"老鲍啊，是棵实心竹"

一搭手就知道，这是一个敢作敢为、生命里镌满风霜的硬角色。瞧，粗硬的手指铁铸一般。

可不，鲍新民的前半生，一直与硬撅撅的石头打交道。1992 年他当选村委会主任时，村里的"石头经济"正火：村边山坡上一天到晚炮声"隆隆"，漫天的粉尘让街巷、房舍像披上了一袭轻纱……

尽管"卖石头"给村民带来了可观的收入——每年村里有 300 多万元纯利润，名列安吉县各村之首。可是，鲍新民的心却在滴血：青山不见了，绿水不见了，就连村头那棵屹立了近千年的银杏树也不结果了。更糟的是，先后有 5 名矿工遇难……

再也不能这么活！2003 年夏，村领导班子果断做出一项决定：关停矿山，让山川大地喘口气。

这一下可捅了马蜂窝：村集体收入一下子骤降至 20 万元。许多村民依靠矿山生活，没了饭碗能不急头白脸？"走，找鲍新民去！"

山里人，脾气犟，鲍新民没有退缩。

2005 年 8 月 15 日，时任浙江省委书记习近平同志到余村调研，听了村党支部书记鲍新民的汇报后，高兴地说，下决心停掉一些矿山，这是高明之举。熊掌和鱼不可兼得的时候，要知道放弃，一定不要再去迷恋过去那种发展模式，其实绿水青山就是金山银山。

牢记习近平同志的嘱托，鲍新民带领余村人开始了探索，奏出了悦耳的"绿色变奏曲"：对全村生态进行了大修复，办起了农家乐、推出漂流项目、发展观光农业……

时隔 13 年，记者走进余村，但见翠竹绿林连绵起伏，穿村而过的小溪碧水汤汤。村中心道路上，时不时穿梭着杭州、上海、苏州等地牌照的旅游大巴。如今的余村，村强、民富、景美、人和，成为践行"两山"理念的生动典型。

鲍新民告诉记者:"去年,全村人均收入超过了4万元,大部分人家买了小轿车。"

2011年,连续担任两届村支部书记的鲍新民从岗位上退了下来。但是,他哪能闲着呀——当起了村务监督员。对他,这个职务可不是个摆设:村里的发展思路有不合理地方他会犯颜直谏,游客乱扔垃圾、哪家农家乐偷排污水,他会上前理论……

安吉多竹,说起竹子,当地人爱这样形容:"山间竹笋,嘴尖皮厚腹中空。"可提起鲍新民,村民们说:"老鲍啊,是棵实心竹。无论做人还是做事,实诚!"

(选自《人民日报》)

【简析】

这篇通讯,虽然只有短短的845个字,但通篇文章由于构思上高屋建瓴,行文处云淡风轻而给人如沐春风之感。而展开故事则一波三折,有"柳暗花明又一村"之感。尤其是大量使用生活化语言,使人物与语言互为表里、相映成辉,从而增强文章的可读性、趣味性。

2. 结构

通讯的结构,俗称通讯的"骨架",它是通讯的表现形式,是指通讯的组织形式和内部构造。即围绕通讯主题对素材的组织方式和通讯文体的外部形式。

通讯结构的要求是服从表现主题的需要,完整、严谨、巧妙、和谐。

一是通讯结构的表现形式。

(1)纵式结构。

即按照报道对象的产生、发展的顺序来安排结构。纵式结构的标志是时间上的纵深,同时也要注意表现主题的纵贯,即紧扣主题,组织不同性质、不同状态的材料,一层比一层更深刻地表现主题,升华主题,用主题思想的红线纵贯全篇。

这种以时间先后为顺序的结构是通讯中常用的一种结构。

① 按照一个事件的发生、发展过程,按时间顺序叙述下来。

② 按照生活中发生的一连串故事的时间顺序,依次叙述。

③ "纵切式结构"。这种形式,强调的是人为地"切割事实"。这种结构反映的往往不是事件或故事,而是对客观世界中人的生存状态或某种现象的存在状态切出一个按时间顺序的纵向剖面,以展示新闻事实中蕴含的传播价值。

④ 将多线条事实"编织"成单线条的纵结构。即记者为了理清事实头绪,对事实一目了然,有时采取简化于一根时间主线的做法安排通讯结构。

【例5-15】

弥天大谎是怎样破灭的——广西南丹"7·17"透水事故调查日记

新华社记者

7月17日凌晨3点30分,广西南丹县龙泉矿冶总厂拉甲坡矿、龙山矿海拔负150米的巷道里,几十名矿工瞬间在一场并非偶然的透水事故中丧生。

当死难者含冤躺在黑暗的矿洞深处时,地面上,漠视安全生产的个体矿主,迅速开始了一场黑暗的交易,他们用金钱炮制出一个弥天大谎,试图逃过法律的惩罚。

但是,几十名矿工的生命岂能用金钱一抹了之?在党中央、国务院和广西壮族自治区党委、政府的高度重视下,经过中央、广西组成的事故调查组的调查,现已初步查证有81人在这次事故中失踪,估计已全部遇难。金钱炮制的弥天大谎终被戳破,撒谎者即将受到法律的严惩!

在调查这一事故的日日夜夜里,本社记者目睹了谎言炮制者的狡诈,死难者家属的悲愤和调查、抢险者的艰辛、智慧和无畏。

8月1日

一场大雨将南丹县大厂镇拉甲坡的林木洗得一片苍翠,在张着黑色大口的矿窿周围,一片平静。

记者随调查组深入到拉甲坡矿矿道2000多米处,没有发现什么异常,这里温度高达40多摄氏度,氧气稀薄,调查组无法继续深入。记者又就这里有无发生事故采访了拉甲坡矿的众多矿工,矿工众口呈词:我们不知道,我们都是刚来的。

"没有死人,也没人受伤。如果发生了事故,矿工家属早就围在矿窿前了,哪会有这么平静?"拉甲坡矿矿长黎家西信誓旦旦。

除黎家西外,拉甲坡矿的几名管理人员:副矿长韦肯格、办公室负责人陈洪彪、安检科长苏锦等,面对调查人员的问讯,都矢口否认矿上曾经发生伤亡事故,他们说,自从全国开展整顿市场经济秩序以来,矿山从5月下旬就已经停工了。身为安检科长的苏锦更是一问三不知,连半个月前发生的事情都说"记不清了"。他告诉调查人员:"我这个安检科长是口头任命的,不管事。"然而就在问讯室对面的墙上的"安全生产"宣传栏上,还赫然写着"安检科在苏锦科长的领导和广大员工的共同努力下,展开了卓有成效的工作,取得了良好的成绩……"

尽管拉甲坡矿管理人员表示愿对自己的话"负法律责任",但是调查人员还是发现了诸多疑点:找事故相关人谈话,总是不在,电话被掐掉,被讯问者手微微发抖,紧张得连连喝水,矿方在调查组、记者索要矿工名单问题上闪烁其词、转移目标。陈洪彪一口咬定名单仅此一份,但是调查组当场揭穿他:名单明显是复印件!陈洪彪哑口无语,满脸汗水。

下午,广西壮族自治区党委书记曹伯纯,自治区党委常委、自治区副主席王汉民,自治区党委常委、秘书长邱石元等来到拉甲坡矿,听取汇报,实地调查。随即以王汉民为组长的调查领导小组成立,曹伯纯要求,一定要查个水落石出,活要见人,死要见尸!他强调:"对有关责任人要严肃处理,隐瞒不报者,依法严惩!"

当晚8时,自治区调查领导小组召开第一次会议,紧急部署下一步的调查工作。

23时,负责外围调查的公安人员消失在夜幕中。

8月2日

黎家西第一个承认发生事故。

经过一天半时间的智斗,到今天下午5时50分,在公安人员凌厉的心理攻势前,昨天还拍胸脯保证没有死人的黎家西败下阵来,承认了"7·17"事故的经过,并交出了失踪者及赔偿名单、住址:7月17日凌晨3时30分左右,拉甲坡矿海拔负150米水平以下的3号工作面、8号工作面以及9号工作面的3号面突然涨水,迅速淹到海拔负110米水平,当晚拉甲坡矿的260名矿工分别在8个工作面作业,其中有80名左右的矿工在被淹的3个工作面作业,除部分管理人员和9号面部分未下到工作面的矿工外,其余均失踪。

交代完后,他叹了一口气:"说出来,就轻松多了。"

同时,公安人员也成功地找到了失踪人员家属。

记者随外围调查组来到宜州市德胜镇都街村,村里有4人在这次事故中失踪:韦海生和他的儿子韦灿军、姐夫韦振平以及覃文体。

幸存者韦海鸥是死者韦海生的弟弟,他给记者讲述了死里逃生的一幕:

"我们同在龙山矿(龙山矿毗邻拉甲坡矿,同隶属龙泉矿冶总厂,两矿的矿道在山底相通)打工,同一个班组。7月17日凌晨3点50分,我看到有大量的水涌入,水是从拉甲矿方向涌过来,不到一分钟,第二工作面已经灌满了水,并顺着斜道向第二平台涌上来,我想去救下面平台的亲属,已经来不及了,就和同在第二平台的两位工友拼命往外跑……"

逃生的韦海鸥于7月18日下午回到家，把噩耗告诉嫂子韦美丹；20日，龙泉矿冶总厂黎东明派小舅子黄国亮等把死者的家属接到金城江河池中学对面的华林酒店，分别协商抚恤金问题，当天韦美丹得到13万元，韦振平的妻子得到51500元，覃文体家属得到5万元，并被告诉说回去后不许乱讲。7月30日，龙山矿几人来到村里，拿了苹果、烟酒，并对死者家属说："有什么要求，可以向矿里反映，千万不要跟记者说，如果曝光出去，矿井被封了，你们就找不到尸骨了！"

在韦海生简陋的家里，记者看到了龙山矿送来的6瓶已被喝干了的"沙河王"酒。韦美丹捧着丈夫、儿子的相片，与年迈的婆婆抱头痛哭。

韦美丹向调查组拿出了韦海生与龙山矿2001年5月24日签订的协议书，协议书上注明"如果矿工因公死亡的，龙山矿一次性补贴死者家属2万元，龙山矿不再承担任何经济和法律责任。"

今天自治区调查组紧急从合山矿务局调来了矿山抢险救护队，15名抢险队员在下午3时分成两组分别进入下拉甲井口和下拉甲排水井口侦查，20点出到地面，由于井下气温太高，抢险队员未能进入水底最深处。

从下拉甲井出来的抢险队长陈尤添对记者说："井下曾发生了透水事故，虽没发现遇难者遗体，但疑点很多，有掩盖事故的迹象。"他还说，矿井不像矿方所说的那样，根本没有停产。

8月3日

天空下起小雨，40多名武警战士荷枪对发生透水事故的矿井及其周围7个矿井实行封锁；调查组又紧急从红茂矿务局调来抢险队，与合山矿务局的抢险队员一起，分批进入8个矿井搜索；鼓风机轰鸣着向矿井压风；抽水也开始紧张进行。

外围调查组对集中控制的龙泉矿冶总厂管理人员包括总经理、矿长、负责安全生产的安全科长在内的共20人进行了讯问，他们供认矿井中发生了透水事故，淹得很厉害，从负150米到负160米一直淹到了负100米左右。被控制人员交代，他们给每个失踪人员家属赔偿5万至6.5万元不等，总计赔付了392万元。

龙山矿矿长黎启乐这枚"钉子"终被拔掉，上午，他仍企图避重就轻，只承认这个矿死了4人，到下午3时，他终于顶不住，交代了龙山矿死亡人数为17人，并交出名单。至此，"7·17"事故矿方交代失踪人员为76人。

黎启乐说:"隐瞒不报,是害怕政府封矿,封了矿井,就无利可图了。只要给了家属抚恤金,就可以堵住家属的嘴。"

对被讯问者提供的76名失踪人员,公安人员火速通知失踪人员所在县的公安局,全力进行核查。

下午,国家安全生产监督管理局副局长王德学从江西赶到南丹指导调查工作,他说,对于这次事故的调查,广西壮族自治区的行动是快的,组织、措施得力,在短时间里,对众说纷纭、缺乏说服力的无头事故调查取得了很大的突破,目前初步向党中央、国务院进行了汇报,向社会作了交代。下一步要集中精力、强化组织、抓紧时间,尽快解决问题,关键是找到失踪人员,无论是死是活,必须要有物证。

8月4日

今天外围调查工作取得明显进展,据负责外围调查的公安部门查证,矿方提供的76名失踪人员名单中,已查证62名失踪人员家属获得了赔偿金。

井下调查工作受阻:事故现场位于矿底深处,地形复杂,积水多,水温高,抢险队仍未能找到一具尸体。

拉甲坡矿道长约4200米,矿道内分8级斜坡;龙山矿矿道长约1600多米,分为7级斜坡。两个矿的矿道最低处均为海拔负150米左右。据负责抽水、抢险、搜索的井下调查组组长、广西壮族自治区煤炭工业行业管理办公室主任郑兆安介绍,抢险人员只能到达海拔负100米的水面,距离遇难者尸体可能所在的负150米处矿道底部,尚有100米左右的淹满水的斜坡巷道。矿内水面水温高达40多摄氏度,抢险队员根本无法抵达海拔负150米处。只有把矿道的水抽干,才有可能找到尸体。

据测算,矿道内全部积水约30万立方米,现在是雨季,每天约有1万立方米的水涌入。由于巷道狭窄,摆放不了太多的抽水设备,8个窿口现在加起来每小时只能抽出1046立方米,今天凌晨零时到下午5点,共抽了17782立方米,目前水位已降70厘米。按这个进度,要把水抽干,需要15天左右;现在还不知道矿井下是否有地下暗河,如果有,抽水将更艰难。

记者看到,8个窿口都在日夜不停地抽水;南丹县抽调了45名干部负责抽水,24小时坚守窿口值班。调查组正在加紧研究更快的抽水方案,把现有的抽水设备全部用上,再多调剂一些抽水设备,集中人力、财力、物力,想方设法加快抽水进度。

由国家经贸委主任李荣融率领的中央调查组今天来到南丹察看了发生透水事故的拉甲坡矿，听取了王汉民的事故调查汇报。李荣融说，党中央、国务院时刻关注此次事故，事故调查工作要以秒计算，要不惜代价，尽快把水抽干，一定要把事故弄个水落石出，要对党中央、对人民负责。

从区外出差回来的广西壮族自治区主席李兆焯今天也赶到南丹调查事故现场，他拍案说："7·17"事故被长时间隐瞒不报，是非常严重、非常恶劣的行为！他要求事故调查组，一是要想尽一切办法，尽快把水抽干；二是要对已掌握的失踪人员名单加快核查、取证；三是要对事故发生原因加快调查清楚，此事不管涉及什么人、什么单位，一律要排除干扰，对隐情不报者，一定要查清，并依法严惩。

8月5日

龙泉矿冶总厂总经理黎东明、副总经理韦家农、拉甲坡矿矿长黎家西、龙山矿矿长黎启乐、拉甲坡矿安检科长苏锦等14人被刑事拘留。

记者采访了韦家农，他交代，7月30日，他赶到龙山矿召开管理人员会议，20多人参加，韦家农在会上安排任务，统一口径，会后管理人员按韦家农的布置，分头去做矿工的工作，威胁说：从企业和南丹的利益，也从个人的饭碗考虑，谁也不准说出去！

在拉甲坡矿办公室，记者看到墙上悬挂着"龙泉人准则"，其中第四条是"要实事求是，不要弄虚作假"。真是莫大的嘲讽！

到今天为止，公安人员已经与79名死者家属面对面查实了他们接到了矿山的赔偿金。查证工作异常艰难。连日来，公安干警克服警力不足、失踪人员居住分散等困难，发扬连续作战精神，夜以继日地奔波调查核实。失踪人员多数来自广西、贵州的大山之中，公安干警有时在贵州独山县、荔波县的大山中走上两天两夜，才找得到一个失踪人员的家属。

8月6日

广西壮族自治区党委常委召开紧急会议，曹伯纯书记、李兆焯主席愤怒了，他们斩钉截铁地说：南丹事故非常严重，要尽快查清事故真相，查清死伤人数，尽快查清隐瞒不报的真相，对有关责任人要严惩不贷！

经过2天时间的抽水，下午4时，抽水工人在龙山矿海拔负116米处，发现一个颅骨，这是南丹发生透水事故以来首次发现失踪人员的尸体。下午8时，抽水工人又发现一具骨架。因为矿井温度过高，浸泡时间过长，尸体已经腐烂，面目无法辨认。

记者看到，龙山矿旁搭起了一个灵棚，人们正按照壮家习俗祭奠死者。逝者已不能复生，留给生者的，是无尽的悲痛……

（选自央视网）

【简析】

　　在这篇报道中，作者按照时间顺序，选择了从8月1日到6日展开叙写。一是具体叙写。如在8月1日，记者调查，矿工们都说自己是新来的，不知道具体情况。二是重点叙写。死里逃生的韦海鸥向记者讲述了事故发生的一幕。三是用数字说话。不论是搜救困难及开展的叙写，还是给予遇难矿工的赔付款项等，这些具有冲击力的数字给读者带来了强烈的震撼。

　　（2）横式结构。

　　按照报道对象之间的关系（或因果关系、或点面关系、或主次关系、或并列关系），安排结构。它一般是在同一主题下，并列地从几个侧面、分几个问题来写。它们之间可以是互不关联的，时间上也可以是先后交错的。

　　一是按材料性质的分类为序。这种结构方式要求对材料进行分析，根据主题的需要，把性质相同的归到一起，分成各个侧面，让各个侧面共同担负表现主题的任务。

　　二是以空间为序。这是一种主要依空间方位的变换划分层次的方法。这种结构形式的特点是，在同一个主题下，将发生在不同"方位"的事情平行地联系起来，构成一篇通讯，报告给读者和听众。

　　（3）纵横交叉式结构。

　　这是纵式和横式结合使用的结构。以时间顺序为"经线"，以空间方位变化为"纬线"，纵横交织成一体。这种结构一般用于写重大题材、著名人物，因为这些题材往往比较复杂，人物多，场面多。

　　（4）浓缩式结构。

　　选取一个时间跨度短、连贯性强、过程完整的情节作为主干，然后把最能表现主题和刻画人物的材料作为枝叶，以主干"框子"浓缩编织成篇。

　　（5）悬念式结构。

　　即在通讯的开头便设置疑团，布下悬念，然后根据客观事物的实际发展，消释疑团和悬念。运用这种结构形式，特别要注意不能使布下悬念和消释悬念两部分形成"两张皮"，而应当在布局谋篇时，对应相顾，使之融为一体，形成悬念结构的完整统一。

　　（6）对比式结构。

　　这种通讯形式的结构，常常是双线平行，或明暗结合，经过穿插描写，使事物矛盾对立的两个方面形成鲜明的对比、强烈的反差，给读者留下深刻的印象。

(7)"蒙太奇"式的结构。

"蒙太奇"是一种电影手法,是指镜头的组合关系和连接办法,它把一个个镜头合乎逻辑地组织起来,使之产生连贯、对比、联想等作用,从而成为一部完整的影片。这种方法也适用于通讯结构。

(二)通讯的标题与开头

1. 通讯的标题

通讯的标题的具体形态,包括引语式,即引用有特点的话、词、句等作标题;比喻式,即运用比喻手段写标题;悬念式,即在标题中制造悬念,以吸引读者等类型。

2. 通讯的开头

俗话说,万事开头难,开了头就不难。写文章也是一样,关键是开好头。

通讯的开头主要有抒情式和描写式。

(1)抒情式。

即以火一样的激情点燃读者内心的火焰。如我们熟知的魏巍《谁是最可爱的人》的开头:"在朝鲜的每一天,我都被一些东西感动着;我的思想感情的潮水,在放纵奔流着;它使我想把一切东西,都告诉给我祖国的朋友们。但我最急于告诉你们的,是我思想感情的一段重要经历。这就是:我越来越深刻地感觉到谁是我们最可爱的人!"

(2)描写式。

即通过描写场景来吸引读者。如《郭明义,你并不孤单》的开头:"生活半世纪,助人三十年。用常人的观念看待鞍钢矿业公司齐大山铁矿生产技术室采场公路管理员郭明义,有人会问:在这个社会中,他属不属于一个特例?他撇小家、为大家,到底图个啥?"

七、通讯与消息的区别

(一)外表形式不同

1. 标题不同

一般而言,通讯采用一行题,即主题,需要时也可以加副题,用以对主题进行补充说明。

一行题如《小人物 大"民生"》(《莱芜日报》,2012年11月8日)写的是雪野镇大厂村"能人"亓民生富裕不忘带动更多村民就业致富的故事。标题"一小一大"对比强烈,"'民生'与民生"里人名和主题一致。

《八里沟·八里路》(《莱芜日报》，2012年10月9日) 文中提到这条山路有八里长，而村名又叫八里沟，读者一看就想知道，这两者有什么联系吗？带着疑问，读者必然会读正文来寻找答案。

这两篇通讯的主标题既切中要害，又客观真实；既立意巧妙，又平中见奇；既生动有趣，又字句精练。

此外，还有两行题，如《痛下决心——从"源头"治起》《持续攻坚——务求好"疗效"》《着眼转调——激活"生态引擎"》(《莱芜日报》，2014年9月12日、16日、20日) 系列通讯是新闻报道中常用的形式之一。此组报道是莱芜市召开大气污染集中整治活动大会后，编辑部策划推出的"聚焦全市大气污染集中整治"3篇系列通讯。透过主标题就能感受到莱芜市下大气力治理大气污染、建设生态莱芜的坚强决心和必胜信心。从决心到攻坚再到转调，从源头到疗效再到生态，稿子制题时从形式到内容做到了环环相扣，既把这个事实在有限的字数中突出重点，又把事实真实地叙述出来；既形象生动有"闪光点"，又富有力量感，让人过目不忘。

(资料来源：刘大伟，《通讯标题制作"六字真言"》，《青年记者》2015年第29期。)

通讯很少使用引题，但不采用三行题的形式；而消息一行题、二行题、三行题都常用。消息副题与通讯副题不同，它直接说明内容，一般不采用破折号附加的形式。

2. 开头形式不同

消息最明显的标志是电头或本报讯。通讯则没有这种形式，即使用电，也是电尾式通讯稿件，以示所用为通讯社的电传稿。

(二) 时效性不同

消息的时效性很强，常常是事件发生后在最短时间内抢先报道。通讯时效性往往不及消息，发稿较慢，因为对材料的要求比较严格，要求更详细、更深刻、更生动、更典型，需要有采集选择和认识的过程。另外，通讯事实多、篇幅长，写作上需要比消息更长的时间。通讯强调报道的完整性，有时还必须等新闻事件有一个充分展示过程或等事物的发展有一个阶段性成果时，采写通讯的时机方为成熟。

(三) 详尽程度不同

通讯报道的事实比消息详细、完整、富有情节，可以满足读者欲知详情的需要。一个事件发生后，消息往往是将事件的几个新闻要素报道出去：何事、何时、何人、何地、状况、原因等，使受众了解到最重要的概括性信息。而通讯往往是在消息之后，将整个事件的来龙去脉、前因后果等读者渴望知道的详细信息加以整合，然后完整加以报道。它满足了受众在知晓新闻事件大致结果后探求深层次原因和获知详细过程的兴趣，也有利于人们较完整、较深入地了解整个新闻事件和新闻人物。通讯往往比消息更形象更生动，篇幅比较长，短则四五百字，长则成千上万字，而消息一般千字左右。

（四）主题与结构不同

消息讲究时效，主题简明扼要，一目了然。有些消息如简讯，无须提炼主题。通讯则必须提炼出主题。作者在采访中收集的所有事实材料必须由主题贯穿、组织起来。若主题残缺不全、含混不清，往往会导致通讯写作的失败。通讯所有材料的选用，都必须为主题服务。

（五）表现手法不同

消息报道讲求客观报道，主要采用第三人称叙事，即以局外人姿态出现，极少让"我"站出来。通讯出于详尽深入的需要，第一、第二、第三人称都可以，在描写、议论、叙述、抒情中各取所需，作者可以直接介入报道的事实中去展现新闻事件或新闻人物，写作口吻比较灵活。

从表现手法上说，消息主要用事实说话，较少有议论、描写，极少抒情。通讯用形象、用情感、用观点说话，不仅要叙述主要事实，还要展示情节，再现场景，刻画人物，常常融叙述、描写、议论、抒情于一体。消息用语的主要特色是准确、简练、直截了当，而通讯的用语比较细腻、形象，感情色彩较浓。通讯借用了文学手法，呈现给读者的不仅是新鲜的事实，而且有生动的形象，通讯的文学性称之为形象性，比消息更生动、更富有感染力。但需要强调的是，通讯不是文学作品。

【例 5-16】

弄潮儿向涛头立

——习近平主席出席二十国集团领导人杭州峰会系列活动纪实

新华社杭州 9 月 6 日电（记者　秦杰、霍小光、李忠发、熊争艳）　初秋九月，钱江潮起。世界的目光聚焦"G20 杭州时间"。

出席 13 场会议活动，发表 11 次演讲致辞，同 27 位外方领导人会晤……80 多小时密集日程以分钟计算，习近平主席为峰会顺利举行作出的贡献，赢得各方高度赞赏。

历史的时空中镌刻下清晰的"杭州坐标",时代的大潮里澎湃着强劲的"中国动力"。

总揽风云、运筹经纬,中国主张世界回响,大国外交结下金秋硕果
最忆是杭州。

月色如水、波光潋滟。习近平主席邀请出席二十国集团领导人杭州峰会的贵宾们登上画舫,泛舟西湖。世界最具影响力的领导者们同船共渡,畅叙未来。

这如诗如画的短短航程,引领世界潮流的新方向。

一年之前,习近平主席用谚语"上有天堂、下有苏杭",向二十国集团领导人发出邀约——2016年9月,我将在西湖之畔欢迎各位。

习主席之邀,应者云集。

各国政要宣布出席杭州峰会的消息纷至沓来,世界主要经济体无一缺席。

今年7月就任英国首相的特雷莎·梅,专门派人向习近平主席递交亲笔信,表达对出席杭州峰会的热切期待。

9月2日下午,巴西总统特梅尔上任伊始便赶来中国。见到习近平主席第一句话是:"选择中国作为首个出访国家,是我莫大的荣幸。"

西方媒体评论说,历史上,从未有过如此多的手握重权的政治家同时前往中国,中国也从未拥有如此大的世界政治构建空间。

G20为何选择中国?

有国外媒体揭秘:当初多个国家争办2016年G20领导人峰会。在征询成员广泛意见后,中国成为首选。

"这既体现了国际社会对中国的高度信任,也展示了中国愿为国际社会作出贡献的真诚愿望。"习近平主席说。

8年前,二十国集团峰会机制在国际金融危机最紧要的关头应运而生,各成员和世界各国共同努力,把正在滑向悬崖的世界经济拉回到稳定和复苏轨道。

当世界经济再次走到关键当口,风险挑战重重依旧。

国际社会普遍认为,从危机应对机制向长效治理机制转型,是二十国集团自身发展面临的重要任务。

中国,无疑在关键当口发挥着关键作用。

一张"全家福",将杭州峰会的盛况定格在历史相册中。

4日下午3时,钱塘江畔的杭州国际博览中心,如扬帆待航的巨轮。习近平主席在这里迎接出席峰会的外方代表团团长,同他们一一握手,互致问候,集体合影留念。

与会成员、嘉宾国及国际组织的35面旗帜整齐排列。习近平主席居中站立。细心的人不难发现，照片中既有老朋友又有新面孔。

人们记得，2013年，习近平主席首次参加峰会时，对这一机制准确定位："二十国集团是发达国家和发展中国家就国际经济事务进行充分协商的重要平台。"

老挝、乍得、塞内加尔、泰国、哈萨克斯坦、埃及，当中国成为G20主席国，峰会受邀嘉宾国中来了6个发展中国家。杭州峰会成为G20历史上发展中国家参与最多的一次盛会。

拉美社评论："杭州峰会在中国的领导和经济智慧的指引下进行……致力于打造一个发达国家和发展中国家的命运共同体。"

往事历历。杭州峰会筹备时，习近平主席指出："我们要树立人类命运共同体意识……使各国人民公平享有世界经济增长带来的利益。"

走进联合国，走进非盟总部，走进七十七国集团，走进世界各地的一些最不发达国家、内陆之国、大洋岛国……在习近平主席领导下，中国始终秉持开放、透明、包容的办会理念，同各成员保持密切沟通和协调，倾听各方利益诉求。

中国筹划，世界期盼。

当杭州峰会大幕开启时，国际舆论如是评价："G20中国时刻"——世界经济走向的重要转折。

杭州国际博览中心四层会议厅古朴典雅，一桌一椅、一纸一笔都充满浓郁的中国韵味。4日下午至5日傍晚，习近平主席连续主持G20峰会开幕式、第一至第五阶段会议及峰会闭幕式，在这一重要讲坛，阐述中国观点，提交中国方案。

中国声音，引领着杭州峰会进程。

德国《商报》撰文指出："中国曾经长期处于世界政治的外围，如今在G20这一平台上扮演起核心角色。"

建设以合作共赢为核心的新型国际关系，提出亲诚惠容、真实亲诚和正确义利观，倡导建立人类命运共同体……3年多来，习近平主席高瞻远瞩、运筹帷幄，亲自推动和发展独立自主的和平外交政策，为中国外交注入新的活力。

从大国到周边，从国家到国际组织，从伙伴到兄弟……3年多来，习近平主席出访22次，行程相当于环绕地球飞行10圈，在国内同100多位外国元首、政府首脑会谈会见，亲力亲为打造合作共赢的全球伙伴关系网络，将中国的"朋友圈"越做越大。

世界舞台的聚光灯频频投向习近平主席，中国抓住一切时机向外界传递携手共进、互利共赢的坚定决心。

"共赢发展"的中国主张得到越来越多国家的深刻理解和广泛认同。

"携手共进"的中国行动不断赢得国际社会的信任和赞誉。

G20杭州峰会,散发出历史和现实交汇的独特韵味,折射出中国外交的时代印记。

峰会虽已落幕,影响深远持久。

与会政要不约而同祝贺中国成功举办本次峰会,高度赞赏习近平主席卓越的领导能力,向中国为世界繁荣发展作出的贡献致敬。

风雨同舟、兼济天下,中国主动作为践诺守信,彰显大国责任与担当

"今天我们见面,是我这次峰会期间最后一场外事活动,可以说叫'压轴戏'。"5日晚9时30分许,习近平主席在西湖国宾馆会见法国总统奥朗德。

3个多小时前,习近平主席主持的杭州峰会画上圆满句号,取得丰硕成果。

峰会期间,习近平主席和各方嘉宾就加强政策协调、创新增长方式,全球经济金融治理,国际贸易和投资,包容和联动式发展等议题,以及影响世界经济的其他突出问题,深入交换看法,达成许多重要共识。

闭幕式上,习近平主席总结致辞,用"五个决心"显示各国携手应对挑战的共同意志。创新增长蓝图、全球贸易增长战略、全球投资指导原则、支持非洲和最不发达国家工业化倡议、全球基础设施互联互通联盟倡议……一个个实实在在的成果、一份份沉甸甸的文件,无不凝聚着中国理念、中国倡议。

"我深信,这次会议将成为一个崭新起点,让二十国集团从杭州再出发。"习近平主席向世界郑重宣布。

出席峰会的外国领导人深有感触。"这次峰会非常成功,包括每个细节。二十国集团不应只清谈而无成果。这次我们取得诸多实质性成果,这也得益于您的亲自推动。"奥朗德对习近平主席说。

德国将是2017年二十国集团主席国。总理默克尔表示,筹备期间会与中方保持亲密伙伴关系。"中国担任轮值主席国期间,通过举办杭州峰会,推动了很多全球合作方面议题,取得了丰硕成果。感谢中国的热情招待,感谢杭州百姓。"

历史必将铭记——

杭州峰会第一次把发展问题置于全球宏观政策框架的突出位置，第一次就落实联合国2030年可持续发展议程制定行动计划，第一次集体支持非洲和最不发达国家工业化，这"三个第一次"，具有开创性意义。

"杭州峰会从开始筹备，就一直把非洲发展问题纳入议题，充分体现了中非紧密关系和中国的领导能力。"塞内加尔总统萨勒这样对习近平主席说。

"发展"二字浓墨重彩地写在二十国集团峰会的长卷上。

"国家不论大小、强弱、贫富，都应该平等相待，既把自己发展好，也帮助其他国家发展好。大家都好，世界才能更美好。"

这是和衷共济的大国担当，是兼济天下的世界情怀。

3日下午5时30分，杭州西湖国宾馆如意厅，一个特殊仪式引人注目。

习近平主席起身向前，将气候变化《巴黎协定》批准文书正式递交给联合国秘书长潘基文。

二十国集团领导人杭州峰会前完成参加协定的国内法律程序，是中国作出的承诺。当天上午，全国人民代表大会常务委员会批准了加入《巴黎协定》的决定。

"中国倡议二十国集团发表了首份气候变化问题主席声明，率先签署了《巴黎协定》。中国向联合国交存批准文书是中国政府作出的新的庄严承诺。"习近平主席这样说。

胸怀世界，心系天下。从气候变化到联合国维和，从非洲十大合作计划到"一带一路"建设，在关乎人民福祉和人类未来的问题上，习近平主席提出的一系列倡议和行动为世界和平发展贡献中国智慧。

3日下午3时，杭州国际会议中心，习近平主席出席二十国集团工商峰会并发表主旨演讲。南非总统祖马、加拿大总理特鲁多以及1100余名工商界人士认真听讲，50分钟演讲中，掌声不断。

习近平主席提到一个细节："中方把工商峰会安排在领导人峰会前夕举行，就是要充分汇集工商界的思想和智慧。"

"我们希望向国际社会传递这样一个信号：二十国集团不仅属于二十个成员，也属于全世界。我们的目标是让增长和发展惠及所有国家和人民，让各国人民特别是发展中国家人民的日子都一天天好起来！"

时代将会证明——

4日上午，习近平主席同印度总理莫迪、南非总统祖马、巴西总统特梅尔、俄罗斯总统普京面对镜头站成一排。

金砖国家是新兴市场国家和发展中国家的领头羊，但受全球经济影响各自经济发展均面临新的挑战。此时此刻，习近平主席再次提出发扬"金砖精神"，鼓实劲、出实招。

"相信只要我们秉持开放、包容、合作、共赢的金砖精神，不为风雨所动，不为杂音所扰，不为困难所阻，不断强化伙伴关系，金砖国家必将实现更大发展。"

未来正在招手——

出席杭州峰会之前，加拿大总理特鲁多来华访问，宣布了一个重大决定：加入亚洲基础设施投资银行。加拿大由此成为第一个申请加入亚投行的北美洲国家。

发起成立亚投行，倡导构建"一带一路"，出资设立丝路基金，成立金砖国家新开发银行……一系列具有中国特色的公共产品，凸显合作共赢、共同繁荣的东方智慧，逐渐呈现出无限魅力和吸引力。

2日，习近平主席与老朋友哈萨克斯坦总统纳扎尔巴耶夫会谈。纳扎尔巴耶夫提出支持"丝绸之路经济带"建设同"光明之路"新经济政策对接。

习近平主席密集的双边活动中，"一带一路"频频出现。俄罗斯、澳大利亚、意大利、土耳其、新加坡、老挝、沙特等各国政要纷纷表示出对接合作的强烈愿望。

真金不怕火炼，患难更见真情。伙伴的意义和价值，不仅在于顺境中共襄盛举，更在于逆境时携手前行。

5日下午，杭州国际博览中心二楼新闻发布厅，中外记者早已等候在这里，见证重要时刻。

下午6时40分，习近平主席和参会外国领导人道别后，来到大厅发表致辞。"峰会之后，我们将继续同各方一道，为落实和推进杭州峰会各项成果作出积极努力。"

铿锵有力的话语，体现中国的责任担当，昭示出世界和平发展的美好前景。

沉稳睿智、真诚亲和，中国领导人展现大国风范，赢得世界尊重

"山站在那儿，高入云中，水在他的脚下，随风飘荡，好像请求他似的，但他高傲地不动。"

4日晚，杭州西子宾馆漪园宴会厅，灯光熠熠生辉，宾朋谈笑晏晏。习近平主席致辞时，列举了泰戈尔游览西湖时写下的诗句。

从400多年前的意大利人利玛窦记述"上有天堂、下有苏杭"，到出生于杭州的美国前驻华大使司徒雷登骨灰安葬于此，再到上世纪90

年代南非前总统曼德拉游览西湖后表示"愿意在这里住上一辈子",习近平主席拉家常般地讲起外国友人在杭州的故事,拉近了同现场外国嘉宾的距离。

平易亲切、融通中外、人情味浓,既在习近平主席的致辞中一以贯之,也在待人接物中处处可见。

4日下午3时,钱塘江南岸,杭州国际博览中心二楼迎宾厅内,身着深色西装、系红色领带的习近平主席,在这里迎接八方嘉宾。

主人、主场、主持、主导、主张……随着习近平主席敲下木槌,峰会正式开幕。每阶段会议开始,习近平主席先介绍具体议程和中方考虑,接着邀请各方代表依次发言,衔接紧凑,过渡流畅。最后,习近平主席总结各方观点,结束讨论。

杭州峰会既是习近平主席与世界最重要经济体领导人共谋大计的多边舞台,也是习近平主席与新朋老友发展友谊的双边场合。

中美元首之间的一次握手,一句问候,从来都备受世界瞩目。

44年前,西湖国宾馆,见证了《上海公报》的谈判。

44年后,依然是西湖国宾馆。3日晚上,习近平主席和奥巴马总统在结束3个多小时的高强度会见后,在月光下散步。

尽管奥巴马即将卸任,但习近平主席为构建中美新型大国关系倾注的智慧与努力,独具匠心地与美国总统开创的会晤形式,将长久镌刻在中美交往史上,留在两国人民记忆中。

之江山水,同样见证中俄领导人友情历久弥深。

4日上午,从符拉迪沃斯托克远道而来的俄罗斯总统普京,给习近平主席送来了一份特殊的礼物:一箱俄罗斯冰激淋。

几天前普京接见外国企业家时,听中国企业家说,中国人很喜欢俄罗斯冰激淋。得知这一消息,普京特意带来这份礼物。

小小礼物,正是中俄元首3年18次会晤,不断巩固信任、加深友情的体现。唯其如此,中俄领导人才能利用一次访问时机发表3份重要联合声明,签署近30个务实合作协议。

2日上午至5日夜晚,习近平主席的行程繁忙紧张、环环相扣。尽管如此,他仍为发展中国家领导人做了特殊安排:同哈萨克斯坦总统纳扎尔巴耶夫会谈,同埃及总统塞西共进早餐……

真诚相待是习近平主席赢得国际社会信任和尊敬的一个重要原因。

峰会期间,会见意大利总理伦齐时,习近平主席提及意大利8月底发生的地震,提出"中国也是深受地震等灾难影响的国家。只要意方有需要,中方愿意随时以各种方式给予支持"。

会见阿根廷总统马克里时，习近平主席说"你是参会领导人里飞行行程最远的"。他还对阿根廷今年纪念独立200周年表示祝贺。

……

在全球注目下，中国走向世界舞台的中央。外国媒体评论：习近平主席展示了卓越的领导能力，稳健的外交风度，坦诚的处事方式，恰与中国日益提升的大国地位相契合。

两年前也是秋季，风翻白浪，雁点青天。雁栖湖畔，习近平主席主持亚太经合组织领导人非正式会议，为共建面向未来的亚太伙伴关系聚共识、绘蓝图。

一年前，也是9月，中国举行盛大阅兵，隆重纪念中国人民抗日战争暨世界反法西斯战争胜利70周年，奏响和平发展的时代最强音。

世界潮流浩浩荡荡，犹如钱江潮起，奔涌向前。

弄潮儿向涛头立。"中国，站在了新的起点上……

（选自新华网）

【简析】

《弄潮儿向涛头立——习近平主席出席二十国集团领导人杭州峰会系列活动纪实》一文荣获第27届中国新闻奖，人民网刊载该通讯赏析，附全文如下。

一篇思想新、温度高、品质优的新闻精品
——评文字通讯特别奖《弄潮儿向涛头立
——习近平主席出席二十国集团领导人杭州峰会系列活动纪实》一文

习近平总书记在党的新闻舆论工作座谈会上对新闻工作者提出要求，要"努力推出有思想、有温度、有品质的作品"。"有思想、有温度、有品质"，是检验新闻作品的重要指标。采写"有思想、有温度、有品质"的新闻，永远是党的新闻工作者安身立命的根本。荣获第27届文字通讯特别奖的《弄潮儿向涛头立——习近平主席出席二十国集团领导人杭州峰会系列活动纪实》（以下简称《纪实》）一文，正是这样一篇新闻精品。从新闻采写上来看，它有以下三个特色是值得肯定和赞赏的。

主题重大，内涵深远

谁拥有重大、深刻的新闻主题，叙述内容又简洁鲜明，谁就会在同等条件下首先吸引受众的注意力，就会在竞争中处于优势地位。新闻的"内涵深远"，要求主题多角度、全方位地对新闻事件进行科学的分析，报道新闻事态。这篇通讯紧扣"习主席的G20杭州时间"，翔实记录了

习主席在杭州80多个小时里密集主持会议、发表演讲、会晤外宾的精彩时刻,展现了习主席为峰会作出的贡献,反映了国际社会对峰会的肯定和对习主席的好评。这样的新闻主题无疑是重大的。

通讯以大国外交、峰会成果、领导人风采为逻辑线索,围绕主题,遴选习主席峰会期间的精妙引语、细节、场景,穿插过去3年习主席出席重大外交活动时发表的精辟观点,展现了习主席在国际舞台倡导的中国理念、中国方案和中国贡献。这样的新闻内涵是极其深远的。

基于上述特色,通讯刊发后,被国内外媒体广泛采用。中国新闻奖参评作品推荐表对该文是这样介绍的:央视《新闻联播》栏目口播,《人民日报》《光明日报》《经济日报》《新华每日电讯》《工人日报》《中国青年报》等189家国内报纸在重要版面刊登,成为占据中央和地方媒体头条的"镇版之作"。新华网、人民网、网易、新浪、凤凰网、中国网等200多家网站在显要位置转载,在手机端形成了"刷屏之效"的强大舆论场。可见,报道收到了很好的传播效果。

语言生动,文采飞扬

语言之于记者,如兵刃之于武士,羽翼之于飞鸟。语言作为思想的外衣和载体,是决定文章水准的又一重要因素。在笔者看来,记者是吃文字这碗饭的,理应具备驾驭语言的高超本领。同样的事件,同样的选材,甚至同样的结构,要想写出与众不同、别出心裁的作品,就该选择那些既耳目一新又恰如其分的词语。新闻的"新",不仅指事件新、成就新、经验新,也应包括语言新。"删繁就简三秋树,标新立异二月花。"新鲜、活泼、生动、形象的语言,是一篇优秀通讯必具有的品格。《纪实》一文中写道:

初秋九月,钱江潮起。世界的目光聚焦"G20杭州时间"。

总揽风云、运筹经纬,中国主张世界回响,大国外交结下金秋硕果。

最忆是杭州。

月色如水、波光潋滟。习近平主席邀请出席二十国集团领导人杭州峰会的贵宾们登上画舫,泛舟西湖。世界最具影响力的领导者们同船共渡,畅叙未来。

4日下午3时,钱塘江畔的杭州国际博览中心,如扬帆待航的巨轮。习近平主席在这里迎接出席峰会的外方代表团团长,同他们一一握手,互致问候,集体合影留念。

风雨同舟、兼济天下,中国主动作为践诺守信,彰显大国责任与担当。

这是和衷共济的大国担当,是兼济天下的世界情怀。

真金不怕火炼,患难更见真情。伙伴的意义和价值,不仅在于顺境中共襄盛举,更在于逆境时携手前行。

沉稳睿智、真诚亲和,中国领导人展现大国风范,赢得世界尊重。

"山站在那儿,高入云中,水在他的脚下,随风飘荡,好像请求他似的,但他高傲地不动。"

4日晚,杭州西子宾馆漪园宴会厅,灯光熠熠生辉,宾朋谈笑晏晏。习近平主席致辞时,列举了泰戈尔游览西湖时写下的诗句。

世界潮流浩浩荡荡,犹如钱江潮起,奔涌向前。

"弄潮儿向涛头立。"中国,站在了新的起点上……

作者用抒情诗一般的语言,用影视艺术的叙述手法,将习近平主席在G20杭州峰会上的所有活动,描写得如歌如泣,文采飞扬,让人读起来大气磅礴、朗朗上口、铿锵悦耳、兴味盎然、回味无穷。习近平总书记对新闻宣传工作所要求的"提高党的新闻舆论传播力、引导力、影响力、公信力",在此得到了充分的展现。

精雕细琢,精益求精

什么是"工匠精神"?工匠精神是指工匠对自己的产品精雕细琢、精益求精的精神理念。工匠精神是2016年《政府工作报告》中的新词。李克强总理在2016年《政府工作报告》中首提"工匠精神"。对新闻记者来说,创作一篇好的新闻作品,需要什么样的"工匠精神"呢?那就是精雕细琢、精益求精、一丝不苟、耐心专注、持之以恒、专业敬业。

中国新闻奖参评作品推荐表是这样介绍此文的:它是新华社精心策划、精心组织、独家采写的《习主席G20杭州时间》的深度报道。主创人员有秦杰、霍小光、李忠发、熊争艳等人。文中运用数据15处;涉及人员21人;使用直接引语22处,间接引语3处;全文5525个字,101个自然段落。可见报道的结构是多么复杂。没有精心雕琢、精益求精的"工匠精神",是不可能采写出如此思想新、温度高、品质优的新闻精品来的。它荣获中国新闻奖文字通讯特别奖顺理成章、实至名归。

(资料来源:刘保全,《新闻爱好者》2018年第1期。)

章节练习

一、填空题

1. 消息的特点有_____、_____、_____、_____。
2. 消息的分类有_____、_____、_____、_____。

二、分析题

众所周知，同一条新闻，由于角度的不同，可以选取不同的标题。本题共有三组标题，请你在每组标题中选择一个自己认为最好的，并说明理由；如果你认为所给选项没有较好的标题，也可以自己修改出一个标题。

1. 第一组标题。

(1) 广东将明确禁止"高铁霸座" 铁路安全管理条例12月起施行

(2) 广东为高铁"霸座"立法 法律为文明提升护航

(3) 不准"霸座"!《广东省铁路安全管理条例》12月1日起施行

最近一段时间以来，"高铁霸座"行为引起社会广泛关注，而这一行为在广东将为法律所明确禁止。笔者从省人大常委会了解到，近日经省人大常委会会议审议通过的《广东省铁路安全管理条例》（以下简称《条例》）向社会公告，《条例》将于12月起在我省施行。根据《条例》，旅客应当按照车票载明的座位乘车，不得强占他人座位。

"霸座男"坐高铁拒绝对号入座自称"站不起来""霸座女"执意坐靠窗位"胡搅蛮缠"，最近出现的几起铁路强占座位事件颇为闹心。面对这些违规行为，由于缺乏明确清晰的法律规定，列车工作人员通常除了苦口婆心地规劝之外别无二招。而这在广东将成为"过去时"，《条例》明确作出规定，旅客应当按照车票载明的座位乘车，不得强占他人座位。笔者注意到，该条款为《条例》三审后新增，应为回应最近社会热点所增加。

此外，"霸座"行为还将可能被推送至信用信息共享平台。《条例》规定，铁路运输企业应当按照规定建立健全铁路旅客信用信息管理制度，对扰乱铁路站车运输秩序且危及铁路安全、造成严重社会不良影响，以及严重违反铁路运输企业安全管理规章制度的失信行为进行记录，并按照规定推送全国和地方信用信息共享平台。

《条例》还对多项危害铁路安全的行为作出明确禁止，比如禁止在铁路线路上飞行无人驾驶航空器;并将能够产生烟雾的香烟替代品也纳入了禁止吸烟的范畴。

答:＿＿＿＿＿＿＿＿＿＿＿＿＿＿＿＿＿＿＿＿＿＿＿＿＿＿＿＿＿＿＿＿
＿＿＿＿＿＿＿＿＿＿＿＿＿＿＿＿＿＿＿＿＿＿＿＿＿＿＿＿＿＿＿＿＿＿
＿＿＿＿＿＿＿＿＿＿＿＿＿＿＿＿＿＿＿＿＿＿＿＿＿＿＿＿＿＿＿＿＿＿

2. 第二组标题。
(1) 李明博卸任 5 年难逃"青瓦台魔咒" 一审获刑 15 年
(2) 李明博一审被判 15 年 出狱时将 93 岁!韩国历届总统多"劫难"
(3) 77 岁李明博一审获刑 15 年,韩法院判轻了、重了还是合适?

　　当地时间 5 日下午,韩国首尔中央地方法院对前总统李明博贪腐案作出一审判决,判处李明博 15 年监禁,罚款 130 亿韩元。从穷小子到名校学子,从普通公司职员到企业家,从首尔市长到总统,李明博的奋斗史曾被不少韩国人津津乐道。而眼下,他成为韩国又一位因贪腐案被捕,并被判以重刑的卸任总统,韩国的"青瓦台魔咒"又一次重演。

出身贫寒　一路打拼成为商界传奇

　　李明博童年经历战争,青少年时期则是在贫困中度过的。1941 年,他在大阪出生。1945 年日本无条件投降后,随父母回到韩国。提起当年的家境,李明博曾这样说:"住在周边的邻居全是乞丐家族。"因为穷,上中学时,他还曾经靠捡破烂来给自己攒学费。不过,艰苦的生活造就了李明博的上进心。凭借优异成绩从高中毕业后,他考进名校高丽大学商学院,学成后进入了现代集团旗下的现代建设公司。从 1965 年进入公司,到 1992 年离任,李明博从一个普通员工,一步步登上现代集团金字塔顶层。1977 年,36 岁的李明博成为现代建设公司史上最年轻的社长。弃商从政前,他更是高居现代集团旗下多家重要子公司的 CEO,成为韩国商界传奇。同时,27 年的商界经历也为他积累了大量的财富和人脉,为他日后从政奠定了基础。

治理清溪川立功　党内竞争击败朴槿惠

　　1992 年,李明博当选国会议员,正式步入政界。到 2002 年,经过激烈竞争,当选首尔市长。在任期内,李明博凭借清溪川复原、首尔林建设等环境治理工程打下口碑,为自己收获了人气。清溪川是首尔汉江以北流经市中心的一条人工河道,上世纪 50 年代至 70 年代遭严重污染。李明博主持的改造工程完成后,清澈的河流穿城而过,成为旅游景点之一。"清溪川神话""环保英雄""敢于实践的改革家"……顶着这些光环，2007年大选年，李明博过关斩将，击败前总统朴正熙之女朴槿惠，成为大国家党的总统候选人。在激烈的竞选中，李明博在创造出"工薪族深化"和"清溪川"两大神话的基础上，亮出的王牌是"经济总统"。他明确表示，将把韩国当成一个大企业来经营，"我将重振经济。"

执政道路不平稳　丑闻争议不断

2007年12月，李明博在总统选举投票中以49%的得票率，以压倒性优势当选韩国新一任总统。不过，他的此后的执政之路并非一帆风顺。2008年上任之初，李明博及其政府推动达成放宽进口美国牛肉的协议，引发民众大规模抗议，他本人两次因此事公开向民众道歉。随后，有关BBK和DAS两家公司的丑闻又将他推上风口浪尖。"BBK案"是2001年轰动韩国的一起股价操纵大案。2000年，商人金景俊将自己成立的BBK公司包装成一家金融投资咨询公司，散布虚假并购消息操纵股票价格，造成投资者6000亿韩元重大损失。此前，李明博一直被质疑是此案背后实际操纵者。在竞选总统阶段，李明博多年前亲口承认成立BBK公司的视频突然被曝光，引发舆论哗然。此外，李明博也被认为是汽车零部件制造企业DAS公司的实际所有人，并涉嫌将数十万亿韩元的国家财政预算中饱私囊。不过，虽然国内事务接连发生问题，但李明博还是通过成功举办G20会议、成功申办平昌冬奥会等外交领域的出色表现维持了一定的支持率。

卸任5年后被捕　检方控十余项罪名

2013年，李明博结束5年总统任期。此后，韩国舆论对他的质疑和检方的调查始终没有停止。从去年起，检方加大对李明博执政时期多名高级官员的调查力度，怀疑他们以非法手段干预韩国政局，包括干涉2012年总统选举。李明博本人也遭到指控，成为多起案件的被告。另一方面，随着检方对前总统朴槿惠案调查范围的扩大，涉及李明博的可疑案件再次进入公众视野，尤其是李明博是否借用他人名义经营DAS公司并涉嫌官商勾结一事，再次引爆舆论。此外，"网络水军案""情报机构违规案""文化界黑名单案""乐天世界大厦案"等案件，最终矛头也直指李明博。检方还指称李明博涉嫌在总统竞选获胜后以及上任最初几年，从情报机构、韩国大企业等方收受巨额贿赂。今年3月22日，首尔中央地方法院签发对李明博的逮捕令。检方4月9日以16项罪名起诉李明博，包括贪污受贿、滥用职权、逃税等，受贿总额约为111亿韩元。

9月6日，法院对李明博案进行一审判决前最后一次审理，检方提请判处李明博20年有期徒刑，并处罚金150亿韩元。检方当时表示，"李明博案"是韩国前所未有的腐败案件，重判在所难免。

答：_____
_____
_____

3. 第三组标题。
(1) 朝阳大桥上一男子被压车下　众人抬车施救
(2) 突发！朝阳大桥发生车祸，一男子被压车下！就在这时……
(3) 朝阳大桥"抬车救人"事件引网友纷纷点赞致敬
(4) 南昌朝阳大桥上一男子被压在小车下，路过的保安声嘶力竭呼喊救人

过路保安领头　众人抬车救人

在这则获得许多南昌人点赞的视频中，一辆黑色SUV小车车头部位底下躺着一名男子，神情极为痛苦；一名身着蓝色制服的中等身材男子则不断地在事故车辆周围往返奔跑，不停地呼喊过路车上的司机、乘车人赶紧一起下车救人。记者经过多方打听，终于找到了这名在视频中声嘶力竭呼喊周围司机下车救人的男子陈芝勇。他是南昌某保安公司的一名在聘保安。

"我当时和同事正好坐车走朝阳大桥回红谷滩准备吃中饭，前方车辆撞车后就遇上堵车；下车一看，发现有人躺在了车底下，样子好痛苦。"今年40岁的陈芝勇在事发当时是在下班途中，他告诉记者，他和同事熊祥标发现有人被车轮碾轧后，稍微商量一下就赶紧分工救人——他负责在桥上呼喊周围过路车上的壮年男子下车帮忙救人，而同事熊祥标则负责在交警赶来之前帮忙疏导交通、施设路障，以免发生二次事故。

在两人的努力下，短短几分钟时间，事故车辆周围就集中了十二三名由热心市民组成的"壮劳力"；伤者周围也被其他车辆围挡，避免再发生其他意外。

"我当时也没想到，几乎所有听到'救人'的过路人都下车来帮忙抬车了。"陈芝勇说，当时被压车底的伤者情况很危险，"他一条腿被车轮死死压住，另一条腿还被车子压成了'Z'形。"陈芝勇在发现伤者已经完全丧失意识并且口鼻都在流血后，心情非常焦急。陈芝勇告诉记者，如果不是热心市民共同努力将伤者在最短时间拖出车外，伤者不知还要在车下待多久。遗憾的是，尽管全力抢救，被救者最终还是伤重不治，于当日下午不幸离世。

网友纷纷点赞　英雄城里好人多

英雄城里好人多，网友对这场救助纷纷点赞。"路见有难，出手相救。一个

人能够提供的帮助是有限的，但大家齐心合力，就能够在危急时刻，救人于危难。""英雄城市民好样的，平凡的英雄合力救人要大为宣扬、表彰。""感谢每位好心路人，南昌人真的很棒，当一辆车抬起时真的知道团结的力量是有多强大。"网友们纷纷留言表达了对施救者的敬佩。

这次抬车救人的好心人都是路过的市民，他们上演了一幕爱心接力、合作救人的感人"大戏"。他们抬起的不仅是一辆车，更是这个社会向善的心，温暖了这座城市。

答：_____
_____
_____

三、写作题

顺德职业技术学院每天都在发生着可喜的变化，请你据此写一篇关于学习、生活的新闻稿件。

附录 A 公文常用特定用语简表

用语名称	作　　用	常用特定用语
开端用语	主要用于文章开头，表示发语、引据	为、为了、为着、查、接、顷接、根据、据、遵照、依照、按照、按、鉴于、关于、兹、兹定于、今、随着、由于
称谓用语	用于表示人称或对单位的称谓	第一人称：我、我单位、本人、本公司、我们、敝单位 第二人称：你、你局、贵公司、贵方 第三人称：他、该公司、该项目
递送用语	用于表示文、物递送方向	上行：报、呈 平行：送 下行：发、颁发、颁布、发布、印发、下达
引叙用语	用于复文引据	悉、接、顷接、据、收悉
拟办用语	用于审批拟办	拟办：责成、交办、试办、办理、执行
经办用语	用于表明进程	经、业经、已经、兹经
过渡用语	用于承上启下	鉴于、为此、对此、为使、对于、关于、如下
期请用语	用于表示期望请求	上行：请、恳请、拟请、特请、报请 平行：请、拟请、特请、务请、如蒙、即请、切盼 下行：希、望、尚望、切望、请、希予、勿误
结尾用语	用于结尾表示收束	上行：当否，请批示；可否，请指示；如无不当，请批转；如无不妥，请批准；特此报告；以上报告，请批转；以上报告，请审核 平行：此致敬礼；为盼；为荷；特此函达；特此证明；尚望函复 下行：为要；为宜；为妥；希遵照执行；特此通知；此复；为……而努力；……现予公布

续表

用语名称	作　　用	常用特定用语
谦敬用语	用于表示谦敬	惠允、不胜感激、鼎力相助、蒙、承蒙
批转用语	用于上级对下级来文的批转处理	批转、转发
征询用语	用于征请、询问对有关事项的意见、态度	当否、妥否、可否、是否妥当、是否同意、如无不当、如无不妥、如果可行

附录B 党政机关公文处理工作条例

(2012年4月16日中共中央办公厅、国务院办公厅联合印发《党政机关公文处理工作条例》，简称条例，2012年7月1日起实施)

党政机关公文处理工作条例

第一章 总 则

第一条 为了适应中国共产党机关和国家行政机关（以下简称党政机关）工作需要，推进党政机关公文处理工作科学化、制度化、规范化，制定本条例。

第二条 本条例适用于各级党政机关公文处理工作。

第三条 党政机关公文是党政机关实施领导、履行职能、处理公务的具有特定效力和规范体式的文书，是传达贯彻党和国家的方针政策，公布法规和规章，指导、布置和商洽工作，请示和答复问题，报告、通报和交流情况等的重要工具。

第四条 公文处理工作是指公文拟制、办理、管理等一系列相互关联、衔接有序的工作。

第五条 公文处理工作应当坚持实事求是、准确规范、精简高效、安全保密的原则。

第六条 各级党政机关应当高度重视公文处理工作，加强组织领导，强化队伍建设，设立文秘部门或者由专人负责公文处理工作。

第七条 各级党政机关办公厅（室）主管本机关的公文处理工作，并对下级机关的公文处理工作进行业务指导和督促检查。

第二章 公文种类

第八条 公文种类主要有：

（一）决议。适用于会议讨论通过的重大决策事项。

（二）决定。适用于对重要事项作出决策和部署、奖惩有关单位和人员、变更或者撤销下级机关不适当的决定事项。

（三）命令（令）。适用于公布行政法规和规章、宣布施行重大强制性措施、批准授予和晋升衔级、嘉奖有关单位和人员。

（四）公报。适用于公布重要决定或者重大事项。

（五）公告。适用于向国内外宣布重要事项或者法定事项。

（六）通告。适用于在一定范围内公布应当遵守或者周知的事项。

（七）意见。适用于对重要问题提出见解和处理办法。

（八）通知。适用于发布、传达要求下级机关执行和有关单位周知或者执行的事项，批转、转发公文。

（九）通报。适用于表彰先进、批评错误、传达重要精神和告知重要情况。

（十）报告。适用于向上级机关汇报工作、反映情况，回复上级机关的询问。

（十一）请示。适用于向上级机关请求指示、批准。

（十二）批复。适用于答复下级机关请示事项。

（十三）议案。适用于各级人民政府按照法律程序向同级人民代表大会或者人民代表大会常务委员会提请审议事项。

（十四）函。适用于不相隶属机关之间商洽工作、询问和答复问题、请求批准和答复审批事项。

（十五）纪要。适用于记载会议主要情况和议定事项。

第三章　公文格式

第九条　公文一般由份号、密级和保密期限、紧急程度、发文机关标志、发文字号、签发人、标题、主送机关、正文、附件说明、发文机关署名、成文日期、印章、附注、附件、抄送机关、印发机关和印发日期、页码等组成。

（一）份号。公文印制份数的顺序号。涉密公文应当标注份号。

（二）密级和保密期限。公文的秘密等级和保密的期限。涉密公文应当根据涉密程度分别标注"绝密""机密""秘密"和保密期限。

（三）紧急程度。公文送达和办理的时限要求。根据紧急程度，紧急公文应当分别标注"特急""加急"，电报应当分别标注"特提""特急""加急""平急"。

（四）发文机关标志。由发文机关全称或者规范化简称加"文件"二字组成，也可以使用发文机关全称或者规范化简称。联合行文时，发文机关标志可以并用联合发文机关名称，也可以单独用主办机关名称。

（五）发文字号。由发文机关代字、年份、发文顺序号组成。联合行文时，使用主办机关的发文字号。

（六）签发人。上行文应当标注签发人姓名。

（七）标题。由发文机关名称、事由和文种组成。

（八）主送机关。公文的主要受理机关，应当使用机关全称、规范化简称或者同类型机关统称。

（九）正文。公文的主体，用来表述公文的内容。

（十）附件说明。公文附件的顺序号和名称。

（十一）发文机关署名。署发文机关全称或者规范化简称。

（十二）成文日期。署会议通过或者发文机关负责人签发的日期。联合行文时，署最后签发机关负责人签发的日期。

（十三）印章。公文中有发文机关署名的，应当加盖发文机关印章，并与署名机关相符。有特定发文机关标志的普发性公文和电报可以不加盖印章。

（十四）附注。公文印发传达范围等需要说明的事项。

（十五）附件。公文正文的说明、补充或者参考资料。

（十六）抄送机关。除主送机关外需要执行或者知晓公文内容的其他机关，应当使用机关全称、规范化简称或者同类型机关统称。

（十七）印发机关和印发日期。公文的送印机关和送印日期。

（十八）页码。公文页数顺序号。

第十条　公文的版式按照《党政机关公文格式》国家标准执行。

第十一条　公文使用的汉字、数字、外文字符、计量单位和标点符号等，按照有关国家标准和规定执行。民族自治地方的公文，可以并用汉字和当地通用的少数民族文字。

第十二条　公文用纸幅面采用国际标准 A4 型。特殊形式的公文用纸幅面，根据实际需要确定。

第四章　行文规则

第十三条　行文应当确有必要，讲求实效，注重针对性和可操作性。

第十四条　行文关系根据隶属关系和职权范围确定。一般不得越级行文，特殊情况需要越级行文的，应当同时抄送被越过的机关。

第十五条　向上级机关行文，应当遵循以下规则：

（一）原则上主送一个上级机关，根据需要同时抄送相关上级机关和同级机关，不抄送下级机关。

（二）党委、政府的部门向上级主管部门请示、报告重大事项，应当经本级党委、政府同意或者授权；属于部门职权范围内的事项应当直接报送上级主管部门。

（三）下级机关的请示事项，如需以本机关名义向上级机关请示，应当提出倾向性意见后上报，不得原文转报上级机关。

（四）请示应当一文一事。不得在报告等非请示性公文中夹带请示事项。

（五）除上级机关负责人直接交办事项外，不得以本机关名义向上级机关负责人报送公文，不得以本机关负责人名义向上级机关报送公文。

（六）受双重领导的机关向一个上级机关行文，必要时抄送另一个上级机关。

第十六条　向下级机关行文，应当遵循以下规则：

（一）主送受理机关，根据需要抄送相关机关。重要行文应当同时抄送发文机关的直接上级机关。

（二）党委、政府的办公厅（室）根据本级党委、政府授权，可以向下级党委、政府行文，其他部门和单位不得向下级党委、政府发布指令性公文或者在公文中向下级党委、政府提出指令性要求。需经政府审批的具体事项，经政府同意后可以由政府职能部门行文，文中须注明已经政府同意。

（三）党委、政府的部门在各自职权范围内可以向下级党委、政府的相关部门行文。

（四）涉及多个部门职权范围内的事务，部门之间未协商一致的，不得向下行文；擅自行文的，上级机关应当责令其纠正或者撤销。

（五）上级机关向受双重领导的下级机关行文，必要时抄送该下级机关的另一个上级机关。

第十七条　同级党政机关、党政机关与其他同级机关必要时可以联合行文。属于党委、政府各自职权范围内的工作，不得联合行文。

党委、政府的部门依据职权可以相互行文。

部门内设机构除办公厅（室）外不得对外正式行文。

第五章　公文拟制

第十八条　公文拟制包括公文的起草、审核、签发等程序。

第十九条　公文起草应当做到：

（一）符合党的路线方针政策和国家法律法规，完整准确体现发文机关意图，并同现行有关公文相衔接。

（二）一切从实际出发，分析问题实事求是，所提政策措施和办法切实可行。

（三）内容简洁，主题突出，观点鲜明，结构严谨，表述准确，文字精练。

（四）文种正确，格式规范。

（五）深入调查研究，充分进行论证，广泛听取意见。

（六）公文涉及其他地区或者部门职权范围内的事项，起草单位必须征求相关地区或者部门意见，力求达成一致。

（七）机关负责人应当主持、指导重要公文起草工作。

第二十条　公文文稿签发前，应当由发文机关办公厅（室）进行审核。审核的重点是：

（一）行文理由是否充分，行文依据是否准确。

（二）内容是否符合党的路线方针政策和国家法律法规；是否完整准确体现发文机关意图；是否同现行有关公文相衔接；所提政策措施和办法是否切实可行。

（三）涉及有关地区或者部门职权范围内的事项是否经过充分协商并达成一致意见。

（四）文种是否正确，格式是否规范；人名、地名、时间、数字、段落顺序、引文等是否准确；文字、数字、计量单位和标点符号等用法是否规范。

（五）其他内容是否符合公文起草的有关要求。

需要发文机关审议的重要公文文稿，审议前由发文机关办公厅（室）进行初核。

第二十一条　经审核不宜发文的公文文稿，应当退回起草单位并说明理由；符合发文条件但内容需作进一步研究和修改的，由起草单位修改后重新报送。

第二十二条　公文应当经本机关负责人审批签发。重要公文和上行文由机关主要负责人签发。党委、政府的办公厅（室）根据党委、政府授权制发的公文，由受权机关主要负责人签发或者按照有关规定签发。签发人签发公文，应当签署意见、姓名和完整日期；圈阅或者签名的，视为同意。联合发文由所有联署机关的负责人会签。

第六章　公文办理

第二十三条　公文办理包括收文办理、发文办理和整理归档。

第二十四条　收文办理主要程序是：

（一）签收。对收到的公文应当逐件清点，核对无误后签字或者盖章，并注明签收时间。

（二）登记。对公文的主要信息和办理情况应当详细记载。

（三）初审。对收到的公文应当进行初审。初审的重点是：是否应当由本机关办理，是否符合行文规则，文种、格式是否符合要求，涉及其他地区或者部门职权范围内的事项是否已经协商、会签，是否符合公文起草的其他要求。经初审不符合规定的公文，应当及时退回来文单位并说明理由。

（四）承办。阅知性公文应当根据公文内容、要求和工作需要确定范围后分送。批办性公文应当提出拟办意见报本机关负责人批示或者转有关部门办理；需要两个以上部门办理的，应当明确主办部门。紧急公文应当明确办理时限。承办部门对交办的公文应当及时办理,有明确办理时限要求的应当在规定时限内办理完毕。

(五)传阅。根据领导批示和工作需要将公文及时送传阅对象阅知或者批示。办理公文传阅应当随时掌握公文去向,不得漏传、误传、延误。

(六)催办。及时了解掌握公文的办理进展情况,督促承办部门按期办结。紧急公文或者重要公文应当由专人负责催办。

(七)答复。公文的办理结果应当及时答复来文单位,并根据需要告知相关单位。

第二十五条 发文办理主要程序是:

(一)答复。复核。已经发文机关负责人签批的公文,印发前应当对公文的审批手续、内容、文种、格式等进行复核;需作实质性修改的,应当报原签批人复审。

(二)登记。对复核后的公文,应当确定发文字号、分送范围和印制份数并详细记载。

(三)印制。公文印制必须确保质量和时效。涉密公文应当在符合保密要求的场所印制。

(四)核发。公文印制完毕,应当对公文的文字、格式和印刷质量进行检查后分发。

第二十六条 涉密公文应当通过机要交通、邮政机要通信、城市机要文件交换站或者收发件机关机要收发人员进行传递,通过密码电报或者符合国家保密规定的计算机信息系统进行传输。

第二十七条 需要归档的公文及有关材料,应当根据有关档案法律法规以及机关档案管理规定,及时收集齐全、整理归档。两个以上机关联合办理的公文,原件由主办机关归档,相关机关保存复制件。机关负责人兼任其他机关职务的,在履行所兼职务过程中形成的公文,由其兼职机关归档。

第七章 公文管理

第二十八条 各级党政机关应当建立健全本机关公文管理制度,确保管理严格规范,充分发挥公文效用。

第二十九条 党政机关公文由文秘部门或者专人统一管理。设立党委(党组)的县级以上单位应当建立机要保密室和机要阅文室,并按照有关保密规定配备工作人员和必要的安全保密设施设备。

第三十条 公文确定密级前,应当按照拟定的密级先行采取保密措施。确定密级后,应当按照所定密级严格管理。绝密级公文应当由专人管理。

公文的密级需要变更或者解除的，由原确定密级的机关或者其上级机关决定。

第三十一条　公文的印发传达范围应当按照发文机关的要求执行；需要变更的，应当经发文机关批准。

涉密公文公开发布前应当履行解密程序。公开发布的时间、形式和渠道，由发文机关确定。

经批准公开发布的公文，同发文机关正式印发的公文具有同等效力。

第三十二条　复制、汇编机密级、秘密级公文，应当符合有关规定并经本机关负责人批准。绝密级公文一般不得复制、汇编，确有工作需要的，应当经发文机关或者其上级机关批准。复制、汇编的公文视同原件管理。

复制件应当加盖复制机关戳记。翻印件应当注明翻印的机关名称、日期。汇编本的密级按照编入公文的最高密级标注。

第三十三条　公文的撤销和废止，由发文机关、上级机关或者权力机关根据职权范围和有关法律法规决定。公文被撤销的，视为自始无效；公文被废止的，视为自废止之日起失效。

第三十四条　涉密公文应当按照发文机关的要求和有关规定进行清退或者销毁。

第三十五条　不具备归档和保存价值的公文，经批准后可以销毁。销毁涉密公文必须严格按照有关规定履行审批登记手续，确保不丢失、不漏销。个人不得私自销毁、留存涉密公文。

第三十六条　机关合并时，全部公文应当随之合并管理；机关撤销时，需要归档的公文经整理后按照有关规定移交档案管理部门。

工作人员离岗离职时，所在机关应当督促其将暂存、借用的公文按照有关规定移交、清退。

第三十七条　新设立的机关应当向本级党委、政府的办公厅（室）提出发文立户申请。经审查符合条件的，列为发文单位，机关合并或者撤销时，相应进行调整。

第八章　附则

第三十八条　党政机关公文含电子公文。电子公文处理工作的具体办法另行制定。

第三十九条　法规、规章方面的公文，依照有关规定处理。外事方面的公文，依照外事主管部门的有关规定处理。

第四十条　其他机关和单位的公文处理工作，可以参照本条例执行。

第四十一条　本条例由中共中央办公厅、国务院办公厅负责解释。

第四十二条　本条例自 2012 年 7 月 1 日起施行。1996 年 5 月 3 日中共中央办公厅发布的《中国共产党机关公文处理条例》和 2000 年 8 月 24 日国务院发布的《国家行政机关公文处理办法》停止执行。

附录C 中共中央办公厅、国务院办公厅关于进一步精简会议和文件的意见

（2001年12月4日）

党的十五届六中全会作出的《关于加强和改进党的作风建设的决定》明确提出："改进领导方式和工作方法。下决心精简会议和文件，改进会风和文风。"近年来，党中央、国务院多次强调要改进作风，深入实际，切实精简会议和文件，并采取了一些实际措施，取得了一定成效。但是，会议过多，请领导同志出席事务性活动过多，各类文件简报过多的情况仍然没有根本改变，影响了领导机关和领导干部同人民群众的密切联系，不利于各级党委和政府集中精力抓工作。为此，要把进一步精简会议和文件，作为全面实践"三个代表"要求，认真落实十五届六中全会精神的一个突出问题来抓。经党中央、国务院同意，现重申并提出以下规定和要求：

一、采取有力措施，坚决精简各类会议活动

1. 减少会议活动数量。从中央和国家机关做起，各地区、各部门安排会议活动一律要从严掌握。能不开的会议坚决不开，可以合并开的合并召开；要尽可能利用现代通信和技术手段召开电视电话会议，条件具备的可以直接开到基层，避免层层开会。一律不准巧立名目召开各种属联谊性、轮流做东的"片会"。以党中央、国务院名义召开的全国性会议要统筹安排，从严控制；中央和国家机关各部门每年召开的本系统全国性工作会议原则上只开1次，特殊情况不得超过2次。各地区、各部门首先是省部级以上的党政机关要严格控制举行各类纪念会、研讨会、表彰会、剪彩、奠基、首发首映式以及各种检查、评比等活动。元旦、春节期间，党政机关之间不搞相互走访拜年活动。对必须举办的会议和活动，要明确主题，充分准备，注重实效。

2. 压缩会议活动规模。各类会议活动要尽量压缩规模，减少参加人员。以党中央、国务院名义召开的会议和举办的活动，应按照批准的方案组织实施。中央和国家机关各部门召开的全国性会议，会期不得超过3天，与会人员最多不得超过300人，未经党中央、国务院批准不得邀请各省区市党委、政府主要负责同

附录C 中共中央办公厅、国务院办公厅关于进一步精简会议和文件的意见（2001年12月4日）

志和分管负责同志出席。中央和国家机关各部门不能以地方领导同志是否出席本系统的会议活动作为衡量地方是否重视某项工作的依据。省区市召开的会议，未经批准，也不要邀请中央和国家机关有关部门负责同志出席。各地区、各部门要从严控制举办大规模的群众性活动，少数确需举办的活动经批准后方可举行，并要加强领导，精心组织，周密安排，确保安全。

3. 严格控制会议活动经费。各地区、各部门举办会议活动要认真执行有关财务规定，厉行节约，反对铺张浪费。不得超标准使用经费和摊派、转嫁经费负担；不得借召开会议、举办活动名义发放纪念品；不得组织高消费娱乐、健身活动；不得到中央明令禁止的风景名胜区召开会议和举办活动。需要安排住宿的，要在定点接待的宾馆、招待所，不得安排豪华宾馆、涉外旅游饭店。领导干部下基层要轻车简从，不搞层层陪同，不得超标准安排用餐。财政、审计等部门要严格按照有关规定加强对会议活动经费的控制、管理和审核。未经批准召开的会议，会议经费一律不予报销。各级纪检、监察机关对违反有关规定和纪律的行为要坚决查处。

4. 严格会议活动报批程序。以党中央、国务院名义召开的全国性会议和举行的重大活动，由承办部门提出具体方案，经中共中央办公厅、国务院办公厅审核后报党中央、国务院审批。中央和国家机关各部门召开的全国性会议和举行的重要活动，应事先明确名称、主题、时间、地点、人员范围，经中共中央办公厅、国务院办公厅审核后报批。

二、严格把关，减少请领导同志参加事务性活动

5. 安排领导同志出席会议活动要坚持突出重点、精简务实的原则。为了减少请领导同志出席事务性活动，除因特殊需要外，原则上不邀请领导同志参加剪彩、奠基、首发首映式、颁奖等活动。中央党政军群各部门召开的表彰会、座谈会、研讨会、报告会、周年纪念活动，一般不邀请中央领导同志出席、发贺信和接见会议代表，各种商业性节庆活动不得邀请领导同志参加。省部一级和省以下部门批准兴建的纪念物、建筑物和创办的出版物以及周年纪念等，原则上不请中央领导同志题词、题字。不得请中央领导同志为商业性活动和单位题词、题字。确需领导同志参加的会议活动，要精心组织，讲求实效。

6. 严格请领导同志出席会议活动的报批程序。各地区、各部门举行的会议活动，确需邀请党中央、国务院领导同志出席的，要严格按照规定，经各地区、各部门主要负责同志把关后送中共中央办公厅、国务院办公厅审核报批，不得通过其他渠道直接邀请。

7. 改进领导同志出席会议活动的新闻报道。中央领导同志出席部门举办的会议活动，原则上不作新闻报道；需要报道的，须报经参加该会议活动的领导同

志同意。中央领导同志观看一般性的文艺演出，不作新闻报道。由中央组织或经中央批准举行的有重大影响的会议活动，中央领导同志下基层考察工作、调查研究等活动，新闻报道应从实际工作需要出发，内容要准确、鲜明、生动，播报时间、篇幅要尽量简短，力戒空泛和一般化。不要把中央领导同志是否出席作为报道与否或报道规格的标准。

8. 地方领导同志出席会议活动要从实际出发，不搞层层仿效。中央举办或中央领导同志出席一些必要的会议活动，地方和部门要从实际出发，不要一概仿效举行相应的会议活动。地方领导同志出席会议活动的新闻报道，也要参照中央领导同志出席会议活动的新闻报道原则严格掌握。

三、加强管理，切实精简各类文件简报

9. 大力压缩发文数量。发文应当注重实效，切实解决实际问题，坚持少而精的原则，可发可不发的公文坚决不发，可长可短的公文一定要短。凡是法律法规已有明确规定的一律不再发文，已全文公开播发见报的不再印发文件。对党中央、国务院文件，各地区、各部门要结合实际提出具体贯彻落实意见，不得照抄照搬，层层转发。对现有的简报要清理压缩，该停的停，能并的并。对确定印发的文件简报，要从内容、形式、发送范围、印数等方面拟定具体改进措施。

10. 进一步压缩文件简报报送范围。各地区、各部门的文件简报可以报送党中央、国务院，省部级内设机构和下属单位的文件简报一律不得直接报送党中央、国务院。各地区、各部门需要报送党中央、国务院或中共中央办公厅、国务院办公厅的文件简报，应向中共中央办公厅、国务院办公厅备案，今后凡不在备案之列的文件简报一律不予受理。

11. 严格按照隶属关系和职权范围行文。各地区、各部门向党中央、国务院报文，属于党委职权范围以内的工作以党委（党组）名义报党中央，属于政府职权范围以内的工作以政府或部门名义报国务院。凡本部门发文或几个部门联合发文能够解决的，不得要求党中央、国务院批转或由中共中央办公厅、国务院办公厅转发；未经党中央、国务院批准，中央和国家机关各部门不得向地方党委、政府发文，也不能要求地方党委、政府向本部门报文；部门的内设机构除办公厅（室）根据授权可以对外正式行文外，其他内设机构不得对外正式行文。

12. 下大气力提高文件简报质量。各地区、各部门印发的文件简报既要加强对全局工作的指导性，又要注重在具体工作中的可操作性，切实提高针对性和时效性。要注意改进文风，文件简报要简明扼要，分析问题要切中要害，所提建议要切实可行。

四、加强督促检查,确保收到实效

13. 各地区、各部门要按照党的十五届六中全会《决定》精神和本《意见》的要求,对本地区、本部门的各类会议活动和现有的文件简报进行全面清理,该精简的精简,该取消的取消。各级领导机关和领导干部要切实负起责任,带头转变作风,带头精简会议和文件,带头深入基层调查研究,注重解决实际问题,在狠抓各项工作的落实上下功夫。要充分利用现代化办公手段,推动党政机关信息化建设,切实改进领导方式和工作方法,真正从源头上解决文山会海问题。中共中央办公厅、国务院办公厅将对本《意见》的贯彻落实情况进行督促检查。

附录 D 出版物上数字用法
（GB/T 15835—2011）

1 范围

本标准规定了出版物上汉字数字和阿拉伯数字的用法。

本标准适用于各类出版物（文艺类出版物和重排古籍除外）。政府和企事业单位公文，以及教育、媒体和公共服务领域的数字用法，也可参照本标准执行。

2 规范性引用文件

下列文件对于本文件的应用是必不可少的。凡是注日期的引用文件，仅注日期的版本适用于本文件。凡是不注日期的引用文件，其最新版本（包括所有的修改单）适用于本文件。

GB/T 7408—2005　数据元和交换格式　信息交换　日期和时间表示法

3 术语和定义

下列术语和定义适用于本文件。

3.1　计量 measuring

将数字用于加、减、乘、除等数学运算。

3.2　编号 numbering

将数字用于为事物命名或排序，但不用于数学运算。

3.3　概数 approximate number

用于模糊计量的数字。

4 数字形式的选用

4.1　选用阿拉伯数字

4.1.1　用于计量的数字

在使用数字进行计量的场合，为达到醒目、易于辨识的效果，应采用阿拉伯数字。

示例1：　－125.03　　　　　　34.05％　　　　　　63％～68％

　　　　　1∶500　　　　　　　97/108

当数值伴随有计量单位时，如：长度、容积、面积、体积、质量、温度、经纬度、音量、频率等等，特别是当计量单位以字母表达时，应采用阿拉伯数字。

示例2：523.56 km（523.56 千米）　　　　567 mm³（567 立方毫米）
　　　　34～39 ℃（34～39 摄氏度）　　　346.87 L（346.87 升）
　　　　605 g（605 克）　　　　　　　　北纬 40°（40 度）
　　　　5.34 m²（5.34 平方米）　　　　 100～150 kg（100～150 千克）
　　　　120 dB（120 分贝）

4.1.2　用于编号的数字

在使用数字进行编号的场合，为达到醒目，易于辨识的效果，应采用阿拉伯数字。

示例：电话号码：98888
　　　邮政编码：100871
　　　通信地址：北京市海淀区复兴路 11 号
　　　电子邮件地址：x186@186.net
　　　网页地址：http：//127.0.0.1
　　　汽车号牌：京 A00001
　　　公交车号：302 路公交车
　　　道路编号：101 国道
　　　公文编号：国办发〔1987〕9 号
　　　图书编号：ISBN 978-7-80184-224-4
　　　刊物编号：CN11-1399
　　　章节编号：4.1.2
　　　产品型号：PH—3000 型计算机
　　　产品序列号：C84XB—JYVFD—P7HC4—6XKRJ—7M6XH
　　　单位注册号：02050214
　　　行政许可登记编号：0684D10004—828

4.1.3　已定型的含阿拉伯数字的词语

现代社会生活中出现的事物、现象、事件，其名称的书写形式中包含阿拉伯数字，已经广泛使用而稳定下来，应采用阿拉伯数字。

示例：3G 手机　　　　　　MP3 播放器　　　　　　G8 峰会
　　　维生素 B_{12}　　　　97 号汽油　　　　　　"5·27"事件
　　　"12·5"枪击案

4.2　选用汉字数字

4.2.1　非公历纪年

干支纪年、农历月日、历史朝代纪年及其他传统上采用汉字形式的非公历纪年等等，应采用汉字数字。

示例：丙寅年十月十五日　　　庚辰年八月五日　　　　　腊月二十三
　　　正月初五　　　　　　　八月十五中秋　　　　　　秦文公四十四年
　　　太平天国庚申十年九月二十四日　　　　清咸丰十年九月二十日
　　　藏历阳木龙年八月二十六日　　　　　　日本庆应三年

4.2.2　概数

数字连用表示的概数、含"几"的概数，应采用汉字数字。

示例：三四个月　　　　　　一二十个　　　　　　　四十五六岁
　　　五六万套　　　　　　五六十年前　　　　　　几千
　　　二十几　　　　　　　一百几十　　　　　　　几万分之一

4.2.3　已定型的含汉字数字的词语

汉语中长期使用已经稳定下来的包含汉字数字形式的词语，应采用汉字数字。

示例：万一　　　　　　　　一律　　　　　　　　　一旦
　　　三叶虫　　　　　　　四书五经　　　　　　　星期五
　　　四氧化三铁　　　　　八国联军　　　　　　　七上八下
　　　一心一意　　　　　　不管三七二十一　　　　一方面
　　　二百五　　　　　　　半斤八两　　　　　　　五省一市
　　　五讲四美　　　　　　相差十万八千里　　　　八九不离十
　　　白发三千丈　　　　　不二法门　　　　　　　二八年华
　　　五四运动　　　　　　"一•二八"事变　　　　"一二•九"运动

4.3　选用阿拉伯数字与汉字数字均可

如果表达计量或编号所需要用到的数字个数不多，选择汉字数字还是阿拉伯数字在书写的简洁性和辨识的清晰性两方面没有明显差异时，两种形式均可使用。

示例1：17号楼（十七号楼）　　　　　　　3倍（三倍）
　　　第5个工作日（第五个工作日）　　　100多件（一百多件）
　　　20余次（二十余次）　　　　　　　　约300人（约三百人）
　　　40左右（四十左右）　　　　　　　　50上下（五十上下）
　　　50多人（五十多人）　　　　　　　　第25页（第二十五页）
　　　第8天（第八天）　　　　　　　　　　第4季度（第四季度）
　　　第45份（第四十五份）
　　　共235位同学（共二百三十五位同学）
　　　0.5（零点五）　　　　　　　　　　　76岁（七十六岁）
　　　120周年（一百二十周年）　　　　　　1/3（三分之一）
　　　公元前8世纪（公元前八世纪）

附录 D　出版物上数字用法（GB/T 15835—2011）

　　20 世纪 80 年代（二十世纪八十年代）
　　公元 253 年（公元二五三年）
　　1997 年 7 月 1 日（一九九七年七月一日）
　　下午 4 点 40 分（下午四点四十分）　　　　4 个月（四个月）
　　12 天（十二天）

如果要突出简洁醒目的表达效果，应使用阿拉伯数字；如果要突出庄重典雅的表达效果，应使用汉字数字。

　　示例 2：北京时间 2008 年 5 月 12 日 14 时 28 分
　　　　　十一届全国人大一次会议（不写为"11 届全国人大 1 次会议"）
　　　　　六方会谈（不写为"6 方会谈"）

在同一场合出现的数字，应遵循"同类别同形式"原则来选择数字的书写形式。如果两数字的表达功能类别相同（比如都是表达年月日时间的数字），或者两数字在上下文中所处的层级相同（比如文章目录中同级标题的编号），应选用相同的形式。反之，如果两数字的表达功能不同，或所处层级不同，可以选用不同的形式。

　　示例 3：2008 年 8 月 8 日　二〇〇八年八月八日（不写为"二〇〇八年 8 月 8 日"）
　　　　　第一章　第二章……第十二章（不写为"第一章　第二章……第 12 章"）
　　　　　第二章的下一级标题可以用阿拉伯数字编号：2.1，2.2，……

应避免相邻的两个阿拉伯数字造成歧义的情况。

　　示例 4：高三 3 个班　高三三个班　（不写为"高 33 个班"）
　　　　　　高三 2 班　高三（2）班　（不写为"高 32 班"）

有法律效力的文件、公告文件或财务文件中可同时采用汉字数字和阿拉伯数字。

　　示例 5：2008 年 4 月保险账户结算日利率为万分之一点五七五零（0.015750%）
　　　　　　35.5 元（35 元 5 角　三十五元五角　叁拾伍圆伍角）

5　数字形式的使用

5.1　阿拉伯数字的使用

5.1.1　多位数

为便于阅读，四位以上的整数或小数，可采用以下两种方式分节：
　　——第一种方式：千分撇

整数部分每三位一组，以","分节。小数部分不分节。四位以内的整数可以不分节。

　　示例 1：624，000　　92，300，000　　　19，351，235.235767　　1256

——第二种方式：千分空

从小数点起，向左和向右每三位数字一组，组间空四分之一个汉字，即二分之一个阿拉伯数字的位置。四位以内的整数可以不加千分空。

示例 2：55 235 367.346 23　　　　　98 235 358.238 368

注：各科学技术领域的多位数分节方式参照 GB 3101—1993 的规定执行。

5.1.2　纯小数

纯小数必须写出小数点前定位的"0"，小数点是齐阿拉伯数字底线的实心点"."。

示例：0.46 不写为 .46 或 0。46

5.1.3　数值范围

在表示数值的范围时，可采用浪纹式连接号"～"或一字线连接号"—"。前后两个数值的附加符号或计量单位相同时，在不造成歧义的情况下，前一个数值的附加符号或计量单位可省略。如果省略数值的附加符号或计量单位会造成歧义，则不应省略。

示例：-36～-8 ℃　　　　400—429 页　　　　100—150 kg

　　　12 500～20 000 元　　　9 亿～16 亿（不写为 9～16 亿）

　　　13 万元～17 万元（不写为 13～17 万元）

　　　15%～30%（不写为 15～30%）

　　　4.3×10^5～5.7×10^5（不写为 4.3～5.7×10^5）

5.1.4　年月日

年月日的表达顺序应按照口语中年月日的自然顺序书写。

示例 1：2008 年 8 月 8 日　　　　1997 年 7 月 1 日

"年""月"可按照 GB/T 7408—2005 的 5.2.1.1 中的扩展格式，用"-"替代，但年月日不完整时不能替代。

示例 2：2008-8-8　　　　　　　1997-7-1

　　　8 月 8 日（不写为 8-8）　　2008 年 8 月（不写为 2008-8）

四位数字表示的年份不应简写为两位数字。

示例 3："1990 年"不写为"90 年"

月和日是一位数时，可在数字前补"0"。

示例 4：2008-08-08　　　　　1997-07-01

5.1.5　时分秒

计时方式既可采用 12 小时制，也可采用 24 小时制。

示例 1：11 时 40 分（上午 11 时 40 分）

　　　21 时 12 分 36 秒（晚上 9 时 12 分 36 秒）

时分秒的表达顺序应按照口语中时、分、秒的自然顺序书写。

示例 2: 15 时 40 分　　　　　　14 时 12 分 36 秒

"时""分"也可按照 GB/T 7408—2005 的 5.3.1.1 和 5.3.1.2 中的扩展格式,用":"替代。

示例 3: 15:40　　　　　　14:12:36

5.1.6　含有月日的专名

含有月日的专名采用阿拉伯数字表示时,应采用间隔号"·"将月、日分开,并在数字前后加引号。

示例:"3·15"消费者权益日

5.1.7　书写格式

5.1.7.1　字体

出版物中的阿拉伯数字,一般应使用正体二分字身,即占半个汉字位置。

示例: 234　　　　　　57.236

5.1.7.2　换行

一个用阿拉伯数字书写的数值应在同一行中,避免被断开。

5.1.7.3　竖排文本中的数字方向

竖排文字中的阿拉伯数字按顺时针方向转 90 度。旋转后要保证同一个词语单位的文字方向相同。

示例一:雪花牌 BCD188 型家用电冰箱容量是一百八十八升,功率为一百二十五瓦,市场售价两千零五十元,返修率仅为百分之零点一五。

示例二:海军 J12 号打捞救生船在太平洋上航行了十三天,于一九九〇年八月六日零时三十分返回基地。

5.2　汉字数字的使用

5.2.1　概数

两个数字连用表示概数时,两数之间不用顿号"、"隔开。

示例:二三米　　　　一两个小时　　　　三五天
　　　一二十个　　　　四十五六岁

5.2.2　年份

年份简写后的数字可以理解为概数时,一般不简写。

示例:"一九七八年"不写为"七八年"

5.2.3 含有月日的专名

含有月日的专名采用汉字数字表示时,如果涉及一月、十一月、十二月,应用间隔号"·"将表示月和日的数字隔开,涉及其他月份时,不用间隔号。

示例:"一·二八"事变　　"一二·九"运动　　五一国际劳动节

5.2.4 大写汉字数字

——大写汉字数字的书写形式

零、壹、贰、叁、肆、伍、陆、柒、捌、玖、拾、佰、仟、万、亿

——大写汉字数字的适用场合

法律文书和财务票据上,应采用大写汉字数字形式记数。

示例:3,504元(叁仟伍佰零肆圆)

　　　39,148元(叁万玖仟壹佰肆拾捌圆)

5.2.5 "零"和"〇"

阿拉伯数字"0"有"零"和"〇"两种汉字书写形式。一个数字用作计量时,其中"0"的汉字书写形式为"零",用作编号时,"0"的汉字书写形式为"〇"。

示例:"3052(个)"的汉字数字形式为"三千零五十二"(不写为"三千〇五十二")

"95.06"的汉字数字形式为"九十五点零六"(不写为"九十五点〇六")

"公元2012(年)"的汉字数字形式为"二〇一二"(不写为"二零一二")

5.3 阿拉伯数字与汉字数字同时使用

如果一个数值很大,数值中的"万""亿"单位可以采用汉字数字,其余部分采用阿拉伯数字。

示例1:我国1982年人口普查人数为10亿零817万5 288人

除上面情况之外的一般数值,不能同时采用阿拉伯数字与汉字数字。

示例2:108可以写作"一百零八",但不应写作"1百零8""一百08"

4 000可以写作"四千",但不应写作"4千"

附录 E 标点符号用法
（GB/T 15834—2011）

1 范围

本标准规定了现代汉语标点符号的用法

本标准适用于汉语的书面语（包括汉语和外语混合排版时的汉语部分）。

2 术语和定义

下列术语和定义适用于本文件。

2.1

标点符号 punctuation

辅助文字记录语言的符号，是书面语的有机组成部分，用来表示语句的停顿、语气以及标示某些成分（主要是词语）的特定性质和作用。

注：数学符号、货币符号、校勘符号、辞书符号、注音符号等特殊领域的专门符号不属于标点符号。

2.2

句子 sentence

前后都有较大停顿、带有一定的语气和语调、表达相对完整意义的语言单位。

2.3

复句 complex sentence

由两个或多个在意义上有密切关系的分句组成的语言单位，包括简单复句（内部只有一层语义关系）和多重复句（内部包含多层语义关系）。

2.4

分句 clause

复句内两个或多个前后有停顿、表达相对完整意义、不带有句末语气和语调、有的前面可添加关联词语的语言单位。

2.5

语段 expression

指语言片段，是对各种语言单位（如词、短语、句子、复句等）不做特别区分时的统称。

3 标点符号的种类

3.1 点号

点号的作用是点断,主要表示停顿和语气。分为句末点号和句内点号。

3.1.1 句末点号

用于句末的点号,表示句末停顿和句子的语气。包括句号、问号、叹号。

3.1.2 句内点号

用于句内的点号,表示句内各种不同性质的停顿。包括逗号、顿号、分号、冒号。

3.2 标号

标号的作用是标明,主要标示某些成分(主要是词语)的特定性质和作用。包括引号、括号、破折号、省略号、着重号、连接号、间隔号、书名号、专名号、分隔号。

4 标点符号的定义、形式和用法

4.1 句号

4.1.1 定义

句末点号的一种,主要表示句子的陈述语气。

4.1.2 形式

句号的形式是"。"

4.1.3 基本用法

4.1.3.1 用于句子末尾,表示陈述语气。使用句号主要根据句段前后有较大停顿、带有陈述语气和语调,并不取决于句子的长短。

示例1:北京是中华人民共和国的首都。

示例2:(甲:咱们走着去吧?)乙:好。

4.1.3.2 有时也可以表示较缓和的祈使语气和感叹语气。

示例1:请你稍等一下。

示例2:我不由地感到,这些普通劳动者也同样是很值得尊敬的。

4.2 问号

4.2.1 定义

句末点号的一种,主要表示句子的疑问语气。

4.2.2 形式

问号的形式是"?"。

4.2.3 基本用法

4.2.3.1 用于句子末尾,表示疑问语气(包括反问、设问等疑问类型)。使用问号主要根据语段前后有较大停顿、带有疑问语气和语调,并不取决于句子的长短。

示例1：你怎么还不回家去呢？

示例2：难道这些普通的战士不值得歌颂吗？

示例3：（一个外国人，不远万里来到中国，帮助中国的抗日战争。）这是什么精神？这是国际主义的精神。

4.2.3.2　选择问句中，通常只在最后一个选项的末尾用问号，各个选项之间一般用逗号隔开。当选项较短且选项之间几乎没有停顿时，选项之间可不用逗号。当选项较多或较长，或有意突出每个选项的独立性时，也可每个选项之后都用问号。

示例1：诗中记述的这场战争究竟是真实的历史描述，还是诗人的虚构？

示例2：这是巧合还是有意安排？

示例3：要一个什么样的结尾：现实主义的？传统的？大团圆的？荒诞的？民族形式的？有象征意义的？

示例4：（他看着我的作品称赞了我。）但到底是称赞我什么：是有几处画得好？还是什么都敢画？抑或只是一种对于失败者的无可奈何的安慰？我不得而知。

示例5：这一切都是由客观的条件造成的？还是由行为的惯性造成的？

4.2.3.3　在多个问句连用或表达疑问语气加重时，可叠用问号。通常应先单用，再叠用，最多叠用三个问号。在没有异常强烈的情感表达需要时不宜叠用问号。

示例：这就是你的做法吗？你这个总经理是怎么当的？？你怎么竟敢这样欺骗消费者？？？

4.2.3.4　问号也有标号的用法，即用于句内，表示存疑或不详。

示例1：马致远（1250？—1321），大都人，元代戏曲家、散曲家。

示例2：钟嵘（？—518），颖川长社人，南朝梁代文学批评家。

示例3：出现这样的文字错误，说明作者（编者？校者？）很不认真。

4.3　叹号

4.3.1　定义

句末点号的一种，主要表示句子的感叹语气。

4.3.2　形式

叹号的形式是"！"。

4.3.3　基本用法

4.3.3.1　用于句子末尾，主要表示感叹语气，有时也可表示强烈的祈使语气、反问语气等。使用叹号主要根据语段前后有较大停顿、带有感叹语气和语调或带有强烈的祈使、反问语气和语调，并不取决于句子的长短。

示例1：才一年不见，这孩子都长这么高啦！

示例2：你给我住嘴！

示例3：谁知道他今天是怎么搞的！

4.3.3.2　用于拟声词后，表示声音短促或突然。

示例1：咔嚓！一道闪电划破了夜空。

示例2：咚！咚咚！突然传来一阵急促的敲门声。

4.3.3.3　表示声音巨大或声音不断加大时，可叠用叹号；表达强烈语气时，也可叠用叹号，最多叠用三个叹号。在没有异常强烈的情感表达需要时不宜叠用叹号。

示例1：轰！！在这天崩地塌的声音中，女娲猛然醒来。

示例2：我要揭露！我要控诉！！我要以死抗争！！！

4.3.3.4　当句子包含疑问、感叹两种语气且都比较强烈时（如带有强烈感情的反问句和带有惊愕语气的疑问句），可在问号后再加叹号（问号、叹号各一）。

示例1：这么点困难就能把我们吓倒吗？！

示例2：他连这些最起码的常识都不懂，还敢说自己是高科技人才？！

4.4　逗号

4.4.1　定义

句内点号的一种，表示句子或语段内部的一般性停顿。

4.4.2　形式

逗号的形式是"，"。

4.4.3　基本用法

4.4.3.1　复句内各分句之间的停顿，除了有时用分号（见4.6.3.1），一般都用逗号。

示例1：不是人们的意识决定人们的存在，而是人们的社会存在决定人们的意识。

示例2：学历史使人更明智，学文学使人更聪慧，学数学使人更精细，学考古使人更深沉。

示例3：要是不相信我们的理论能反映现实，要是不相信我们的世界有内在和谐，那就不可能有科学。

4.4.3.2　用于下列各种语法位置：

a）较长的主语之后。

示例1：苏州园林建筑各种门窗的精美设计和雕镂功夫，都令人叹为观止。

b）句首的状语之后。

示例2：在苍茫的大海上，狂风卷集着乌云。

附录 E 标点符号用法（GB/T 15834—2011）

c) 较长的宾语之前。

示例3：有的考古工作者认为，南方古猿生存于上新世至更新世的初期和中期。

d) 带句内语气词的主语（或其他成分）之后，或带句内语气词的并列成分之间。

示例4：他呢，倒是很乐观地、全神贯注地干起来了。

示例5：（那是个没有月亮的夜晚。）可是整个村子——白房顶啦，白树木啦，雪堆啦，全看得见。

e) 较长的主语中间、谓语中间和宾语中间。

示例6：母亲沉痛的诉说，以及亲眼看到的实事，都启发了我幼年时期追求真理的思想。

示例7：那姑娘头戴一顶草帽，身穿一条绿色的裙子，腰间还系着一根橙色的腰带。

示例8：必须懂得，对于文化传统，既不能不分青红皂白统统抛弃，也不能不管精华糟粕全盘继承。

f) 前置的谓语之后或后置的状语、定语之前。

示例9：真美啊，这条蜿蜒的林间小路。

示例10：她吃力地站了起来，慢慢地。

示例11：我只是一个人，孤孤单单的。

4.4.3.3 用于下列各种停顿处：

a) 复指成分或插说成分前后。

示例1：老张，就是原来的办公室主任，上星期已经调走了。

示例2：车，不用说，当然是头等。

b) 语气缓和的感叹语、称谓语和呼唤语之后。

示例3：哎哟，这儿，快给我揉揉。

示例4：大娘，您到哪儿去啊？

示例5：喂，你是哪个单位的？

c) 某些序次语（"第"字头、"其"字头及"首先"类序次语）之后。

示例6：为什么许多人都有长不大的感觉呢？原因有三：第一，父母总认为自己比孩子成熟；第二，父母总要以自己的标准来衡量孩子；第三，父母出于爱心而总不想让孩子在成长的过程中走弯路。

示例7：《玄秘塔碑》所以成为书法的范本，不外乎以下几方面的因素：其一，具有楷书点画、构体的典范性；其二，承上启下，成为唐楷的极致；其三，字如其人，爱人及字，柳公权高尚的书品、人品为后人所崇仰。

示例8：下面从三个方面讲讲语言的污染问题：首先，是特殊语言环境中的语言污染问题；其次，是滥用缩略语引起的语言污染问题；再次，是空话和废话引起的语言污染问题。

4.5 顿号

4.5.1 定义

句内点号的一种，表示语段中并列词语之间或某些序次语之后的停顿。

4.5.2 形式

顿号的形式是"、"。

4.5.3 基本用法

4.5.3.1 用于并列词语之间。

示例1：这里有自由、民主、平等、开放的风气和氛围。

示例2：造型科学、技艺精湛、气韵生动，是盛唐石雕的特色。

4.5.3.2 用于需要停顿的重复词语之间。

示例：他几次三番、几次三番地辩解着。

4.5.3.3 用于某些序次语（不带括号的汉字数字或"天干地支"类序次语）之后。

示例1：我准备讲两个问题，一、逻辑学是什么？二、怎样学好逻辑学？

示例2：风格的具体内容主要有以下四点，甲、题材；乙、用字；丙、表达；丁、色彩。

4.5.3.4 相邻或相近两数字连用表示概数通常不用顿号。若相邻两数字连用为缩略形式，宜用顿号。

示例1：飞机在6 000米高空水平飞行时，只能看到两侧八九公里和前方一二十公里范围内的地面。

示例2：这种凶猛的动物常常三五成群地外出觅食和活动。

示例3：农业是国民经济的基础，也是二、三产业的基础。

4.5.3.5 标有引号的并列成分之间、标有书名号的并列成分之间通常不用顿号。若有其他成分插在并列的引号之间或并列的书名号之间（如引语或书名号之后还有括注），宜用顿号。

示例1："日""月"构成"明"字。

示例2：店里挂着"顾客就是上帝""质量就是生命"等横幅。

示例3：《红楼梦》《三国演义》《西游记》《水浒传》，是我国长篇小说的四大名著。

示例4：李白的"白发三千丈"（《秋浦歌》）、"朝如青丝暮成雪"（《将进酒》）都是脍炙人口的诗句。

示例5：办公室里订有《人民日报》（海外版）、《光明日报》和《时代周刊》等报刊。

4.6 分号

4.6.1 定义

句内点号的一种，表示复句内部并列关系分句之间的停顿，以及非并列关系的多重复句中第一层分句之间的停顿。

4.6.2 形式

分号的形式是";"。

4.6.3 基本用法

4.6.3.1 表示复句内部并列关系的分句（尤其当分句内部还有逗号时）之间的停顿。

示例1：语言文字的学习，就理解方面说，是得到一种知识；就运用方面说，是养成一种习惯。

示例2：内容有分量，尽管文章短小，也是有分量的；内容没有分量，即使写得再长也没有用。

4.6.3.2 表示非并列关系的多重复句中第一层分句（主要是选择、转折等关系）之间的停顿。

示例1：人还没看见，已经先听见歌声了；或者人已经转过山头望不见了，歌声还余音袅袅。

示例2：尽管人民革命的力量在开始时总是弱小的，所以总是受压的；但是由于革命的力量代表历史发展的方向，因此本质上又是不可战胜的。

示例3：不管一个人如何伟大，也总是生活在一定的环境和条件下；因此，个人的见解总难免带有某种局限性。

示例4：昨天夜里下了一场雨，以为可以凉快些；谁知没有凉快下来，反而更热了。

4.6.3.3 用于分项列举的各项之间。

示例：特聘教授的岗位职责为：一、讲授本学科的主干基础课程；二、主持本学科的重大科研项目；三、领导本学科的学术队伍建设；四、带领本学科赶超或保持世界先进水平。

4.7 冒号

4.7.1 定义

句内点号的一种，表示语段中提示下文或总结上文的停顿。

4.7.2 形式

冒号的形式是":"。

4.7.3 基本用法

4.7.3.1 用于总说性或提示性词语（如"说""例如""证明"等）之后，表示提示下文。

示例1：北京紫禁城有四座城门，午门、神武门、东华门和西华门。

示例2：她高兴地说："咱们去好好庆祝一下吧！"

示例3：小王笑着点了点头："我就是这么想的。"

示例4：这一事实证明：人能创造环境，环境同样也能创造人。

4.7.3.2　表示总结上文。

示例：张华上了大学，李萍进了技校，我当了工人；我们都有美好的前途。

4.7.3.3　用在需要说明的词语之后，表示注释和说明。

示例1：（本市将举办首届大型书市。）主办单位：市文化局；承办单位：市图书进出口公司；时间：8月15日—20日；地点：市体育馆观众休息厅。

示例2：（做阅读理解题有两个办法。）办法之一：先读题干，再读原文，带着问题有针对性地读课文。办法之二：直接读原文，读完再做题，减少先入为主的干扰。

4.7.3.4　用于书信、讲话稿中称谓语或称呼语之后。

示例1：广平先生：……

示例2：同志们、朋友们：……

4.7.3.5　一个句子内部一般不应套用冒号。在列举式或条文式表述中，如不得不套用冒号时，宜另起段落来显示各个层次。

示例：第十条　遗产按照下列顺序继承：

第一顺序：配偶、子女、父母。

第二顺序：兄弟姐妹、祖父母、外祖父母。

4.8　引号

4.8.1　定义

标号的一种，标示语段中直接引用的内容或需要特别指出的成分。

4.8.2　形式

引号的形式有双引号""""和单引号"''"两种。左侧的为前引号，右侧的为后引号。

4.8.3　基本用法

4.8.3.1　标示语段中直接引用的内容。

示例：李白诗中就有"白发三千丈"这样极尽夸张的语句。

4.8.3.2　标示需要着重论述或强调的内容。

示例：这里所谓的"文"，并不是指文字，而是指文采。

4.8.3.3　标示语段中具有特殊含义而需要特别指出的成分，如别称、简称、反语等。

示例1：电视被称作"第九艺术"。

示例2：人类学上常把古人化石统称为尼安德特人，简称"尼人"。

示例3：有几个"慈祥"的老板把捡来的菜叶用盐浸浸就算作工友的菜肴。

4.8.3.4 当引号中还需要使用引号时，外面一层用双引号，里面一层用单引号。

示例：他问："老师，'七月流火'是什么意思？"

4.8.3.5 独立成段的引文如果只有一段，段首和段尾都用引号；不止一段时，每段开头仅用前引号，只在最后一段末尾用后引号。

示例：我曾在报纸上看到有人这样谈幸福：

"幸福是知道自己喜欢什么和不喜欢什么。……

"幸福是知道自己擅长什么和不擅长什么。……

"幸福是在正确的时间做了正确的选择。……"

4.8.3.6 在书写带月、日的事件、节日或其他特定意义的短语（含简称）时，通常只标引其中的月和日；需要突出和强调该事件或节日本身时，也可连同事件或节日一起标引。

示例1："5·12"汶川大地震

示例2："五四"以来的话剧，是我国戏剧中的新形式。

示例3：纪念"五四运动"90周年

4.9 括号

4.9.1 定义

标号的一种，标示语段中的注释内容、补充说明或其他特定意义的语句。

4.9.2 形式

括号的主要形式是圆括号"（）"，其他形式还有方括号"［］"、六角括号"〔〕"和方头括号"【】"等。

4.9.3 基本用法

4.9.3.1 标示下列各种情况，均用圆括号：

a）标示注释内容或补充说明。

示例1：我校拥有特级教师（含已退休的）17人。

示例2：我们不但善于破坏一个旧世界，我们还将善于建设一个新世界！（热烈鼓掌）

b）标示订正或补加的文字。

示例3：信纸上用稚嫩的字体写着："阿夷（姨），你好！"。

示例4：该建筑公司负责的建设工程全部达到优良工程（的标准）。

c）标示序次语。

示例5：语言有三个要素：(1)声音；(2)结构；(3)意义。

示例6：思想有三个条件：（一）事理；（二）心理；（三）伦理。

d）标示引语的出处。

示例7：他说得好："未画之前，不立一格；既画之后，不留一格。"（《板桥集·题画》）

e）标示汉语拼音注音。

示例8："的（de）"这个字在现代汉语中最常用。

4.9.3.2　标示作者国籍或所属朝代时，可用方括号或六角括号。

示例1：［英］赫胥黎《进化论与伦理学》

示例2：〔唐〕杜甫著

4.9.3.3　报刊标示电讯、报道的开头，可用方头括号。

示例：【新华社南京消息】

4.9.3.4　标示公文发文字号中的发文年份时，可用六角括号。

示例：国发〔2011〕3号文件

4.9.3.5　标示被注释的词语时，可用六角括号或方头括号。

示例1：〔奇观〕奇伟的景象。

示例2：【爱因斯坦】物理学家。生于德国，1933年因受纳粹政权迫害，移居美国。

4.9.3.6　除科技书刊中的数学、逻辑公式外，所有括号（特别是同一形式的括号）应尽量避免套用。必须套用括号时，宜采用不同的括号形式配合使用。

示例：〔茸（róng）毛〕很细很细的毛。

4.10　破折号

4.10.1　定义

标号的一种，标示语段中某些成分的注释、补充说明或语音、意义的变化。

4.10.2　形式

破折号的形式是"——"。

4.10.3　基本用法

4.10.3.1　标示注释内容或补充说明（也可用括号，见4.9.3.1；二者的区别另见B.1.7）。

示例1：一个矮小而结实的日本中年人——内山老板走了过来。

示例2：我一直坚持读书，想借此唤起弟妹对生活的希望——无论环境多么困难。

4.10.3.2　标示插入语（也可用逗号，见4.4.3.3）。

示例：这简直就是——说得不客气点——无耻的勾当！

4.10.3.3　标示总结上文或提示下文（也可用冒号，见4.7.3.1、4.7.3.2）。

示例1：坚强，纯洁，严于律己，客观公正——这一切都难得地集中在一个人身上。

示例2：画家开始娓娓道来——

数年前的一个寒冬，……

4.10.3.4 标示话题的转换。

示例："好香的干菜，——听到风声了吗？"赵七爷低声说道。

4.10.3.5 标示声音的延长。

示例："嘎——"传过来一声水禽被惊动的鸣叫。

4.10.3.6 标示话语的中断或间隔。

示例1："班长他牺——"小马话没说完就大哭起来。

示例2："亲爱的妈妈，你不知道我多爱您。——还有你，我的孩子！"

4.10.3.7 标示引出对话。

示例：——你长大后想成为科学家吗？
　　　——当然想了！

4.10.3.8 标示事项列举分承。

示例：根据研究对象的不同，环境物理学分为以下五个分支学科：
　　　——环境声学；
　　　——环境光学；
　　　——环境热学；
　　　——环境电磁学；
　　　——环境空气动力学。

4.10.3.9 用于副标题之前。

示例：飞向太平洋
　　　——我国新型号运载火箭发射目击记

4.10.3.10 用于引文、注文后，标示作者、出处或注释者。

示例1：先天下之忧而忧，后天下之乐而乐。

　　　　　　　　　　　　　　　　　　　　——范仲淹

示例2：乐浪海中有倭人，分为百余国。

　　　　　　　　　　　　　　　　　　　　——《汉书》

示例3：很多人写好信后把信笺折成方胜形，我看大可不必。（方胜，指古代妇女戴的方形首饰，用彩绸等制作，由两个斜方部分叠合而成。——编者注）

4.11 省略号

4.11.1 定义

标号的一种，标示语段中某些内容的省略及意义的断续等。

4.11.2 形式

省略号的形式是"……"。

4.11.3 基本用法

4.11.3.1 标示引文的省略。

示例：我们齐声朗诵起来："……俱往矣，数风流人物，还看今朝。"

4.11.3.2 标示列举或重复词语的省略。

示例1：对政治的敏感，对生活的敏感，对性格的敏感，……这部是作家必须要有的素质。

示例2：他气得连声说："好，好……算我没说。"

4.11.3.3 标示语意未尽。

示例1：在人迹罕至的深山密林里，假如突然看见一缕炊烟，……

示例2：你这样干，未免太……！

4.11.3.4 标示说话时断断续续。

示例：她磕磕巴巴地说："可是……太太……我不知道……你一定是认错了。"

4.11.3.5 标示对话中的沉默不语。

示例："还没结婚吧？"

"……"他飞红了脸，更加忸怩起来。

4.11.3.6 标示特定的成分虚缺。

示例：只要……就……

4.11.3.7 在标示诗行、段落的省略时，可连用两个省略号（即相当于十二连点）。

示例1：从隔壁房间传来缓缓而抑扬顿挫的吟咏声——
　　　　床前明月光，疑是地上霜。
　　　　………………

示例2：该刊根据工作质量、上稿数量、参与程度等方面的表现，评选出了高校十佳记者站。还根据发稿数量、提供新闻线索情况以及对刊物的关注度等，评选出了十佳通讯员。
　　　　………………

4.12 着重号

4.12.1 定义

标号的一种，标示语段中某些重要的或需要指明的文字。

4.12.2 形式

着重号的形式是"．"标注在相应文字的下方。

4.12.3 基本用法

4.12.3.1 标示语段中重要的文字。

示例1：诗人需要表现，而不是证明。

示例2：下面对本文的理解，不正确的一项是：……

4.12.3.2 标示语段中需要指明的文字。

示例：下边加点的字，除了在词中的读法外，还有哪些读法？

着急　子弹　强调

4.13 连接号

4.13.1 定义

标号的一种，标示某些相关联成分之间的连接。

4.13.2 形式

连接号的形式有短横线"-"、一字线"—"和浪纹线"～"三种。

4.13.3 基本用法

4.13.3.1 标示下列各种情况，均用短横线：

a) 化合物的名称或表格、插图的编号。

示例1：3-戊酮为无色液体，对眼及皮肤有强烈刺激性。

示例2：参见下页表2-8、表2-9。

b) 连接号码，包括门牌号码、电话号码，以及用阿拉伯数字表示年月日等。

示例3：安宁里东路26号院3-2-11室

示例4：联系电话：010-88842603

示例5：2011-02-15

c) 在复合名词中起连接作用。

示例6：吐鲁番-哈密盆地

d) 某些产品的名称和型号。

示例7：WZ-10直升机具有复杂天气和夜间作战的能力。

e) 汉语拼音、外来语内部的分合。

示例8：shuōshuō-xiàoxiào（说说笑笑）

示例9：盎格鲁-撒克逊人

示例10：让-雅克·卢梭（"让-雅克"为双名）

示例11：皮埃尔·孟戴斯-弗朗斯（"孟戴斯-弗朗斯"为复姓）

4.13.3.2 标示下列各种情况，一般用一字线，有时也可用浪纹线：

a) 标示相关项目（如时间、地域等）的起止。

示例1：沈括（1031—1095），宋朝人。

示例2：2011年2月3日—10日

示例3：北京—上海特别旅客快车

b) 标示数值范围（由阿拉伯数字或汉字数字构成）的起止。

示例4：25～30 g

示例5：第五～八课

4.14　间隔号

4.14.1　定义

标号的一种，标示某些相关联成分之间的分界。

4.14.2　形式

间隔号的形式是"·"。

4.14.3　基本用法

4.14.3.1　标示外国人名或少数民族人名内部的分界。

示例1：克里丝蒂娜·罗塞蒂

示例2：阿依古丽·买买提

4.14.3.2　标示书名与篇（章、卷）名之间的分界。

示例：《淮南子·本经训》

4.14.3.3　标示词牌、曲牌、诗体名等和题名之间的分界。

示例1：《沁园春·雪》

示例2：《天净沙·秋思》

示例3：《七律·冬云》

4.14.3.4　用在构成标题或栏目名称的并列词语之间。

示例：《天·地·人》

4.14.3.5　以月、日为标志的事件或节日，用汉字数字表示时，只在一、十一和十二月后用间隔号；当直接用阿拉伯数字表示时，月、日之间均用间隔号（半角字符）。

示例1："九一八"事变　"五四"运动

示例2："一·二八"事变　"一二·九"运动

示例3："3·15"消费者权益日　"9·11"恐怖袭击事件

4.15　书名号

4.15.1　定义

标号的一种，标示语段中出现的各种作品的名称。

4.15.2　形式

书名号的形式有双书名号"《　》"和单书名号"〈　〉"两种。

4.15.3　基本用法

4.15.3.1　标示书名、卷名、篇名、刊物名、报纸名、文件名等。

示例1：《红楼梦》（书名）

示例2：《史记·项羽本记》（卷名）

示例3：《论雷峰塔的倒掉》（篇名）

示例4：《每周关注》（刊物名）

示例5：《人民日报》（报纸名）

示例6：《全国农村工作会议纪要》（文件名）

4.15.3.2　标示电影、电视、音乐、诗歌、雕塑等各类用文字、声音、图像等表现的作品的名称。

示例1：《渔光曲》（电影名）

示例2：《追梦录》（电视剧名）

示例3：《勿忘我》（歌曲名）

示例4：《沁园春·雪》（诗词名）

示例5：《东方欲晓》（雕塑名）

示例6：《光与影》（电视节目名）

示例7：《社会广角镜》（栏目名）

示例8：《庄子研究文献数据库》（光盘名）

示例9：《植物生理学系列挂图》（图片名）

4.15.3.3　标示全中文或中文在名称中占主导地位的软件名。

示例：科研人员正在研制《电脑卫士》杀毒软件。

4.15.3.4　标示作品名的简称。

示例：我读了《念青唐古拉山脉纪行》一文（以下简称《念》），收获很大。

4.15.3.5　当书名号中还需要书名号时，里面一层用单书名号，外面一层用双书名号。

示例：《教育部关于提请审议〈高等教育自学考试试行办法〉的报告》

4.16　专名号

4.16.1　定义

标号的一种，标示古籍和某些文史类著作中出现的特定类专有名词。

4.16.2　形式

专名号的形式是一条直线，标注在相应文字的下方。

4.16.3　基本用法

4.16.3.1　标示古籍、古籍引文或某些文史类著作中出现的专有名词，主要包括人名、地名、国名、民族名、朝代名、年号、宗教名、官署名、组织名等。

示例1：孙坚人马被刘表率军围得水泄不通。（人名）

示例2：于是聚集冀、青、幽、并四州兵马七十多万准备决一死战。（地名）

示例3：当时乌孙及西域各国都向汉派遣了使节。（国名、朝代名）

示例4：从咸宁二年到太康十年，匈奴、鲜卑、乌桓等族人徙居塞内。（年号、民族名）

4.16.3.2　现代汉语文本中的上述专有名词，以及古籍和现代文本中的单位名、官职名、事件名、会议名、书名等不应使用专名号。必须使用标号标示时，宜使用其他相应标号（如引号、书名号等）。

4.17 分隔号

4.17.1 定义

标号的一种，标示诗行、节拍及某些相关文字的分隔。

4.17.2 形式

分隔号的形式是"/"。

4.17.3 基本用法

4.17.3.1 诗歌接排时分隔诗行（也可使用逗号和分号，见 4.4.3.1/4.6.3.1）。

示例：春眠不觉晓/处处闻啼鸟/夜来风雨声/花落知多少。

4.17.3.2 标示诗文中的音节节拍。

示例：横眉/冷对/千夫指，俯首/甘为/孺子牛。

4.17.3.3 分隔供选择或可转换的两项，表示"或"。

示例：动词短语中除了作为主体成分的述语动词之外，还包括述语动词所带的宾语和/或补语。

4.17.3.4 分隔组成一对的两项，表示"和"。

示例1：13/14 次特别快车

示例2：羽毛球女双决赛中国组合杜婧/于洋两局完胜韩国名将李孝贞/李敬元。

4.17.3.5 分隔层级或类别。

示例：我国的行政区划分为：省（直辖市、自治区）/省辖市（地级市）/县（县级市、区、自治州）/乡（镇）/村（居委会）。

5 标点符号的位置和书写形式

5.1 横排文稿标点符号的位置和书写形式

5.1.1 句号、逗号、顿号、分号、冒号均置于相应文字之后，占一个字位置，居左下，不出现在一行之首。

5.1.2 问号、叹号均置于相应文字之后，占一个字位置，居左，不出现在一行之首。两个问号（或叹号）叠用时，占一个字位置；三个问号（或叹号）叠用时，占两个字位置；问号和叹号连用时，占一个字位置。

5.1.3 引号、括号、书名号中的两部分标在相应项目的两端，各占一个字位置。其中前一半不出现在一行之末，后一半不出现在一行之首。

5.1.4 破折号标在相应项目之间，占两个字位置，上下居中，不能中间断开分处上行之末和下行之首。

5.1.5 省略号占两个字位置，两个省略号连用时占四个字位置并须单独占一行。省略号不能中间断开分处上行之末和下行之首。

5.1.6 连接号中的短横线比汉字"一"略短,占半个字位置;一字线比汉字"一"略长,占一个字位置;浪纹线占一个字位置。连接号上下居中,不出现在一行之首。

5.1.7 间隔号标在需要隔开的项目之间,占半个字位置,上下居中,不出现在一行之首。

5.1.8 着重号和专名号标在相应文字的下边。

5.1.9 分隔号占半个字位置,不出现在一行之首或一行之末。

5.1.10 标点符号排在一行末尾时,若为全角字符则应占半角字符的宽度(即半个字位置),以使视觉效果更美观。

5.1.11 在实际编辑出版工作中,为排版美观、方便阅读等需要,或为避免某一小节最后一个汉字转行或出现在另外一页开头等情况(浪费版面及视觉效果差),可适当压缩标点符号所占用的空间。

5.2 竖排文稿标点符号的位置和书写形式

5.2.1 句号、问号、叹号、逗号、顿号、分号和冒号均置于相应文字之下偏右。

5.2.2 破折号、省略号、连接号、间隔号和分隔号置于相应文字之下居中,上下方向排列。

5.2.3 引号改用双引号"﹃""﹄"和单引号"﹁""﹂",括号改用"︵""︶",标在相应项目的上下。

5.2.4 竖排文稿中使用浪线式书名号"﹏",标在相应文字的左侧。

5.2.5 着重号标在相应文字的右侧,专名号标在相应文字的左侧。

5.2.6 横排文稿中关于某些标点不能居行首或行末的要求,同样适用于竖排文稿。

附录 F 中华人民共和国国家通用语言文字法

第一章 总 则

第一条 为推动国家通用语言文字的规范化、标准化及其健康发展，使国家通用语言文字在社会生活中更好地发挥作用，促进各民族、各地区经济文化交流，根据宪法，制定本法。

第二条 本法所称的国家通用语言文字是普通话和规范汉字。

第三条 国家推广普通话，推行规范汉字。

第四条 公民有学习和使用国家通用语言文字的权利。

国家为公民学习和使用国家通用语言文字提供条件。

地方各级人民政府及其有关部门应当采取措施，推广普通话和推行规范汉字。

第五条 国家通用语言文字的使用应当有利于维护国家主权和民族尊严，有利于国家统一和民族团结，有利于社会主义物质文明建设和精神文明建设。

第六条 国家颁布国家通用语言文字的规范和标准，管理国家通用语言文字的社会应用，支持国家通用语言文字的教学和科学研究，促进国家通用语言文字的规范、丰富和发展。

第七条 国家奖励为国家通用语言文字事业做出突出贡献的组织和个人。

第八条 各民族都有使用和发展自己的语言文字的自由。

少数民族语言文字的使用依据宪法、民族区域自治法及其他法律的有关规定。

第二章　国家通用语言文字的使用

第九条　国家机关以普通话和规范汉字为公务用语用字。法律另有规定的除外。

第十条　学校及其他教育机构以普通话和规范汉字为基本的教育教学用语用字。法律另有规定的除外。

学校及其他教育机构通过汉语文课程教授普通话和规范汉字。使用的汉语文教材，应当符合国家通用语言文字的规范和标准。

第十一条　汉语文出版物应当符合国家通用语言文字的规范和标准。

汉语文出版物中需要使用外国语言文字的，应当用国家通用语言文字作必要的注释。

第十二条　广播电台、电视台以普通话为基本的播音用语。

需要使用外国语言为播音用语的，须经国务院广播电视部门批准。

第十三条　公共服务行业以规范汉字为基本的服务用字。因公共服务需要，招牌、广告、告示、标志牌等使用外国文字并同时使用中文的，应当使用规范汉字。

提倡公共服务行业以普通话为服务用语。

第十四条　下列情形，应当以国家通用语言文字为基本的用语用字：

（一）广播、电影、电视用语用字；

（二）公共场所的设施用字；

（三）招牌、广告用字；

（四）企业事业组织名称；

（五）在境内销售的商品的包装、说明。

第十五条　信息处理和信息技术产品中使用的国家通用语言文字应当符合国家的规范和标准。

第十六条　本章有关规定中，有下列情形的，可以使用方言：

（一）国家机关的工作人员执行公务时确需使用的；

（二）经国务院广播电视部门或省级广播电视部门批准的播音用语；

（三）戏曲、影视等艺术形式中需要使用的；

（四）出版、教学、研究中确需使用的。

第十七条　本章有关规定中，有下列情形的，可以保留或使用繁体字、异体字：

（一）文物古迹；
（二）姓氏中的异体字；
（三）书法、篆刻等艺术作品；
（四）题词和招牌的手书字；
（五）出版、教学、研究中需要使用的；
（六）经国务院有关部门批准的特殊情况。

第十八条　国家通用语言文字以《汉语拼音方案》作为拼写和注音工具。

《汉语拼音方案》是中国人名、地名和中文文献罗马字母拼写法的统一规范，并用于汉字不便或不能使用的领域。

初等教育应当进行汉语拼音教学。

第十九条　凡以普通话作为工作语言的岗位，其工作人员应当具备说普通话的能力。

以普通话作为工作语言的播音员、节目主持人和影视话剧演员、教师、国家机关工作人员的普通话水平，应当分别达到国家规定的等级标准；对尚未达到国家规定的普通话等级标准的，分别情况进行培训。

第二十条　对外汉语教学应当教授普通话和规范汉字。

第三章　管理和监督

第二十一条　国家通用语言文字工作由国务院语言文字工作部门负责规划指导、管理监督。

国务院有关部门管理本系统的国家通用语言文字的使用。

第二十二条　地方语言文字工作部门和其他有关部门，管理和监督本行政区域内的国家通用语言文字的使用。

第二十三条　县级以上各级人民政府工商行政管理部门依法对企业名称、商品名称以及广告的用语用字进行管理和监督。

第二十四条　国务院语言文字工作部门颁布普通话水平测试等级标准。

第二十五条　外国人名、地名等专有名词和科学技术术语译成国家通用语言文字，由国务院语言文字工作部门或者其他有关部门组织审定。

第二十六条　违反本法第二章有关规定，不按照国家通用语言文字的规范和标准使用语言文字的，公民可以提出批评和建议。

本法第十九条　第二款规定的人员用语违反本法第二章有关规定的，有关单位应当对直接责任人员进行批评教育；拒不改正的，由有关单位作出处理。

城市公共场所的设施和招牌、广告用字违反本法第二章有关规定的，由有关行政管理部门责令改正；拒不改正的，予以警告，并督促其限期改正。

　　第二十七条　违反本法规定，干涉他人学习和使用国家通用语言文字的，由有关行政管理部门责令限期改正，并予以警告。

第四章　附　　则

　　第二十八条　本法自 2001 年 1 月 1 日起施行。

附录G　文章修改符号使用方法

一、删除号 ▱▱▱▱　⌀⌁

删除号是删去字、词、句的符号。第一个符合用于删去句、段；第二个用于删去数字、词或标点符号。

二、调位号 ～　、∽　、▭

调位号是调整字、词、句次序的符号。第一个和第二个符号用于个别字或少数字的调位；第三个符号用于大段或隔行的调位，箭头插在移入位置。

三、增补号 ∧　、⌣　、▭

增补号是增补字、词、句的符号，一般用在需要增补的字、词、句的上方。第一个符号用于增补个别字；第二个符号用于增补几个字；第三个符号用于增补较多的字数。

四、提行号 ⊢⌐

提行号是另起一段的符号。把原来一段的文字分成两段；在需要分段的地方标示，竖线画在起段后的位置上。

五、压行号 ⌐▱▱▱▱

压行号是降格缩行的符号，用于表示字行退后。

六、复原号 △△△　△△△

复原号表示恢复已删文字的符号。第一符号标在需要复原的文字下方；第二符号用于复原大段文字，符号标在已删部位的四角。

七、离空号 ♯　♯

离空号是表示空行、空格的符号。标在需要离空的位置上，空一字距用♯表示，空二字距用♯♯表示。

八、连续号

连续号是把两处连接在一起的符号，用于需要连接的地方，箭头指向连接处。

九、空行号＞、＜

空行号是表示空行或缩行的符号。第一符号用于需要空一行的两行之间，标在行的左端；第二个符号用于应联结的两行之间，也标在行的左端。

附件　文章修改常用符号及其用法

编号	符号名称	符号形态	符号说明	用法示例
1	改正号		表明需要改正错误，把错误之处圈起来，再用引线引到空白处改正	
2	删除号		表明删除掉。文字少时加圈，文字多时可加框打叉	
3	增补号		表明增补。文字少时加圈，文字多时可用线画清增补的范围	
4	对调号		表明调整颠倒的字、句位置。三曲线的中间部分不调整	

续表

编号	符号名称	符号形态	符号说明	用法示例
5	转移号		表明词语位置的转移。将要转移的部分圈起，并画出引线指向转移部位	
6	接排号		表明两行文字之间应接排，不需另起一行	
7	另起号		表明要另起一段。需要另起一段的地方，用引线向左延伸到起段的位置	
8	移位号		表明移位的方向。用箭头或凸曲线表示。使用箭头，是表示移至箭头前直线位置；使用凸曲线是表示把符号内的文字移至开口处两短直线位置	
9	排齐号		表明应排列整齐。在行列中不齐的字句上下或左右画出直线	
10	保留号		表明改错、删错后需保留原状。在改错、删错处的上方或下方画出三角符号，并在原删除符号上画两根短线	

续表

编号	符号名称	符号形态	符号说明	用法示例
11	加空号	⋎	表明在字与字、行与行之间加空。符号画在字与字之间的上方；行与行之间的左右处	要认真修改原稿 加强市场调研 提高产品质量
12	减空号	⋏	表明在字与字、行与行之间减空。符号使用方法同上	校对须知 校对书刊应 注意的问题
13	空字号	╫ ╪ ╡ ╞	表明空一字距；表明空 1/2 字距；表明空 1/3 字距；表明空 1/4 字距	第一部应用写作概述
14	角码号	◌͡	用以改正上、下角码的位置	∞_2 $16 = 2$
15	分开号	Y	用以分开外文字母	How are you